KB074010

일본 근대 불교문학사상과 '죽음(死)'

- 구라타 햐쿠조(倉田百三)의 '문학세계'를 중심으로 -

조기호(曺起虎) 지음

지식과교양

••• 일러두기

1) 日本의 人名·地名·時代名·宗敎團體名 등을 나타내는 固有名詞는, 첫 번째 경우에만 「일본 가나의 한글 표기법」에 따라 한글 표기를 하고 괄호 속에 漢字語를 倂記하되, 두 번째부터는 한글만 표기한다.

  例) 무샤노코지 사네아쓰(武者小路実篤) → 무샤노코지 사네아쓰, 유이엥 (唯円) → 유이엥, 히로시마(広島) → 히로시마, 다이쇼(大正) → 다이쇼, 이토엥(一燈園) → 이토엥

2) 단, 각주에서는 日本의 人名·地名·時代名 등이 있다 할지라도 처음부터 한글과 한자를 병기하되, 그 이후에는 漢字語로 표기한다.

  例) 니시다 키타로(西田幾多郎), 나쓰메 소세키(夏目漱石), 기와사와 만시(清沢満之), 교토(京都), 후쿠오카(福岡), 에도(江戸), 메이지 (明治)

3) 日本의 作品·新聞·雜誌·論文 등은 가능한 한 그대로 표기한다.

  例)『生活と一枚の宗教』,『出家とその弟子』,『歎異抄』,「読売新聞」,『生命の川』,「異性の中に自己を見出さんとする心」,「念仏者のイデオロギー」

4) 日本의 特定 表現 중에서 이미 韓國語로 정착되어진 漢字語도 가능한 한 그대로 표기하며 '각주'에서는 한국어 표현이라 할지라도 '신명조약자체'로 표기한다.

  例) 東京第一高校, 日本女子大學, 關東大地震, 無士道

5) 單行本과 雜誌 등은『 』로 표기한다.

6) 論文·新聞 및 特別 事項은「 」로 표기한다.

7) 특히 强調할 부분은 〈 〉나 [ ]로 표기한다.

8) 간단히 强調할 부분은 ' '로 표기한다.

9) 짧은 引用文은 " "로 표기한다.

10) 긴 引用文은 좌우측을 '들여 쓰기'로 한다.

倉田百三의 묘지(墓地)
도쿄도(東京都) 후추시(府中市)에 소재한 다마영원(多磨靈園) 소재

쇼바라시(庄原市) 전원문화센터
히로시마(廣島)현에 소재한 庄原市전원문화센터는, 倉田百三의 문학관 · 시립도서관 ·
역사민속자료관 · 다목적 홀 등을 지닌 복합문화시설이다.

일본의 '근대(近代)'라는 시기의 '불교문학사상'이라는 단행본이
한국(韓國)내에서 단 한 권도 발견되지 않았음을 전제로 하면서 본서
를 펴내는 일은 유(有)의의한 일이다.

일본의 불교문학(佛敎文學)이나 불교사상(佛敎思想)에 관하여 다
이쇼(大正)시대(1912-1926)의 중심적인 문학가인 구라타 햐쿠조
(倉田百三, 1891~1943, 이하 '구라타'라고 표기함)에 관하여 '일본
근대(近代) 불교문학사상'으로 국내에서 연구되어지는 일이 전무(全
無)한 입장에서 구라타의 불교적 문학·사상과 '죽음(死)'에 관한 연
구가 가치 있게 여겨진다.

이에 따라 필자는 본서를 통해 먼저 희곡『출가와 그 제자(出家と
その弟子)』와 수필평론『사랑과 인식의 출발(愛と認識との出発)』이
라는 두 작품에 관한 불교문학사상을 고찰하고, 그와 관련된 '죽음
(死) 의식'을 도출해 내고자 했다.

일본 근대문학의 본질은 근대적 자아(自我)의 자각과 확립에 있다
고 일컬어져 왔다. 나아가 그 본질은 당시의 불교를 비롯한 신토(神
道)와 유교, 그리스트교(기독교) 등 각 종교의 비합리적(非合理的)인
요소를 배제(排除)해 나갈 수 있는 역할도 했다. 이 같은 관점에서
일본의 근대문학사를 보면, 다이쇼시대에는 여러 종교(宗敎)를 기초
로 하는 사상적(思想的) 제재(題材)의 문학작품이 부쩍 많이 등장한
것은 두 말할 필요가 없다. '근대'라는 시대적 배경 속에서 '문학'의
일면을 논하자면 기독교문학(基督敎文學)이 주류(主流)를 이루는 가
운데서도 '근대적인 불교문학'이라는 새로운 양상으로 나타났다. 이

는 결국 당시 소위 〈신란(親鸞) 붐(부흥)〉을 조성하는데 적잖게 공헌했다고 할 수 있다.

　그러기 때문에 이 〈신란 붐〉이라는 분위기 속에서 일본의 '근대불교문학'은 거듭 태어났다고 해도 과언이 아니다. 그것은, 일본에서의 불교문학이라고 하면 대부분 중세(中世)의 문여리라고 할 수 있는 가마쿠라(鎌倉)시대(1185-1333) 이전에 크게 번성하였다. 그러니까 상대(고대)부터 중세까지를 '일본 불교문학의 전성기'라고 할 수 있으나, 일본의 근대문학이 '불교'와 관계를 다시 맺기 시작한 것은 주로 다이쇼 시대를 전후로 하여 지속되어진 바, 이로 인하여 '신란사상(親鸞思想)'과 일본의 근대문학은 떼려야 뗄 수 없는 관계가 된 것이다.

　이런 흐름 속에서 처음에는 '신란사상'이 깃들어 있는 『단니쇼(歎異抄)』를 접했다 기독교를 신앙(信仰), 이토엥(一燈園, 이하 '이토엥'이라 표기함)에서 '신란사상'의 영향을 받음으로써 불교적 인생관으로 살았던 구라타의 문학적 활약상은 타의 추종(追從)을 불허할 정도로 컸다고 할 수 있다. 그것은 구라타가 자신의 삶을 상당히 사실적으로 묘사하여 집필한 『出家とその弟子』와 『愛と認識との出発』이라는 작품 속에 그가 받은 신란의 영향을 투영(投影)해감으로써 그만의 독자적(獨自的)인 문학세계를 펼쳤다는 평가가 있기 때문에 가능해진다.

　본서(本書)를 통하여 필자는 두 가지 이상의 작품에 관한 사상적 접근을 시도하고, 나아가 각 작품별로 '죽음(死)'에 관한 의식(意識)을 발견하고자 함은 뜻 깊은 일이 아닐 수 없다. 특히 자살자(自殺者)가 급증하고 있는 오늘날의 한·일(韓·日) 양국의 현실을 직시하면서, 작가 구라타가 당대에 '자살 충동'을 크게 느끼면서도 〈정토진종(淨土眞宗)이라는 불교 → 기독교 → 이토엥 → 정토진종〉이라는 순서의 종교적(宗敎的) 체험(體驗)에 입각하여 자살(自殺)을 극복해 나간 점은 오늘을 살아가는 모든 사람들이 참고할 만한 일로 보인다.

구라타는 정토진종의 가문에서 태어나 그 영향을 받았지만 기독교와 이토엥이라는 여타의 종교적 체험을 얻은 후 다시 정토진종 이라는 불교로 자신의 종교를 거듭 바꾼 점을 보면, 구라타야말로 '불교적 인생관'으로 살았다고 해도 좋을 것이다.

구라타가 갑작스레 문학계(文學界)에 등장하자, 그의 영향을 받은 다른 문학가들은 '구라타론(倉田論)'에 관하여 연구하는 한 〈『出家とその弟子』〉를 축으로 하면서 문학적 이론을 펴나가게 되었고, 당시의 청년(靑年)들은 이상의 두 작품을 필독서(必讀書)로 생각하며 애독해 나갔다.

정토진종의 출현과 더불어 성립된 '신란사상'은 오늘날에도 일본에서는 그 보편성(普遍性)을 인정받고 있어 보이고, 한편으로는 구라타에게조차 영향을 미치게 된 것이다. 젊은 나이에 구라타는 계속되는 실연(失戀)을 당하고 염세적(厭世的) 성향을 갖게 된 데다 결핵(結核)을 앓고 지냈다. 물론 그는 이런 과정 속에서 '이토엥'을 방문, 창립자 니시다 텐코(西田天香, 1872-1968 ; 이하 '텐코'라 표기함)에게 크게 감동하여 스승 삼아 지냈다. 물론 이에 앞서 구라타는 일본 근대철학자(近代哲學者)의 시조(始祖)격인 니시다 키타로(西田幾多郎, 1870-1945 ; 이하 '키타로'라 표기함)를 만나 인생과 철학을 담론하기도 했다.

구라타는 정토진종 가문(家門)에서 태어난 니시다 텐코와 니시다 키타로로부터 불교사상의 하나인 '신란사상'의 영향을 크게 받은 셈이다. 그러나 그의 가슴에 종교적 심성(心性)이 다시 자리 잡게 된 것은 『성경(聖經)』(이하 '성서〈聖書〉'라 표기함)을 탐독하면서 생긴 그리스도교(기독교)이다. 그 결과 한 때, 청년들에게 기독교적인 사

상에 관한 '설교(說教)'도 마다하지 않았던 그다. 그렇지만 곧바로 '신란사상'이 깃들어 있는 『歎異抄』를 탐독해 나갈 수 있었고, 이를 토대로 하여 신란과 유이엥(唯円) 등의 인물을 등장시켜 『出家とその弟子』를 집필할 수 있었다. 구라타는 〈타력신앙(他力信仰)〉이 매우 중요시되어진 『歎異抄』에 크게 감동한 나머지, 그 정신을 일본 근대에 되살려 『出家とその弟子』라는 희곡을 세상에 내 놓은 것이다. 이로 인하여 구라타는 당시에 '불교문학의 기수'역할을 다 했다는 평가를 받고 있다.

이 책이 발간되던 1917년(大6)부터 순식간에 '베스트셀러'가 되자, 그렌·쇼에 의해 영역(英譯)되었다고 한다. 나아가 프랑스 문학 노벨상 수상자이자 당시의 세계적인 문호(文豪)였던 로망·롤랑이 "그리스트의 꽃(花)과 불타(佛陀)의 꽃(華), 다시 말하자면 '백합'과 '연꽃'의 조화적인 사상"이라고 칭송하는 내용의 편지를 구라타에게 1924년(大13)년부터 이듬해에 걸쳐 보냈다고 한다.(白鵠會〈1992〉, 『倉田百三の精神世界』《出家とその弟子》, 永田文昌堂 參照)

구라타는 다른 문학·사상가와 비교해 볼 때, '자살'에 대한 충동 즉 '죽음'을 극복하고 초월하는 의식이 남달리 강했다. 그것은 일본 근대문학사를 통해 볼 때 적잖은 유명 문학가들이 각각 나름대로 이유를 들어 자살한 경우가 적잖았기 때문이다. 이는 인명경시풍조(人命輕視風潮)가 만연되어 있는 가운데 생명(목숨)과 관련된 각종 사건사고가 적잖게 일어났던 당시의 상황을 검토해 볼 때, 수회에 걸친 '자살 충동'을 거듭 느끼면서도 '죽음'의 고비를 극복할 수 있었던 것은, 그가 젊어서 지녔던 기독교와 이토엥 그리고 정토진종이라는 불교 등에서 얻었던 사유방식에 힘입은 바가 커 보인다. 그 중에서도 인과응보(因果應報)와 불생불멸(不生不滅)이라는 체계가 깃들어 있는 신란사상의 영향을 받음은 물론, 그 정신이 실려 있는 『歎異抄』를 탐독하고부터 구라타는 자신의 사상과 '죽음(死) 의식'을 불교적 인생관과 더불어 섭렵해 나갈 수 있었다고 할 수 있다.

그렇지만 무엇보다도, 구라타가 죄악(罪惡)이라고 일컬어지는 '자살' 일보 직전에까지 가면서도 이를 각종 종교적 체험을 통한 '신앙의 힘'으로 극복할 수 있었던 것은, 그의 살고자 하는 의지의 소산임과 더불어 '인간승리(人間勝利)'의 일면으로 볼 수 있다. 그것은 구라타의 '죽음 의식'을 〈'생명'은 '사랑'을 낳고 또 그 '사랑'을 하고 나면 '죽음'이 기다리며, 사후에는 '왕생(往生)'할 수 있다〉는 내용으로 요약할 수 있기 때문이다.

본서에 힘입어 한 · 일 양국 간에 〈일본 근대에 있어서 불교문학사상〉의 영역은 물론이고 '죽음(死)'에 관한 학문, 즉 '사생학(死生學 ; Thonatology)'에 관하여 보다 적극적인 비교문학(比較文學)의 장이 이루어지길 바라며, 본서가 일본의 근대불교문학 내지 사상에 관하여 '불교적'으로 연구하고자 하는 후학들에게 이 방면에 있어서 길잡이가 될 수 있기를 기대하는 바이다.

끝으로 본서의 제목 그대로 한국사회에 일본의 '근대' 불교문학과 사상이 단행본으로 출간되어지는 것이 초유(初有)의 일이므로 본서의 내용및 구성상 오류가 있다면 독자제현의 채찍을 달게 받고자한다. 나아가 '지식과교양'의 윤석산 사장님과 윤수경 책임편집자 등 관계자 여러분께 고마움을 표하는 바이다.

2015년 2월 15일
원광캠퍼스 연구실에서
조 기호 識

목 차

일본 근대 불교문학사상과 '죽음(死)'

▌ 일러두기
▌ 글 머리에

Ⅰ. 들어가는 글 / 11

Ⅱ. 가운데 글 / 29

Ⅲ. 나오는 글 / 289

I

들어가는 글

집필의 필요성

한국에서의 일본문학 연구과정을 보면 일본문학의 전반적인 면을 볼 때 '불교문학(佛敎文學)'은 주로 고대(古代)부터 근세(近世) 이전의 것이 연구되어진 면은 상당 수 있으나, 근대(近代) 이후의 불교문학과 사상이 본격적으로 되어진 면은 없다고 본다.1)

일본의 근대화(近代化, modernization) 관한 전반적인 개혁은 메이지(明治)시대(1868-1912)의 유신(維新)에 의한 제도적인 힘의 장치로 인해 정치·경제·문화·예술·사회 등에 걸쳐 실로 폭넓게 이루어졌다. 그 중에서 예술의 한 분야라 할 문학(文學)에 있어서는 '게사쿠(戲作)'라는 문학적 흐름이 에도(江戸)시대(1603-1868)로부터 다이쇼(大正)시대(1912-1926)에 이르기까지 계속되어진 바, 이런 조류에 힘입어 결국 '사상(思想, thought)'을 제재로 하는 문학작품이 속출2)했다. 일본에서는 예로부터 이 '사상'이 주로 '종교(宗敎)'

---

1) 다시 말하자면 한국에서 소위 〈일본 근대 불교문학사상〉과 〈'죽음(死)'〉을 키워드로 된 연구업적으로는 본서(本書)가 최초(最初)의 일이라고 할 수 있다.
2) 河合 敦, 『早わかり日本近現代史』, 日本実業出版社, 2001, p.154 參照
   이 '죽음(死)'의 의미는 다양하여 이곳에서 정의하지 않고 차후 해석하고자 한다. 단, '죽음'을 둘러싸고 있는 학문을 「사생학(死生學, Thanatology)」이라고 하는

를 중심으로 형성되어 왔음은 주지의 사실이다.

일본 근대문학의 본질은 근대적 자아의 자각과 확립에 있다고 일컬어진다. 합리성에 기초를 둔 자아의 자각과 확립을 과제로 삼은 일본 근대문학은, 불교만이 아니라 신토(神道)·유교·기독교 등 모든 종교의 비(非)합리적인 요소를 배제해 나가려 했다. 따라서 당시의 불교에 입각한 사상은 대체로 대승적(大乘的) 차원에서 시도되어 근대적 자아의 확립에 그 기반을 두어 왔다.

〈철학사와 문학사는 둘인가 하나인가?〉라는 문제를 제기한 조동일은 "철학과 문학은 둘이면서 하나이고 하나이면서 둘"(『철학사와 문학사 둘인가 하나인가』지식산업사, 1999 참조)이라고 강조한다. 이런 관점에서 볼 때, '문학'과 '사상'과 '종교'를 대비하여 생각해 보아도 그 근원은 하나라고 할 수 있다. 그것은 종교적 세계가 하나의 언설(言說)이 되어 나타날 때, 그 언어행위에 있어서 종교는 다분히 문학에 접근하게 되고, 문학은 그 가장 근원적인 모습에 있어서만큼은 종교와 함께 하기 때문이다.3) 그러기 때문에 인권한은 "기독교의 『聖書』그 자체가 일대 문학으로서 서양문학의 원천을 이루고 있듯이 불전(佛典)도 하나의 문학서"4)라고 말한 것으로 보이며, 필자도 "기독교문학을 논하고 집필하는 사람들은 『聖書』를 곧잘 문학성이 풍부한 자료로 사용하고 있다"5)고 언급한 적이 있다. 이런 관점에서

바, 이곳에서는 이 어휘를 제(諸)학문에 있어서 '최고의 학문'으로 규정하고자 한다. 이는 '학문'이라는 것은 인간이 인간의 모든 영역에 걸쳐 일어나고 있는 사항을 일련의 내용으로 엮어내는 일이라고 보면서, 이 「사생학」이야말로 〈인간의 "출산"과 "죽음"의 전후 내용을 중심으로 하는 학문〉이라는 생각에서 위와 같이 규정하고, 인간의 인간을 위한 학문이기 때문이다.
3) 小田良弼, 『近代宗教文芸の研究』, 明治書院, 昭44, p.25 參照
4) 인권한, 『韓國佛教文學研究』, 고려대학교출판부, 1999, p.10
5) 曺起虎의 拙論, 『出家とその弟子』의 思想的 考察(Ⅰ)」, 『日本文化學報』〈第16輯〉, 韓國日本文化學會, 2003.2, p.246

일본 근대문학사를 보면, 다이쇼시대에 '사상'을 제재로 하는 문학작품이 유달리 많이 등장한 바, 기독교문학이 주류를 이루는 가운데 불교 쪽에도 문학이 근대화되어 이른바 '일본근대 불교문학'이라는 새로운 문화적 양상으로 전개[6]된 셈이다.[7] 그것은 조도신슈(정토진종, 淨土真宗; 이하 '정토진종'이라 표기함)를 비롯, 니치렌슈(日蓮宗)와 관련성을 지닌 채 나타났는데, 그 중에서도 신란(親鸞, 1173-1262)의 정신세계에서 야기된 정토진종의 사상을 중심으로 일본 근대에 있어서 불교문학이 등장, 이른바 〈'신란' 붐〉을 가져온 셈이다.

이처럼 일본의 '근대문학'이 '불교'와 관계를 맺은 후라 할 오늘날 신란사상(親鸞思想)이 일본에서 보편성[8]을 인정받고 있는 것은, 메이지시대를 거쳐 다이쇼시대를 전후로 하여 지속되어진 바, 이로 인하여 신란사상은 일본 근대문학에 깊이 투영된 셈이다. 이런 흐름 속에서 이미 십대 후반부터 이십대 초반에 걸쳐 기독교를 신앙하다가 신란사상의 영향을 받음으로써 불교적 인생관으로 살았던 구라타 햐쿠조(倉田百三)[9]의 문학적 활약상은 타의 추종을 불허할 정도로 대단했다. 그것은 구라타가 『출가와 그 제자(出家とその弟子)』(大6)와

---

6) 日本 近代를 통해 '佛敎文學'이라는 말이 日本文學에 관한 硏究 分野에서 일컬어지고 定義되어지기 시작한 것은 坂井衡平(1886-1936)로부터이다. 그는 『今昔物語集の新硏究』에서, 日本文學의 四大系統으로서 固有文學系統·神道文學系統·漢文學系統·佛敎文學系統으로 크게 나누고, 나아가 佛敎文學系統을 불교적 색채의 농도에 따라 단계적으로 분류하면서, 宗敎性과 文學性을 規準하여 나갔다.(菅沼晃·田丸德善 編, 『佛敎文化事典』, 佼成出版社, 平元, pp.605 參照)

7) 여기에서 필자는, 이 같은 '佛敎文學'에 '思想'이 함께 내재될 수 있기 때문에 '佛敎文學'이라는 말이 '佛敎文學思想'의 의미로 사용될 수 있음을 밝혀 두는 바이다.

8) 宮城顗, 『親鸞思想の普遍性』, 法藏館, 1996, pp.57-93

9) 倉田百三는 明治 24年(1891)에 태어나 昭和 18年(1943)까지 살다 간 日本近代의 劇作家이자 評論家로서 소위 文學人으로서의 一生을 보낸 사람이다. 그의 대표적 名著에는 『出家とその弟子』(大5-6)와 『愛と認識との出發』(大10) 등이 있는 바, 倉田는 이 같은 작품을 집필하여 세상에 드러낸 것이다. 이 時期야말로 곧 그가 문학인으로서 가장 왕성하게 활동했던 시대인 소위 '大正時代'에 해당된다.

『사랑과 인식의 출발(愛と認識との出発)』(大10)이라는 명작을 집필하여 두 작품을 모두 당시에 베스트셀러의 대열에 올려놓았고, 이후에도 소설『親鸞』(昭24) 등 다양한 문학적 장르에 걸쳐 폭넓게 작품을 집필함으로써 당시의 문단에 혜성과 같이 등장했다는 평가를 받았다는 사실만으로도 그렇다. 구라타의 희곡과 평론이 갑작스레 문학계에 등장하자, 그의 영향을 받은 다른 문학가들은 이상의 '두 작품'에 관하여 연구하는 한 〈出家とその弟子〉를 축10)으로 하면서 문학적 이론을 펴나갔다.

한 때 기독교에 경도(傾倒)되기도 했으나, 정토진종에 관심을 기울이기 전후로 두 작품은 극심한 투병생활을 오래도록 한 경험이 있다. 그런 과정 속에서도 그는 연애를 크게 지향하면서 '사랑 의식'을 다각도로 인식해 나간 셈이다. 따라서 그는 이로 인한 육체적 고통과 정신적 고뇌로 인하여 수회에 걸쳐 '자살 충동'을 느끼게 되었고, 게다가 결코 예상하지 못했던 두 누나의 '죽음'을 지켜보면서 〈아무리 사랑하는 사람이라 할지라도 (그 사람) 대신 죽어 줄 수 없다〉는 사실을 깨닫게 된다. 그러나 그는 이미 불교적 사고체계 아래서 신행(信行)이 두터웠기 때문인지, 자신의 마음속에 사찰(寺刹)을 세우고 싶어하면서 청년기의 상당한 기간을 육체적 병고는 물론이고 정신적 고독과 싸우면서 자살 충동을 극복해 나간다. 그리하여 그는 줄곧 불교적 사색을 하면서 수많은 문학작품을 계속 집필, 틈나는 대로 연애 · 사색의 과정을 되풀이해 나갔다.

---

10) 이 사실은 江間道助의 「『出家とその弟子』の著者倉田百三氏」(大11)라는 논문이 입증하고 있는 셈이다.(志村有弘, 「近 · 現代文学」, 伊藤博之 · 今成元昭 · 山田昭全 編集, 『仏教文学講座』〈第九卷 研究史と研究文献目録〉, 勉誠社, 平6, p.210 參照) 아울러『愛と認識との出発』도 倉田文學에 있어서 큰 위상을 갖게 되었다.

신란사상의 영향을 직접 받기 이전에, 구라타는 키타로의 주저『선의 연구(善の研究)』를 접하고 감동한다. 키타로는 정토진종의 가문에서 태어난 만큼 불교적인 사고방식으로 살아가고 있었다. 이런 키타로를 만나 인생과 철학을 담론하기도 한 바, 이 무렵 20대 초반이던 구라타는, 실연(失戀)을 당하고 염세적 성향을 갖게 된 데다 결핵을 앓던 중에 '이토엥(一燈園)'의 창립자 텐코를 방문, 마찬가지로 정토진종의 가문 출신인 텐코에게는 더욱 크게 감동한 나머지 그를 스승 삼아 지낸다.[11] 결국, 구라타는 이상의 키타로와 텐코의 영향을 공히 받게 된 셈이다. 그렇지만 구라타의 생애를 통해 볼 때, 그가 문학가로서 초기부터 신란사상을 지향한 것은 아니다.

　구라타의 가슴에 종교적 심성이 먼저 자리잡게 된 것은『聖書』를 탐독하면서 생긴 기독교였다. 그 후에 구라타는 신란사상이 깃들어 있는『단니쇼(歎異抄)』를 입수하게 된다. 이는 두 말할 것도 없이 신란사상이 그의 뇌리에 크게 자리잡게 하는 결정적인 계기가 된 셈이다. 그 결과 구라타는 신란사상이 무게 있게 함축되어 있는『歎異抄』를 탐독해 나갈 수 있었고, 이를 토대로 하여 신란과 그의 주변인물을 등장시켜 희곡『出家とその弟子』를 집필할 수 있었다. 다시 말하자면, 구라타는 '일본 중세' 정토진종의 창시자인 신란의 〈타력신앙(他力信仰)〉이 주된 내용으로 되어 있는『歎異抄』에 크게 감동하고, 그 정신을 일본 근대에 다시금 되살려『出家とその弟子』라는 작품을 세상에 내 놓은 것이다. 이로 인하여 구라타는 당시에 불교문학의 기수 역할을 하고도 남음이 있다는 평가를 받고 있다.

---

11) 공교롭게도 당시 倉田는 이상의 두 偉人을 만나게 됨으로써 결국 親鸞思想의 영향 아래 놓이게 된다. 저자는, 이 두 사람 모두 姓이 '西田'라는 점으로 인하여 兩者를 混同하기 쉽다고 판단, 이하 본 논문을 통해서는 성(姓)씨를 제외하고 '키타로(幾多郎)'・'텐코(天香)'라 각각 指稱하며 표기하고자 한다.

이상과 같은 과정을 통해서 구라타에 의해 집필된 『出家とその弟子』에는, 구라타가 편력한 기독교적인 죄악감·'이웃 사랑' 의식과 불교의 정토사상에 뿌리를 둔 구도의 행각과 체득이 '염불'과 '기도'의 식을 중심으로 양립되어 있다. 이 작품이 다이쇼시대 당시에는 물론이고 오늘날도 애독자가 이어지고 있음은, 시대를 초월해서 공통적으로 작용하는 청년기의 〈운명(運命)[12]적인 '연애'·'신앙' 그리고 '죽음(死)'〉이라는 인생의 중요한 고비가 각각 작품에 실려 있기 때문으로 보인다.

『愛と認識との出発』라는 작품을 구라타가 출현시킨 점도 세인(世人)의 높은 관심을 사기에 충분했다. 그것은 구라타가 이 작품을 20대 초반에 청년의 몸으로 집필하기 시작, 구화주의 현상이 팽배하던 당시의 문예사조에 신란사상은 물론 기독교에 대한 인식을 더 크게 함으로써, 인생과 진리를 사랑하고자 하는 동년배인 청년들에게 인도주의와 인간주의를 줄 수 있었기 때문으로 해석된다. 그리하여 구라타는 이상의 두 작품을 통해, 〈'생명'은 '사랑'을 낳고 또 그 '사랑'을 하고 나면 '죽음'이 기다리며 사후에는 '왕생' 할 수 있다〉는 '죽음' 의식을 폭넓게 시사해나간 것이다.

구라타를 전후로 하여 신란사상의 영향을 받은 '신란'계 문학가로는 마쓰오카 유즈루(松岡讓)·가무라 이소다(嘉村礒多)·도노무라 시게루(外村 繁)·니와 후미오(丹羽文雄) 등이 있고, 사상가로서는 기요사와 만시(清沢満之)·지카즈미 죠칸(近角常観)·아케가라스 하야(暁烏敏) 등이 있다.

---

12) 이 '운명(運命)'을 중심으로 하는 문학작품이 大正期에 적잖게 나타나고 있다. 이 '運命'이 본 논문과 관련된 『出家とその弟子』에 관한 내용은 森田喜郎가 펴낸 『近代文學における「運命」の展開』에 구체적으로 소개되어 있다.(森田喜郎, 『近代文学における「運命」の展開』, 和泉書院, 1998, pp.295-318 參照)

구라타는 다른 문학가나 사상가와 비교해 볼 때, '죽음'을 눈앞에 둔 '자살'에 대한 충동을 극복하고 초월하는 의식이 남달리 강했다. 그것은, 일본 근대문학사를 통해 볼 때, 적잖은 유명 문학가들이 각종 이유를 들어 자살한 경우가 있는 바, 그들과 대비해 볼 때 살고자 하는 의식이 강했다고 보여지기 때문이다.

　오늘날도 그렇지만 생명과 관련된 각종 사건사고가 적잖게 일어났던 당시의 상황을 검토해 볼 때, 구라타는 '자살' 충동을 거듭 느끼면서도 '죽음'의 고비를 이겨낼 수 있었던 것이다. 그것은, 그가 젊어서 지녔던 기독교와 이토엥 그리고 정토진종이라는 불교 등에서 얻었던 사유방식에 힘입은 바가 크다고 아니 말할 수 없다. 따라서 인과보응(因果報應)과 불생불멸(不生不滅)의 사상이 깃들어 있음은 물론, '신란'의 영향이 실려 있는 교전(教典)이라 할『歎異抄』를 그가 탐독하고부터 이상과 같은 사고체계가 더욱 확립됨으로써, 스스로의 문학·사상과 '죽음' 의식을 불교적 인생관과 더불어 섭렵해 나갈 수 있었다고 보인다.

　이에 따라 필자는 먼저 일본 근대 다이쇼시대의 대표적 불교문학 사상가라 할 구라타의『出家とその弟子』와『愛と認識との出発』라는 두 작품을 통한 문학·사상을 각각 고찰하고, 작품에 나타난 '죽음' 의식을 각각 도출해 내고자 한다. 이는 일본 근대 불교문학이 국내에서 연구되어지는 일이 거의 전무하다는 생각으로도 그렇지만, 실연과 결핵 등의 아픔은 물론이고 죄악으로 일컬어지고 있는 '자살'에 대한 충동마저 사투하듯 극복해 간 구라타의 정신과 '죽음'에 관한 의식을 발견하는 일이야말로 필자에게 있어서 가치 있게 여겨지기 때문이다.

한국과 일본 양국에 '자살자'가 급증하고 있는 '오늘날'을 살아가는 입장에서 구라타가 자살을 극복한 정신은 더욱 의의있는 일이라 보인다. 나아가 이는 물질만능주의로 인하여 인간의 생명에 대한 경시 풍토가 더욱 커져가고 있는 이때에, 자꾸만 열악해져 가는 '도덕성 회복'을 위한 해결책이 될 수도 있기 때문이다.

본서를 통해서 필자는, 이상의 두 문학작품을 통하여 〈목숨(命)→ 사랑(愛) → 죽음(死)〉[13]이라는 인간의 일반적인 통과의례(通過儀禮) 이후에 〈새 삶(往生)〉이라는 과정이 또 있음을 구라타가 깨달음으로써, 자신의 내면의식을 뛰어넘어 그 나름대로 문학관·인생관·'죽음' 의식 등을 인식할 수 있었다는 점을 발견하고자 한다.

본서의 직접적인 집필 동기는 한·일 양국간에 본서의 제목과 같은 연구성과가 없다는 입장에서 양국간에 근대 불교문학의 영역은 물론이고, 아울러 일본 근대불교문학과 사상에 관하여 연구하고자 하는 후학들에게도 이 분야에 관하여 하나의 길잡이가 될 수 있다는 생각이 들었기 때문이다.

끝으로 본서의 내용만으로 일본의 근대불교문학과 사상이 충분히 제시되었다고 볼 수 없다. 이 점에 대해서는 독자제현의 채찍과 이해를 구하는 바이다.

---

13) 『日本文化論』의 저자 梅原猛는 〈生死·慈悲·業〉이라는 세 가지를 全 佛敎의 共通的 思想이라고 강조하면서, 그 중 〈生과 死〉를 어떻게 解決해 나가야 할 것인가가 佛敎의 中心課題로 보고 있다.(梅原猛, 『日本文化論』, 講談社, 昭59, pp.71 -73 參照)

제1절 │ 연구방법과 연구범위

앞에서 기술한 바와 같이 본서 집필의 필요성에 관하여 문제제기하면서, 다음과 같은 연구방법과 연구범위를 설정하고 선행 연구에 대한 필자의 입장을 제시함으로써 〈들어가는 글〉의 출발점으로 삼고자 한다.

우선 '중요한 글'의 〈제1장 일본 불교문학사상의 이해〉라는 타이틀 아래, 「불교문학사상의 근대적 전개」와 「근대문학에 투영된 신란」이라는 소제목을 설정, 첫 번째 소제목 아래서는 근대 불교문학사상의 특징은 물론, 문학과 불교의 관계, 그리고 불교문학의 개념 등을 고찰하고자 한다. 이 같은 고찰은 본서를 집필하는 데 매우 기초적인 일이기 때문이다.

또한 이는 근대 일본 불교문학의 위상을 점검할 수 있는 계기가 될 수 있기 때문이기도 하고, 신란사상이 근대 일본문학에 어떻게 투영되었는가를 이해할 수 있기 때문이기도 하며, 비록 '신란'과 무관하다 할지라도 당시의 문학·사상적인 배경을 이해하는 데 필수적이기 때문이다. 아울러 이는 앞에서 거론한 『出家とその弟子』와 『愛と認識との出発』라는 두 작품을 통한 불교문학사상은 물론이고 그의 '죽음' 의식을 논하는데 어프로치(approach)할 수 있다고 보이기 때문이다.

이어 〈제2장 일본 문학에 있어서 '죽음' 의식의 배경〉이라는 타이틀 아래, 「문학을 통한 '죽음' 의식의 통시적 의의」와 「근대문학과 '죽음' 의식의 배경 검토」에 관하여 살펴보고자 한다. 〈제3장 신란사상이 구라타 햐쿠조에게 미친 영향〉이라는 타이틀 아래서는 「구라타 햐쿠조의 생애와 문학적·종교적 배경」, 「'이토엥'의 창립자 니시다 텐코의 영향」, 「구라타의 『歎異抄』에 관한 인식」 등에 대하여 각각

고찰해 보고자 한다. 이는 일본의 근대에 있어서 신란사상이 구라타문학에 어떤 영향을 미쳤는가와『出家とその弟子』의 밑거름이 된『歎異抄』의 세계를 이해할 수 있는 중요한 토대가 될 수 있기 때문이다.

〈제4장『出家とその弟子』의 사상에 나타난 '죽음' 의식〉이라는 타이틀 아래, 우선「『出家とその弟子』의 성립배경과 문학적 가치」에 관해 살펴보고, 이어「종교적 표현과 문학사상」이라는 중간제목 아래 〈기독교적 표현과 인간적 기본의식〉이라는 소제목을 통해서는, 작품 속의 기독교적 표현, 인간의 죄악감, '이웃 사랑' 의식 등에 관하여 고찰하고자 한다. 이어 〈불교적 표현과 타력신앙 의식〉이라는 소제목을 통해서는, 작품의 불교적 표현, '염불' 의식과 '기도' 의식 등에 관해 고찰하고자 한다. 〈구라타의 인생체험과 운명적 '죽음' 의식〉이라는 소제목을 통해서는 '연애'를 통한 운명적 '죽음' 의식과 '염불'을 통한 운명적 '죽음' 의식, 그리고 '기도'를 통한 운명적 '죽음' 의식 등에 관하여 살펴보고자 한다.

〈제5장에서는『愛と認識との出発』의 사상에 나타난 '죽음' 의식〉이라는 타이틀 아래,「『愛と認識との出発』의 성립배경과 문학적 위상」이라는 소제목을 통해서는 작품의 문학적 특징과 그 위상에 관하여 살펴보고자 한다.「작품에 나타난 구라타의 인생관」이라는 소제목을 통해서는,「憧憬─三之助の手紙─」에 나타난 우정관,「生命の認識的努力」에 나타난 철학관,「異性の内に自己を見出さんとする心」에 나타난 연애관,「隣人としての愛」에 나타난 '이웃 사랑' 의식 등에 관해 고찰해보고자 한다. 이어「구라타의 인생체험과 '죽음' 의식의 제상」이라는 소제목 아래서는, '생명' 인식에 입각한 철학적 '죽음' 의식, '연애' 체험에 입각한 도덕적 '죽음' 의식, '신앙' 체험에 입각한 종교적 '죽음' 의식 등으로 나누어 고찰해보고자 한다.

이어 마지막으로 〈Ⅲ. 나오는 글〉로서 결론을 맺고자 한다.

한국에서 일본문학이 교육·연구되어진 지 이미 반세기 이상의 세월이 훌쩍 지나고 있음에도 불구하고, 국내에는 아직도 〈일본의 '근대' 불교문학과 사상〉에 관한 개괄적인 연구가 미진한 것으로 파악된다. 그렇지만 필자는 십여 년 전 부터 일본 근대문학 중에서 신란사상의 영향을 적잖게 받은 〈구라타 햐쿠조〉를 중심으로 하는 수 편의 논문을 유관 학회에 발표·게재, 이 분야에 관한 연구를 거듭 해 왔다. 이에 반하여 일본 현지에서는 이에 관한 연구가 그 나름대로 되어져 왔다고 보인다. 그러나 일본에서 조차 〈구라타에 관한 '죽음'의식〉에 관련된 연구가 하나의 업적으로 체계화되어진 적은 없는 것으로 추정된다. 게다가 '신란'의 영향을 받았던 구라타의 문학·사상에 실려 있는 그의 주저(主著)인 『出家とその弟子』와 『愛と認識との出発』에 관한 연구물을 연계시켜 '죽음' 의식을 병행시킨 연구업적은 한 편도 없는 것으로 추정된다.

이에 따라 필자는 불과 몇 안 되는 '선행연구업적' 밖에 찾지 못했다. 그것도 필자의 논제와 완전히 일치되고 있는 연구물은 물론, 부분적이나마 일치되는 경우도 거의 없었다. 따라서 필자는 자신의 연구에 간접적이나마 일조가 될 수 있다는 생각 아래, ①신란사상과 구라타문학에 유관한 것 ②일본 근대문학 중에서 '죽음' 의식 또는 사생관(死生觀)에 관한 것 ③구라타의 '죽음' 의식에 관한 것 등으로 분류하여 선행연구업적에 대한 필자의 입장을 다음과 같이 밝히고자 한다.

첫째, 신란사상과 구라타문학에 유관한 내용이다.

단행본으로서 일본의 경우는 『親鸞』14) 『親鸞思想』15)과 『親鸞の

宗教的実践』16), 『近代親鸞教学論』17) 『仏教文学の周縁』18), 『近代文学と仏教』〈岩波講座　日本文学と仏教　第十巻〉19) 『歎異抄と親鸞』20), 『歎異抄の思想と背景』21), 『教行信証』22), 『教行信証入門』23), 『宮沢賢治と親鸞』24) 등이 있다. 한국의 경우는 『日本 浄土思想』25) 등이 있을 뿐이다. 이에 관한 연구논문의 경우, 일본에는 「真宗における往生信仰と歴史との関係についての仮説」26), 「真宗における近代的思惟の形成」27), 「親鸞の生死観」28), 「親鸞からみた生命の問題」29), 「近代日本文学者と仏教思想(浄土教の周邊〈一〉―倉田百三『出家とその弟子』)」30)「『出家とその弟子』の念仏思想」31) 등이 있고, 한국에는 「鎌

---

14) 赤松俊秀가 吉川弘文館에서 平成8年에 발간한 책이다.

15) 福島和人가 法藏館에서 1955年에 발간한 책이다.

16) 雲藤義道가 教育新潮社에서 昭和61年에 발간한 책이다.

17) 本多弘之가 草光舍에서 平成 7年에 발간한 책이다.

18) 渡辺貞麿가 和泉書院에서 1994年에 발간한 책이다.
    이 책에는 〈第三部 近代文学と仏教〉라는 타이틀 아래 「文学に現われた親鸞聖人」이라는 논문이 특히 눈에 띈다. 여기에서 저자 渡辺貞麿는 "現代文学に於いて、親鸞聖人がいかに描かれているが、ということについて考察する."라고 하면서, 倉田百三의 『出家とその弟子』, 吉川英治의 『親鸞』, 丹羽文雄의 『親鸞とその妻』 등 3편에 限定하여 그 내용을 기술하고 있다.(渡辺貞麿, 『仏教文学の周縁』, 和泉書院, 1994, pp.447-456 參照)

19) 岩波書店에서 1995년 발간된 책이다.

20) 千輪慧가 勁草書房에서 1984년에 발간한 책이다.

21) 千輪慧가 普通社에서 昭和36年 발간한 책이다.

22) 親鸞이 저술하고 金子大榮가 校訂하여 岩波書店에서 1997年에 발간한 책이다.

23) 石田瑞麿가 講談社에서 1996年 발간한 책이다.

24) 小桜秀謙이 弥生書房에서 1996年 발간한 책이다.

25) 길희성이 민음사에서 1999년에 발간한 책이다.

26) 二葉憲香의 논문, 『眞宗史の研究』, 昭41.12, pp.507-529

27) 柏原祐泉의 논문, 『眞宗研究』〈第12輯〉, 昭和42.11, pp.125-134

28) 淺井成海의 논문, 日本仏教学会가 펴낸 『仏教における生死の問題』라는 책 속에 실려 있다. 平樂寺書店, 1983, pp.341-362

29) 鍋島直樹의 논문, 日本仏教学会가 펴낸 『仏教の生命観』라는 책 속에 실려 있다. 平樂寺書店, pp.181-198

30) 田村円澄・田村芳郎가 有斐閣에서 昭和52年에 펴낸 『日本仏教のこころ』라는 책에 실려 있는 논문이다. pp.271-273

倉新佛教와 浄土眞宗」32), 「淨土信行 方法論」33), 「칭명염불(稱名念佛)에 대한 研究」34), 「염불선(念佛禪)의 修行方法」35), 「日本近代文學과 佛敎—親鸞思想을 中心으로—」36) 등이 있는 정도이다.

그렇지만 국내의 연구논문 중에서 희곡『出家とその弟子』와 유관한 것으로는 曺起虎의 「『出家とその弟子』의 思想的 考察(Ⅰ)—基督敎的인 '죄악감'을 中心으로—」37)와 「『出家とその弟子』의 思想的 考察(Ⅱ)—基督敎的인 '사랑' 意識을 中心으로—」38)가 있고, 평론『愛の認識との出発』와 유관한 것으로는 「倉田百三의 『愛と認識との出発』論(Ⅰ)」39)과 「倉田百三의 『愛の認識との出発』論(Ⅱ)—「憧憬—三之助の手紙」와 「生命の認識的努力」를 中心으로—」40) 등이 있을 뿐이다.

이상에서 본 바와 같이, 오늘날 즉 현대에 있어서 신란에 관한 연구사는 실로 다양하게 전개되어 온만큼 결코 얕다고는 할 수 없다. 이에 관하여 보다 더욱 객관적으로 그 다양성을 어필하고 있는 연구 성과물로는 『親鸞思想の普遍性』41), 『親鸞の仏敎観』(早島鏡正 著作集 제5권)42), 『親鸞における信の研究』〈上〉43), 『現代と親鸞』44)과 「現代人にとって親鸞」45) 등이 있다. 이 가운데 마지막 저서인 『現代

---

31) 田中実의 논문, 『国文学解釈と鑑賞』〈平成2年12月号〉, pp.51-55
32) 강동균의 논문, 『日本思想』〈創刊號〉, 韓國日本思想史學會, 1999, pp.8-26
33) 강동균의 논문, 『淨土學研究』〈第五輯〉, 韓國淨土學會, 2002, pp.9-34
34) 박화문의 논문, 上揭書, pp.75-96
35) 한보광의 논문, 上揭書, pp.99-124
36) 曺起虎의 拙論, 『日本語文學』〈第10輯〉, 韓國日本語文學會, pp.165-200
37) 拙論, 『日本文化學報』〈第16輯〉, 韓國日本文化學會, 2003.2, pp.243-259
38) 拙論, 上揭書〈第18輯〉, 2003.8, pp.107-122
39) 拙論, 『日本語文學』〈第12輯〉, 2002.3, pp.375-409
40) 拙論, 上揭書〈第15輯〉, 2002.12, pp.111-137
41) 宮城顗가 法藏館에서 1996年 발간한 책이다.
42) 早島鏡正이 世界聖典刊行協会에서 1992年 발간한 책이다.
43) 信樂峻麿의 저서, 永田文昌堂, 1990, pp.1-304
44) 石田充之의 논문, 龍谷大學 眞宗學研究室이 編著한 『親鸞思想入門』, 永田文昌堂, 昭57, pp.9-42

人にとって親鸞』만 보면, 〈加藤周一の 親鸞論〉, 〈法然と親鸞の思惟構造の違い〉, 〈親鸞思想を解く鍵〉 등의 내용이 있어, 실로 그 다양성과 보편성을 느끼지 않을 수 없다.

둘째, 일본 근대문학 중에서 '죽음' 의식 또는 사생관에 관한 내용이다.

이에 관하여 일본에서 연구되어진 업적은 비록 간헐적이라 할지라도 다양하게 전개되어 왔다. 이에 관한 선행연구업적 가운데 필자가 소장하고 있는 것 중, 단행본으로는 『末期の眼―日本文学における死の発見』[46], 『日本人の生死観』[47], 『宮沢賢治論―賢治作品をどう読むか―』[48] 등이 있고, 연구논문으로는 「文藝における死の問題」[49], 「아쿠다가와에 있어서 죽음의 이미지(芥川における死のイメージ)」[50], 「死の恐怖をめぐる断章」[51], 「自然回帰から死へ」[52] 등이 있다.

이에 관한 국내의 연구업적 또한 적잖게 이루어져 온 바, 필자가 소장하고 있는 것을 소개하면 다음과 같다.

「미야자와 켄지(宮沢賢治)의 새 삶의 모색―여동생 토시코의 죽음

---

45) 阿滿利磨의 논문, 『求道と人間』〈現代人の宗敎5〉, 御茶の水書房, 1986, pp.49-94
46) 岡庭昇에 의해 批評社에서 1981년 발간되었다. 이 책에는 〈「死」の発見―日本文学をめぐるひとつの逆説〉을 비롯, 〈先どりされた死者の眼―芥川竜之介の世界〉, 〈『死霊』論―埴谷雄高の世界〉, 〈末期の眼―川端成の世界〉 등이 실려 있다.
47) 宗敎思想硏究会가 大蔵出版에서 1991年에 발간한 책이다. 이 책에는 〈正岡子規の生と死〉, 〈現代知識人の生と死―現代の流れから―〉, 〈三島由紀夫の生死観―情感の精神構造―〉 등이 실려 있다. 이 책 pp.179-256 참조
48) 岡屋昭雄에 의해 おうふう에서 1995年 발간되었다. 이 책에는 〈死と再生のドラマ〉, 〈「銀河鉄道の夜」に見るジョバンニの死と再生〉, 〈生命あるものを食べることの苦悩を超えて〉 등에 관한 내용이 실려 있다.
49) 築土鈴寛의 논문으로 그가 펴낸 『宗敎藝文の硏究』라는 책 속에 실려 있다. 中央公論社, 昭24, pp.303-321
50) 柄谷行人의 논문, 『新文芸読本 芥川竜之介』, 河出書房新社, 1990, pp.119-126
51) 松尾宣昭의 논문, 『龍谷大學論集』〈第456號〉, 龍谷學會, 2000-2001, pp.77-99
52) 国木田独歩의 논문, 『國文學解釈と教材の研究』〈第17巻 7号〉, 學燈社, 昭47, pp.74-80

을 계기로—」53), 「나쓰메 소세키 작품 『夢十夜』 '第四夜'와 한국 고전문학 『公無渡河歌』에 나타난 죽음의 이미지 비교」54), 「나쓰메 소세키(夏目漱石) 작품 『夢十夜』 '第七夜'와 최인훈 작품 『광장』에 나타난 투신자살 비교 연구」55) 「구니키다 돗포(國木田獨步) 〈죽음(死)〉의 一考察」56), 「가와바타 야스나리(川端康成)의 死生觀」57), 「『유키구니(雪國)』의 사상적 배경과 일본인의 죽음의식」58), 「가와바타 야스나리(川端康成)의 『空に動く燈』의 주제와 그 사생관」59), 「『愛の認識との出発』에 나타난 倉田百三의 '죽음' 意識」60), 「아쿠다가와 류노스케(芥川龍之介)의 작품을 통해 본 자살의 동기」61), 「芥川龍之介의 만년 작품 연구—유소년기 환경과 죽음에 대한 고찰—」62), 「한국인과 일본인의 영혼관의 연원에 관한 일고찰」63) 등이 바로 그것이다. 이 중에서 필자는 몇몇 작가에 관한 내용에 대해서는 〈중요한 글〉의 「제2장 제2절」을 통해 고찰해 보고자 한다.

셋째, 구라타의 '죽음' 의식에 관한 내용이다. 여기에서 일본의 다른 근대문학가 중에서 상당수가 자살을 감행한 점과 대비해 볼 때, 구라타는 유독 불교적 신행으로 '자살' 충동을 극복해 나갔다는 점에

---

53) 高漢範의 논문, 『日語日文學研究』〈第30輯〉, 韓國日語日文學會, 1997.6, pp.59-89
54) 權赫建의 논문, 『日本語文學』〈第12輯〉, 韓國日本語文學會, 2002.3, pp.159-180
55) 권혁건·임성규의 논문, 『日本文化學報』〈第16輯〉, 韓國日本文化學會, 2003.2, pp.223-242
56) 김용갑의 논문, 『日本語文學』〈第12輯〉, 韓國日本語文學會, 2002.3, pp.181-200
57) 金采洙의 논문, 『日本文化學報』〈第7輯〉, 韓國日本文化學會, 1999.8, pp.275-289
58) 김채수의 논문, 『日本文學研究』〈創刊號〉, 韓國日本文學會, 1999.9, pp.33-55
59) 권해주의 논문, 上揭書, pp.69-96
60) 拙論, 『日本語文學』〈第18輯〉, 韓國日本語文學會, 2003.9, pp.303-323
61) 조성진의 논문, 『烽山 池景來 敎授 停年紀念論叢』, 烽山池景來敎授 停年紀念論叢 刊行委員會, 2003, pp.227-242
62) 鄭芙蓉의 논문, 『日語敎育』〈第11輯〉, 韓國日本語敎育學會, 1995, pp.189-213
63) 関根英行의 논문, 『日本文學研究』〈第4輯〉, 韓國日本文學協會, 2001.4, pp.95-120

서 큰 차이가 있다고 할 수 있는 바, 이에 관련된 연구업적으로는, 앞에서 밝힌 바 있는 曺起虎의 「『愛の認識との出発』에 나타난 구라타 햐쿠조의 '죽음' 의식(意識)」만 있을 뿐, 필자가 한국 내에서 발견한 여타의 연구업적은 단 한 편도 없었다.

Ⅱ

가운데 글

제1장 일본 불교문학사상의 이해

제1절 | 불교문학사상의 근대적 전개

　일본의 역사와 더불어 생성된 일본인의 삶 속에는 '불교'가 커다란 비중을 차지하여 온 만큼 그 역할 또한 큰 것은 주지하는 바이다. 이 점은 일본문화의 성립 그 자체가 불교 없이는 불가능하였음을 의미한다. 6세기 무렵 중국(中國) 대륙과 한반도(韓半島)로부터 일본에 유입된 〈일본불교〉[64]는, 단지 협의적인 종교로서만이 아니라, 사상

---

64) 日本佛敎는 通時的으로 ①奈良佛敎 ②平安佛敎 ③鎌倉佛敎 ④近世佛敎 등으로 분류되며, ①은 주로 韓國佛敎를 받아들임으로써 소위 南道六宗, 즉 三論·成實·法相·俱舍·華嚴·律의 鎭護國家的 佛敎思想을 특징으로 하고 있고, ②는 中國佛敎와의 交涉이 밀접하여 最澄(767-822)의 比叡山 天台宗과 空海(774-835)의 高野山 眞言宗이라는 양대 山岳佛敎를 말하며, ③은 이전의 佛敎思想에 바탕하되 日本的 性格의 새로운 佛敎形態, 즉 法然의 淨土宗, 榮西의 臨濟宗, 親鸞의 淨土眞宗, 道元의 曹洞宗, 日蓮의 日蓮宗, 一遍의 時宗등을 創出해 냄으로써 이른바 日本式 佛敎가 본격적으로 뿌리내렸다 할 수 있으며, ④는 ③ 이후 明治時代의 佛敎 이전 즉 近世의 佛敎를 말한다.

과 문화 등의 전반에 걸쳐 헤아릴 수 없을 정도의 영향을 폭넓게 미쳤다. 〈일본불교〉는 상대(아스카[飛鳥]시대-나라[奈良]시대)와 중세(가마쿠라[鎌倉]시대-무로마치[室町]시대)가 가장 창조적인 시기였고, 그 후에는 조금씩 내면적인 힘이 약화되어 근세에 이르러서는 이미 지적인 지도력을 잃고 말았다.

이는 불교의 세속화가 근세에 들어 적잖게 나타남에 따라 당시의 지식인들이 '배불론(拜佛論)'65)을 주장함으로써, 결국 폐불훼석운동(廢佛毁釋運動)66)까지 강하게 제시하게 되었음을 의미한다. 근세불교의 타락으로 인한 것이기 때문에, 그 '폐불론(廢佛論)'이 일어남은 당연한 일이라고 보는 견해가 지배적이다. 이를 뒷받침하듯이 요시다 큐이치(吉田久一)는

---

65) 日本 近世에 들어 佛敎를 現實超越·人間否定의 思想이라 하여 排斥한 것을 말한다. 이를 주장한 대표적인 인물로는 中江藤樹(1609-1648)·熊澤蕃山(1619-1691) 등의 陽明學者, 臨濟宗 僧侶에서 朱子學로 전향한 藤原惺(1561-1619)와 林羅山(1583-1657), 儒敎라는 人倫의 길에 서서 佛敎를 批判한 山崎闇齊(1618-1682)등이 있다. 한편 國學者인 本居宣長(1730-1801)와 神道家인 平田篤胤(1776-1843) 등도 日本的인 現實否定에서 佛敎를 論難한 적이 있는 인물이다.

66) 明治政府에 의해 1868年(明1) 이래 시행된 神佛分離政策에 수반하여 寺刹을 破壞하고 僧侶를 歸俗시키는 등의 佛敎廢止運動을 가리킨다. 이에 관하여 韓普光은, 그의 名著 『日本禪의 歷史』를 통해, "神社에서 僧侶가 사무를 보는 것을 금지시켰으며, 社僧을 還俗시켰다. 심지어 神社에서는 佛敎의인 用語도 사용하지 못하게 했으며, 梵鐘 등 佛敎用具를 모두 없앴다. 지방에 따라서는 길거리에 있는 地藏像이나 觀音像 등을 파손하였고, 經典과 佛具 등을 빼앗고 寺院을 파괴하였으며, 우란분절도 廢止하였다. 한편 僧侶들은 神官으로 轉落시키기도 하였으며, 塔을 불태우려다가 住民들의 反對로 무산되기도 하였다."고 力說하고 있다.(韓普光, 『日本禪의 歷史』, 如來藏, 2001, p.301) 한편, 日本에서의 일이 그 정도였으니, 그 餘波는 韓半島를 上陸, 朝鮮總督府는 韓日合邦 이듬해인 1911년 6월에 寺刹令 第七條를, 이어 府令 第八十四號를 公布했다. 참고로 第一條를 소개하면 다음과 같다. '사찰을 倂合·移轉하거나 또는 廢止하고자 할 때는 朝鮮總督의 許可를 要함이 可하다. 그 基地나 名稱을 變更하고자 할 때도 亦同함.'(鄭東厦, 「日帝植民地下에 있어서 韓國佛敎(寺刹令을 中心으로)」, 韓國精神文化研究院 附屬大學院 碩士學位論文, 1987, p.35 參照)

이 같은 근세불교의 타락에 대하여, 폐불론이 일어난 것은 당연한
일이었다. 그것은, 유학자나 국학자·신도가 그 밖의 사람들에 의한 이
론적 배격으로부터 비롯되어,(이하 생략)[67]

라고 상세하게 논증하고 있다.

　그리고 나서 요시다 큐이치는 폐불의 도달점을 메이지 유신의 '폐
불훼석'이라고 단정한다.[68] 당시의 '폐불훼석'은 에도시대 말기부터
메이지시대 초기에 걸쳐 전국적으로 전개된 일로, 소위 '국가신토(國
家神道)신토의 부활'[69]을 위해서 메이지 정부가 시행한 불교, 즉 대
부분의 사찰을 배척하는 정책 또는 운동으로 일컬어지고 있다.

　그렇지만 다른 한편에서는 뛰어난 고승(高僧)의 역할이 가능해짐
으로써, 나름대로 불교의 위세가 작아질 줄 모른 채 그 명맥은 계속
유지되어질 수 있었다. 이 같은 흐름은 근세 말기부터 근대 초기로
계속 되어진 바, 불교는 종교적·문화적으로 적지 않은 역할을 담당
해온 셈이다. 이를테면, 비교적 포괄적인 일본불교사(日本佛敎史)를
풍부한 사료(史料)에 입각하여 밝혀 온 일본사학자 쓰지 젠노스케
(辻善之助, 1877-1955)는 불교가 일본국민의 피가 되고 살이 되었
다고 다음과 같이 피력하고 있다.

　　일본 역사 속에서 불교를 제외하고는 그 대부분을 잃게 된다고 하지
만, 그것은 단지 말의 기교이고, 사실은 불교를 제외하고 일본의 역사
를 생각할 수는 전혀 불가능하다고 해야 마땅하다.[70]

---

67) このような近世仏教の堕落に対して、廃仏論が起ってくるのは当然であった。それ
　　は、儒者や国学者・神道家その他の人々による理論的排撃からはじまって、〈下略〉,
　　(吉田久一,『日本近代仏教史研究』, 吉川弘文館, 昭34, p.3)
68) 上揭書, pp.3-4
69) 오직 神道를 基礎로 하는 '神祇官 再興'의 意味를 지니고 있다.(鄭珖鎬,「近代 韓
　　日佛敎 關係史 硏究」, 慶熙大學校 大學院 博士學位論文, 1989, p.11 參照)
70) 日本歷史の中から仏教を除いては、その大部分を失ふといふことを言ふが、それ

이 같은 주장은 불교의 일본사회에 대한 기여도를 높이 평가했다고 할 수 있기 때문에, '불교'와 '문학'과의 관계에 있어서도 성립될 수 있다고 보인다. 그것은 일본불교가 없고서는 '일본의 문학' 그 자체의 존립도 불가능했다는 해석이 가능해진다. 여기에서 종교사상의 문학성을 다루는 일은 용이한 일이 아닐 뿐 아니라, 하나의 문제점으로 남겨질 수도 있다고 보인다. 물론 이 같은 견해는 이 분야에 관한 연구가 충분하지 못했다는 사실과 함께 〈'종교'와 '문학'의 관계〉가 어쩌면 이율배반(二律背反)의 입장71)이라는 명제를 어떻게 풀어갈 것인가에 대한 점이 하나의 과제로 남기 때문이다.

결국 앞서 주장한 십에 의한 일본불교사에 대한 이해는, 불교비판이라는 근세의 마이너스적인 짐을 지면서도, 그 위에 새로운 복권의 길을 찾아 나섰다 할 수 있다. 이는 불교의 국민생활에 대하여 이룬 공헌이 높게 평가되면서도, 한편으로는 특히 근세에 있어서 불교의 세속화(世俗化)를 매우 지탄하는 면이 없지 않았음을 의미한다.

그러나 요시다(古田)나 쓰지(辻)의 주장을 계승하면서도 불교에 대하여 재해석하는 움직임이 근대일본의 사상사적인 면에 거듭 나타난다. 그것은 물론 불교에만 그치는 것이 아니고 일반적인 종교에 대하여 비판적인 눈으로 보려는 계몽적인 입장이 있었기 때문이다. 이노우에 엔료(井上円了)72)는 그의 주저인 『불교활론서론(佛敎活論序論)』을 통해

はただ言葉のあやであつて、事実は仏教を除いて日本の歴史を考へるといふことは全く不可能といふべきである。(辻善之助, 『日本佛敎史』〈第一卷, 上世篇〉, 岩波書店, 1944-1945, p.33)

71) 이에 대해서는 佐藤泰正의 논문인 「宗敎と文學の二律背反」, 『國文学 解釋と感想』〈第39卷 8號〉, 至文堂, 1974, pp.28-29와 榎克朗의 논문인 「文学と宗敎の出合い」, 『日本仏敎文学と歌謠』, 笠間書院, 平6, pp.7-19를 參照하여 이해하고자 한다.

72) 1858년에 태어나 1919년에 사망한 明治-大正시대의 佛敎哲學者이다.

지금 불교는, 어리석은 승려들 사이에 운영되어져 그들의 손에서 손
으로 전달되어짐으로써 폐단이 매우 많고, 마침내는 야만의 교법에 가
까움을 면하지 못하고 있다. 그 이유를 말하자면, 그 가르침이란 날로
달로 상실되어지고 있는 현상이기 때문이었다.73)

라고 말함으로써, 당시의 불교가 얼마나 불교도만이 아니라 수많은
사람들에게 상실감을 갖게 했는지 알 수 있게 한다.
　　그렇지만 불교에 대하여 긍정적으로 재평가하려는 사람도 있었다.
특히 아네자키 마사하루(姉崎正治)74)는 불교해석의 공통특징을 다
음과 같이 요약하고 있다.

　　　① 먼저 주목되는 것은, 이 재해석이 태자나 일련이라는 특별한
　　　　종교적 인격자에 초점을 맞추고 있는 점이다.(후략)
　　　② 이것은 어느 의미에서 예로부터 일본 불교에 뛰어난 조사(祖
　　　　師)에 대한 신앙의 한 변형으로 볼 수 있을지도 모른다.(후략)
　　　③ 이들 종교적 인격자의 재평가는 전통적인 종파의 틀에 얽매이
　　　　고 있지 않다는 점도 종래의 조사신앙과는 다소 다르다.
　　　④ 이미 부분적으로는 이상에 함축되어 있는 것이지만, 이 같은
　　　　방법상의 재해석의 주된 담당자는, 승려 등의 직업적인 종교
　　　　가가 아니라 학자나 문학자들이었음도 주목해야 할 점이다.75)

---

73) いま仏教は、愚僧の間に行われ、愚僧の手に伝わるをもって弊風すこぶる多く、
　　畢竟野蛮の教法たるを免れず。故をもって、その教は日に月に喪失せんとするの
　　状あり。(井上円了,『佛教活論序論』, 1987, 緒論,『岩波講座, 日本文学と仏教』
　　〈第十巻〉, 岩波書店, 1995, p.5에서 再引用)
74) 1873년에 태어나 1949년에 사망한 明治-昭和시대의 宗教學者이다.
75) ① まず注目されたのは、この再解釈が太子や日蓮といった、すぐれた宗教的人格
　　　に焦点を合せていることである。〈後略〉
　　② これはある意味で、旧くから日本仏教にいちじるしい祖師信仰の一つの変形と
　　　みることもできるかも知れない。〈後略〉
　　③ これら宗教的人格の再評価は、伝統的な宗派のわくにはしばられないという点
　　　でも、従来の祖師信仰とは少しばかり異なっている。〈後略〉

물론 이상의 내용은 당시의 몇 가지 두드러진 경향만을 기술한 것이다. 따라서 반드시 불교 전체를 의미하는 것은 아니라고 생각된다. 그러나 이와 같은 예는 메이지시대 이후의 '문학'이나 '사상'이 일본불교와 어떤 관계를 맺고 있었는가 하는 점을 생각해 볼 때, 적잖은 관련이 있었다고 보인다.

그러면 역사적인 배경으로서 일본불교의 근대적 전개에 대하여 살펴보기로 하자.

먼저 일본 근대에 있어서 〈일본불교〉라는 말이 갖는 개념, 즉 일본의 불교가 과연 일본적인 것인가를 둘러싼 해석상의 문제이다. 현세주의적 경향이 강한 면에 포인트를 두고 볼 때 '불교'는 외래사상이라는 부정적 시각76) 즉 비(非)일본적이라는 관점이 성립되어지고, 이에 반하여 '일본'이라는 국가에 적합한 종교라는 호교적 시각77)에서 보면 마땅히 긍정적이어서 일본적 종교사상이라는 관점이 성립되기도 한다. 이처럼 〈일본불교〉라는 의미는 그것을 사용하는 측의 주체적인 가치판단에 따라 여러 가지로 해석되어지는 다의적인 것이라고 말할 수 있다. 본래 불교는 하나의 종교이므로 완전하게 객관화시킬 수는 없는 것이라 보여진다.

한편 구체적인 가치판단만을 우선시하여 〈일본불교〉의 독자성을 강조하거나, 거꾸로 그것은 본래의 불교가 아니라고 잘라 말하기는 불가능하다고 본다. 이 점은 물론 불교에만 국한되는 일이 아니다. 기독교나 이슬람교 등 고등종교들도 그 실태를 보면 모두 한결같지

---

④ すでに部分的には以上に含意されていることであるが、このような仕方での再解釈の主な担い手となったのが、僧侶などの職業的な宗教家ではなく、学者や文学者たちであったことも、注目すべき点である。(田丸徳善,「近代日本の文学と仏教」,『岩波講座 日本文学と仏教』〈第10巻〉, 前掲書, pp.7-8)
76) 渡辺照宏,『日本の仏教』, 岩波書店, 1958, p.9,10 參照
77) 末木文美士,「日本仏教を再考する」,『日本仏教思想史論考』, 大藏出版, 1993, pp. 77-93 參照

않고, 그 전파과정에 있어서 지역이나 민족에 의해 각각 독특한 형태를 취하는 것이 일반적이기 때문이다. 그러므로 불교의 경우 오로지 역사적 사실을 기술하는 의미에서 〈일본불교〉라는 표현을 사용하는 것이 마땅하다고 생각된다.

따라서 〈일본불교〉는 두 가지 대조적인 면을 지니고 있다. 그것은 〈'일본'의 불교〉와 〈일본의 '불교'〉이다. 여기에서 전자는 불교가 전해진 장소인 '일본'이라는 지역에 사회·문화적인 면에 주안점을 둔 견해이다. 이는 불교가 일본에 있어서 어떤 변용을 지녀왔는가에 초점을 두고 있다. 이에 반하여 후자는 전파의 주체였던 '불교'에 초점을 맞추려는 견해로, 불교가 일본인의 생활·사회·문화에 어떤 영향을 미쳐왔는가가 주요 포인트가 되는 것이다. 결국 〈일본불교〉는 〈불교의 일본화〉와 〈일본의 불교화〉라고 하는 두 가지 관점에 봉착하게 되는 셈이다.78)

그런데 일본 근대의 '문학'이나 '사상'과 '불교'라는 키워드 아래 생각해 볼 때, 메이지 유신으로 시작되는 근대일본의 불교는 무엇보다도 근세불교와의 관련성을 이해하지 않으면 안 된다. 그것은 단적으로 이 양자 사이에는 '계승'과 '혁신'이라는 이중의 국면을 지니고 있기 때문이다. 근대 이후의 불교가 소위 '단카(檀家)제도'79)라든지 교학(敎學) 등을 포함하여 근세로부터 유산을 대체로 이어받아 그 기반 위에 서 있음은 주지의 사실이다. 그렇지만 불교는 특히 메이지

---

78) 田村芳郞, 『日本佛敎史入門』, 角川書店, 1969, pp.10-15
79) 원래 이 制度는 武家時代에 武士들이 特定한 寺刹에 所屬된 것으로 비롯되었는데, 庶民들에게까지 擴大되어 시작된 것은 대략 17세기부터이다. 즉 이는 1813년(1691년에 試行되었다는 견해도 있다) 江戶幕府가 基督敎의 擴散을 막기 위해 모든 집들을 特定한 寺刹에 强制的으로 소속시킨 檀家制度를 誕生시킴으로써 가능해졌다. 그 후 明治時代에 들어와서는 廢止되기도 했으나, 아직까지도 習俗의 하나로서 存續되고 있는 곳도 있다.

시대 초기 이래 크게 달라진 바, 이른바 서구주의 현상이 모든 분야에 있어서 불교사상의 표현을 억제시켰다. 이 현상은 문학에 있어서는 근대화[80]로 발전된 셈인데, 결국 불교는 스스로의 존속을 위해 새로운 길을 모색하지 않을 수 없어 보인다.

그러나 한편에서는 불교가 스스로의 존속을 위해 노력한 나머지 앞에서 몇 차례 언급된 정토진종[81]를 창시함으로써 가마쿠라(鎌倉) 신불교(新佛敎)를 확립시킨 신란[82]의 영향력[83]이 당시의 문학계에 미쳤던 것이다. 그런데 일본의 대표적 종교가 역사적으로 '불교'라는 점에는 조금도 이의가 없어, '불교'와 '문학' 나아가서 〈불교문학〉[84]

---

80) 『近代化の佛敎思想』라는 책을 통해 芹川博通는, 近代化를 위한 '佛敎思想'을 선택할 경우는, 「①仏敎の近代化に資することができたと考えられる仏敎思想 ②近代化の一要素となってその役割を果たし得ると思われる仏敎思想의 의미로 사용할 수 있음을 밝히고 있다.(芹川博通, 『近代化の仏敎思想』, 大東出版社, 1989, p.ⅱ 參照)

81) 鎌倉前·中期의 僧侶인 親鸞에 의해 이루어진 佛敎의 한 宗派로서, 주로 念佛 信行을 强調한다. 宗祖가 親鸞이라는 점으로 인하여 후에 '親鸞思想'을 形成하게 하였다. 그 구체적인 내용에 관해서는 각주 102)의 〈親鸞思想〉을 통해 밝혀 두었다.

82) 鎌倉前·中期의 僧侶이다. 法然의 弟子로 한때 지냈으나, 淨土眞宗라는 佛敎의 한 宗派를 연결과 그 宗祖가 되었다. 日本史上 매우 심대한 理想이나 情熱을 가진 사람이 많이 있으나, 그 가운데 親鸞이야말로, 自身의 罪業의 깊이를 歎息함과 동시에 자신과 같은 人間도 救濟될 수 있다는 信仰心을 기쁘게 생각했던 인물이다. 그에 관련된 서적으로는 그의 親著인 『和讚』이나 『敎行信證』도 유명하나, 그의 제자 唯円이 지었다는 『歎異抄』도 看過해서는 안 될 자료이다.(梅原猛, 前揭書, 昭59, p.44 參照)

83) 日本 中世에 鎌倉 新佛敎가 전개되는 과정에 대하여, 그 첫 단계는 法然의 등장이고, 둘째는 親鸞·道元·日蓮의 등장이라는 認識이 일반적이다.(金井淳·小沢富夫 編, 『日本思想論爭史』, ぺりかん社, 1988, pp.28-29 參照)

84) 필자는, 이 분야에 관한 金雲學의 『佛敎文學의 理論』, 洪起三의 『불교문학의 이해』, 李晋吾의 『韓國佛敎文學의 硏究』의 내용을 인용, 拙論「日本 近代文學과 佛敎」(『日本語文學』〈第10輯〉, pp.171-172)를 통해 '佛敎文學'에 관하여 비교적 구체적으로 소개한 바 있다. 그러나 韓國人 金起東은, "불교의 신앙생활을 표현하여 佛敎의 布敎를 고취·선양하고, 佛敎的 사상 내지 佛敎的 人生觀을 표현한 문학"이라고 말하고 있다.(金起東,「韓國의 佛敎文學論」, 韓國文學硏究所가

을 어떻게 이해해야 할 것인가에 대하여 관심을 두지 않을 수 없다.

'불교문학'에 대한 개념의 정립이 분분한 가운데, 후지타 키요시 (藤田淸)는 「仏教と仏教文学」이라는 논문을 통해 "불교란 무엇인가 를 명확하게 하고 그 위에서 불교문학을 생각해야만 한다"[85]고 강조 하고 있다. 나가이 요시노리(永井義憲)는, 〈①그 연구의 대상을 명확 히 하고 그에 대한 과거 모든 선학(先學)의 연구결과를 정리하지 않 으면 안 될 일 ②나아가 그에 입각하여 금후 연구자들이 만날 수 밖 에 없는 문제점의 소재를 지적하는 일〉[86]이라고 앞으로의 '불교문 학'을 전망하고 있다. 이에 대하여 한국인 유한근은 「문학위기의 새 패러다임으로서의 불교문학」이라는 논문에서

불교문학은 '불교'와 '문학'이 결합된 말이다. 그러한 만큼 여러 성 격으로 규정될 수 있을 것이다. 〈불교와 문학, 불교에 의한 문학, 불교 를 위한 문학, 불교적인 문학, 불교의 성격을 지닌 문학〉 등 그 개념들 이 여러 의미로 규정될 수 있다. 그러나 이를 통합하는 개념으로 '불전

펴낸 『韓國佛敎文學硏究(上·下)』(東國大學校出版部, 1988, p.2 參照) 그리고 日本人 榎克朗는, "明治 이후 '佛敎'와 '文學'을 어떻게든지 결부시키려고 힘써 노력한 사람들의 대다수는 寺刹 출신의 日本 國文學者들이었다.(중략) '佛敎文 學'의 槪念은 학자에 따라서 各樣各色이어서 오늘날까지 아직 확실하게 定義되 어 있지 않다.(중략) 佛敎文學이란 원래 近代의 國文學者들의 요구랄지 2,3인의 批評家들에 의해 새롭게 생겨난 장르이므로 그 文學性이 一般 文學의 문학성과 同一한 次元에서 논의되지 않고 있음은 말할 필요가 없다"고 평가하고 있다.(榎 克朗, 『日本仏教文学と歌謠』, 笠間書院, 平6, pp.22-23 參照) 한편, 國內에서 발간된 '佛敎文學' 관련서는 이상에서 밝힌 자료 이외에도 인권한의 『韓國佛敎 文學硏究』, 서영애의 『불교문학의 이해』(불교시대사, 2002), 李 萬의 편저 『불 교문학과 사상(文學을 위한 佛敎 言語와 思想)』(부흥기획출판부, 2001), 홍기삼 의 『불교문학연구』(집문당, 1997), 이형기 외 『불교문학이란 무엇인가』, 이상보 외 『불교문학연구입문(율문·언어편)』, 홍윤식 외 『불교문학연구입문(산문·민 속편)』(이상 동화출판공사, 1991) 등이 있다.

85) 藤田淸, 「仏教と仏教文学」, 『佛敎文学硏究』〈第七輯〉, 仏教文学硏究会 編, p.7
86) 永井義憲, 『日本仏教文学』, 搞書房, 昭38, p.15 參照

(佛典) 속에 나타난 문학성'과 '문학작품 속에 나타나고 있는 불교사
상'이라고 불교문학을 대별하여 정의할 수 있을 것이다. 전자는 문학의
입장보다는 불교의 입장에서, 그리고 후자는 문학의 입장에서 그 개념
을 규정한 것이라고 해석할 수 있을 것이다. 그렇지만 복합어의 조립원
리에 의해서 볼 때, 불교문학은 후자의 성격을 지닌 것으로 보아야 할
것이다.[87]

라고 말함으로써, 〈불교문학〉이 갖는 여러 가지 개념을 정리하고 있
다. 아울러 자신의 견해를 '문학작품 속에 나타나고 있는 불교사상'이
라 하여 주제나 표현보다는 소재만으로도 충분히 〈불교문학〉의 조건
을 갖출 수 있다고 보고 있다.

그러나 에노키 가쓰로(榎克郎)는 『日本仏教文学と歌謠』라는 책에서

불교가 문학에 투영된 것은, 소재의 면에서는 실증하기 쉬우나, 주
제의 면이랄지 더 나아가 표현의 면에 관한 문제도 되어지고, 미시적으
로는 실증하기 어려워 거시적인 직관에 의지하지 않으면 안 된다.[88]

라고 언급, 〈불교문학〉은 소재보다는 주제 나아가 표현의 면을 살리
되 거시적인 직관(直觀)에 의해 시행되는 것이 좋다고 주장한다. 이
에 대해서는 필자도 같은 생각이다. 그것은 〈불교문학〉을 〈불교적 문
학〉[89]이라고 해석[90]할 경우 '불교'에 중점을 두면 호교적(護敎的)인

---

87) 유한근, 「문학위기의 새 패러다임으로서의 불교문학」, 『문학마을』〈2000년 봄
제1 2호〉, 문학마을, 2000, p.26
88) 仏教の文学への投影は、素材の面では実証しやすいが、主題の面、さらに表
現の面の問題ともなれば、微視的には実証しがたく、巨視的な直観に頼ら
ねばならぬことも多い。(榎克郎,「文學の宗教の出合い」日本仏教文学と歌謠,
笠間書院, 平p 6, p.15-16)
89) 이와 같이 〈佛敎文學〉을 〈佛敎的 文學〉 등의 폭넓은 의미로 확대하여 해석하는
경향을 말한다. 이에 관련시켜 생각해 볼 때, 金雲學은 〈불교의 문학·불교와 문
학·불교를 위한 문학·불교적 문학·불교에 의한 문학〉 등의 표현을 사용하고

문학이 되어 버리고, '문학'에 중점을 두면 '불교'는 하찮은 하나의
소재밖에 되지 못한다는 입장에 서게 되기 때문이다.

　이상의 두 가지 입장을 필자가 정리·해석할 수 있는 근거는 다음과
같다. 그것은 〈불교문학〉은 가능한 한 주제와 소재 그리고 표현을 모
두 불교적인 것으로 하면 좋겠으나, 설사 주제와 표현이 불충분하더라
도 '소재' 하나만이라도 뚜렷하게 불교적인 것이라면 〈불교문학〉으로

있다. 이어 그는 일반적으로 지금까지 나타난 불교문학을 보면 '문학' 쪽이 '불
교'에 더 우선하고 있다면서 日本學者인 小野玄妙·泉芳 璟·山邊習學·前田慧雲
·深浦正文 등의 논리를 나열하고 있다.(이상, 金雲學이 펴낸 『佛敎文學의 理論』,
一志社, 1990, pp.6-8 참조)
　한편, 洪起三은, (1)불교의 경전 및 부처의 가르침에 관계되는 저작물 일체 (2)
불교경전 및 불교적인 것을 표현한 문학 일체 (3)불교적인 관심을 문학형식으로
창작한 것 등 세 가지로 규정하고 있다. 이 가운데 (1)은 주로 日本 學者(永井義
憲·小野玄妙·泉芳 璟)가 주장하는 것으로서 ①경전 일체 ②불교관계 저작물
일체이고, (2)는 ①과 ②에 '불교창작문학'까지 포함시키는 관점이며, (3)은 '종
교문학'은 '문학'이지 '종교'가 아니라는 분명한 태도와 '불교문학' 역시 불교의
범주에 귀속되는 불교 분파나 그 영역의 산물이 아니라 '문학'의 영토에서 생산
된 언어 구조물이라는 관점을 강조한다고 하면서, 이런 관점을 내세운 학자로는
金雲學·久松潛一·阿部秋生등을 예로 들고 있다. 아울러 洪起三은 〈불교문학의
근본문제〉 가운데 하나를 "종교와 예술의 긴장관계"라는 말로 둘 사이의 二律背
反的인 면을 피력하고 있다.(이상 洪起三이 펴낸 『불교문학의 이해』, 민족사, 19
97, pp. 54-72 참조)
　또한, 李晋吾는 『韓國佛敎文學의 硏究』라는 책을 통해, 불교문학은 '불교'란 말
을 소재, 주제, 작가의 세 요소와 연관지을 수 있다고 하면서, 이들 요소 중 어느
것과 연관시키느냐에 따라 불교문학이란 용어의 성격이 판이하게 달라진다고 말
하고 있다. 그는 이어 그러나 이 세 요소 중 반드시 한 요소하고만 관련지어야
한다는 당위성은 없으며, 필요하면 둘 혹은 셋을 복합적으로 고려할 수도 있고,
결국은 용어가 중요한 것이 아니라고 피력하고 있다. (이상은 李晋吾의 『韓國佛
敎文學의 硏究』, 民族社, 1997, p.16 參照)
90) 그렇지만 見理文周는 이 〈佛敎的 文學〉은 '文學에 있어서의 佛敎'를 의미한다고
말한다. 이어 그는 특히 佛敎의 立場을 擁護하려고 하는 것도 아니고, 그렇다고
해서 文學의 입장을 固執하기 위한 것도 아니라고 〈佛敎的 文學〉에 대한 입장을
표명하고 있다.(見理文周, 『現代佛敎文學入門』〈法藏選書 25〉, 法藏館, 昭58, p.2
5 參照) 한편 필자는 이상과 같이 '佛敎文學'에 관한 關聯資料를 검토하면서, 〈佛
敎文學〉은 〈佛敎的 文學〉의 의미까지 포함시켜도 무방하다고 해석하고자 한다.

인지해도 좋다는 점이다. 그럼에도 사사부치 토모이치(笹淵友一)는 이 점에 대해「宗敎と文學」라는 논문을 통해서 다음과 같이 말하고 있다.

'종교'와 '문학'과의 관계를 생각할 경우, 우선 문제가 되는 것은 문학의 종교기원설(宗敎起源說)일 것이다. 문학의 기원은 종교행사(宗敎行事) 속에 있다고 하는 설이다. 무엇보다도 문학의 기원에 대해서는 여러 가지 설이 있고, 그 기원은 단일인가 그렇지 않으면 복수인가 하는 문제가 있지만, 적어도 그 기원은 하나로서 종교기원설이라고 생각할 수 있겠다. 종교가 일체의 문화를 지배하고 있던 원시시대는 오늘날 문학의 원류라 인정되는 것이 종교행사의 일부로서 이것에 봉사하고 있다. 신(神)을 찬미하고 또는 기도하는 언어표현이 곧 그것이다.[91]

이 인용문에서 사사부치는 '종교'와 '문학'과의 관계를 생각할 때, 위에서 말한 주제 내지 소재를 중히 여기면서도 하나의 〈종교문학〉이 되기 위해서는 '종교행사'[92]가 중요하며, 해석에 따라서는 가능한 한 주제 나아가 소재도 종교적이어야 한다는 점을 시사하고 있다. 아울러 그는 종교가 전반적인 문화를 지배했던 시대에는 종교행사가 거행됨으로써 문학의 원류가 되었다고 피력, 문학의 기원을 '종교'로 보고 있는 것이다. 그것은 종교행사, 즉 신이나 부처를 찬미하거나 기도하는 행위가 곧 종교적인 언어표현으로서 나타나기

---

91) 宗敎と文学との関係を考える場合まず問題になるのは文学の宗敎起源説というものであろう。文学の起源は宗敎行事のなかにあるという説であろう。もつとも文学の起源についてはいろいろな説があつて、その起源は単一か、それとも複数かという問題があるが、少なくともその起源の一つとして宗敎起源説というものが考えられよう。宗敎が一切の文化を支配していた原始時代には、今日文学の源流と認められるものが宗敎行事の一部としてこれに奉仕していた。神を讃え、あるいは祈る言語表現がそれである。(笹淵友一,「宗敎と文学」,『國文學解釋と鑑賞』〈1974年 7月號〉, 至文堂, p.6)

92) 본 논문에서 다루고 있는『出家とその弟子』와『愛と認識との出発』가운데, 전자는 특히 佛敎의 각종 儀禮 등을 나타내는 行事가 적잖게 描寫되어 있다.

때문이다. 이에 대해서는 저자도 같은 입장임을 밝혀두면서, 〈중요한 글〉의 「제4장」과 「제5장」의 내용 또한 이 점을 간과하지 않으면서 기술하고자 한다.

위에서 필자는 일본의 '근대'와 '불교' 그리고 '사상'에 관한 관계에 대하여 개괄적으로 언급했으나, 〈불교문학〉과 〈불교적 문학〉 등 주변 어휘에 대한 개념을 파악하는 것도 중요하게 여기고자 한다. 그것은, 본고의 논제와 관련 있는 구라타의 『出家とその弟子』야말로 불교문학 유행의 계기93)를 가져온 대표적 희곡이고, 『愛と認識との出発』라는 작품은 사상적 내용을 적잖게 지니고 있는 하나의 평론94)이라는 사실 때문이다.

한편 일본 근대문학의 '신호탄' 격이라 할 게사쿠(戱作)95)라는 문

---

93) 池田英俊·本場明志·末木文美士·芹川博通·田中教照 編, 『現代日本と仏教』〈現代思想·文学と仏教 第Ⅲ卷〉, 平凡社, 2000, pp.46-47 參照
94) 이 『愛と認識との出発』를 대체로 '평론'으로 분류하는 것이 일반적이나, 吉田精一는 그의 명저인 『近代文藝評論史』을 통해 '에세이집'으로 다루고 있다. 吉田는, 倉田에게는 이 작품에 이어 『靜思』라는 제2의 에세이집이 있다고 거듭 밝히고 있다. 이에 관하여 필자는, 이 『愛と認識との出發』에 관하여 吉田의 표현은 엄밀하게 문학적 장르를 구분하지 아니한 기술로 판단하면서, 일반적인 분류에 따라 '평론'으로 인식하고자 한다.(吉田精一, 『近代文藝評論史』〈大正篇〉, 昭55, 至文堂 p.218 參照). 그러나 필자는 단순한 '평론'이라기 보다는 '수필평론'이라고 칭하고 싶다.
95) 이 '戱作'는 多義的인 어휘이다. 그 첫째는 體系的인 의미로 장난으로 만드는 일이나 그 작품이고, 둘째는 歷史的 의미로 근세후반에 있어서 일련의 소설작품을 가리킨다. 이들 중에서 후자의 경우는 上田秋成·平賀源内·戀川春町 등의 지식인이 弄文의 문단 풍조를 받아 俗文學을 집필한 데서 비롯된다. 그러나 본고에서는 어디까지나 그 시대적 배경이 '近代'이기 때문에, 近世 즉 江戸時代의 戱作의 흐름을 잇는 "明治의 戱作文學"을 말한다. 明治維新의 전후가 지극히 혼란한 시기라서 그 집필과 출판이 부진한 것은 당연한 일이었지만, 이에 속하는 주요 작품으로는 万亭応賀의 『釋迦八相倭文庫』(明元) 美図垣笑顔의 『兒雷也豪傑譚』 등의 장편 合卷이 대부분이다.(『新潮日本文学辞典』, 新潮社, 1991, p.440, 1233 參照) 한편 明治 시대 직후인 大正時代에도 戱作가 總合雜誌에 실렸고, 소설을 읽는 기분으로 적잖은 사람들에게 읽혀졌던 것은 당시만 해도 戱作가 나름대로 문학적으로 하나의 장르로서의 구실을 했다고 추정할 수 있다.(柳田泉 外 編,

학적 흐름 아래, 메이지 10년도 후반에 일본 근대문학의 선구라 할 쓰보우치 쇼요(坪內逍遙, 1859-1935)의 『小說神髓』와 『當世書生氣質』(이상 明18-19) 등의 출현은 일본의 근대화를 문학적으로 상징하려 했던 시도로 해석된다.

이런 시대적 흐름 속에 메이지 정부는 신토주의에 의한 국민교화를 강력하게 추진하였고, 후쿠자와 유키치(福沢諭吉, 1835-1901)의 『學問のすすめ』가 상징적이었던 문명개화 등의 영향으로 생긴 자유민권운동(自由民權運動)[96]을 출발점으로 하여 소위 당시에 어울리는 문학이 탄생하고 그에 따른 많은 유파(類派)가 일어났는데, 이에 앞서 후타바 테이시메이(二葉亭四迷)의 언문일치체(言文一致體)에 의한 문학이라 할 『浮雲』 등이 저술되는 일련의 시대적 흐름이 있기도 했다. 따라서 일본 근대문학의 사상적 현상 또한 대체로 서양문학의 영향[97]을 크게 받았다는 긍정적인 평가[98] 아래 이루어졌다고 할

『座談會 明治・大正文學史』〈6〉, 岩波書店, 2000, pp.140-141 參照)

96) 1874년(明7)의 民選議員設立白書를 계기로 발생, 1875년(明21)부터 이듬해에 일어나 大同團結運動에 이르는 일본 최초의 近代民主主義革命運動을 말한다. (國史大辭典編纂委員會 編, 『國史大辭典』〈第七卷〉, 吉川弘文館, 昭61, pp.301 -307 參照) 이 自由民權運動의 指導者 사이에서는, 片岡健吉가 기독교의 세례를 받았다던가 中江兆民이 無神論을 주창했다고 하는 예를 통해서도 알 수 있듯이, 佛敎와 敵對的인 宗敎思想에 결부되는 일이 많았다.(法藏館編輯部, 『講座 近代佛敎』〈第Ⅱ卷〉, 法藏館, 昭36, pp.28-29 參照) 이 같은 日本의 自由民權家들은 루소(1712-1778), 밀(1806-1873), 스펜서(1820-1903) 등을 대단히 많이 받아들였다.(고재석 옮김, 마루야마 마사오・나카무라 하지메・이에나가 사부로・다케다 기요코 지음, 『사상사의 방법과 대상』〈한림신서 일본학총서 32〉, 小花, 1997, p.43 參照)

97) 이상의 두 작품이 탄생함으로써 日本文學은 '近代文學'의 새로운 개념을 나타내기 시작한 바, 이것은 이미 常識이 되어 있다. 일찍이 森鷗外 등이 留學을 통해 직접 체험한 西洋으로부터의 문학적 영향이 컸기 때문에 가능한 일이었다.(土方定一, 『近代日本文學評論史』, 法政大學出版局, 1973, pp.272-282 參照) 日本近代文學과 西洋文學의 交涉은 幕末의 蘭學에 바탕한 '英學'에서 비롯된다. '英學'이란 英語를 통해 英國을 주로 하여 文明開化的으로 歐美의 風俗文化科學을 배우는 것이었다.(日本近代文學館 小田切進 編, 『日本近代文學大事典』, 講談社,

수 있다. 이런 조류에 힘입어 결국 다이쇼시대에는 각종 사상적(思想的) 문학작품이 적잖게 등장했던 것이다.[99] 여기에서 '사상'[100]이라는 어의는 주로 정토진종에 바탕한 신란사상[101]과 니치렌슈에 바탕한 일련(니치렌)사상(日蓮思想)[102] 등 '불교'를 토대로 하는 것이어

昭52, p.407 參照)

98) 이 같은 肯定的인 評價는 日本의 近代化에 관해서도 되어졌지만, 否定的인 평가도 없지 않았다. 富永健一은 그의 명저『近代の近代化と社會運動』를 통해서, 일본의 근대화에 대하여, 긍정적으로 평가한다면 서양의 先進諸國 보다도 늦게 출발했으면서도 뒤쫓아 갈 수 있었음이 大成功이면서 눈앞의 근대화를 지향하고 있는 後發諸國에 있어서 모범적이었으나, 부정적으로 평가한다면 모범은커녕 후발제국으로서 그래서는 안 된다는 식의 대립된 주장을 제기했다.(富永健一,『日本の近代化と社會運動』, 講談社, 1997, p.25 參照) 이런 논리에 의하면 '文學'만이 아니라, 그 밖의 제반적인 일에서 肯定과 否定의 평가가 兩立되었다고 볼 수 있지만, 이른바 '國粹主義'에 입각한 일본측의 시각만으로 본다면 역시 긍정적 평가가 우세하다고 할 수 있다.

99) 河合敦, 前揭書, p.154 參照

100) 이 '思想(thought)'이라는 어휘는 대체로 西洋의 著作을 번역하는 선상에서 필요로 하는 새로운 의미를 전하기 위해서 明治의 초기에 만들어진 말이다. 그러기 때문에 明治初期에 言語學的 刷新을 거쳐 남게 된 明治의 新造語라 할 수는 없다. 따라서 '思想'은 1890년대까지는 「觀念(ideas)」「이데올로기(ideology)」 등과 함께 혼용되어 廣義로 통용된 말이다. 그러나 近代日本의 語彙 속에서 유력한 단어가 된 셈이다.(木村勝彦 譯,「近代日本における'思想'の意味」,『東洋學術研究』〈第29卷第3号, 通卷123号〉, 東洋哲學研究所, 平2, p.56 參照)

101) 日本 鎌倉時代 前·中期의 僧侶이자 淨土真宗의 宗祖인 親鸞에 의해 펼쳐진 佛敎의 淨土思想 중의 하나를 말한다. 즉, 親鸞에 있어서 阿彌陀佛의 本願에 대한 신앙은, 기본적으로는 그가 「阿彌陀佛의 化身」이라고 받든 스승 法然의 그것을 계승하고 있다. 그러나 양자 사이에는 차이점도 보이는데, 그 하나가 法然이 阿彌陀佛의 이름을 칭송하는 〈行의 一念〉을 중시한 데 비하여 親鸞은 阿彌陀佛의 本願을 믿는 〈信의 一念〉을 중요시한 점이다. 이 親鸞思想이 근대 일본의 思想이나 文學 등에 미친 영향은 지대하다고 할 수 있는데, 그것은 明治時代에 들어서 近代的 知識人에 의해 親鸞을 둘러싼 일종의 '붐' 현상이 일어날 정도로 그의 內面凝視의 자세가 '個의 確立'을 모색하는데 共鳴을 불러일으켰기 때문이다.(『岩波 哲学·思想事典』, 岩波書店, 1998, p.848 參照) 그래서인지 親鸞에 관한 文學的 研究가 近代 이후에도 日本 內外에서 널리 시행되었다. 그럼에도 불구하고, 이에 관한 韓國 내에서는 좀처럼 연구되지 않고 있어, 필자로서는 유감스러운 바 없지 않다.

102) 鎌倉시대의 佛敎人으로서 日蓮宗의 創始者로 불리는 日蓮(1222-1282)에 의

서, 대체로 종교103)에서 비롯된 사상이라 해도 좋을 것이다.

이런 흐름을 인지하면서 필자는 당시의 불교문학사상을 비교·검토할 때, 일본 근대불교의 흐름을 주도한 메이지시대의 신(新)불교운동104)은 근세불교(近世佛敎)105)와 관련이 깊다고 본다. 이는 메이지·다이쇼 시대의 근대불교가 서구열강에 의해 일어난 소위 서구주

해 이루어진 思想體系를 말한다. 이 사상의 特徵이라면, 「念佛無間·禪天魔·眞言亡國·律國賊」이라는 소위 '四箇格言'으로 대표되어지는 것처럼, 다른 宗派에 대한 엄격한 折伏 精神에 있다고 할 수 있다. 그 根據는『法華經』을 末法에 있어서 唯一한 救濟의 길로서 여기는 데 있다. '日蓮'이라는 강렬한 個性에 의해 統合되어지기도 했던 이 敎團은 日蓮의 死後 求心力을 일기도 했지만, 다시금 生命力을 回復하게 된 것은 近代 以後의 일이다. 이로써 이 '日蓮思想'은 특히 田中智學·本多日生 등의 國粹主義와 결합한 '日蓮主義' 運動으로 靈友會·立正佼成會·創價學會 등의 일본의 近代的 新宗敎로부터 優待받고 있다.

103) 굳이 文學과 宗敎의 관계에서 특별히 宗敎를 논하지 않는다 할지라도, '宗敎'는 본래 어떤 形態든 苦惱 내지 煩惱에서 出發한다고 할 수 있다. 이를 佛敎的으로 말하면 四苦, 즉 生老病死라는 괴로움에서 출발한다고 할 수 있는데, 이렇게 보면 '文學'은 人間의 苦惱랄지 煩惱로부터 解脫시키고자 하는 機能도 가지고 있다고 해도 좋을 것이다.

104) 이에 대해서는 池田英俊의『明治の新仏敎運動』의 내용이 구체적으로 설명하고 있다. 池田英俊은 이 책에서「明治の新仏敎運動は、近世仏敎の上に現れた歴史上、思想上の諸問題を受容し、近代的思惟の時角に立って、あらためて世俗倫理や敎化思想として捉えなおそうとしたところに成立したものである。 最も大きな課題は、 排仏思想の明治仏敎に与えた影響である。」(池田英俊,『明治の新仏敎運動』, 吉川弘文館, 昭 51, p.1 參照)

105) 末木文美士는『日本佛敎史』를 통해, 「近世佛敎는 '墮落佛敎'라는 烙印을 받고 엄한 비판을 받게 되었다. 近代佛敎史學의 금자탑이라 할 辻善之助(1877-1955, 역사학자)의『日本佛敎史』는 近世篇의 최후의 '불교의 衰退와 승려의 墮落'이라는 節에서 갖가지의 타락의 예를 들고, 西歐에 있어서 中世에서 近世로의 전개와 비교하면, 日本近世에도 매우 근사한 점이 있음을 알 수 있는데, 그것은 첫째, 일본에 있어서도 儒學이나 心學 등으로 볼 수 있는 것처럼 宗敎的인 世俗超越의 입장이 쇠퇴하고, 世俗的인 인류사회에 가치를 두는 입장이 강해진 점. 둘째로는, 科學的인 世界觀은 중심이 되어있지 않지만, 江戶時代 中期 이후 洋學의 移入은 새로운 세계관으로서 모색되어진 점. 셋째로는, 佛敎·儒學·國學 등과 그 밖의 여러 가지 思想이 어지럽게 들어와 가치관의 다양화가 현저하게 엿보이는 점」 등을 지적하고 있다.(末木文美士,『日本仏敎史』〈思想史としてのアプローチ〉, 新潮社, 1992, pp. 174-177 參照.)

의에 적응하면서 생긴 당시 불교의 시대적 분위기106)를 찾으려 했다
는 점에서 그렇다. 메이지의 신불교운동은 다이쇼시대에 들어서 불교
계의 개혁운동과 그 맥락을 함께 하면서 신란사상을 주제로 하는 문
예풍조가 다카쿠스 준지로(高楠順次郎)의 「真宗の信仰と戯曲『出家
とその弟子』」(대11)와 요시카와 에이지(吉川英治)의 『親鸞』『親鸞
記』, 그리고 가메이 카쓰이치로(亀井勝一郎)의 『親鸞』 등이 1922, 1
923년(대11, 12)에 집중적으로 발표되었음은, 단순한 불교에 관한
문학의 유행을 넘어서서 소위 다이쇼시대의 〈신란 붐〉을 이루었다고
할 수 있다. 이는 당시로서는 이채로운 현상을 일본의 '근대'에 일어
나게 했던 것이다.

문학은 인생의 예술적 승화(昇華)이고, 그 삶의 현실과 내일을 지
향하는 인간상을 창조하는 것이다. 거기에는 역사적 현실 속에서 그
날의 행복을 위해 집요하게 살아가는 인간의 갈등과 절규와 좌절 등
이 있고, 피안의 지평을 찾아가는 피땀 어린 삶의 도정이 부각되어
있다. 그러기에 인생은 문학의 고향이면서도 그 뿌리를 박고 있는 토
양이며, 수확의 황금이 넘실대는 들판이기도 하다.107) 이렇게 소중

---

106) 佛教의 世俗化가 近世에 들어 적잖게 나타남에 따라서, 일본 국내적으로는 明
治·大正時代 당시의 知識人들이 '排佛論'을 주장, 결국은 '廢佛毁釋運動'까지
강하게 제시하게 되었음을 의미한다. 그러나 한편으로는 국외적으로 당시의 정
치세력과 함께 힘을 발휘하여 東北亞 대륙진출의 야망과 함께 각 종파가 韓半
島를 비롯한 각 국가의 開港 동시에 일본 승려들이 布敎所를 설치하게 된 시대
적 흐름도 있어 필자는 이런 의미로도 해석하고자 하는데, 이는 일본정부가 동
북아를 포함한 한반도를 교화하려 했던 것이 日本帝國政府의 식민지통치정책
의 일환으로서 행해졌다고 강조하는 木場明志의 「海外布敎と佛敎福祉─朝鮮に
おける土幕民移住計劃について─」라는 논문에 그 근거를 대고자 한다.(강석주
·박경훈, 『불교근세백년』, 민족사, 2002, p.15와 池田英俊 外 二人 編, 『日本
佛敎福祉槪論─近代佛敎を中心に─』, 雄山閣出版, 平11, pp.250-251 參照)
여기에서 '廢佛毁釋運動'이란, 明治 政府에 의해 明治 1년(1868) 이래 취해진
神佛分離政策에 수반하여 寺院을 파괴하고 僧侶를 귀속시키는 등의 佛敎廢止
運動을 가리킨다. (拙論 「近代文學과 佛敎」, pp.166-176 參照)

하기만 한 하나의 문학작품을 이해하려 할 때, 한편으로는 작가의 생애와 문학의 관계는 긴밀하고도 복잡하게 얽혀 있지만, 또 한편으로는 서로 대응하면서도 또한 일정한 거리를 두고 있을 때가 많다. 그래서 작가의 직접적인 성장배경과 그에 따른 체험이 바로 그 작품의 내용과 직결되거나 가깝게 표현될 수도 있는 것이다.

이같은 점에서 가장 체험적 요소를 크게 지니고 있는 것은 '종교'라 할 수 있고, 이를 '문학'과 관련시켜 보면 '종교문학'108)이 되는 바, 불교적으로 보면 〈불교문학〉이 되고, 기독교적으로 보면 〈기독교문학〉109)이 되는 셈이다. 한편, 이 〈기독교문학〉에 관한 연구110)도 한·일 양국에서 실제적으로 이루어지고 있음은 두 말할 것도 없는 일이다.

---

107) 丘仁煥, 『近代作家의 삶과 文學』, 서울대학교출판부, 1995, p.2
108) 여기에서 〈'宗敎文學'이란 무엇인가?〉라는 문제에 접하게 되는데, 峰島旭雄는 이에 관하여 一義的으로 規定하기가 곤란한 문제라고 말하고 있다.(峰島旭雄, 「仏教文学の概念規定とその諸問題」, 『仏教文学研究』〈第八輯〉 1967, pp.7-10 參照) 그러면서도 그는, '宗敎'와 '文學'이라는 두 가지 要素로 되어 있음은 두 말할 것도 없고, 그 중에서 '宗敎' 쪽에 중점을 두면 宗敎와 관련된 문학이 되어버리고, '文學' 쪽에 중점을 두면 이것이 宗敎文學이 될 정도로 世俗的인 것으로 되어버린다. 여기에서 이상의 두 요소인 宗敎와 文學이 均衡을 유지하면서 종교적인 것을 彷佛시키는 것이 참다운 宗敎文學이라는 이름 값을 할 수 있다는 定義가 될 수 있음을 밝히고 있다.(峰島旭雄, 「宗敎文学と救いの問題」, 斎藤昭俊 敎授 還曆記念論文集 刊行会 編, 『宗敎と文化』, こびあん書房, 平2, p.89 參照)
109) 日本에서 基督敎文學이라고 할 때, 이는 한 사람 그리스도를 위한 文學만을 가리키는 것은 아니다. 歐美의 경우와 같이, 基督敎 國家가 아닌 風土에서 『聖書』와 기독교를 만나게 되지만 入信하지 아니하고 '信'과 '認識'의 틈새에 흔들리면서 葛藤과 緊張 자체를 꿋꿋이 버텨 나간 作家가 적지 않기 때문이다. 日本 近代에 있어서 基督敎 作家로서 크게 활약한 遠藤周作는 이를 가리켜 "日本人の感覚は基督教をうけ入れない何ものかがある"라고 말한 바, 이 말의 意味가 示唆하는 것이 크다 하겠다.(安森敏隆·吉海直人·杉野徹 編, 『キリスト教文学を学ぶ人のために』, 世界思想社, 2002, p.4 參照)
110) 이에 관한 國內 硏究業績으로서 學位論文으로는, 李敏子의 「開化期 文學과 基督敎思想 硏究」와 黃良秀의 「韓國基督敎文學의 形成 硏究」(이상, 中央大學校 大學院 博士學位論文, 1988) 등이 있다.

역사적으로 볼 때, 불교는 제행무상(諸行無常)·제법무아(諸法無我)·열반적정(涅槃寂靜)이라는 삼법인(三法印)을 중심사상으로 하면서, 일본에서만도 1천년 이상의 장기간에 걸쳐 일본인의 생활과 문화에 큰 영향을 끼쳐 왔다. 특히 제행무상과 제법무아, 열반적정을 설하는 대승불교사상은 이른 바 무상관·인과관이 보편적인 생활감정으로까지 자리잡아 왔다. 이 점에 있어서 〈불교문학〉도 예외는 아니었다.

근대문학에 투영된 신란(親鸞)

신란사상이 다이쇼 시대 이후로부터 제2차세계대전이 끝날 무렵인 쇼와(昭和)초기까지의 일본문학에 어떤 영향을 끼쳐 왔는가에 대하여 생각할 때 문제가 되는 것은, 근대에 있어서 신란사상의 발견과 자각이 어떻게 전개되었는가 하는 점이라고 볼 수 있다. 가마쿠라(鎌倉)시대에 호넨(法然, 1133-1212)[111] 아래서 정토신앙에 눈을 뜬 신란에 의해 창시된 정토진종이 일본불교사에 한 획을 그은 채 오늘날까지 그 명맥이 이어지고 있는 입장에서, 일본 근대에 있어서 신란을 발견하고자 함은 의의 깊은 일이라고 본다. 이 다이쇼 시대가 곧 불교계의 자기비판에서 시작되어 사회적인 비판정신을 수반한 '근대 불교신앙의 수립기'라 볼 수 있는데, 이는 일종의 '종교부흥(宗敎復興)의 시기'이기도 했다. 이 점은 불교에 관심을 가져오다가 만년에 일련에 큰 매력을 느끼던 다카야마 초규(高山樗牛)[112]등의 아래에서 참선한 체험을 『門』(明43)을 통해 기술하고 훗날 '쇼쿠텐교시(則天去私)'라는 사상(만년의 인생관)을 표방한 나쓰메 소세키(夏目漱石)의 정신편역 등에서도 엿볼 수 있다. 여기에서 '쇼쿠텐교시'란, "작은 나를 버리고 자연에 의탁하여 산다." 또는 "하늘을 헤아려 나를 버린다."는 의미이다. 당시 고다 로한(幸田露伴, 1867-1947)의 출세작 『風流佛』(明22)나『五重塔』(明25) 등의 동양적·불교적 성격에는 오

---

111) 平安末·鎌倉前期의 僧侶로서 日本佛敎에 있어서 淨土宗의 創始者이다.
112) 1871年에 태어나 1902年에 死亡한 明治時代의 評論家로서의 文學者이다. 처음으로 '日本主義'를 주창했다. 니체의 영향을 받아 美的 生活을 제창하고 나아가 日蓮에게 傾倒해 나가는 등 思想的으로 다양하게 추구했으나, 32세의 젊은 나이에 他界했다.

도적(悟道的) 정화를 지향하는 불교이념이 실려 있기도 하다,

이어 근대문학의 주류가 된 사소설(私小說)의 계보가 자기척결(自己剔抉)을 통하여 자아의 진실을 추구하려 할 때, 무상감·무아감과 함께 죄악이 심중하고 번뇌(煩惱)가 치성한 범부(凡夫)를 정면으로 받아들이고 '타력왕생(他力往生)'을 설하는 정토계의 불교사상은 본서를 기술하는 데 매우 중요한 의미를 가지는 셈이다. 그것은 정토사상이 근대문학가의 정신에까지 영향을 미치기 시작했기 때문이라 할 수 있다.

구라타가 살아왔던 다이쇼 시대[113]는 불교계의 자기비판에서 시작되어 사회적인 비판정신을 수반한 '근대불교의 수립기'라 할 정도로 과거 전통적인 일본불교에 대해서 관심이 커지기 시작했다.

근대문학가 중에서 이같이 신란으로부터 영향을 받은 문학가라면 다야마 카다이(田山花袋)·오자키 이치유(尾崎一雄)·다키이 코사쿠(瀧井考作)·니와 후미오 등을 들 수 있다. 이들은 각자의 개성을 지니면서도 직접 내지 간접적으로 호넨·신란 등의 정토계 불교로부터 큰 영향을 받았던 것이다. 이때 특히 다야마 가다이를 선구로 하는 자연주의문학(自然主義文學)이 이와노 호메이(岩野泡鳴, 1873-1920)나 지카마쓰 슈코(近松秋江, 1876-1944) 등의 허무주의(nihilism) 또는 퇴폐풍조(decadence)를 거쳐 인간구제의 위기의식을 강조해 온 〈다이쇼 시대의 종교 '붐'〉으로 이어지는 과정 속에서도, 가다이의 경우만을 생각해 보면 『蒲團』(明40)을 통해 자기를 폭로하며 고백해 나갔다는 점으로 해석할 수 있다. 이 흐름은 결국 불교의 근본사상을 추구한 소설 『親鸞』과 『煩惱具足』의 범부상(凡夫像)은 물론

---

113) 본 연구의 중심적 내용을 차지하는 『出家とその弟子』(大5─6)와 『愛と認識との出発』(大10)를 倉田百三가 집필하여 세상에 드러낸 시기는 곧 그가 문학인으로서 가장 왕성하게 활동했던 시대인 소위 '大正期'에 해당된다.

이고『菩提樹』의 죄와 '죽음' 의식 등을 남긴 니와 후미오의 활약상
은 타의 추종을 불허할 정도로 컸다.

이어 신란의 정토사상은 나아가 메이지시대 후기에 이르러 마쓰오
카 유즈루·오카모토 카노코(岡本かの子)·미야자와 켄지·고바야시
히데오(小林秀雄)·가메이 등에 영향을 미쳤고, 또한 기요와사 만시
(清沢満之)114)의 『精神界』115), 지카즈미 죠칸116)의 『歎異紗講義』
(明42),『求道』, 이토 쇼신(伊藤證信)117)의 『無我の愛』, '이토엥'118)
의 니시다 텐코119), 그리고 아케가라스 하야120)의 『歎異抄講話』(明

---

114) 1863年에 태어나 1903年에 사망한 明治時代 浄土真宗 大谷派의 僧侶이다. 그
는 처음에 醫學을 전공했으나, 京都大谷派本山에서 得度하고서, 明治 29年에
本山의 寺務革新을 위한 잡지『敎界時言』을 발행했는데, 이런 일 등으로 인하
여 宗團으로부터 除名處分을 받았다. 明治 33年에 本鄕인 森川町에 '浩々洞'를
개설, 이듬해에 曉烏敏, 佐々木月樵, 多田鼎과 잡지『精神界』를 간행하여 "精神
主義"를 제창했고 絶對他力信仰을 고취시켰다. 저서에『精神講話』『佛敎講話』
『懺悔錄』등이 있다.(吉田久一,『清沢満之』, 平8, pp.202-265 參照)

115) 明治 36年 6月 10日 발행된 清沢満之 등에 의해 창간된 잡지를 말한다.(法藏
館 編,『近代の宗敎運動』, 法藏館, 昭61, pp.65-180 參照)

116) 1869年에 태어나 1931年에 사망한 明治·大正期의 眞宗大谷派의 僧侶이다.
東京第一高等学校 졸업 후 清沢満之 등과 宗門改新運動에 참가하여 東京帝大
철학과를 졸업하고는 明治32年 정부의 宗敎法案에 대하여 반대운동을 펼쳤다.
이후 국가의 宗敎統制를 批判하고, 明治35年에 東京本鄕에 求道學舍를 설립,
親鸞信仰의 宣揚敎化에 노력했다.

117) 1876年에 태어나 1963年에 사망한 三重県 출신의 社會運動家이다. 소년시대
故鄕에서 僧籍을 얻은 후, 京都의 浄土真宗 안에서 배움의 길을 걸었다. 재래
의 불교운동에 만족하지 않자 '無我愛'를 역설하고 真宗 大谷派를 이탈, 明治3
8年 東京에 '無我苑'을 열었다. 그 해 6월에 잡지『無我の愛』를 발간했으나, 이
듬해 2월에 폐간하고 아울러 閉園했다. 著書로『無我愛の哲学』(昭8)가 있다.

118) 生存競爭을 否定하고, 無一物·無所有의 共同生活을 통하여 사회를 변혁시키려
西田天香의 나이 32세시인 1916年(大5) 京都 인근에 설립된 奉仕團體이다.

119) 滋賀縣 출생. 明治·昭和 時代의 宗敎家이다. 20세 무렵부터 北海道 개척사업
에 가담하였고, 求道하기 위해 방랑생활을 한 후 톨스토이의『我が宗敎』의 영
향을 받아, 明治 38년(1907) 京都 인근에 '一燈園'을 설립하고 托鉢生活에 들
어갔다. 그의 저서로는 설화집『懺悔の生活』(大10)가 있다.

120) 1877年에 태어나 1954年에 사망한 明治·昭和期의 浄土真宗 大谷派의 僧侶이
다. 清沢満之에게 師事하고 '浩々洞'에 입문, 明治34年(1908)에 雜誌『精神界』

44) 등에도 큰 영향을 주었다.

전술한 바와 같이 신란에 관한 작품이 일본 근대에 나오게 됨은 시대적 요청에 의한 것이다. 이를테면, 지카즈미 죠칸의 『親鸞聖人の信仰』(明41), 사사키 겟쇼(佐々木月樵)121)의 『親鸞聖人伝』(明43), 그리고 기노시타 나오에(木下尚江)122)의 『法然と親鸞』(明44) 등이 주로 메이지 40년대에 들어서 출간되었으나, 이들 세 작품 가운데 문학과 관련이 있는 것은 기노시타 나오에의 『法然と親鸞』뿐이다. 기노시타는 『法然と親鸞』을 집필하기 전인 메이지 30년대에는 기독교의 입장에 서 있었다. 그는 이 작품을 쓰고 나서 불교로 회귀한 셈이나, 완전히 그랬다고 단언할 수는 없다. 그것은 기노시타에게 신란사상과의 관계가 확연한 문학작품이 더 이상 없기 때문이다.

일본 근대를 통해 신란을 발견해 가는데 있어서 중심적 문학가란, 구라타를 비롯하여 마쓰오카 유즈루·니와 후미오·가무라 이소다·아케가라스 하야 등이며, 오카모토 카노코와 미야자와 켄지도 문학인으로서 초기만큼은 신란의 영향을 받았다. 그 중에서도 신란을 희곡으로 묘사한 구라타의 『出家とその弟子』와 그의 사상적 근간을 이룬 『愛と認識の出発』는, 불교만이 아니라 기독교적 표현을 사용함으로써 당시로서는 신선한 감동을 불러일으킨 셈이다.

그렇지만 나쓰메 소세키의 『吾輩は猫である』처럼, 고양이(猫)가 죽기 직전에 "나무아미타불(南無阿弓陀佛), 々々々々々々々。고맙다(ありがたい)。"123)라고 염불(念佛)하면서 죽어갔다고 하여 이런 작

를 발간하여 主筆을 맡았고, 이후에는 佛敎의 近代化運動을 전개했다.
121) 1875年에 태어나 1926年에 사망한 明治·大正시대의 佛敎學者이다. 淸澤滿之에게 배우고 多田鼎 등과 '浩々洞'의 機關誌 『精神界』를 발행한 후, 母校인 眞宗大學(현 大谷大學)의 敎授를 역임하고 同校 學長을 지냈다.
122) 1869年에 태어나 1937年에 사망한 明治-昭和시대 前期의 社會運動家 겸 作家이다.
123) 夏目漱石, 『吾輩は猫である』, 角川書店, 昭57, p.472

품까지도 신란의 사상과 관련 있다고 해석하는 것은 무리한 발상이라 할 수 있다. 그것은, 메이지 이후의 문학 속에 이런 정도의 표현이 적지 않기 때문이다. 이에 따라 신란과 관련 있는 작품이라 하여 무조건 불교문학으로 분류해서는 결코 안 될 일로 보인다.

한편, 마르크스주의 문학운동이 맹위를 떨치기 시작한 군국주의 아래에서도 독자적인 문학가가 있었던 바, 다름 아닌 『生々流転』『女体開顕』 등을 쓴 오카모토 카노코(岡本かの子)와 정토계와는 다른 입장에서 『春と修羅』『銀河鉄道の夜』[124] 등을 발표한 법화사상(法華思想)의 시인인 미야자와 켄지이다. 그러나 쇼와(昭和)초기의 불교문학의 대표적 인물인 이 두 사람은 신란의 영향을 받고 불교에 경도되었으나, 이 후 각자의 자질에 따라 다른 방향으로 나간 문학가라 할 수 있다.

가진(歌人)으로 출발한 카노코의 경우, 불교를 크게 수용하여 승려가 된 연후에 소설가로 변모했는데, 카노코는 신란의 『歎異抄』에 의한 자기구제를 기점으로 하여 용수(龍樹)의 불교사상에 경도했다. 켄지는 부친이 열성적인 정토진종의 신자이고 켄지 스스로가 모리오카(盛岡)중학교 재학 중 기숙사 생활을 하면서 『歎異抄』의 가르침을 받기 위해서는 생명까지도 바치겠다는 결의를 보인 일도 있었다. 그것은 1912년(大元) 중학 4년생으로서 켄지가 『歎異抄』를 읽고 그 감상을 부친에게 보낸 편지를 통해 알 수 있다.[125] 그러나 종교에 관심

---

124) 岡屋昭雄는 『宮沢賢治論—賢治作品をどう読むか—』를 통해, 이 『銀河鐵道の夜』
   는 賢治에게 있어서 '生命'을 건 작품이었다고 기술하고 있다.(岡屋昭雄, 『宮沢
   賢治論—賢治作品をどう読むか—』, おうふう, 1995, p.81 參照)
125) 그 편지 내용이란 다음과 같다. 「小生はすでに道を得候。歎異抄の第一項を以
   て小生の全信仰と致し候。 もし尽くを小生のものとなし得ずとするも八分迄は
   会得申し候。念仏も唱へ居り候。」 여기에서 '第一項'이란 『歎異抄』의 '第一章'
   을 가리키는 것인데, 불과 16세의 나이로 逆說的인 表現이 많은 이런 宗教書籍
   을 통해 思想的인 내용을 간파해 나간 점을 보면, 당시의 賢治야말로 精神的으
   로 상당히 早熟했었다고 판단된다.(小桜秀謙, 『宮沢賢治と親鸞』, 弥生書房, 19
   96, p.15 參照)

이 많았던 켄지는 기독교적인 사고방식을 지닌 적도 있다.126) 그럼에도 켄지는 1921년(大10) 일연종으로 개종한 후부터는 다나카 치가쿠(田中智学, 1861-1939)127)가 창설한 고쿠추카이(國柱會)를 방문하여 다카치오 치요(高知尾智耀)를 만나 문예(文藝)에 의한 포교를 권유받기도 하였다.

이처럼 타력적 발상으로 어느 정도나마 근대적 자아를 발견하는 일에 열심히 임하고 현실에 밀착했던 작가가 카노코와 켄지만은 아니었다. 가메이 쇼이치로와 고바야시 히데오 등 수많은 작가가 일본 근대주의에 얽매이지 않고 다채롭게 문학적 활동을 펼쳐 나갔던 것이다. 그것은 가메이가『親鸞』『聖徳太子』등을 발표하여 신란사상 속에서 자기구원의 방법을 찾으려 했고, 고바야시도 어두운 전시 아래에서『無常といふ事』『西行』등을 기술함으로써 불교적인 문학활동을 폭넓게 해 나간 점에서 알 수 있다.

그 후 일본이 국가적 총력을 기울였음에도 불구하고 끝내 제2차 세계대전에서 패하자, '신란' 영향 하의 작가들은 상흔(傷痕)을 크게 느낀 나머지 소수나마 전쟁체험을 하나의 불교체험으로서 받아들여 불교적 작품을 써 나갔다. '신란'계 사상가로서 기요와사 만시는 '浩々洞'128)를, 지카즈미 죠칸은 '구도학사(求道學舍)'를, 아카가라

---

126) 佐藤泰正,「宮沢賢治―そのキリスト教観」, 大島宏之 編,『宮沢賢治の宗教世界』, 溪水社, 1992, pp.167-210 參照

127) 明治-昭和시대 前期의 佛教運動家인 田中智学(1861-1939)에 의해 立正安国会가 1914년에 改稱된 政治的・宗教的 機構이다. 田中智学는 1879年(明12) 日蓮宗에서 還俗, 5년 후인 1884年에 東京에서 立正安国会를 결성하고, 이를 개칭하여 1914年(大3) 国柱会를 창설했다. 法華経과 国体와의 一體化를 역설했다. 그의 獨自的인 日蓮主義는 高山樗牛 등에게 영향을 주었다고 보인다.

128) 東京都本郷區森川町一番地二四一號에 있었던 近角常觀의 집이 있는 곳을 가리키며, 曉烏敏・佐佐木月樵・多田鼎 등이 모여 信仰活動을 편 곳이다. 內村鑑三의「日曜学校」와 對比되어 불리워지고 있다. (吉田久一,『清沢満之』, 前揭書, pp.148-151 參照)

스 하야는 『歎異抄講話』[129)라는 저작물을 중심으로 하면서 불교적인 신앙활동과 저술작업을 속행해 나갔던 것이다.

그렇지만 일본에서 불교만이 아니라 제종교(諸宗敎)의 근대화라는 문제아래, 구라타과 관련이 깊은 『歎異抄』[130)를 사상적으로 인식할 때 반드시 거론되어야 할 인물이라면, 누구보다도 기요와사 만시이다. 만시는 이미 정토진종에 입문함으로써 『歎異抄』에 관하여 남달리 '성전(聖典)'으로 인식·발견해 나갔고, 만시가 『歎異抄』를 발견함에 따라 『歎異抄』는 정토진종이라는 한 종파만의 성전(聖典)이라는 틀을 넘어서 일본 민족의 종교서적으로서 시대의 각광을 받게된 셈이다.[131) 뿐만 아니라, 만시는 폐결핵에 걸리게 되었다는 점에서나 비교적 젊은 나이로 타계(他界)하여 단명(短命)했다는 점[132)에서 구라타와 공통점이 있다.

일본 근대의 불교사상가이자 정토진종의 승려였던 만시는 생존 당

한편, 이 '浩々洞'라는 의미와 출현 배경에 대하여, 宮城顗는 논문 「浩々洞」를 통해서, "浩々とは、言うまでもなく、ひろびろとして大いなるさまを意味する。一切の形骸、粉飾を去って、物そのもの真理そのものに直入した世界、それは一切の対立をさった、ひろびろとした世界である。階上・階下、僅か五間の陋屋に住んで、まず浩々たらんとの願がかかげられたのである。こうして、浩々洞は誕生した。"(宮城顗、「浩々洞」、福鳥寛隆·赤松徹真 編、『資料 清沢満之』〈論文篇〉、同朋舎、1991, p.43)

129) 曉鳥敏가 1902年(明35) 『歎異抄』의 내용을 알기 쉽게 풀이하여 발간한 책이나, 필자는 講談社에 의해 1981년 第1刷로 발행되고 1997년 第22刷로 거듭하여 발간된 「講談社學術文庫 547」만을 소장하고 있어, 『歎異抄講話』에 관한 내용은 바로 이 책을 통해 기술함을 밝혀둔다.

130) 親鸞 滅後의 異端을 탄식한 책으로서 1 卷으로 되어 있다. 본고의 중심적 인물인 倉田가 이 『歎異抄』를 바탕하여 戱曲 『出家とその弟子』를 집필했다고 전해지는 著書이다. 한편, 清沢満之는 이 『歎異抄』를 『阿含經』과 『エピクテタス語錄』과 함께 『淨土三部經』에 비유하여 「余の三部經」이라 부르며 愛之重之했다고 한다.(安福信哉, 『清沢満之と個の思想』, 法藏館, 1999, p.105 參照)

131) 寺川俊昭, 『清沢満之論』, 文栄堂書店, 平5, p.36

132) 滿之는 41세의 나이로 運命했다.

시 '불교의 근대화'를 절실한 과제로 삼지는 않았지만, 나름대로 정토
진종 자체의 개혁을 위해 전력을 다하면서 살아가다가 일찍이 삶을
마감했다. 만시의 인생은 참으로 고난의 삶이었다. 대학 4학년 때의
노트에 남긴 "죽음은 삶의 어머니이다(死は生の母なり)"133)라는 말
에서 알 수 있는 것처럼, 만시는 한 때 건강을 잃고 홀로 병상에 누워
지내고 있을 때를 전후로 하여 〈'죽음'의 문제〉를 크게 의식한 적이
있었다. 나아가 만시는 1890년(明23)부터 금욕생활134)을 한 결과
도리어 건강에 위협을 받게 된 나머지, 폐결핵이라는 당시로서는 불
치의 병으로 드러눕게 된다.135) 그로부터 그는 요양생활을 하면서도
정토진종을 개혁하기 위한 '종문혁신운동(宗門革新運動)' 등을 펴나
가면서도 끊임없이 눈앞에 다가온 '죽음'을 생생하게 예감하고 있었
던 것이다.136) 그것은 만시의 일기에 〈'삶'과 '죽음'의 문제〉가 기술
되어 있기 때문에 더욱 그 인식의 정도를 크게 한다.137) 그의 인생역

---

133) 安福信哉, 前揭書, pp.103-104에서 再引用.
134) 이 무렵부터 滿之는 黑色 즈다부쿠로(頭陀袋)를 목에 걸치고 게다(下駄)를 신
    은 行者의 모습으로 菜食生活 등을 통한 엄격한 禁慾生活에 들어가, 〈最少의
    食糧으로 生을 함께 한다〉는「미니멈 포시블(minimum possible)」을 지향한
    다. 그가 이렇게 禁慾生活을 하게 된 것이라면, 釋尊의 가르침에 따라 스스로
    살아가려고 했던 念願이 있었기 때문이었다. 그러나, 그만 당시에 유행하고 있
    던 肺結核에 걸리고 만 것이다. 그럼에도 그는『佐床懺悔錄』과『他力門哲学骸
    骨試稿』라는 책을 저술해 내기도 했다.(神戶和麿,『淸沢滿之の生と死』, 法藏
    館, 2000, pp.35-36 參照)
135) 安福信哉,「淸沢滿之の生涯と歴史的意義」, 松原祐善 · 寺川俊昭 編,『定本 淸沢
    滿之文集』, 法藏館, 2000, p.475
136) 그 결과 滿之는 그의 나이 31세인 1894年(明27) 9月 9日, 다음과 같이 자신의
    宗敎觀에 바탕한 '죽음' 意識에 관한 글을 남기고 있다.「宗教は死生の問題に就
    いて安心せしむるもの也。 若しそれ死生を差別して相離れたるものとする間は、
    安心に至らざる也。何となれば、死生の相別離せる間は二者輾転して止まること
    なし。是に於いてか不安心あり。若し夫れ死生を一にせば二者の相代あるも、不
    変不動常住唯一なり。是に於いてか安心あり。」(上揭書, p.104에서 再引用)
137) 滿之는 일찍이 肺結核에 걸려 피를 토하는 가운데 '죽음'을 凝視하고, '죽음'을
    媒介로 하여 自己를 묻고 人生을 물으며 宗敎를 묻고 있었다. 그리하여 그는

정이 당시를 살아가던 사람들에게 불교사상 중 인욕(忍辱)의 정신에 바탕한 영향을 미치게 됨에 따라, 불교적 삶을 살았던 그가 당시 일본의 근대화에 공헌했다는 밖으로부터의 관찰과 측정은 무리라는 평가가 없지 않다. 만시라는 인물과 일본 근대화의 관계를 논할 때 가장 중요한 점은, 그의 일생을 통하여 매우 개혁적이고 주체적이며 실존적인 사상을 정토진종이라는 불교권 내에서 근대화시켰던 인물이라는 점 때문에, 만시는 자신이 신앙처로 삼고 있던 정토진종 종단을 개혁하고자 십자가(十字架)를 짊어졌던 것이다.

이 중에서 만시가 「정신주의(精神主義)」운동[138]을 전개한 일은 매우 주목할만한 일로 보인다. 여기에서 간단하게나마 '종교적 행사'가 깃들어 있는 만시의 실천 내용을 살펴보자.

> 만시는 눈을 사회에 향하지 않고, 인간의 근본악(根本惡)이라는 내부로 돌리고 있다. 그는 단순한 사상가가 아니고, 종교적 실천을 과제로 삼고 있다. 그의 '정신주의'는 관념적으로 사상을 추구한 결과의 산물이 아니고, 구도정신에 힘입어 현실적 요청이 전제가 되어 있었다. 그는 끊임없이 현실을 부정하면서 내면적 심화를 시도하고 있다. 그러나 한 번 부정한 현실에서 또 현실에 맞서고 있는 것이다. 따라서, 직접 법으로 사회에 발언은 하지 않지만, 만시의 '정신주의'는 30년대의 사상에 대해 근대적 자아가 제국주의에 대한 옥쇄에서 구원 없는 절망을 낳는 데 하나의 구원을 제공한 것이라 할 수 있을 것이다.[139]

'죽음'을 反射鏡으로 하여 거꾸로 人間의 '삶'을 꿰뚫어 보고 있었던 것이다. 이 점은 비록 滿之와 倉田의 만남이 없었다 할지라도 우연하게도 一致되는 부분이어서, 親鸞의 影響을 받은 두 사람에게 '죽음' 意識이 자리잡는 데 있어서 共通的으로 作用되어졌다고 해석할 수 있다.

138) 淸沢의 「精神主義」는 觀念的으로는 思想을 추구한 결과가 아니고 求道精神에 바탕한 現實的 要請을 전제로 한 것으로, 物質的文明의 弊害를 극복한 救濟精神을 말한다. 한편, 이 「精神主義」는 『精神界』〈創刊號〉의 卷頭에 하나의 論文으로 실려 있다.

139) 滿之は目を社会にむけずに、人間の根本悪という内部にむけている。彼はたんなる思想家ではなく、宗教的実践を課題としており、彼の精神主義は観念的に

그것은 만시를 중심으로 잡지 『精神界』[140)가 1901년(명43) 1월에 창간되었고, 그 전인 1894년(明36) 6월에 폐결핵으로 그가 병사(病死)한 점을 생각하면, 그의 정신주의운동의 의의야말로 매우 컸다고 할 수 있다. 이는 두 말할 것도 없이 정토진종 산하[141)의 아케가라스 하야·사사키 켓초(佐々木月樵) 등이 '浩々洞'의 문인들에 의해 그 운동을 왕성하게 전개한 결과였다. 그렇지만 일본 근대에 신란을 발견하는 일 중에서 무엇보다도 구라타에게 적잖은 영향을 주었고, 만지와 함께 신란사상이 실려 있는 『歎異抄』의 영향을 크게 받은 아케가라스 하야가 쇼와시대에 국가·사회의 동향과 정신상황에 따라 대응하면서 정토진종의 사상을 표현[142)한 것은, 두 말할 것도 없이 『歎異抄』가 있어 가능한 일이었다고 본다. 그것은 신란을 발견하고자

思想を追求した結果の産物ではなく、求道精神に裏づけられた現実的要請が前提であった。彼はたえず現実を否定しながら内面的深化を試みているが、しかし一たび否定した現実で、また現実にむかい合っているのである。したがって、直接法で社会に発言はしていないが、彼の精神主義は三十年代の思想に対して、近代的自我が帝国主義等に対する玉砕から救いなき絶望を生むことに、一つの救いを提供したものといえるだろう。(吉田久一, 前揭書, pp.3-4)

140) 각주 116)을 통해 밝힌바 있으나, 좀 더 구체적으로 밝히면 다음과 같다.
清沢満之가 多田鼎·佐々木月樵·暁烏敏 등과 함께 '浩々洞'에서 共同生活을 시작하고, 1901年(明34) 信念으로서의 '精神主義'를 標榜하고서 창간한 雜誌를 말한다. 그러나, 이 『精神界』는 1903(明36)年 5月 30日 〈我が信念〉가 실리는 것으로 絶筆되고 그 후 1주일 후에 발행 또한 정지됐다.

141) 満之는 浄土真宗의 形骸化한 他力信仰을 극복하는 것은 말할 것도 없고, 자기의 內面에 있는 '自力의 迷惑'으로부터 覺醒하는 것도 '부단한 自力(修養)'에 의해서만 달성된다고 생각했다. 近代 西歐의 精神的 支柱라고 할 個體의 內面性의 原理를 自覺한 후, 內觀的인(자신이 스스로 내면적으로 관찰하고 사색하는; 필자 주) 自己凝視에 바탕하는 부단한 精神的 自己修練의 노력을 거듭하는 일이야말로 참된 의미에서의 他力信仰, 즉 自力卽他力의 世界를 여는 信念에 도달한 것이다. 다시 말하자면, 그는 近代 西歐의인 정신의 내면성에 입각하면서도 거기에서 스스로의 信仰 및 '主體'의 방식을 되물음으로써 佛敎의 內面化·近代化를 指向한 것이다.(斎藤純枝,「伝統思想の近代的再編成とドイツ哲学の導入」, 宮川透·荒川幾男 編, 『日本近代哲學史』, 有斐閣, 昭51, p.69)

142) 福島和人, 『親鸞思想—戰時下의 諸相—』, 法藏館, 1995, p.68

할 때 『歎異抄』를 평가하지 않고는 불가능한 일이었기 때문이기도 하고, 역설적으로 신란의 중심사상 대부분이 『歎異抄』에 실려 있기 때문이기도 하다.

그러므로 1900년(明33)에 간행된 아케가라스의 『歎異抄講話』가 구라타 출생 후 2년째 되던 1894년(明27) 1월부터 1901년(明34) 12월까지 55회에 걸쳐 『精神界』에 연재된 바, 당시 아케가라스는 선지식(善知識)인 만시를 스승 삼아 『歎異抄』를 상세하게 이해함으로써 신란사상을 일본 근대에 눈뜨게 하는 결정적인 역할을 했던 것이다. 아울러 아케가라스가 『歎異抄講話』를 통해 표현한 신란에 관한 문체가 서정적으로 되어 있다는 점을 발견하는 것만으로도, 『歎異抄講話』의 문학성은 나름대로 평가받아 마땅한 일이라 할 수 있겠다. 따라서 아케가라스의 『歎異抄講話』와 1902년(明35)에 발간된 치카즈미의 『歎異紗講義』, 1947년는(昭22) 소가 료진(曾我量深)의 『歎異抄聽記』[143] 등은 신란사상을 조명할 때만이 아니라, 구라타가 『歎異抄』를 인지한 관점 등을 이해하는 데 있어서도 필수적인 해설서라 할 수 있다. 이 중에서도 특히 『歎異抄講話』의 제1장 제1항 「『歎異抄』の世界的價値」[144]는 신란사상의 세계사적 중요성으로 비쳐지고 있어 주목하지 않을 수 없다.

한편 『歎異抄』에 관하여 구라타가 보다 더 구체적으로 이해하고 인식했는가에 관해서는 「제3장 제3절」을 통해 보다 상세하게 후술하고자 한다.

---

143) 曾我量深, 『歎異抄聽記』〈真宗文庫〉, 東本願寺, 2000, pp.1-530 參照
144) 曉烏敏, 『歎異抄講話』, 講談社, 1997, pp.23-26 參照

제2장 | 일본문학에 있어서 '죽음(死)' 의식

제1절 | 문학을 통한 '죽음' 의식의 통시적 의의

　현대인으로서 물질적 풍요를 누리고 있는 사람에게 '사후(死後)의 세계'를 논하게 한다면, 그에 대하여 크게 관심을 가지는 사람은 적을 것이다. 그러나 누구라도 자기 자신과 매우 가까운 인연이 있는 사람이 사망한 경우에는, 고인(故人)이 재생(再生)할 것을 원망(願望)하는 마음이 생기게 됨은 인지상정(人之常情)이라 할 수 있다. 게다가 자기 자신이 삶에 대한 위기의식을 느끼게 된 경우에는, 불교적으로 보면 누구라도 〈생사일여(生死一如)〉[145] 즉, '삶'과 '죽음'이 둘이 아니라는 생각에 따라 재생·윤회(輪廻)[146] 등에 관심을 가질

---

145) 이 어휘는 주로 〈'삶'과 '죽음'이 하나〉라는 의미로 불교계에서 널리 사용되는 普遍的인 용어가 된지 오래다. 그러나 필자는 平川彰의 「仏教より見た生と死」라는 논문에 근거하여 밝혀두는 바이다.(平川彰, 「仏教より見た生と死」, 『東洋学術研究』〈第27巻 第2号〉, 東洋哲学研究所, 昭63, pp.4-7)
146) 이는 다분히 佛敎的인 것이나, 여기에서의 語義에는 앞에서 언급된 '再生'의 의

수 있어 보인다. 그러므로 〈'죽음'의 의미를 묻는 것은 사실 '삶'을 묻는 것이며, 인간이 '죽음'을 생각하는 경우에는 '삶'과 별도의 것으로 '죽음'만을 생각하는 일〉147)이라는 말에 필자도 의견을 함께 한다.

예로부터 인간이 한 평생을 살다가 이 세상을 떠나게 되면, 이를 '죽음(死, Death)'148)이라 했고, 그 사람을 '고인' 또는 '죽은 자'라고 칭했다. 나아가 임종(臨終) · 사망 · 별세(別世) · 영면 · 서거(逝去) 등 일반적 어휘와 열반 · 선종(善終) · 승천(昇天) 등의 종교적 어휘를 빌려 그 상황을 다양하게 표현해 왔다. 또 '운명(運命)'을 달리했다거

미가 더욱 크게 깃들어 있다고 보인다. 이 점에 대하여 広井良典는, 日本人의 경우 輪廻轉生을 향한 긍정적인 감정과 自然親和性을 말하고 있다.(広井良典, 『死生観を問いなおす』, 筑摩書房, 2001, pp.150-153 參照)

147) 水谷幸正, 「仏教と死」, 佛教大學 仏教とターミナル · ケアに関する研究会 編, 『いのちの看取り』, 四恩社, 1993, p.7 參照

148) 우리 인간은 대체로 生命을 '목숨'이라고 하고, '죽음'을 '呼吸이 멈추는 것'으로 생각한다. 이 '죽음'은 강력한 社會的 내지 宗敎的 意識과 사람을 感動시키는 文學의 主題가 되기도 하고 哲學家에 의해 深思熟考되기도 하며, 生物學者에 의해 탐사되고 또 醫師에게는 硏究의 對象이 되기도 했다. 그러나, 대부분의 過去 수세기 동안 醫學的인 죽음에 대한 判定은 通俗的인 죽음의 判定과 대단히 類似하였다. 만일 사람이 意識을 잃거나 그런 상태에서 發見되면 '죽음'의 단계에 이르렀나 確認하기 위하여 醫師를 비롯한 누군가가 脈搏과 呼吸音의 有無를 살피거나 콧김이 서리고 있는지 檢査하고 나아가 瞳孔의 固定 有無를 살펴봄으로써 죽음을 판정해 왔다. 그럼에도 불구하고 이 '죽음'에 관하여 한 마디로 定義하기란 쉬운 일이 아니다. '죽음'이야말로 人間의 한 삶을 마감하는 重大하고 確實한 事實이기 때문이다.(이영균 역, 『죽음의 정의』, 도서출판 고려의학, 1992, pp.1-15 參照) 그러므로 죽음을 確認하는 것은 專門的인 醫師에게서도 쉽지 않은 일이다. 숨과 脈搏이 있다고 하여도 腦의 機能마저 마비되어 身體的 機能이 停止된 상태를 '죽음'이라 판정하는 경우가 있는 것처럼, 明確한 죽음을 확인하는 것이 一般人에게는 어려운 일이 아닐 수 없다. 더욱 最近에는 醫學 상에 생기는 植物人間에 대한 문제나 安樂死 · 腦死 등에 관한 문제들이 생기면서 人間의 生命과 죽음에 대해 누구에게나 宿題가 되고 있는 셈이다. 安樂死와 腦死에 관한 國內 硏究業績으로는 韓輝典의 「安樂死에 관한 硏究」(朝鮮大學校 大學院 碩士學位論文, 1988)와 金東林의 「腦死에 관한 刑法的 硏究」(江原大學校 大學院 博士學位論文, 1992) 등이 있고, 日本에서는 三輪和雄의 「死あるいは脳死への医学的アプローチ—死にゆく患者を見とって—」(『仏敎』〈別冊 4〉, 法藏館, 1990.11, pp.90-98 參照)등이 있다.

나 황천(黃泉)에 갔다고 하기도 하고, 타계(他界)했다거나 돌아 가셨
다거나 저 세상 사람이 되었다고 하기도 함으로써, 고인의 '죽음'을
표하고 애도(哀悼)해왔다[149]. 그리하여 '죽음' 의식을 더욱 크게 지
니게 되었다고 할 수 있다. 한편 이 점에 대하여 종교적으로는 〈극락
(極樂)·천당(天堂)이나 지옥(地獄)에 간다〉[150]는 표현을 즐겨 쓰고

---

149) 두 말할 것도 없이 본 논문에서 말하는 '죽음'은 다름 아닌 人間의 죽음을 가리
키는 바, 이를 確認하는 方法에는 여러 가지가 있다. 아울러 이 '죽음'에 관한
意識도 다양하다. 본래 佛敎에서는 "生死卽涅槃"이라고 일컬어지는데(館熙道,
『煩惱と涅槃』, 山喜房佛書林, 平2, pp.60-71 參照), 現代 日本佛敎學界에서
著名한 學者로 크게 활약하고 있는 '히로사치야'는 "죽음은 生命(목숨)의 布
施"라고 설파했고(ひろさちや, 『現代の課題に応える仏教講義』, 法藏館, 2000,
pp.153-164 參照), 橋本凝胤은 "죽는 일은 살아가는 일"이라고 피력하고 있
다.(橋本凝胤, 『人間の生きがいとは何か』, 講談社, 昭45, p.65 參照) 한편 「죽
음의 周邊」이라고 하면, '死前'과 '死後'로 쉽게 區分되어진다. 인간의 生命이
누구에게나 限界가 있다는 점을 감안하면 전자 쪽에 무게가 실려 이미 高齡化
社會에 진입된 입장에서 "어떻게 죽음을 맞이할 것인가?"하는 등의 〈죽는 方
法〉상의 問題意識이 생기고, 후자 쪽에 중점을 두면 "來世에 어떻게 되어질 것
인가?"라는 점에 관심이 고조되어 〈죽는 方法→墓→葬儀〉의 순서를 생각하는
것이 일반적인 人間思考의 틀이었던 것처럼 보인다.(井上治大, 『いま葬儀·お
墓が変わる』, 三省堂, 1999, pp.80-81 參照) 아울러 '죽음에 대한 判定'을 어
떻게 해야 되는가에 대한 問題意識도 중요하게 생각되는데, 武井秀夫는 「死の
判定と仏教的生命観」이라는 논문을 통해 자신의 견해를 示唆하고 있다.(佐々
木宏幹 編, 『現代と仏教』〈大系 仏教と日本人 12〉, 春秋社, 1991, pp.271-316
參照) 필자는 본 연구를 하기 위해 基礎的인 일로서, 이 점에 대해서도 関心을
기울여야 할 분야라고 생각하는 바이다.
150) 極樂이 佛敎的이고 天堂이 基督敎的이나 地獄은 어떤 宗敎나 宗派를 불문하고
널리 사용되어 온 槪念은 一般化되어 있다. 한편 日本人의 大多數는 아직도
佛敎的인 思考方式에 익숙해져 있어, 「地獄·餓鬼·畜生·阿修羅·人間界·天
上界」라는 六道輪廻의 段階別 死後世界를 認知하고 있다.(ひろさちや, 『仏教
の世界観 地獄と極樂』, 鈴木出版, 1990, p.213 參照) 그러나 오늘날 日本人의
상당수는 極樂이나 地獄이 天上이나 地下에 있다는 論理에 의견을 달리하고
있다고 보여진다. 物質的 繁榮의 日本의 現狀은 소위 '長壽社會'를 만들어 極
樂世界에 가까워 出現되어가고 있는 셈이지만, 地獄은 消失되어가고 있다. 따
라서 地獄·極樂은 祖上들이 전해 준 이야기에 불과하다는 인식이 널리 퍼져
있는 셈이다.

있는 바, 이런 일들은 동서고금을 막론하고 지구상의 어느 민족이나 국가나 마찬가지라고 이해된다.

따라서 인류는 조상이 죽게 되면 대부분 후손의 입장에서 그 영혼(靈魂)151)을 조상신(祖上神)으로 받들어 왔다. 그 중에서도 일본 근대의 대표적인 인물이라면 일본민속학(日本民俗學)의 창시자인 야나기타 쿠니오(柳田國男; 1879~1962)를 비롯한 민속학자들이라고 할 수 있다. 고대(古代) 일본인의 경우는 당대의 사료에 각종 기록이 '죽음'과 유관하게 잔존해 있는 인물이 많아서 딱히 누구라고 지칭하기는 어렵다.

한 인간에게 있어서 '출생'으로부터 '죽음'에 이르기까지의 전 과정을 '통과의례'(transitional rites)152)라고 한다. 이 중에서 최후의 단계라 할 '죽음'에 들어서면 임종을 맞게 되고, 임종을 맞은 사람은 순식간에 고인이 되어 '죽은 자(死者)'가 되고 만다. '죽음'에 관한 가장 중요한 행사는 두 말할 것도 없이 장례식(葬禮式)153)이라 할

---

151) 이것은, 일반적으로 肉體와 상대적인 개념으로 사용되는 人間의 構成要素 중의 하나를 말하는 것은 물론이다. 그렇지만 이 靈魂에 관한 學說은 다양하다. 즉 '理性'이나 '精神'이나 '知的原理' '하나가 되는 것' 등으로 대체할 수 있는 語彙이다. 그 중에서 한 학설을 소개하면 다음과 같다.
그것은 영혼이 理性에서 나온다는 것이다. 즉 靈魂은 肉體와 結合되어 있고 여기에 비로소 形象 있는 것으로 存在하지만, 동시에 보는 것과 보여지는 것과는 分裂되어 있고 對立해 있다. 따라서 靈魂은 物質(對象)을 향해 있고, 肉體에 束縛되어 있다.(玉城康四郎, 『新しい仏教の探究』, 大蔵出版, 1990, pp.187-188)
152) 이 '通過儀禮'라는 用語는 영어「rites of passage」와 프랑스어「ceremoni passage」의 直譯이며, 독일 태생 프랑스 학자인 아놀드 반 겐넵(Anold van Gennep ; 1873-1957)이 장소, 상태, 사회적 지위, 연령 등의 변화에 병행되는 儀禮에 대해 처음으로 사용한 말이다.(吳出世,「韓國敍事文學에 나타난 通過儀禮 研究」, 東國大學校 大學院 博士學位論文, 1990, p.17 參照), 따라서 '通過儀禮'는 人間 一生의 중요 고비마다 행해지는 일련의 儀禮를 가리킨다.(八木透,『日本の通過儀禮』, 思文閣出版, 2001, p. i 參照)
153) 日本에서는 이를 간단히 '葬式'이라고 표현한다. 한편, 그 가운데 거행되는 '發靷式(永訣式)'을 日本에서는 '告別式'라고 부른다. 한편 日本人은 佛敎와의 관

수 있다.

이는 '죽은 자'를 위한 일일뿐만 아니라 그 혼이 육체에서 분리되어 허공을 방황하므로 그 혼을 불러 육체에 다시 들게 해야 한다고 예로부터 일본인들은 생각해 왔다.154) 이는 대체로 불교적 사고방식으로 전개된 '사생학(死生學, Thanatology)'155)이나 '생명과 죽음에 관련된 학문'이라 할 '생사학(生死學, Biothanatology)'156) 등에서는 수태(受胎)157) 또는 '중음'158)이 같은 불교적인 사고체계 아래에서 형성되었다. 따라서 예로부터 일본인이 대부분 죽음에 도달하면 '죽은 자'의 영혼을 다시 불러들인 뒤에 일정한 격식에 맞게 장례식을 치러야 된다고 믿었던 것이다. 이런 과정이 어쩌면 '죽음'을 극복하고자159) 하는 하나의 방편이 된 셈이다.

계가 대단히 밀접해서 信徒가 아니더라도 葬禮式은 佛敎式으로 거행한다.(朴正義 編著, 『일본가이드』, 도서출판 계명, 1999, pp.391-394 參照)

154) 박전열 외, 『일본의 문화와 예술』, 한누리미디어, 2000, pp.61-62 參照

155) 베르나르 포르(Bernard Faure)는 '죽음'에 관한 학문을 '死亡學(Thanatology)'이라 하면서, 앞으로 점점 人氣 있는 分野가 되어가고 있다고 말하고 있다.(김주경 옮김, 베르나르 포르 지음, 『동양종교와 죽음』, 영림가디널, 1997, p.10 參照)

156) 이에 대하여 日本에서는 주로 '生死の学(Biothanatology)'이라고 부른다. 이에 관하여 具體的 論述되어 있는 것으로는 『仏教』〈No. 27, 1994. 4〉에 '特輯'으로 다루어져 있고, 土屋健三郎・村上陽一郎의 「『生死の学』のめざすもの」라는 對談 內容이 注目된다.

157) 이 語彙는 普遍的인 의미 즉 科學과는 무관한 의미에서 個別的 生命의 始作을 나타내기 위해 사용되고 있는데, 모든 受胎는 어쩌면 '再受胎'의 의미를 가진다고 할 수 있다. 그것은 어떤 生命體(人間도 포함)가 이미 受胎 이전에 존재하고 있음을 의미한다.

158) 이를 '中有'라고도 하는데, 이는 微細한 五蘊으로 이루어져 있는 靈魂을 지칭한다. 이 '中陰'은 前生과 今生, 또는 今生과 來生의 중간에 있는 몸으로 後陰을 받지 못하고 자기가 태어날 生處를 찾아 헤맨다고 한다. 그래서 이 '中陰'은 그 기간이 짧으면 21일, 길어야 49일이므로, 사람이 죽으면 死者의 冥福을 비는 意識으로서 49일 만에 '49齋'라는 法式을 올리는 것은 여기에서 유래하였다.

159) 이에 관하여 權珉晶은 「죽음과 葬禮에 관한 佛教福祉的 考察」(東國大學校 佛教大學院 碩士學位論文, 1996, pp.5-23)을 통해 상세하게 서술하고 있다.

그러면 여기에서 일본인에게 가장 크게 잠재되어 있는 불교적 '죽음' 의식에 관하여 살펴보고자 한다. 먼저 불전(佛典)의 내용을 보자.

> 수명(壽命)과 체온(體溫)과 의식(意識)은 육신이 사라질 때 함께 사라지는 것이다. 그 육신은 흙더미 속에 버려져 있어 목석처럼 마음이란 없다.(중략) 수명과 체온이 사라지고 기관이 모두 파괴되어 육신과 생명이 분리되는 것을 죽음이라고 한다.160)

이 때 죽은 자의 유체(遺體)나 유골(遺骨)은 '지수화풍(地水火風)'으로 흩어지지만 그 영혼은 '저승'으로 가게 된다. 윤회의 수레바퀴를 돈다는 불교의 교학에 의하면, 수명이 업에 의해 유지된다161)는 등의 영혼관이 불교적 영향 아래 한반도에는 물론, 일본열도에도 뿌리 깊게 자리잡고 있다. 이 같은 현상은 이상과 같은 과정 속에서 생긴 양국 국민의 전통적 생활정서에 의한 것이라고 할 수 있다. 여기에서 '영혼'이란 그대로 안주하지 아니하고, 고인이 전생을 통해 익혔던 인연과 자연환경 그리고 신앙의 종류와 정도에 따라 내세에 또 다시 형성된다고 전해오고 있다. 왜냐하면 주지하다시피 어느 민족에게나 신앙이나 의례는 '수레의 두 바퀴'처럼 떼려야 뗄 수 없는 관계이기 때문이다.

이런 내세관에 따라 '인간의 죽음'은 각 민족마다 의식이나 장법(葬法)에 의해 동서고금을 막론하고 '사후세계'라는 신앙의 차원에서 다양한 사상에 의해 변화되어 왔다. 이로써 인간은 일찍이 '조상숭배(ancestor worship)'162)의 정신을 간직하게 되었다고 할 수 있다.

---

160) 壽暖及與識 捨身時俱捨 彼身棄塚間 無心與木石(中略) 捨於壽暖 諸根悉壞 身命分離 是名爲死(『大正藏』 2, p.150 中)
161) 『大正藏』 29, p.404 中
162) 최길성은 '祖上崇拜'에 관한 선행연구자들의 성과 아래 나타난 祖上崇拜의 法則을 ⓐ모든 조상(ancestor)은 조상숭배 의식으로 모셔져야 하고 ⓑ5대조 이

인간에게 있어서 '죽음'은 결코 피할 수 없는 숙명적인 것이라 하겠다. 인류가 아무리 과학의 발전을 도모하여 생명을 연장하려 한다 해도 죽음을 면할 수는 없다. 아울러 이런 죽음에 대한 인식과 관심은 끝없이 발전되어짐에 따라, 세계의 수많은 인간은 인류의 역사와 함께 각각 민족의 조상을 숭배해 온 것이다. 그 결과 '죽음' 의식이 하나의 이념으로 정립되어짐에 따라 이를 '사생관'이라 칭하기도 했다.

　그것은 인간이 '죽음'을 의식할 때 갖게 되는 생명에 대한 평가로부터 가능해진다. 한 인간에 있어서 '삶'에 중점을 두면 인생관이 되고 '죽음' 쪽에 중점을 두면 사생관이 되는 셈이다. 따라서 '죽음'에 대한 불가피성을 자각하게 될 때, 인간이 어떤 사고와 태도를 취하는가에 따라 '죽음' 의식 즉 사생관이 달라지게 된다고 볼 수 있다. 여기에서, 필자는 〈일본인의 '죽음' 의식을 둘러싼 특징적인 면〉163)을 중시하면서도, 〈일본문학에 나타난 '죽음'의 의의〉를 통시적으로 고찰해 보고자 하는 것이다.

　먼저, 고대 일본인의 '죽음' 의식 곧 사생관에 대하여 살펴보고자 한다.

상은 時祭로 지내야 하되, 조상은 죽은 자 모두를 의미하는 것이 아니고 또 조상숭배자도 모든 자손이 아니라는 입장을 피력하고 있다.(최길성, 『한국의 조상숭배』〈예전학술사상총서 1〉, 예전사, 1990, p.77 參照) 한편, 李光奎는 "조상숭배의 대상이 되는 조상이 누구이며, 조상을 숭배하는 奉祀者는 누구이고 享祭者의 관계는 어떠한가 하는 것이 문제다. 享祭者는 말할 것도 없이 조상이다. 그러나 모든 조상이 享祭者가 되는 것이 아니라 일정한 자격이 있어야 한다.(중략) 男系 후손이 모두 奉祀者가 되는 것은 아니다. 奉祀者가 되는 것은 奉祀者라는 신분을 상속한 특정인이다."라고 밝힘으로써 '조상'과 '조상숭배자'를 보다 한정해서 분석적으로 밝히고 있다. 즉, '祖上'과 '享祭者', '後孫'과 '奉祀者'를 구별하면서 '조상'이 모든 死者는 아니라고 강조하고 있다.(李光奎, 「親族集團과 祖上崇拜」, 『韓國文化人類學』〈第9輯〉, 1997, p.2)
163) 이에 관하여 「일본인의 죽음의식의 특징」이라는 논문에서 김채수는 植物의 變化에 따라 나타나는 時間에 근거한 독특한 死生觀이 形成되었다고 말하고 있다.(김채수, 「『雪國』의 사상적 배경과 일본인의 죽음의식」, 『日本文學研究』〈創刊號〉, 한국일본문학회, 1999.9, pp.42-46 參照)

불교가 일본에 전래되기 이전에 이미 살고 있었던 고대 일본인들은, 인간 사후에 영혼이 육체로부터 이탈(離脫)한다고 보았다. 그래서 인간이 죽은 직후의 혼을 '아라미타마(荒御魂)'[164]라고 했고, 이 아라미타마가 결국 '조상신'이 된다고 믿었기 때문에 이를 극진하게 달래야 한다고 생각했던 것이다. 그래서 오봉(お盆)[165]·히간(彼岸)[166]·오쇼가쓰(お正月)[167] 등이 되면 조상의 영혼을 맞이할 준비를 하여 그들이 집으로 돌아오도록 한 바, 이것이 바로 고대 일본인들이 신앙하고 있던 '저승(あの世)관'인 셈이다.

그러면 일본 고대의 시가집이자 고대문학사상서의 대표격인 『만요슈(万葉集)』(710-784)[168]의 내용을 통한 '죽음' 의식을 살펴보기로 하자.

'천황(天皇)'이라는 일본국의 왕(王)으로부터 서민들에 이르는 전 계층의 노래가 망라되어 있고 그 지역도 일본 전역에 걸쳐 있는 『万

---

164) 神靈에는 거칠고 사나운 면과, 온화한 德을 칭송한 면인 두 면이 있다. 神道에서는, 그 거친 면을 '아라미타마'라고 하고 온화한 면을 '니기미타마'라 부르고 있다. '아라미타마'는 動的으로 작용하는 신령으로, 이른 바 勇猛·進就의 덕을 가리키고 있다.(裵正雄 역주, 阿部正路 著, 『神社文化를 모르고 日本文化를 말할 수 있는가?』, 도서출판 계명, 2000, p.34 參照)
165) 陰曆 7월 보름의 백중맞이 行事를 말한다.
166) 주로 佛敎에서 쓰이는 말로 사람의 涅槃에 도달함을 말하나, 年中行事로 보면 春分과 秋分을 중심으로 하는 각각의 7일간을 말한다.
167) 日本에서 '설날'을 일컫는 말이다.
168) 8세기 중엽에 오오토모노 야카모치(大伴家持) 등에 의해 편찬된 歌集으로 全 20권으로 되어 있다. 총 4500여 首의 노래가 수록되어 있는 이 책은 당시가 아직 일본에 고유의 문자가 없었기 때문에 漢字의 音과 訓을 빌려 사용된 만요가나(万葉仮名)로 표기되어 있다. 그 내용은 ①쇼몽카(相聞歌) ②반카(輓歌) ③죠카(雜歌)의 3 가지로 나뉘는데, ①은 원래 노래를 서로 주고받는다는 뜻으로 남녀간이나 부모자식간 또는 형제간이나 친구간 등의 唱和를 의미하나, 실상은 주로 남녀간에 주고받는 사랑에 관한 노래가 대부분이다. ②는 漢字語가 시사하는 바 그대로, 사람이 죽었을 때 무덤을 향해 棺을 끌고 가면서 부르는 노래다. 따라서 사람의 죽음을 哀悼하는 노래를 말한다. ③은 ①과 ②의 범주에 속하지 않는 노래로, 여행이나 연회석상에서 부르는 노래 등을 말한다.

葉集』는 고대 일본인의 '죽음'에 관한 많은 것을 시사해 주고 있다. 특히 『万葉集』의 반카(挽歌)169)에는 여러 형태의 '죽음' 의식이 나타나 있는데, 그것은 대체로 자연사(自然死)·병사(病死)·반란모반죄(反亂謀反罪) 등으로 인한 사형 등이라 할 수 있다. 그러면 『万葉集』에서 사람의 '죽음'을 애도하여 노래한 반카를 통하여 당시 일본인의 '죽음' 의식을 살펴보기로 하자.

> 148 푸른 깃발이 펄럭이듯이 울창한 고와타산(山) 위를 천황의 영혼이 왔다갔다하는 것이 내 눈에는 보이건만, 직접 만나볼 수가 없구나.170)

이 내용은, 이미 덴치(天智)천황171)이 세상을 떠난 입장에서 황후가 지은 노래 한 수(天皇崩りましし後、倭大后の作りまして御歌一首)172)이다. 천황의 죽음이 사실로 확인되자 죽은 자의 몸에서 영혼이 빠져나감을 의식하여 묘사한 노래인 것이다.

당시에는 사람이 죽으면 죽은 자의 유체로부터 영혼이 빠져나가지만, 그 영혼이 사람의 눈에 보인다 할지라도 직접 만날 수 없다는 내용을 엿볼 수 있다. 즉, 천황의 참모습이라 할 영혼이 눈앞에 아른거림에 따라, 살아생전의 육신을 볼 수 없음에 대하여 아쉬움을 노래하고 있는 것이다.

---

169) 반카(挽歌) 즉, 사람의 죽음을 슬퍼하는 노래를 말한다. 『万葉集』에서는 노래를 내용으로 분류한 명칭의 하나로서 雜歌, 相聞歌와 함께 3대 부문을 이루고 있다. 이에 대하여 韓國人 신찬균은, 挽歌를 祝願挽歌·出喪挽歌·成墳挽歌로 대별하고 있다.(신찬균, 「반카—삶과 죽음의 변증법」, 『불교문학연구입문』〈한국불교문학사 연구회 신서 3, 산문·민속편〉, 동화출판공사, 1991, p.297 參照)
170) 靑旗の木幡の上をかよふとは目には見れども直に逢はぬかも 古木市之助·五味智英·大野晋 校注, 『萬葉集 一』〈日本古典文學大系 4〉, 岩波書店, 昭51, p.89
171) 西紀 626년부터 672년까지 在位한 第38代 天皇이다.
172) 上揭書, p.89

따라서 이상의 인용문은, 고대 일본인들이 어떻게 죽음에 대해 인지하고 있었는지 알 수 있게 하는 내용인 바, 결국 당시의 일본인의 전통적인 영혼불멸설(靈魂不滅設)을 뒷받침해주고 있는 내용이라 하겠다.

또 다른 인용문을 살펴보자.

> 418 (아무리 기다려도 영혼이 나타나지 않는 것을 보니; 필자 주) 도요쿠니지방 가가미산의 바위 문을 굳게 걸어 잠그고 숨어버리신 모양이로구나.[173)

이는 고우치노 오키미(河內王)가 도요쿠니(豊國)의 가가미(鏡)산에 매장되었을 때, 타모치노 오오키미(手持女王)가 지은 시가(詩歌)이다. 지은이는 죽은 자의 영혼이라도 만나보고 싶어함에도 그 영혼이 나타나지 않음을 애닯게 읊고 있다. 이는 더욱이 지토(持統)천황[174) 시대에 기술된 내용이다. 당시에는 이미 화장(火葬)[175)이 시행되고 있어, 화장으로 인하여 죽은 자의 영혼을 아무리 해도 만날 길이 없음을 호소하고 있다. 결국 이는 8세기에 이미 생사의 왕래가 불가능하다고 인식하고 있는 사생관의 정착단계를 말해주고 있다.

그러면 『万葉集』의 '죽음'에 대한 의식을 더욱 깊이 있게 이해하기 위해, 우메하라 타케시(梅原猛)가 규정한 『万葉集』에 나타나 있는 '반카'의 성격에 대해 알아보기로 하자.

> 고분은 죽은 자가 사는 집이다. 그리고 죽은 자를 고분에 넣을 때 사람들은 이별의 노래를 불러야만 한다. 이 이별의 노래는 죽은 자와

---

173) 豊國の鏡山の石戸立て隱りにけらし待てど來まさず。(上揭書, p.201)
174) 西紀 645년부터 703년까지 在位한 第41代 天皇이다.
175) 불(火)로 屍體를 태워 시행하는 葬法으로 불리는 이 '火葬'을 日本에서 최초로 행해진 것은, 700年(文武天皇4)에 도쇼(道昭)라는 僧侶의 遺言에 따라 비롯되었다는 학설이 일반적이다.

우리들 살아있는 자의 격리단절을 나타내는 노래임과 동시에, 죽은 자가 사는 저 세상에서의 명복을 바라는 노래이다. 가키모토노 히토마로(柿本人磨)는 이런 고분시대의 마지막 시인이었다. 그는 죽음을 슬퍼하는 육친을 대신하여 슬픈 이별의 노래를 지어 죽은 자에게 바쳤다. 반카야말로 고분시대의 가장 본질적인 시가였다.[176]

이상의 인용문을 통해 알 수 있는 것처럼, 『万葉集』의 반카는 고대 이후의 일본인에게 있어서 매우 중요하게 인식되어졌다. 죽은 자를 향해 외치는 말에 힘입어, 그 '죽은 자'는 요미노쿠니(黄泉國)[177]로 갈 수 있게 됨과 동시에 '죽은 자'가 이 세상에 다시 돌아올 것을 기대했던 것이다. 그곳이 좋은 곳이건 싫은 곳이건 선택의 여지가 없었던 것이다. 이렇게 본 우메하라는 『日本人の「あの世」観』에서, 홋카이도(北海道)와 사할린·쿠릴열도 등지에 살고 있는 종족인 〈아이누(Ainu)〉족(族)과 〈오키나와(沖繩)〉의 '저승'관을 통해 일본의 근본적인 사생관을 구축하고 있다.

그 내용은 곧 야요이(彌生)시대 이후의 '저승'관에 관한 것으로 "'죽음'이란 혼이 육체를 떠나는 것"[178]이라거나 "인간이 죽으면 영혼은 육체를 떠나 '저승'에 가서 신(神)이 된다"[179]는 등의 내용이 주축을 이루고 있다. 그럼에도 인간에게는 〈'죽음'만큼 슬픈 일이 없다〉는 비애감이 당시 일본열도의 고대인들의 사생관으로 바뀐 셈이

---

176) 梅原猛, 『古典の発見』, 講談社, 1988. 이원희, 『일본인과 죽음』, 영남대학교출판부, 2000, p.21에서 再引用
177) 이는 佛教가 日本에 傳來되기 이전부터 고대 일본인들이 신앙하던 神道에서 나온 관념으로서 죽은 자가 도달하게 되는 세상이다.
178) 梅原猛, 『日本人の魂』〈あの世を観る〉, 光文社, 1993, pp.36-42
179) 梅原猛, 『日本人の「あの世」観』, 中央公論社, 1989, pp.19-23 參照. 한편 『일본 知識人의 사상』이라는 책에는, 이상의 梅原의 이론을 '梅原 猛의 日本學'이라는 단락을 통해서 중점적으로 다루고 있다.(구견서, 『일본 知識人의 사상』, 현대미학사, 2001, pp.232-244)

다. 이는 세월의 흐름에 따라서 불교적·신토적인 사생관으로 발전[180]한 나머지, 오늘날 각종 종교에서 일컬어지고 있는 지옥이나 극락·천당과 같은 곳이 아니라, 〈사후의 세계는 없다〉는 논리가 강하게 작용했던 것으로 해석된다. 그러나 '죽음'에 대한 공포감과 비애감은 역시 오늘날의 '죽음' 의식과 크게 다르지 않아 보인다.

그렇지만 오늘날과 대비되는 시대라면 역시 고대 이후인 중고(中古)에서 중세로 가는 시기라고 보여진다. 당시 사람들이 '죽음'에 관한 상상에 하나의 토대가 된 것은 다름 아닌 정토사상(淨土思想)이다. 당시로서는 아주 중심적이었던 이 정토사상이 『오조요슈(往生要集)』(948)에 실리게 됐다. 저자 겐신(源信, 942-1017)[181]은 당시의 일본인에게 '지옥'과 '극락'의 세계[182]를 알리는 중요한 계기를 마련했고, 오늘날 사용되고 있는 '임종'이라는 어휘를 보편화시켰다 할 수 있다.[183] 그것은 두 말할 것도 없이 중생이 염리예토(厭離穢土)와 흔구정토(欣求淨土)를 깨달아 극락정토(極樂淨土)[184]에 왕생할 것을 염원하도록 한다는 것이 그 중심내용이었다. 이는 결국, 불교적 윤회전생에 의해 육도세계(六道世界)[185]의 수레바퀴를 벗어날

---

180) 上揭書, p.23-26 參照
181) 平安中期의 宗敎家이다. 소년시절에 比叡山에 入山하여 慈惠大師에게 師事함으로써 天台·眞言宗의 學問에 통달했다. 후에 『往生要集』을 저술한 바, 이는 160여부의 經典에서 要文을 발췌하여 往生淨土의 道를 설한 것으로 전해진다.
182) 이 같은 源信의 死後觀이 이후 日本人에게 미친 影響에 관하여 民俗學者 梅原猛는 ①인간의 苦惱를 洞察하는 눈을 갖게 하였고, ②世俗的인 것고 다른 價値觀으로 살 수 있도록 안내했으며, ③因果報應의 理致를 알아 勸善懲惡을 알려 주었고, ④'죽음'의 不安感으로부터의 救濟 방법을 제시해 주었다.(梅原猛, 『地獄の思想』, 中央公論社, 1967, pp.79-81 參照)
183) 花山勝友 訳, 『源信 往生要集』, 德間書店, 1997, p.27, pp.490-516 參照
184) 여기에서 '淨土'란 문자 그대로 淸淨한 佛國土로서 十方에 두로 존재하며, 그 수가 2백 십억에 이른다고 일컬어지고 있는데, 그 당시부터 日本人의 마음을 사로잡은 死後의 世界라고 할 수 있다.
185) 地獄·餓鬼·畜生·阿修羅·人間·天上의 道를 말한다.

수 없다는 불교적 사유체계로부터 생긴 것이었다.

겐신은 정토극락에 왕생하는 방법으로서 아미타불의 자비에 의지하여 염불을 해야 된다고 강조했다. 이것이 곧 당시의 일반적인 정토종(淨土宗)의 '죽음' 의식이었던 바, 당시에도 '죽음' 의식은 인간이 죽은 뒤 미지(未知)의 세계가 암흑이라 상징되었던 것처럼 공포감과 직결되었던 것이다. 그런데 겐신의 가르침을 신앙하는 염불자에 있어서, 사후의 세계는 '정토'라고 확신한 나머지 '죽음'에 대한 공포감은 점차 줄었고, 남았다 할지라도 '죽음' 그 자체에 대한 것이라기 보다는 사후의 정토가 과연 확실할까 하는 불안감에서 오는 사후에 대한 두려움이었던 것이다.[186)]

이 같은 겐신의 사생관은 이후에 더욱 서민화되어졌다. 일본에서 중세라 하면 수많은 전란(戰亂)이 유달리 많았던 때이다. 이 같은 전란을 통해 죽어 가는 수많은 모습을 목격한 중세인들은 무상감을 지니지 않을 수 없었다. 그러나 겐신에 이어 등장한 호넨과 신란에 의해 창시된 정토종과 정토진종의 대중화에 힘입어, 불교적 사생관은 한층 더 서민에게까지 다가서는 양상을 보였다. 따라서 중세 이후 정토계의 사생관은 일본인의 정신세계 구석구석까지 큰 영향을 미쳤나갔던 것이다.

이런 시대적 배경과 함께 나타난 문학적 장르라면, 『헤이케모노가타리(平家物語)』 등 각종의 군키모노가타리(軍記物語)를 비롯하여 초암(草庵)·은자(隱者)문학의 성향이 짙은 수필(隨筆)문학이 대표적이라 할 수 있다.

그러면 이 가운데, 먼저 가모노 초메이(鴨長明, 1155-1216; 이하 '초메이'라 표기함)에 의해 집필된 중세 수필 『호조키(方丈記, 방장

---

186) 石田瑞麿, 「淨土敎にみる死」, 大法輪編輯部 編, 『死とはなにか』〈大法輪選書 14〉, 大法輪閣, 平3, pp.72-73 參照

기; 이하 『방장기』라 표기함』에서는 '죽음'을 어떻게 인식하고 수용했는가를 생각해 보기로 하자.

　　강물은 끊임없이 흘러가지만, 그 강에서 흐르고 있는 물은 시시각각
　으로 바뀌어 흘러, 이젠 옛 물이 아니다. 흘러가다 멈추고 있는 곳의
　수면에 떠오른 물거품은 사라지는가 하면 다시 떠올라서, 하나의 물거
　품이 그 모습 그대로 오래 머물러 있는 적이 없다. 세상 사람들과 그들
　의 거처 또한 이와 마찬가지다.[187]

　이 인용문은 『방장기; 이하 『방장기』라 표기함』 모두(冒頭)의 내용
이다. 작가 초메이는 인간의 '삶'을 자신이 태어나 성장한 교토(京都)
시모가모(下鴨)신사(神社) 주변의 가모가와(鴨川) 강물에 떠있는 물
거품에 비유하고 있다. 세상을 살아가고 있는 인간은 물론이고 그들이
살아가는 데 없어서는 안 될 거처가 물거품처럼 순식간에 사라지고
만다면서도 인생의 무상감을 여지없이 표현하고 있는 것이다. 이어지
는 다음 내용을 보자.

　　어떤 경우에는 작년에 불타버려 지금 보이는 집은 금년에 지은 집뿐
　이다. 또 커다랗던 집은 이미 사라지거나 조그맣게 되었다. 그 집에 살
　고 있는 사람이 옛날 그대로인 경우도 마찬가지로 매우 드물다. 살고
　있는 장소도 그대로이고 사람도 예전과 같이 많이 살고 있지만, 내가
　이전에 만나 알고 지낸 사람은 이삼십 명 가운데 겨우 한 두 사람이다.
　한 쪽에서 아침에 사람이 죽어 가는가 하면 다른 쪽에서는 저녁 무렵
　에 사람이 태어나곤 한다. 태어나기도 하고 죽기도 하는 사람이란 도대
　체 어디서 오고 어디로 사라지는지 나로서는 알 수가 없다.(중략)

---

187) ゆく河の流れは絶えずして、しかも、もとの水にあらず。淀みに浮ぶうたかた
　　は、かつ消えかつ結びて、久しくとゞまりたる例なし。世中にある人と栖と、
　　またかくのごとし。(西尾實 校注, 『方丈記 徒然草』〈日本古典文學大系 30〉, 岩
　　波書店, 昭50, p.23)

한 집의 주인과 집이 서로 무상함을 다투듯이 사라져 가는 모습을 비유해서 말하자면, '활짝 핀 나팔꽃에 맺힌 아침 이슬과의 관계'와 조금도 다를 바 없다. 어떤 경우에는 아침 이슬 쪽이 먼저 사라져 버리지만, 나팔꽃은 여전히 남아 있다. 그러나 나팔꽃이 남아 있다고 해도 아침 햇살에 그 이슬은 곧 사라져 버린다.[188]

실로 인간의 생명이란 참으로 허무한 것이라고 초메이는 다시금 읊고 있다. 조금 전까지 살았던 인간의 목숨이 어느새 사라지고 만다. 그래서 인간의 목숨이란 〈활짝 핀 나팔꽃에 맺힌 아침 이슬과의 관계〉일 수밖에 없다고 한 것으로 보인다. 아무리 이슬이 사라지지 않으려 한다고 해도 어찌 아침 햇살을 이겨낼 수 있겠는가?

다음 인용문에는 당시 수도인 교토(京都)에서 발생한 '큰불(大火)' 때문에 생긴 피해로 인하여 수많은 인간의 목숨이 '한 줌의 재'로 변하고 마는 상황이 매우 리얼하게 표현되어 있다.

발화지(發火地)는 히구치토미노코지(樋口富の小路)라는 곳이었다. 춤추는 사람을 머물게 했던 가건물에서 불이 시작되었다. 휘몰아치는 바람 때문에 불은 이곳저곳으로 옮겨 붙었고, 불길은 마치 부채를 펼친 것처럼 넓게 번져갔다.(중략) 이런 상황에 처한 사람들은 살아 있다는 기분을 느낄 수 없었다. 어떤 사람은 연기에 숨이 막혀 쓰러지고, 어떤 사람은 불길에 휩싸여 정신을 잃어 순식간에 수많은 사람들이 죽어갔다. 가까스로 불길을 피한 사람들은 몸만 겨우 빠져 나와 가재도구를 가지고 나올 생각은 조금도 할 수 없었다. 이렇게 되자 경도의 찬란한 재물과 보화(寶貨)는 모조리 한 줌의 재(災)로 변해버리고 말았다.[189]

---

188) 惑は去年焼けて今年作れり。惑は大家亡びて小家となる。住む人もこれに同じ。所も変らず、人も多かれど、いにしへ見し人は、二三十人が中に、わづかにひとりふたりなり。不知、生れ死ぬる人、何方より来たりて、何方へか去る。(中略) その、主と栖と、無常を争ふさま、いはゞあさがほの露に異ならず、惑は露落ちて花残れり。残るといへども朝日に枯れぬ。(上揭書, pp.23-24)

이어지는 다음 인용문은, 극심한 흉년으로 인하여 기근 현상이 심화된 나머지 가모가와 주위에 나뒹구는 가족 단위 시체(屍體)의 참상을 묘사한 내용이다. 죽어가면서도 인지상정을 억누르지 못하는 인간의 '죽음'을 작가 초메이는 상세하게 관찰하고 있는 듯 기술한 것이다.

> 또 기가 막히게 가슴 아팠던 일도 있었다. 못 본 척하고 내버릴 수 없는 아내나, 사랑스런 남편이 있는 사람은 상대보다 그 애정이 깊은 쪽이 이상하리 만큼 먼저 죽었다. 그 까닭은 상대가 불쌍하다고 생각한 나머지 자신의 일은 차선책으로 미루었기 때문에 극히 드문 일이긴 하지만, 먹을 것을 얻어서까지도 상대에게 먹도록 배려하기 때문이었다. 그렇기에 부모와 자식이 함께 살고 있는 경우 틀림없이 부모가 먼저 죽었다. 어머니가 돌아가신 것을 모른 채, 갓난아이가 이미 죽은 어미의 젖을 빨며 잠들어 있는 일도 있었다.[190)

어찌 인간의 '죽음'이 일정한 세월과 장소에만 한정될 수 있겠는가? 교토 시내만이 아니라 당시 일본의 전국에는 헤아릴 수 없을 정도로 많은 시체들이 뒹굴고 있었다는 점이다. 이는 역사적으로 볼 때 이 인용문의 내용은, 결코 초메이의 기억 또는 추정에 의한 것이 아

---

189) 火もとは、樋口富の小路とかや、舞人を宿せる仮屋より出で来たりけるとなん。吹き迷ふ風に、とかく移りゆくほどに、扇をひろげたるがごとく末広になりぬ。遠き家は煙に咽び、近きあたりはひたすら焔ほを地に吹きつけたり。空には灰を吹き立てたれば、火の光に映じて、あまねく紅なる中に、風に堪へず、吹き切られたる焔、飛ぶが如くして一二町を越えつゝ移りゆく。その中の人、現し心あらむや。惑は身ひとつ、からうじて逃るゝも、資材を取り出づるに及ばず、七珍萬寶さながら灰燼となりにき。(上揭書, pp.24-25)

190) また、いとあはれなる事も侍りき。さりがたき妻・をとこ持ちたるものは、その思ひまさりて深きもの、必ず先立ちて死ぬ。その故は、わが身は次にして、人をいたはしく思ふあひだに、稀々得たる食ひ物をも、かれに譲るによりてなり。されば、親子あるものは、定まれる事にて、親ぞ先立ちける。また、母の命尽きなるを不知して、いとけなき子の、なほ乳を吸ひつゝ臥せるなどもありけり。(上揭書, p.31)

니라 사실에 입각한 것[191]이었다.

다음 인용문을 또 살펴보자.

　　세상을 떠난 이들이 얼마나 되는지 알기 위해 4월과 5월 두 달에 걸쳐 세어보니, 경도 안쪽 거리에서 이치죠(一条) 거리로부터는 남쪽, 쿠죠(九条)로부터는 북쪽, 동쪽의 교고쿠(京極) 거리로부터는 서쪽, 슈샤쿠(朱雀) 거리로부터는 동쪽에 이르기까지 죽은 사람의 수가 너무도 많았다. 가령, 교토의 사쿄쿠(左京区) 길 곳곳에 굶어 죽은 사람은 모두 4만 2천 3백여 명이나 되었다. 하물며 최근 2개월 전후에 죽은 사람까지 더하면 그 수는 더욱 끝이 없을 것이다. 또, 가와라(河原), 시라가와(白河), 니시노쿄(西の京)와 그 밖의 근교를 더한다면, 정말 끝이 보이지 않을 정도였다. 하물며 경도에서 멀리 떨어진 나라 전체를 따진다면 죽은 사람의 수는 이루 말할 수 없으리라.[192]

이상에서 알 수 있는 바와 같이, 당시 일본에는 『방장기』에 실려 있는 큰불·회오리바람·역병·홍수·기근·지진을 비롯, 호겐 난(保元の亂)[193]으로 시작되는 전란 등에 의해 헤아릴 수 없을 정도로 많

---

191) 필자는 「方丈記에 있어서 五大災害記事와 當時史料의 關係」라는 논문을 통해 『方丈記』에 나타나 있는 소위 '五大災害'가 鴨長明의 推定에 의해서만 기술된 것이 아니라, 長明가 젊은 시절에 적어두었던 뭔가의 메모에 입각하여 기술된 것이라는 생각 아래 논증, 五大災害의 記事가 日本 中世의 史料인 『百鍊抄』와 『玉葉』 등의 내용과 不可不離의 관계가 있다고 기술한 바 있다.(拙論, 「方丈記에 있어서 五大災害記事와 當時史料의 關係」, 『日語敎育』〈第10輯〉, 韓國日本語敎育學會, 1995, pp.215-231 參照)

192) 人數を知らむとて、四・五兩月を数へたりければ、京のうち、一条よりは南、九条より北、京極よりは西、朱雀よりは東の、路のほとりなる頭、すべて四万二千三百余りなんありける。いはむや、その前後に死ぬるもの多く、また河原・白河・西の京、もろもろの辺地などを加へていはば、際限もあるべからず。いかにいはむや、七道諸国をや。(上掲書, pp.31-32)

193) 鴨長明의 幼兒期인 1156年에 京都를 중심으로 일어난 動亂을 가리킨다. 당시는 戰亂 또한 계속된 바, 3년 후인 1159年에는 소위 '平治の亂'이 일어나는 등 실로 武家의 權力이 대두하여 政治的으로 매우 불안한 시대였다.

은 사람이 순식간에 '죽음'의 세계로 가고 만 것이다.[194] 그러므로 초메이는 이어 "여름에는 두견새 소리를 듣는다. 그 소리를 들을 때마다 사후 피안으로 가는 산길의 길잡이가 되어 달라고 굳게 약속을 해 둔다.(夏は郭公を聞く。語らふごとに、死出の山路を契る。)"[195] 라고 출가 후의 감상을 말했던 것이다. 마치 초메가 본인의 사후(死後)를 두견새 소리를 들으며 어두운 '죽음'의 세계를 기약한 바, 이런 경향은 또 다른 당시의 승려로서의 은둔자인 사이교(西行, 1118-1190)[196]보다 훨씬 이전에도 있었던 일[197]이다.

이로 인하여 『방장기』의 작가 초메이만이 아니라 당시 대부분의 사람들에게, '사후세계'란 매우 현실적인 관심사였으리라고 추정된다. 필자는 이상과 같은 『방장기』 속의 무상감에 관하여, 동양사상의 대표적인 것이라 할 불교사상은 물론이고 유교·노장사상과 같은 여러 가지 사상이 스며 있다[198]고 생각하는 바이다.

그러면, 『방장기』 출현 직후 요시다 켄코(吉田兼好, 대략 1283-1352)에 의해 저술된 또 하나의 수필 『쓰레즈레쿠사·도연초(徒然草)』를 통해 '죽음'의 문제[199]가 어떻게 인식되었는지에 관하여 살펴보

---

194) 이 『方丈記』 가운데 養和의 '饑饉'이 있었을 때에는 平安京(오늘날의 京都)의 길거리에 흩어져 있는 死體가 약 2개월에 걸쳐 4만 2천 3백 여에 이르렀던 것이다.

195) 上揭書, p.37

196) 平安後期-鎌倉時代의 歌人이며, 23歲 때 出家한 僧侶이다. 歌集으로는 『山家集』가 있다.

197) 久野昭, 『日本人の他界觀』, 吉川弘文館, 1997, p.119 參照

198) '中世の無常感が仏教の諸行無常の思想を土台としながらも、儒教思想·老荘思想など、種々の東洋思想を吸収して成立されていると言われるように、方丈記全般にかけても東洋思想の代表的思想といえる仏教思想·儒教思想·老荘思想のようなさまざまな思想的傾向が浸透していると言えるだろう。'(拙論, 「鴨長明の研究」, 佛敎大學 大學院 修士學位論文, 平成3年12月20日, pp.124-125 參照)

199) 이 『徒然草』에는 '죽음'이라는 의미를 가진 '死'에 대한 표현이 16 번이나 나타나 있다.

기로 하자.

> 만일 아다시 들판의 이슬이 덧없게 사라지듯 인간의 목숨이 덧없이 사라지지 않고, 도리베야마(鳥部山)에서 화장하는 연기가 사라질 날이 없듯이, 이 세상에서의 목숨이 언제까지라도 지속된다면 무슨 인생의 맛이 있겠는가? 이 세상은 무상한 것이기 때문에 더욱 정취가 있는 것 이다.200)

이상의 인용문에서도 '목숨'을 '이슬'에 비유하면서 만물의 변화와 같이 사람의 생명에도 그 끝이 있다는 현실적인 '죽음' 의식이 표현 되어 있다고 해석된다. 또 다음을 보자.

> 이웃에 불이 났을 때, 누가 "잠깐 기다렸다 대피해도 괜찮아"라고 말 하겠는가? 내 한 몸을 구제하기 위해 부끄러움도 남의 이목도 두려워하 지 않고 재산 또한 모두 버리고 도망갈 것이다. 목숨이란, 그 사람의 좋 은 시기를 기다려 주지 않는다. 죽음이 찾아오는 것은, 물이나 불이 덮 쳐오는 것보다 빠르며 도망갈 수 있는 일도 아니다. 그 때를 맞이하게 되면 나이든 부모나 가엾은 아이들 그리고 은혜 입은 사람들과 타인과 의 정이라 하여 일일이 버릴 수 없다고 안 버릴 수 있겠는가?201)

이 인용문을 통해서 작가 요시다 켄코는, 인간이 삶의 위기상황에 봉착하게 되면 누구라도 다른 사람의 이목(耳目)을 의식하지 않을 수 있고, 인간의 기본적인 정(情)마저 버릴 수밖에 없다고 보고 있다. 또

---

200) あだし野の露きゆる時なく、鳥部山の烟立ちららでのみ住みはつる習ひならば、 いかに、もののあはれもなからん。世はさだめなきこそ、いみじけれ。(西尾實, 前揭書, p.94)
201) 近き火などに逃ぐる人は、「しばし」とあいふ。身を助けんとすれば、恥をもかへ り見ず、財をも捨てて逃れ去るぞかし。命は人を待つものかは。無常の來る事は、 水火の攻むるよりも速に、のがれがたきものを、その時、老たる親、いときなき 子、君の恩、人の情、捨てがたして捨てざらんや。(上揭書, pp.138-139)

켄코는 다음 인용문을 통해서, 인간이라면 누구에게나 '죽음'이 다가
오되, 언제 엄습해 올지 모른다는 점을 강조하고 있다. '죽음' 이상으
로 무상한 것이 없건만, 대부분의 사람들은 명예와 이익을 중시할
뿐, 자신이 세월과 함께 변해가고 있는 점을 망각하고 있음을 지적하
고 있다.

> 자신의 몸을 소중하게 하여 도대체 무엇을 기대한다는 것일까? 우리
> 앞에 기다리고 있는 것은, 늙음과 죽음뿐이다. 늙음과 죽음은 잠시도
> 멈추지 않기 때문이다. 우리 인생을 생각할 때, 죽음은 너무 빨리 찾아
> 오는 것처럼 느껴진다. 이런 현실을 기다리는 사이에 무엇을 즐길 수
> 있다는 것인가? 세상사에 쫓기며 살아가는 사람들은 늙음과 죽음이 찾
> 아오는 데 대한 두려움이 없다. 이는 명예와 이익을 얻기에 급급한 나
> 머지 인간의 도달점인 죽음이 가까이 있음을 깨닫지 못하기 때문이다.
> 또 어리석은 사람은 늙음과 죽음이 너무 빨리 찾아오는 것을 슬퍼한다.
> 그것은 내 몸이 언제까지나 변하지 않기를 바라며 일체의 사물이 끊임
> 없이 변화한다는 도리를 깨닫지 못하기 때문이다.[202]

다음 인용문을 통해서 켄코는, 무상하기 그지없는 인간의 '생명'이
야말로 소중하기 이를 데 없음을 알아야 된다고 강조하고 있다. 그리
하여 인간이라면 누구나 나날이 감사하며 살아가면서 보람을 찾되,
'삶'과 '죽음'을 초월하는 해탈의 단계에 도달하기 위한 자각의 힘을
갖춰야 된다고 켄코는 역설하고 있다.

> 그러니까 사람들이 죽음을 싫어한다면 목숨을 소중히 아껴야 된다는

---

202) 身を養ひて何事をか待つ。期する処、たゞ老と死とにあり。その來る事速かに
して、念々の間に止まらず、これを待つ間、何のたのしびかあらん。惑へるも
のはこれを恐れず。名利に溺れて先途の近き事をかへり見ねばらに。愚かなる
人は、またこれを悲しぶ。常住ならんことを思ひて、変化の理を知らねばなり。
(上掲書, p.151)

것이다. 살아있다는 고마움을 날마다 실감하며 기쁘게 살아야 되지 않겠는가? 어리석은 사람은 생존에 대한 기쁨을 잊고 애써 내 마음 밖에 있는 쾌락을 추구하며, 생명이라는 고귀한 재산을 잊고 무턱대고 다른 요구를 채우기에 여념이 없다.(중략) 살아 있는 동안에 생존의 기쁨을 모르고 지내던 사람이 임종을 맞아 죽음을 두려워한다면 그것은 모순이 아니겠는가? 사람들의 생의 기쁨을 잊고 사는 것은 죽음을 두려워하지 못하기 때문이다. 아니 죽음을 두려워하지 않는 것이 아니라, 죽음이 늘 가까이에 있음을 잊고 지내기 때문이다. 만약 삶과 죽음의 경지를 초월해 있어 생사문제에 구애받지 않는 사람이 있다면, 이는 깨달음의 경지에 달한 사람이라고 할 것이다.203)

   다음 인용문에는 '죽음'이 언제 찾아올지 모른다는 의식은 시대와 지역을 막론하고, 인간에게 있어서 존재해 왔다는 내용이 실려 있다. 이어 올 것이 오고야 마는 것과 같이 누구에게나 찾아오는 인간의 '죽음' 뒤에는 반드시 묘지(墓地)가 기다리고 있음은 물론, 자신이 살아가고 있는 교토 주변에 시체가 늘어가는 모습과 그에 이어 장의사가 담당해야 되는 면까지 구체적으로 묘사되어 있다. 그러므로 켄코는 심지어 스스로 임종할 장소를 선정204)해 두었다고 추정된다. 따라서 어찌 인간으로서 인생이 무상하다고 하지 않을 수 있겠는가.

---

203) さらば、人、死を憎まば、生を愛すべし。存命の喜び、日々に樂しまざらんや。愚かなる人、この樂しびを忘れて、いたづがはしく外の樂しびを求め、この財を忘れて、危ふく他の財を貪るには、志、滿つ事なし。生ける間生を樂しばずして、死に臨みて死を恐れば、この理あるべからず。人皆生を樂しまざるは、死を恐れざる故なり。もしまた、生死の相にあづからずといはば、実の理を得たりといふべし。(上掲書, p.166)

204) 이에 관하여 大星光史는『日本文学と老荘神仙思想の研究』라는 책을 통해「都の歌壇にのりだした兼好は、臨終の地とでもいうべきものを一応、洛西の仁和寺近く双(ならび)の岡に定めた。」라고 기술하고 있다.(大星光史,『日本文学と老荘神仙思想の研究』, 桜楓社, 平2, p.203)

이처럼 축제의 관람석이 마련되어 있는 곳을 찾는 수많은 사람들 중에, 안면이 있는 얼굴도 많이 있다. 이를 생각해보면, 이 세상을 살아가는 사람들이 그렇게 많지 않다는 느낌이 든다. 예를 들면, 축제에서 본 사람들은 언젠가는 죽을 것이며, 자기 자신에게도 머잖아 죽음이 찾아 올 것이다.(중략) 이처럼 교토에 살고 있는 많은 사람들은 하루라도 죽어 나가지 않는 날이 없다. 도리베(鳥部) 들판이나 후나오카(舟岡), 그 밖의 산야(山野)에 있는 묘지에 묻히는 시체의 수가 많은 날은 있어도, 전혀 묻히지 않는 날은 없을 것이다. 그러므로 장의사는 관을 만들어 그대로 썩히는 일은 없다. 젊은 나이이건 건장한 체격이건 상관없이 불쑥 찾아오는 것이 인간의 죽음인 것이다.205)

이상에서 밝힌 켄코의 '죽음' 의식을 통해서도, 우리는 인간이란 누구나 태어나면 죽고 만다는 평범한 진리를 발견할 수 있는 것이다. 이는〈모든 일에 처음과 그 끝이 있는 법〉이 있음을 알고 있는 인간이라면, 누구나 쉽게 이해할 수 있는 내용이라 하겠다. 따라서 켄코는 결국 생사해탈의 경지에 도달해야 할 필요성에 대하여 쉼 없이 강조해온 셈이다. 켄코의 내면의식을 접하게 된 사람이라면, 인간의 '죽음'을 '삶'에 못지 않게 큰 관심사로 여길 수밖에 없다고 보여진다.

그러면 중세에 이어지는 근세(近世)를 통하여 당시의 문학에 나타나 있는 '죽음' 의식 내지 사생관에 관하여 살펴보기로 하자.

일본 근세에는 신토(神道)206)·불교207)·유교208)·고쿠가쿠(國

---

205) かの桟敷の前をこゝら行き交ふ人の、見知れるがあまたあるにて知りぬ、世の人数もさのみは多からぬにこそ。この人みな失せなん後、我が身死ぬべきに定まりたりとも、ほどなく待ちつけぬべし。(中略) 都の中に多き人、死なざる日はあるべからず。一日に一人、二人のみならんや。鳥部野・舟岡、さらぬ野山にも、送る数多かる日はあれど、送らぬ日はなし。されば、棺をひさくもの、作りてうち置くほどなし。若さにもよらず、強きにもよらず、思ひかけぬは死期なり。(上揭書, pp.204-205)
206) 日本 皇室의 祖上이라 할 아마테라스오오미카미(天照大神)나 日本 國民의 先祖인 神들을 崇拜하는 日本 民族의 傳統的 信仰을 말한다.

學)209)를 비롯한 수많은 이념이 일본열도를 앞다투며 지배하려 했다. 이에 따라 에도시대210)는 한 마디로 중세나 근대에 비해 '어두운 시대' 또는 '모순과 부조리의 시대'211)라 일컬어지기도 한다. 그것은, 자연을 동경하고 숭앙하던 전통적 자연관이 급속하게 쇠퇴하고 도시(都市)사회의 출현과 향락주의의 풍조212)를 비롯하여 각종 질병213)이 발생함으로써 사망자가 급증했기 때문에 가능한 표현이라고 해석된다.

대체적으로 일본의 근세문학 중에서 사생관이 일컬어지고 있는 것은, 이른바 '셋푸쿠(切腹)'214) '슌시(殉死)'215) '신주(心中)'216)와

---

207) 여기에서의 佛敎는 明治時代를 前後로 탄생된 近代의 '新佛敎'를 칭한다.

208) 4세기 무렵 日本列島에 전해진 儒敎는 鎌倉時代 이후 禪宗을 통하여 導入된 朱子學이 하나의 政治思想을 이루었으나, 明治時代 이후 다시금 修身을 國民敎育의 기본적인 德目으로 再普及되어졌다. 이로 인하여 儒敎는 '祖上崇拜'를 필두로 하는 宗敎性이 佛敎와 함께 크게 보급되어졌다.

209) 近世 日本에 해당되는 江戶時代에 出現한 學問體系의 하나이다. 그 대표자라면 모토오리 노리나가(本居宣長, 1730-1801)와 히라타 아츠타네(平田篤胤, 1776-1843) 등이다. 그런데, 日本에서 民俗學과 國學과의 關係가 있는가에 대한 답이라면 흔히 '民俗學의 先祖 중 하나는 國學'이라고 언급되곤 한다. 그렇지만 일반적으로는 歷史學이나 民族學 등과 나란히 하나의 學問的 體系로 認識되고 있다고 할 수 있다.

210) 室町幕府 體制가 무너지고 江戶幕府가 成立되면서 그 支配層은 그 體制崩壞를 통한 勢力의 弱化를 틈타 戰國時代를 統一할 새로운 武士들이었다. 따라서 江戶幕府가 성립될 때까지 日本의 戰國時代는 下剋上으로 표현되는 守護大名들의 沒落期였으며, 사회적으로는 전통과 권위가 부정되고 새로운 時勢를 따르는 風潮가 만연되던 시기였다.(朴承吉, 「韓日 近代初期 新宗敎運動과 舊體制變革의 論理構造」, 慶北大學校 大學院 博士學位論文, 1991, p.134 參照)

211) 吉田久一, 『日本社会事業の歷史』, 勁草書房, 1981, p.83의 내용이다.(孫相吉, 「日本 佛敎社會事業의 發展過程」, 東國大學校 行政大學院 碩士學位論文, p.18 에서 再引用)

212) 西田正好, 『日本文學の自然觀』, 創元社, 昭47, p.222 參照

213) 江戶時代에는 幼兒의 死亡率이 높았고, 어린이들은 감기나 疱瘡이나 皮膚病과 같은 온갖 갖가지의 病에 걸려 죽게 되는 일이 頻繁했다.(薮田 貫, 「変わる近世史像」, 深谷克己・堀 新 編, 『近世国家』(展望 日本歷史 13), 東京堂出版, 2000, p.34 參照)

관련된 것들이라는 사실은 주지하고 있는 바이다. '정사(情死)'217)의 의미로 더 많이 사용되고 있는 이 '신주'는 에도시대 그 중에서도 겐로쿠(元祿)를 전후로 하는 1704년부터 1735년 사이에 하나의 유행처럼 성행하였다.218) 이는 주로 유곽에서 일어난 풍속적인 것이라

---

214) 日本人의 독특한 自殺方式의 하나이다. 칼로 배를 가르는 행위를 일컫는 이 '切腹'는 中國에서는 '剖腹'이라 하고 韓國에서는 '할복(割腹)'이라 하지만, 日本에서는 똑 같은 의미로서 '하라키리(腹切り)'라는 말도 사용되었다. 그러기 때문에 오늘날 이 말은 널리 알려진 日本語가 된 셈이다. 그러나, 이런 자살방식은 이미 中國大陸이나 韓半島에도 없었던 것은 아니다.
한편, 이 切腹에는 다음의 세 가지 類型이 있다. 하나는 主君이 죽었을 때 그 뒤를 따라 죽는 殉死로서의 切腹, 두 번째는 武士의 刑罰로서의 切腹, 셋째는 자신의 潔白을 立證하기 위하거나 더 이상 살 수 없을 정도의 人生의 苦惱로 말미암아 自殺하는 방법으로서의 切腹 등이 그것이다.

215) 身分이 고귀한 사람이나 主君 등이 죽었을 때, 그 部下나 從者, 妻子 등이 忠節을 지키기 위해 죽은 主君의 뒤를 따라 自殺하는 것을 말하며, 同義語로는 '오이바라(追い腹)'가 있다. 대체로 江戸時代의 이것은 그 방법이 전술한 바 있는 '切腹'와 같기 때문에, 日本의 문헌에는 '追い腹'라는 말도도 사용되고 있다 하겠다.

216) 흔히 '정사(情死)' 또는 '집단자살(集團自殺)'을 의미한다. 이 「心中」라는 漢字語는 두 가지로 발음된다. 그 하나는 '신추'라고 하여, 말 그대로의 속마음·胸中이라는 의미로 사용된다. 둘째는 '신주'라고 하여, 서로 사랑하는 男女가 合意 아래 함께 죽은 것, 즉, 情死 또는 相對死를 의미하게 된다. 한편, 이 '신주'는 원래 遊廓의 遊女들이 男性에게 '당신만을 사랑하며 다른 남성에게는 마음을 주지 않겠다'는 징표로 誓約書를 써 준 것이 그 발단이었다고 한다.
그런데, 明治 이후에도 近代文學者이 사이에서도 '心中' 事件은 자주 일어난 바, 1923年 소설가인 有島武郎와 유부녀 하타노 아키코(波多野秋子) 사이에 일어난 것과 1948年 太宰治와 야마자키 토미에(山崎富榮) 사이에 일어난 것 등이 대표적인 것이라 할 수 있다.

217) 이 '情死'의 과정을 하나의 例를 들어 소개하면 다음과 같다. 한 쌍의 男女가 서로 사랑하고 있다. 이 중 어느 한 쪽이 세상살이가 어려워 죽어야겠다고 이야기를 걸어올 때, 그러면 자신도 삶에 대한 未練이 없어 함께 죽겠다고 同意하고 함께 自殺하는 것이다. 그 원인을 近松門의 淨瑠璃를 통해 보면, 상대가 遊女인 경우는 男性이 金錢 上의 문제가 생기고 遊女가 아닌 경우에는 두 사람이 父母 등의 반대로 結婚이 不可能하게 되는 경우가 대부분이라고 전해진다.

218) 佐伯順子는, 「心中의 近代──愛と死の変容」이라는 논문에서, '心中'를 다음과 같이 의미규정하고 있다. 「異性であれ同性であれ、好意を抱きあっている二人の人間が、現実にそい遂げられぬ苦難に遭遇して死を選ぶ行為を意味している。」

할 수 있는데, 당시의 대표적 작품이던 닝교 조루리(人形淨瑠璃)[219] 와 유관한 신주부쓰(心中物)의 대표적 작가인 지카마쓰몽 사에몽(近松門左衛門)[220]은 이 방면에 유명한 인물로 알려져 있다.

사실, 지카마쓰몽의 작품을 접하고 바르게 이해하기 위해서는 '기리(義理)'[221]와 '닌죠(人情)'[222]가 거의 절대적으로 필요하다고 본다. 남녀가 '신주'라는 방법을 사용하여 자신들의 애정을 나타내려 한 배경으로는, 유교의 정조관념과 불교의 내세사상 그리고 '죽음'을 두려워하지 않는 무사도(武士道)의 영향이 복합적으로 작용했던 것이

(佐伯順子,「心中の近代─愛と死の変容」, 青木保 外 四人 編, 『愛と苦難』〈近代日本文化論 11〉, 岩波書店, 1999, p.26)

한편, 이 '心中'는 日本 近世를 통하여 마치 좋지 않은 傳染病이 擴散되는 정도로 심한 流行을 탔는데, 京都와 大阪에서 시작하여 江戶에까지 퍼져 나갔다. 그 결과 당시에는 이 '心中'의 유행이 '心中結核'이라고까지 불렸고, 이에 대하여 당시의 幕府는 1722년에 소위 '心中禁止令'을 公布함으로써 '心中'를 素材로 하는 歌舞伎·淨瑠璃 등의 上演을 전면적으로 禁止시키기도 했다. 同 禁止令의 威勢는 결국 '心中'로 죽은 屍體의 경우는 埋葬조차 허용되지 않게 했고, '心中'로 한 쪽만 살아남은 경우에는 殺人犯으로까지 몰렸던 것이다. 한편, 이 '心中'라는 漢字語는 두 글자가 하나가 될 경우 〈忠〉이라는 글자가 되기 때문에, 忠孝를 理念으로 삼았던 江戶幕府의 名譽와 관련된다는 이유로 이의 사용을 금지시키고 대신 '相對死'라는 말로 바꾸어 사용하기도 했다.

219) 歌舞伎·能와 함께 일본의 代表的 劇文學 중에서 하나를 일컫는다. 江戶初期에 성립된 후 元祿時代에 들어서 극작가 近松門佐衛門과 口演者인 다케모토 기다유(竹本義太夫)의 출현으로 그 황금기를 맞았다. 近松門의 명작을 비롯하여 「忠臣藏」「菅原」「千本櫻」 등 歌舞伎의 인기 작품들은 반 수 이상이 이 人形淨瑠璃로부터 탄생한 것들이다. 한편 이 人形淨瑠璃는, 淨瑠璃가 '샤미센(三味線)'의 伴奏로 말하는 것에 대하여, '人形'으로 演奏하는 劇을 말한다. 1624年부터 1644年까지 흥행되었다.(『日本古典文学大辞典』〈第四卷〉, 岩波書店, 1984, 643 參照) 한편 이 가운데, '歌舞伎'뿐만 아니라 '能'와 '文樂' 또한 近代라 할 明治期 이후에도 일본 전역에 속행되어 갔다.(吉田健一·松宮史朗 訳, Donald Keene 著, 『能·文樂·歌舞伎』, 講談社, 2001, pp.102-378 參照)

220) 西紀 1653년에 태어나 1724년에 사망한 江戶前期의 淨瑠璃·歌舞伎狂言의 作者이다.

221) 對人關係에서 생기는 約束이나 制約 등을 가리킨다.

222) 人間이 본래 지니고 있는 마음의 움직임이나 情愛 등을 가리킨다.

다. 이 같은 이념들이 한데 작용함으로써 당시 근세에는 더할 나위 없이 '신주'를 미화하고 찬미하는 풍조마저 생기게 된 셈인데, 이에 도취된 서민들은 특별한 생각도 없이 유행하고 있는 하나의 '신구'라는 현상에 쉽게 휩쓸렸다고 보여진다.

여기에서 다뤄지고 있는 '신주' 등 '죽음'과 관련된 용어가 근세 문학작품 속에 깃들어 있음에 대해서는 이상과 같이 밝히고, 그 구체적인 내용은 본 논문과 거리가 있다는 생각 아래 생략하고자 한다.

근대문학과 '죽음' 의식의 배경 검토

선행연구에 대한 입장에 관하여 언급하면서, 필자는 그 연구업적에 〈'죽음' 의식〉이 나타나 있는 경우가 그다지 많지 않음을 앞에서 밝힌 바 있다. 구라타가 살았던 메이지 시대로부터 쇼와 시대 까지가 일본의 '근대'에 해당되기 때문에, 여기서는 〈일본 근대문학과 '죽음' 의식의 배경〉에 관해서 검토해보고자 한다.

먼저 근세문학의 흐름과 더불어 꽃을 피웠다 해도 좋을 근대문학 속의 '순시' 등에 관하여 검토해보기로 하자.

1912년 9월 13일, 러일전쟁 당시 제3군 사령관으로서 승승장구하던 노기 마레스케(乃木希典)223)는 메이지 천황의 장례식 날, 아카사카(赤坂)의 자택에서 부인과 함께 할복자살을 감행, 천황에 순시한다.224) 이 때 모리 오가이(森鷗外)는 충격을 받고서도 순시를 찬미하는 한편, 이후부터는 일관되게 『興津彌右衛門の遺書』『阿部一族』등 역사소설을 집필해 나갔다.

이 『興津彌右衛門の遺書』에는, 노기가 순시한 날로부터 불과 5일 만에 탈고하여 『中央公論』(1912년 10월호)에 발표된 단편소설로서, 구마모토(熊本)의 주군인 호소카와 타다오카(細川忠興) 사후 13주기가 되는 날 오키쓰(興津)가 주군의 은혜에 만분의 일이라도 보답하기

---

223) 1849年에 태어나 1912年에 死亡한 明治時代의 將軍이다. 長府藩의 燔師인 노기 마레쓰구(乃木希次)의 3남으로 태어났으나 위의 兄 2명이 모두 일찍 죽는 바람에 사실상 長男의 역할을 해 나갔다.

224) 그 전날 乃木는 遺書를 작성하고, 明治 天皇의 葬禮日인 13일 아침 大禮服을 입고서 부인 시즈코(靜子)와 함께 記念撮影을 한 후, 切腹의 형식으로 殉死한 것이다.

위해서 자신이 순시한다는 유언을 남긴 것이다.

한편, 『阿部一族』는 동 잡지(1913년 1월호)에 발표된 중편소설이다. 이는 구마모토의 주군인 호소카와 다다토시(細川忠利)가 병사하자, 그의 생전에 은혜를 입었던 가신(家臣) 18명이 순시했다는 내용이 실려 있다. 이 작품의 특징이라면, 작품 속에 『興津彌右衛門の遺書』와 같이 순시에 대한 찬미 내용이 묘사되어 있기도 하지만, 순시도 도리에 어긋나는 정당한 것이 아니면 그것이 얼마나 어리석은 짓이며 때로는 비극적인 결과를 초래하게 되는가를 극명하게 다루고 있다.

또한 나쓰메 소세키도 노기 장군의 순시에 충격을 받고 1914년 대표작인 『마음(こころ)』를 집필하게 된 바, 여기에서 그는 「先生と遺書」라는 후편의 내용을 「아사히(朝日)신문」에 연재한다. 소세키는 이를 통해 메이지 시대가 잉태한 비극이라 할 메이지 천황의 죽음과 노기 대장의 순시라는 사건을 비중 있게 그리고 있다.

일본 근대문학에서는, '순시'를 중심으로 하는 근세 이전의 것과는 아주 다른 양상이 발견된다. 그것은 근대의 '죽음' 의식이, 고대의 '비애감'이나 중세의 '무상감', 그리고 근세의 '신주' 등에서 나타나는 것과는 매우 다르다는 점이다. 다시 말하자면, 일본 근대에는 갑작스레 문학가들 중에서도 유독 '자살자'가 많다는 점과 이로 인하여 '자살'에 대한 예방책을 비롯한 관심이 어느 때보다도 증가추세에 있다는 점이다.

두 말할 것도 없이 본서에서 '죽음'이란 인간에게만 한정하여 사용하는 어휘이다. 따라서 인간이 죽기 전에는 직접적으로 체험할 수 없는 것이다. 또 '죽음'은 어느 누구도 이를 대행(代行)해 줄 수 없는 일이다. 그러기 때문에 인간에게는 다른 사람의 죽음을 통해서 간접적으로나마 이를 체험할 수 있는 계기가 생기는 셈이다. 이 간접적

'죽음' 체험을 통해 인간은 '죽음'이 지니고 있는 진정한 의미를 이해해 보고자 하는 마음작용이 있다고 본다.225)

따라서 어느 나라 문학에 있어서든지 〈'죽음' 의식〉에 관한 연구는, 작가 자신과 그 주변인물226)은 물론이고 작품 속의 주인공 또는 등장인물이 실제로 죽었거나 '죽음' 직전의 상황 등을 그 배경으로 하고 있다. 그 가운데 이미 고인이 된 당사자가 의도를 갖고 고의적으로 자신에게 '죽음'을 부가하여 사망하는 경우 이를 '자살'이라 하는데, 전술한 바와 같이 유명 근대문학가 중에는 자살자가 적잖게 나타남에 따라 근대에 들어서 특히 '자살' 의식이 한층 고조된 것으로 보인다. 근대 문학작품에 나타난 '자살'은 대체로 주인공 개인에게 심한 고통을 동반하는 위기상황이 닥쳤을 때, 혹은 정신적으로 혼자서 이겨내지 못할 고독감과 불안감으로부터 탈출하고자 할 때 시도된 경우가 많아 보인다.227)

---

225) 이인복, 『죽음과 구원의 문학적 성찰』, 우진출판사, 1989, p.182 參照

226) 日本 近代文學에 있어서 이에 관한 事例는 너무나도 많아서 여기에 소개할 수 없으나, 宮沢賢治의 경우 하나만을 소개하면 다음과 같다.
불과 41세의 나이로 他界한 賢治는 1926年(大15) 花卷農學校를 退職하고 自炊生活을 하면서도, 가난한 東北 農民의 행복을 위해 砕石工場 등에서 獻身하다 病을 얻게 된다. 그 후1931年(昭6) 生業을 위해 上京하게 되나, 그만 臥病의 신세가 되어 '죽음'을 豫期하게 되는데, 그 해 9월 21일 病床에서 兩親과 남녀 동생 앞으로 "この一生の間どこのどんな子供も受けないやうな厚いご恩をいただきながら"라고 시작되는 '遺言狀'을 쓰게 된다. 그 후부터 심해진 病魔를 克服하기 위한 必死的인 노력이 있었으나, 2년 후 이미 '죽음'이 臨迫해 있음을 알게 된다. 그 때, 얼마 전에 얻은 자식 小康을 자신의 柳原라는 弟子에게 부탁한다. 그 날, 賢治의 末期를 직감한 부친은 賢治의 母親의 불안감을 적게 하기 위하여 아들의 "何を以てか衆生をして無上道に入り、速かに仏身を成就することを得せしめん"이라는 내용의 遺言을 적어갔다.(田中香浦,「賢治の信仰と国柱会──その内容と軌跡、ならびにその評価」, 大島宏之, 前掲書, pp.626-627 參照)

227) 권혁건·임성규,「나쓰메 소세키 작품『夢十夜』'第七夜'와 최인훈 작품『광장』에 나타난 투신자살 비교 연구」,『日本文化學報』〈第16輯〉, 韓國日本文化學會, 2003.2, pp.224 參照

본서를 통해 중심적 위치를 부여하고 있는 문학가인 구라타가 수회에 걸친 '자살'이라는 문턱에 서 있었음에도 불구하고, 자신의 종교적 내지 사상적 체계 아래 이를 극복한 점에 대하여, 구라타야말로 참으로 보기 드문 인물임과 동시에 그가 살았던 시대 또한 보기 드문 현상이 적지 않았던 때라고 평가하고 싶다. 그것은 실제로 구라타의 내심에 몇 번이나 '자살'하고자 하는 충동이 있었음에도 불구하고 특히 다양한 종교체험에 의해 그 충동을 넘어설 수 있었던 점이 너무도 아이러니하게 보인다. 따라서 필자는 구라타가 '자살'을 시도하려 한 바 있어, 그에게 소위 '자살미수자'라는 닉네임을 붙여도 무리가 아니라고 본다. 그 정도로 구라타는 '자살'을 통한 '죽음'의 세계를 크게 동경했고, 그런 만큼 극적으로 그 많은 위기상황을 이겨냈다고 볼 수 있다. 결국 구라타는 이 같은 의식을 자신의 내면세계에 듬뿍 안고 있었던 문학가라고 해도 좋을 것이다.

전술한 바와 같이 근대 일본문학을 통해 '죽음' 의식을 생각해 보면, 문학가들의 '죽음'에 이르는 길 중에는 '자연사'가 일반적인 경향임에도 불구하고, '자살'이라는 어휘가 상당 부분을 차지하고 있다. 그것은 『浮雲』[228]로부터 근대문학이 탄생되었다는 정설 아래 해석해 볼 때, 이미 1세기 이상 지난 현 시점에서 유명 문학가가 1백여 명 이상 된다는 필자의 주관적인 판단 아래, '자살'을 선택하여 자신의 삶을 마감한 문학가가 10여 명이나 있다는 점에서 보면, 이상과 같은 추정 또한 전혀 무리한 발상이 아니다. 그들을 소개하면, 기타무라 토코쿠(北村透谷, 1868-1894, 27세 시 자살)·가와카미 비잔(川上眉山, 1869-1908, 40세 시 자살)·아리시마 타케오(有島武郎, 1878-1923, 46세 시 하타노 아키코〈波多野秋子〉와 신주)·아쿠다

---

228) 이는 1888年(明21)의 작품이다.

가와 류노스케(芥川竜之介, 1892-1927, 36세 시 자살)·마키노 신이치(牧野信一, 1896-1936, 41세 시 자살)·다자이 오사무(太宰治, 1909-1948, 40세 시 자살)·다나카 히데미쓰(田中英光, 1913-1949, 37세 시 자살)·하라 타미키(原民喜, 1905-1951, 45세 시 자살)·히노 아시헤이(火野葦平, 1906-1960, 54세 시 자살)·미시마 유키오(三島由紀夫, 1925-1970, 45세 시 셋푸쿠)·가와바타 야스나리(川端康成, 1899-1972, 72세 시 자살) 등이다.

여기에서 필자는 어찌하여 이처럼 근대 문학가들 사이에 자살자들이 많았는가에 관하여 생각해 보지 않을 수 없다. 어쩌면 그것은 작가라는 직업이야말로 이상적인 삶을 집요하게 구하는 정신적 노동이기도 하고 작품을 창조한다는 그 자체가 자기 자신과의 싸움이기도 하지만, 산업사회에 들어가면서 자아에 대한 상실감이 점점 커가고 있다는 시대적 조류 때문이 아닌가 하는 생각이 든다. 그러나 이에 대하여 어떤 문제에 대한 단답형을 찾고자 한다면, 어디까지나 인간의 '삶'과 '죽음'을 둘러싸고 있는 문제는 주관적·추상적인 판단에 의한 것일 수밖에 없어 세월이 아무리 흐른다 할지라도 어려운 일이 아닌가 싶다. 또 인간의 생명이란 그 존엄성(尊嚴性)에 있어서 시대나 지역 또는 이데올로기(ideology)에 따라 다르기 때문에, 여타의 자살자가 아무리 주변에 많다고 할지라도, 그 경향에 대한 이유를 찾을 수 있는 결정적인 단서를 찾는 것은 불가능하다.

그러면, 일본 근대의 몇몇 대표적 작가들에 대하여 '자살' 주변상황을 살펴봄으로써 그들의 '자살'에 의한 '죽음' 의식 배경을 검토해 보기로 하자. 먼저 적잖은 근대 문학인 중에서도 선구자격인 자살자라 할 기타무라 토코쿠(北村透谷)에 대해서 살펴보기로 하자.

토코쿠는 1894년(明27)에 27세의 젊은 몸으로 달밤에 목을 메고 죽게 되는데, 이런 토코쿠에 대해서는 그 동안의 평가가 여러 가지로 분분하였다. 메이지 시대 문예에 낭만주의·이상주의를 가져온 토코쿠가 화려하게 클로즈업 될 수 있었던 것은, 내적으로 약동하는 '생명'을 향한 국한 없는 동경과 추구에 의해 가능했다고 할 수 있다.

토코쿠는 기독교인이었다. 그는 똑 같은 기독교인인 '이시이 미나(石井ミナ)'와의 열렬한 연애를 통하여 결혼하게 되지만, 토코쿠가 그녀와 결혼까지 하기에는 우여곡절 또한 적잖게 있었다. 토코쿠는 1885년(明18)에 16세밖에 안된 몸으로 자유민권운동을 펼치던 이시이 마사타카(石井昌孝)의 3년 연상인 장녀 '미나'를 만나 청순한 모습에 반하여 연애에 몰입해간다. 그러나 토코쿠는 일찍이 덴마크의 실존사상가 키에르케고오르(Kierkegaard, 1813-1855)가 약혼자를 사랑하기 때문에 파혼한다는 것과 같이, '미나'를 사랑하기 때문에 물러선다는 결심을 한때나마 하게 되었음229)을 알 수 있다. 그러나 이같은 단념이 혼전(婚前)에 있었음에도 불구하고, 토코쿠는 '미나'와 결혼을 감행한 것이다.

그런데, 당시 토코쿠가 기독교 세례를 받았던 적이 있다는 점과 '미나'에게는 이미 다른 허혼자(許婚者)가 있었음에도 불구하고, 상호간에 결혼까지 하게 된 것은 미묘한 일이 아닐 수 없다. 또 '미나'로부터 이미 연애관계를 중단하자는 편지가 토코쿠에게 전달되었는

---

229) 「生(透谷自身のこと)はこの四日間に於て殆んど発狂せんとせり、落城するに近かりし、此は則ち彼の援兵の力を失ひけるに由れり、既に遊戯の権を奪はれたり、又た石坂嬢と交際を経つ可しと決心したり、此は則ち十六日の事にして十九日に至りては已に落城を告げんとせり、嗚呼我神経の激烈なる、殆ど生をして自ら驚かしむ。(中略) 我れは曾って人を救はんが為めでは己れの生命をも犠牲に供せんと企てし事もありき、況んや区々たる恋情をや、嗚呼嬢をして其目的を達せしむるには、生と結婚なぞと忌はしき志望を脱却せしむ可し、是れ生が断然此交際を破らんと計りし所以なり、此恋情は則ち石坂嬢が世を益せんが為めの犠牲なり。」(明治二十八年八月下旬、石坂ミナの父、快蔵宛の書簡; 峰島旭雄、前掲論文、p.92에서 再引用)

데도, 1888년에 19세인 토코쿠는 22세인 '미나'를 아내로 맞았다는 점이다. 이 같은 이들의 연애와 결혼이야말로 상호간에 마음과 마음이 합치된 결과로 되어진 것이기 때문에, 이 또한 아이러니한 일로 보인다.

게다가 결혼한 지 2년 되던 해에 그들 사이에서 장녀가 태어나 바, 이를 전후로 하여 토코쿠는 자신의 제자인 후지이 마쓰코(富井松子)에게 연정을 품게 된다. 그러나 마쓰코는 〈토코쿠의 '자살'〉이라는 극단적인 '죽음'에 앞선 1891년(明26) 사망하고 만다. 이에 따라 토코쿠는 마쓰코의 '죽음'에 즈음하여 「애사서(哀詞序)」에 '애사' 그 자체를 써나간 셈이지만, 토코쿠는 이것마저 완성하지 못한 채 자살하게 된 것이다.

이어 아쿠다가와 류노스케의 자살에 관하여 살펴보기로 한다.

아쿠다가와의 경우는, 그의 여러 작품 중에서도 『주유의 말(侏儒の言葉)』에 '자살' 의식이 크게 나타나 있다. 아쿠다가와의 경우는, 그 자신의 사상적 배경을 작품에 대입한 일이 적잖기 때문에, 그 밖의 작품을 통해서도 쉽게 '자살'을 통한 '죽음' 의식을 발견할 수 있어 보이나, 그의 대표작 중 하나인 『侏儒の言葉』에서 먼저 눈에 띄는 내용이라면 다음과 같다.

> 인생은 미치광이가 주최하여 이룬 올림픽대회와 흡사하다. 우리들은 인생과 싸우면서 인생과 싸우는 그 자체를 배우지 않으면 안 된다. 이런 게임이 지니고 있는 어리석음에 분개함을 금하지 못하는 사람은 재빨리 울 밖으로 도망가는 게 좋다. 자살 또한 분명히 하나의 법이다. 그러나 인생의 경기장에 멈춰서고 싶다고 생각하는 사람은 손해를 무서워하지 않고 싸우지 않으면 안 된다.230)

---

230) 人生は狂人の主催に成ったオリンピック大会に似たものである。 我々は人生と
闘ひながら、人生と闘ふことを学ばねばならぬ。 かう云ふゲェムの莫迦莫迦し

이 인용문에서 아쿠다가와는 '자살'이라는 죽는 방법을 "자살도 역시 확실한 하나는 편법이다.(自殺も亦確かに一便法である。)"라며 타당화시키고 있다. 그렇지만 위 인용문을 작품화시켰던 당시, 아쿠다가와가 확연하게 자살하려 한 것은 아닌 듯 하다. 그것은 그의 내면 세계에 있는 생각을 작품을 통해 표현함으로써, 사회의 왜곡된 점을 시정231)하려는 의도가 있었다고 해석해도 좋을 것이기 때문이다.

문학을 자신의 천직으로 보는 작가에게 있어서나, 문학은 엔터테인먼트(entertainment)232)라고 철저하게 생각했던 작가에게는 자살자가 적은 듯 하다.233) 이 경우 자살자가 설사 있다 하더라도 그 '죽음'의 원인이란 것이 작가의 직접적인 표현에 있지 않고, 다른 데 있는 경우도 적잖기 때문이다. 문학이라는 무기로 인생과 싸우고, 이를 배우려고 한 작가에게 자살자가 많았던 것은, 바로 아쿠다가와의 경우를 두고 하는 말이다.

さに憤慨を禁じ得ないものはさっさと埒外に歩み去るが好い。 自殺も亦確かに一便法である。 しかし人生の競技場に踏み止まりたいと思ふものは創痍を恐れずに闘はなければならない。(芥川龍之介,『現代日本文學館 20 芥川龍之介』, 文藝春秋, 昭41, p.416)

231) 이 같은 의미를 싣고 있는 文學作品으로는 夏目漱石의『草枕』에 실려 있는 冒頭의 內容이 대표적이라 할 수 있다. 여기에 그 장면을 소개하고자 한다.
「人の世を作ったものは神でぼなければ鬼でもない。 (中略) 越す事のならぬ世が住みにくければ、住みにくい所をどれほどか、寛て、束の間の命を、束の間でも住みよくせねばならぬ。 あらゆる芸術の士は人の世を長閑にし、人の心を豊かにするが故に尊とい。」(夏目漱石,『草枕』, 新潮社, 昭59, p.5)
232) 이 말은 '읽을거리'라는 의미이다.
233) 芥川의 自殺에 대하여 들은 바 있는 三島由紀夫는, 비록 자신도 자살을 시도해 본 經驗者임에도 자살하는 사람을 싫어한 나머지, 자살한 文學家를 尊敬할 수 없었다고 밝히고 있다. 아울러 自殺하는 작가는 東西洋을 막론하고 好奇心과 藝術家意識을 濃厚하게 지니고 있는 작가에게 많았던 것 같다고 회고하고 있다.(三島由紀夫,「芥川竜之介について」,『新文芸読本 芥川竜之介』, 前揭書, p.102-103)

근대적 교양에 익숙해져 있던 도회적인 천재문학가이었던 아쿠다가와의 소설과 에세이를 보면, 그 이상으로 인생을 괴로워하고 자기와 끊임없이 싸운 작가는 그다지 많지 않아 보인다. 모친의 발광을 비롯하여 생가의 빈곤함 등의 환경만이 아니라, 몸의 병약함과 남다른 감수성 등은 아쿠다가와로 하여금 회의적인 인생관을 갖게 하기에 충분했다. 이 같은 삶에 있어서 부정적인 사고체계는 오히려 도회적인 생각과 예리한 두뇌 그리고 풍부한 교양을 지닌 아쿠다가와로서는 오히려 전통적이고 고백문학(告白文學)을 가까이 하지 못하게 된 셈이다. 반면에 그는 서구에 통하는 지적이고 애호적인 입장을 취하게 했다. 그러나 그의 내심은 숙명을 짊어진 일본의 도회지 아래 살고 있던 어두운 서민의 현실을 지향, 현실생활에 대한 중압감과 시대에 대한 막연한 불안감으로 인하여 자신의 생명을 스스로 거두게 되었던 것이다. 그래서인지 아쿠다가와의 자살은 당시의 문학가 뿐만 아니라 문학 애호가로 하여금 실로 커다란 충격을 느끼게 하기에 충분했던 것이다. 한편 아쿠다가와에 있어서 5통의 유서 중에는 3명의 자식에게 남긴 것이 있는데, 그 대체적인 내용은 "너희 아버지는 너희를 사랑한다"[234]는 것이었다.

　가와바타 야스나리의 '자살' 선택은 무엇보다도 그의 작품을 통해 나타나는 '삶'에 대한 허무감과 '죽음'을 통한 생명체계의 단절을 감행한 행위[235]로 보인다. 다이쇼 시대 말기에 '죽음'의 문제를 직시하

---

234) 『文藝春秋』〈第八十巻 第一号, 2002年 1月号〉, 文藝春秋, 平14, pp.319-323 参照)
235) 川端가 自殺을 敢行한 것은, 72세의 나이로 1972年(昭47) 4月 16日의 일이었다. 「노벨 文學賞」까지 수상하고 문학적 素養이 깊었던 그가 晩年에 이르기까지 가슴에 새기면 살았던 人生觀의 일면은 다음의 短文에서 느낄 수 있다고 본다. 그러기에 川端는 〈人間はみなに愛されいるうちに消えるのが一番よい。「山の音」〉(『日本人名大辞典』, 講談社, 2002, p.570 参照)라는 말을 남기고 있다고 본다.

고 인식했다는 평가가 이루어진 것은 이미 보편적인 일이다. 그것은 세계사적(世界史的)으로 볼 때, 제1차세계대전과 간토대지진(關東大地震)으로 인하여 사람들은 대량의 '죽음'을 경험했기 때문이다. 따라서 그 당시만큼 '죽음'이 일반화된 시대는 없었다고 해도 과언이 아니다. 關東大地震도 그렇지만 전쟁으로 이미 죽어간 혈족을 찾고자 하는 애절한 염원이 너무 강한 나머지, 이를 지켜보던 가와바타조차도 불교적 윤회사상과 심령학에 관련된 서적을 주로 읽었던 점을 생각하면, 당시의 참담함이 얼마나 컸는지 가히 짐작하게 한다.

그러면, 이 같은 가와바타가 그의 대표적 작품인 『雪国』를 통해, 그가 지니고 있었던 '죽음' 의식을 찾아보기로 하자.

우선 주인공인 시마무라(島村)의 성격상 두드러진 특징 중 하나는, 자신의 현실을 받아들이지 못하고 비현실적 세계만을 추구해 가는 인간이라는 점이다. 따라서 시마무라는 무엇보다도 '삶'의 허무의식에 빠져들게 되었다는 것이 중요시되어야 할 일이고, 그가 그런 의식에 빠져들었던 것은 당시의 시대적 상황과 깊은 관련이 있다236)고 생각된다. 이런 현상은 작품을 넘어서서 이미 가와바타의 유소년 시절을 통해 알 수 있는 일이다. 계속되는 육친의 죽음과 자신의 허약한 신체조건때문에 가와바타는 늘 자신의 죽음에 관하여 한 때도 생각하지 않았던 적이 없었던 것이다.

가와바타가 關東大地震을 만났을 때, 실로 엄청난 일본인들의 죽음과 도쿄(東京) 시내를 포함한 주변에서 허물어져 가는 모습을 통해서 그가 느꼈던 것은 인간으로서 자신만의 고통이라기 보다는, 다른 사람들도 모두 자기와 같이 죽음에 직면하고 있다는 사실을 알았다는 점이다. 그것은 두 말할 것도 없이 가와바타의 집만이 아니라 수많은

---

236) 김채수, 前揭論文, 「『유키구니(雪國)』의 사상적 배경과 일본인의 죽음의식」, 前揭論文pp.33-35 參照

가옥이 소실되고, 가족이 뿔뿔이 헤어짐으로써 고아 아닌 고아가 되어야 하는 운명적인 입장에 대해서, 그 스스로가 '가정 상실자(喪失者)'가 되었다는 마음에 사로잡혔던 것이다. 그 결과 가와바타는 "나는 다분히 망국의 백성이다. 關東大地震 진재(震災) 당시 이재민의 끝없는 행렬만큼, 나의 마음을 자아내게 한 인간의 모습은 없었다."고 말할 정도였던 것이다. 그리하여 가와바타의 철학적(哲學的) 발상은 〈'죽음'의 초월〉이라는 문제로 부상하게 된 셈이다.237)

이상과 같은 가와바타의 '자살'의 배경을 둘러싸고, 김채수는 이처럼 많은 자살자 문학가 중에서도 가와바타의 작품 『雪国』를 중심으로 하는 색다른 견해를 피력하고 있다. 그것은 그가, 「『雪国』의 사상적 배경과 일본인의 죽음의식」이라는 논문의 〈본론〉을 통해서, ①일본인의 죽음의식과 시간의식 ② '아와레(哀われ)'로서의 일본인의 죽음의식 ③일본인의 죽음의식의 특징 등에 관하여 기술하고 있다. 그 내용 중 특징적인 것이라면 그만의 독특한 〈'죽음' 의식에 관한 연구〉를 위한 하나의 방법을 작품 『雪国』의 사상적 배경을 통해 하나의 '사례'가 되고 있는 셈이다.

여기에서 필자에게 인상적인 것이라면, ①과 ②에 관한 내용이다. 그것은 일본 근대문학의 사상적 배경을 〈'죽음' 의식〉이라는 시각으로 접근할 때, 그의 견해는 보편적인 점 이상의 특별한 의식이 크지 않음에도 불구하고, 필자의 견해와 상통되는 바가 있기 때문이다. 또 '죽음' 자체가 결국 바람직하게 인식되고 또 의식할 수 있기 위해서는 '시간' 의식238)을 따라 접근239)할 수밖에 없기 때문이다. 나아가

---

237) 권해주, 「川端康成의 『空に動く燈』의 주제와 그 사생관」, 『日本文學研究』,〈創刊號〉, 韓國日本文學會, 1999.9, p.70 參照

238) 이처럼 川端는 '時間'에 관한 意識을 작가로서의 초기단계부터 '萬物一如' 또는 '生死一如'라는 내용을 표방함으로써 '죽음'과 '현실'을 비롯하여 모든 사물의 경계를 무너뜨리고 초월하려 했던 작가이다.(浅野敏夫 訳, Stephen Kern 著,

그렇게 인식·추구하다 보면 결국 '아와레'라는 일본인의 전통적인
심상에 '사멸(死滅)'에 대한 자각을 촉진시켜, 불교적 윤회전생사
상240)으로 귀결된다241)는 논리를 벗어날 수 없기 때문이라면서, 김
채수는 ③에 대해서도 강조하고 있는 것이다.242)

　　　『時間の文化史』, 法政大学出版局, 1993, pp.20-22 参照)

239) 이에 관한 논문으로, 李在聖의 「川端康成文學における時間の樣相」(『日本學報』
　　　〈第52輯〉, 2002.9, pp.105-122)가 있다.

240) 필자는 遠藤誠의 논문 「六道輪廻の法則は事実」가 이를 뒷받침해주고 있는 根
　　　據로 충분하다고 본다.(遠藤誠, 「六道輪廻の法則は事実」, 『大法輪』〈第64卷 2
　　　号〉, 大法輪閣, 平9, pp.103-105 參照)

241) 결국 上揭論文을 통해 김채수는, 和辻哲郎·劍持武彦·柳田國男·益田勝實 등
　　　의 관점을 사례로 들면서, 본문의 ①을 통해 佛敎的인 '輪廻'世界觀으로의 回
　　　歸를 강조하고 있다. 즉, 和辻哲郎과 劍持武彦의 관점을 통해서는 植物이 '몬
　　　슨'地域에서 잘 살게 된다는 면을 강조, 일본인의 '몬슨적'인 성격을 受容的이
　　　고 忍從的인 것으로 보면서 결국 '植物'로부터 일본인의 心的 構造가 형성됨을
　　　역설함으로써 佛敎의 輪廻世界觀이 '계절의 변화'가 뚜렷한 일본풍토에 가장
　　　잘 어울리는 세계관으로 정착하여 〈다시 태어나고, 다시 죽고〉라는 '죽음'에
　　　관한 의식을 피력하고 있다. 이어 그는 일본의 유명 민속학자 柳田國男의 〈일
　　　본인의 정신구조의 기반은 시간성 위에서는 논 경작에 따른 순환구조〉라고 지
　　　적하면서, 시간성이 가져온 순환의식은 결국 일본인의 죽음의식의 한 특징을
　　　이루고 있다고 강조하고 있다. 또 그는 益田勝實의 〈일본인에게 있어서는, 태
　　　어나는 것이 돌아오는 것인 동시에, 죽는다는 것이 돌아오는 것인 것 같다.…
　　　죽어서 돌아가고 태어나 부화하는 것은 갔다가 되돌아오는, 往復循環이라는
　　　생각을 품고 있는 것 같다〉는 내용을 인용하고, 이어 〈六道輪廻로써 동물적인
　　　것으로부터 동물적인 것으로이다. 이에 반해, 일본인의 '우마레가와리(生まれ
　　　変わり, 還生)는 인간에서 인간이다〉는 주장을 펴고 있다. 한편, 김채수는 이
　　　어 ②를 통해서는, '아와레'의 변천과정을 살펴보고, 〈인간이 자기자신으로부
　　　터 나와 외부에서 자기자신을 보게 되는 動機를 부여해 주는 것이 다름 아닌
　　　'죽음'이다.… 따라서 '生'의 存在意識으로서는, 인간존재의 한계상태로서의
　　　'죽음'을 통해서 보는 자기 자신에 대한 의식이라 말할 수 있고, 그와 같은 의
　　　미에 있어서의 '생'의 존재의식이야말로 죽음의식인 것이다.〉고 하면서, ③을
　　　통해 〈모노노아와레(物の哀われ)'로서의 죽음 意識이야말로 日本人의 傳統的
　　　인 藝術思想의 特色〉이라고 강조하고 있다.

242) 김채수, 「『雪国』의 사상적 배경과 일본인의 죽음의식」, 前揭論文 pp.35-46
　　　參照.

다자이 오사무의 경우는 역시 천재적인 작가였지만, 어디까지나 반도회적(反都會的)이고 허례허식을 싫어하는 저돌적인 작가라 할 수 있다. 따라서 다자이의 문학을 통한 '죽음' 의식을 발견하기 위해서는 직접 독자에게 마음의 비밀을 털어놓는 고백문학의 성격이 강했다는 점에서부터 출발해야 한다고 생각된다. 1948년(昭23) 6월 13일 39세의 생일을 맞은 지 6일 후 그의 유체가 발견된 바, 다자이는 "소설을 쓰는 것이 싫어졌기 때문입니다(小説を書くのが嫌になったのです)"[243]라고 자신의 '자살' 이유를 유언으로 남겼다.

미시마 유키오의 인생관과 '죽음' 의식에는 아쿠다가와와 닮은 점이 적지 않다. 미시마도 아쿠다가와처럼 태어나자마자 허약한 체질을 지니고 있었다. 그런 몸을 단련하여 강인한 육체의 소유자가 되고 싶었던 것이다. 그런 만큼 미시마의 언동을 보면 매우 화려할 정도였다. 미시마의 작품 중에서 불교문학의 부류에 들어갈 수 있는 것은 무엇보다도『豊饒の海』가 대표적인 작품이라 할 수 있는데, 이 작품은 불교적 교양에서 탄생된 문학이라 할 수 있다.

『豊饒の海』는 윤회전생사상에 의한 환생(還生)이 주요 내용으로 실려 있다고 할 수 있다. 그 가운데 제1부『春の雪』는 비련(悲戀)에 의한 남자의 '죽음'과 여자의 '출가(出家)'가 눈에 띈다. 물론 나머지 제2부부터 제4부까지도 주로 윤회전생(輪廻轉生)에 의한 환생이 중요 줄거리로 되어 있다. 그래서인지 미시마는 '죽음'에 대하여 자각적(自覺的)이었고, 그런 의미에서 '삶'에 대해 부정하는 논리, 즉 니힐리즘을 지니고 있었기 때문[244]에 그가 자살을 감행할 수 있었다고 생각된다.

---

243)『文藝春秋』, 前揭書, p.324 參照
244) 宗教思想硏究会 編, 前揭書, pp.241 參照

'문학'과 '종교'와의 관계는 인류의 역사이래 유기적인 관계를 가져 왔고, 이는 결국 하나의 사상체계를 이루어 온 셈이다. 구라타가 문학가로서 주로 활약했던 다이쇼 시대의 일면은 불교계의 자기비판에서 시작되어 사회적인 비판 정신을 수반한 근대불교의 수립기라서 그런지, 과거 전통적인 일본불교를 승계하는 관심이 일어나기 시작했던 것이다.

다이쇼 시대에 들어서 이른바 교양주의(敎養主義)가 메이지 시대의 수양주의(修養主義)에 대립하는 개념으로 널리 유행하고 있을 때, 여기에는 바로 구라타의 『出家とその弟子』(大5-6)[245]를 비롯, 아베

---

245) 親鸞思想 속에 倉田百三 자신의 生活을 投影시킨 戲曲作品이다. 이는 大正戲曲史에서 獨自的인 位置를 점유하게 되었다.(紅野敏郎 外 3人 編, 『大正の文学』〈近代文学史 2, 有斐閣選書 802〉, 有斐閣, 昭59, p.234 參照)

지로(阿部次郎)의 『三太郎の日記』(大3-7)와 와쓰지 테쓰로(和辻哲郎)의 『古寺巡礼』(大8) 등이 '다이쇼 시대의 교양주의'로서 자리를 차지했다.[246] 당시는 극장이 자유롭게 개방됨으로써 일본 근대극이 활발하게 발표된 셈인데, 그 무렵 시라카바파(白樺派)의 수많은 희곡 중에서도 구라타의 『出家とその弟子』는 물론, 무샤노코지 사네아쓰(武者小路実篤)의 『その妹』(大4) 『愛慾』(大15), 기쿠치 칸(菊池寬)의 『屋上の狂人』(大5) 『父帰る』(大6), 야마모토 유죠(山本有三)의 『生命の冠』(大9), 다니자키 준이치로(谷崎潤一郎)의 『愛すればこそ』(大10), 아리시마 타케오의 『死と其前後』(大6) 『ドモ又の死』(大11)가 바로 유명세를 떨쳤던 것이다.

따라서 당시를 문예사적으로 볼 때, 이 같은 희곡작품이 발표되어진 다이쇼 시대는 소위 〈희곡의 전성시대〉[247]라고 해도 좋을 것이다. 그것은 구라타 외에도 수많은 작가가 희곡을 창작했기 때문이다. 그러나 이상의 작가들은 대체로 오로지 희곡만을 고집하지 않고 소설이나 시가 등도 집필해 나갔다.

구라타는 계속되는 난관 속에서도 창작활동을 계속, 『俊寬』 『歌はぬ人』(이상 大9), 『布施太子の入山』(大10), 『父の心配』 『処女の死』(이상 大11) 등의 희곡과 『愛と認識との出発』라는 평론을 집필해 나갔는데, 필자는 그의 대표작 중 대부분이 희곡이라는 사실에 주목하고자 한다.

---

246) 이 세 작품의 작가들은 安部能成·小宮豊隆·野上豊一郎·長与善郎 등과 함께 당시 夏目漱石의 門下生으로 중추적인 역할을 했다.(橋川文三·鹿野政直·平岡敏夫 編集, 『近代日本思想史의 基礎知識』, 有斐閣, 昭46, p.238 參照)

247) 春秋座가 이후에 上演한 것은, 久米正雄·倉田百三·小山內薰 등의 創作戲曲이 있었기 때문인데, 그 基底에는 아이란드(Island) 演劇의 影響을 강하게 받은 菊池寬의 리얼리즘(realism)이 흐르고 있었다.(紅野敏郎 外 三人 編, 前揭書, p.227 參照)

그러면 구라타의 문학적 · 종교적 배경을 중심으로 하는 그의 생애에 관하여 살펴보기로 하자.

구라타는 1891년(明24) 2월 23일 6녀1남의 남매 중 외아들[248]로 히로시마(広島)현[249]에서 태어났다. 부유한 오복상(포목점)[250]의 집안에서 태어난 구라타는 어려서부터 몸이 허약했다[251]. 1897년(明30) 쇼바라초리쓰(庄原町立)소학교에 입학하여 소년시절을 보냈다.[252] 1904년(明37) 동교 고등과를 졸업하고 히로시마현립 미요시(三次)중학교[253]에 입학하자, 구라타는 미요시 초(町)에 살고 있던 이모(통칭 静子, 남편은 宗藤襄治郎)[254] 슬하에서 중학교를 다니게

---

248) 倉田의 家族關係에 관하여 구체적으로 말하자면 다음과 같다.
   父親은 佐々木家로부터 온 婿養子로서 吳作(통칭 百平)이라고 하는데, 祖父와 이름이 같은 것은 養子로 왔기 때문에 祖父의 이름 그대로 襲名했던 것이다. 母親은 ルイ이며, 위로 4명의 누나가 トヨ、ユキ、タテ、マサ의 차례로 있고 아래로는 누이동생 重子와 艶子가 있다. 倉田는 7男妹의 순으로는 5번째에 해당된다. 倉田의 祖父 吳作과 祖母 キク는 본래 雜貨商으로 생활을 꾸려가고 있었고, 父親은 淨瑠璃 · 演劇 · 小說 등을 좋아한 나머지, '東雲座'라고 하는 演藝場까지 경영하였고, 宗敎的 信仰心이 두터운 온화한 인품이었다. 倉田가 史劇 등에 솜씨를 지니고 있었던 것은 이 같은 父親의 영향에 힘입어 가능했던 것이다. 倉田의 姉妹들도 父親의 취향과 능력에 의해 화려한 服裝을 갖추기 일쑤였다고 한다. 따라서 倉田는 단 혼자밖에 없는 외아들이어서 家族으로부터 寵愛를 한 몸으로 받았던 것이다.
249) 보다 구체적인 출생 장소는 広島県 比婆郡 庄原村 107番地(오늘날 広島県 庄原市 本町 1292番地)이다. 당시 庄原町는 예로부터 소금과 소(牛) 등의 物資集散으로 성황을 이루고 있었다.
250) 倉田의 부친이 주로 비단 등의 高級 옷감을 去來하며 從事한 職業을 말한다.
251) 스스로가 몸이 허약한 점에 관하여, 倉田는 父親의 血統에 의한 것이라는 생각 아래「①自己批判과 超克에 의해 大膽하게 될 것, ②일부러라도 남과 싸울 것, ③惡한 일에도 참아낼 것」등의 내용을 자신의 宿題로 삼았다. 이런 意識的인 努力에 힘입어 倉田는 도리어 自己의 本性에서 이탈하여 無理한 일을 곧잘 했다고 한다.
252) 同校를 졸업하기 한 해 전인 倉田의 나이 13세에 첫째 누나인 トヨ가 死亡함에 따라 最初로 가까운 血族의 '죽음'을 體驗하게 된다.
253) 현 三次高校를 말한다.
254) 이 姨母에게는 子女가 없었기 때문에 倉田의 바로 밑의 누이동생인 重子가 養

된다.255) 1909년(明42) 졸업학년이 된 구라타는 19세시 고데 토요 (小出トヨ)256)라는 여성과 결혼을 조건으로 연애하기 시작한다. 1910 년(明43) 20세시 부친의 반대257)를 무릅쓰고 東京第一高等學校258) 에 철학(哲學)259)을 전공하기 위해 입학하자, 고데는 다른 사람과

女로 들어가 있었다. 姨母 夫婦는 당시 淨土眞宗의 熱誠的인 信者였기 때문에, 倉田가 훗날 淨土眞宗의 宗祖인 親鸞 등을 등장시킨 戱曲『出家とその弟子』를 집필할 수 있는 基礎的인 環境을 제공해 준 셈이다. 이를 증명하는 것으로는 작품의 原本 속표지에 있는 「正信偈」중에 「極重惡人はただ仏を称すべし云々」 이라 게재되어 있고, 이어 「此の戱曲を信心深きわが叔母上にさゝぐ」라고 적혀 있는 글이라 할 수 있다.(藤原定,「倉田百三集解説」,『倉田百三・武者小路実篤 集』〈日本近代文学大系 32〉, 角川書店, 昭48, p.11 参照)

255) 입학 후 倉田는 곧바로 級長이 되었고, 동급생인 香川三之助의 兄이자「アララ ギ派の歌人」인 中村憲吉가 4學年에 在學하고 있었다. 한편 倉田는 2학년 때 校友會誌「巴峽」(第9号)에「事は忍耐勉強にあり」를 게재하였으나, 3학년 여름 에는 都會風俗을 憧憬하고 文學에 대하여 耽溺하게 됨으로써 1년간 휴학, 셋째 누나인 タテ가 養女로 들어가 살고 있던 尾道에 위치한 倉田新兵衛의 집에서 지내며 집필한「夏の曙」를「巴峽」(第10号)에 발표하였다. 이 기간 동안 倉田 는 수명에 이르는 女性과 少年으로서 담담하게 만나갔는데, 이 점을 알아차린 父母조차도 집안의 대를 이어가는 외아들이라는 점 때문에 용서했던 것이다. 그렇지만 그 가운데서도 倉田는 그 다음 해 三次中學校에 復學하고「巴峽」(第 11号)에 短歌 6首를 발표할 정도로 文學에 조예가 깊어 갔다. 이처럼 文學과 戀愛에 관심을 기울이면서 놀기만 해도 倉田의 학교 成績은 拔群이었다.

256) 三次中學校 담임교사의 妻弟에 해당하는 倉田보다 1살 위인 여성으로 이미 女 高를 졸업한 입장이었다. 상호간에 好感을 느끼고 있는 데다 倉田의 집안에서 도 좋은 因緣이라고 인정했지만, 倉田의 一高 進學으로 인하여 婚期가 늦어지 면 앞날이 불안해지기 때문에 이미 緣談이 있었던 다른 사람과 결혼한 女性이 다. 그러나 이 일로 인하여 倉田는 첫 번째 失戀을 당하게 되었다. 이하 '고데 (小出)'라 표기한다.

257) 어느 날 倉田家 墓所 청소차 父親과 동행하는 과정에서 倉田는 決意에 찬 말투 로 東京一高 進學에 관하여 意思를 표명하자, 이를 듣던 부친은 倉田의 표정을 보고 오싹하면서 식은땀이 흘렀다고 한다. 이는 倉田의 一高 進學에 대한 意志 가 견고한 점 때문이기도 했으나, 小出トヨ와의 戀愛가 자신의 東京 留學을 앞 두고 뜻대로 이뤄지지 않을 것 같게 됨에 따라, 말수가 갑작스레 적어지는 등 소극적 행동으로 변했다고 한다.

258) 오늘날 東京大學를 가리킨다. 당시 校長을 新渡戶稻造가 담당하고 있었고, 倉 田는 辯論部에서 활약하고 있었다.

259) 學科名은 獨文科이었으나 세부전공이 哲學이었다. 따라서 倉田는 哲學書에 몰

결혼함으로써 구라타에게 첫 번째 실연을 안겨주었다. 이로 인해 구
라타는 더 큰 입신출세를 꿈꾸게 되었고, 그렇게 되기 위해서는 법학
과로 전과(轉科)260)해야 된다는 부친으로부터의 억압 등으로 인하여
극심한 불면증에 걸렸고 염세적 경향의 성격261)으로 변하고 말았다.
  1912년(明45·大元) 구라타는 자신의 철학적인 번민으로 고뇌하
던 중 우연히 키타로262)의 『善の研究』263)를 접하고 크게 감동받고

두하곤 했는데, 한편으로는 철학을 전공함으로써 未來에 대한 보장이 없어 보
여 암울한 厭世觀에 사로잡히기까지 했다고 한다. 같은 文科의 級友에는 藤森
成吉·豊島與志雄 등이 있었으나, 특히 久保正夫·久保 謙 등과 친하게 지냈다.
이들과 倉田는 頻繁하게 便紙를 주고받은 바, 이는 훗날 「靑春の息の痕」에 收
錄되었다. 이 무렵에도 倉田는 辯論部에서 활동하면서도 文藝部 활동에 더 큰
관심을 나타냈다.
260) 父親으로부터 勸告를 받기도 했으나, '哲學上의 煩悶'으로 괴로워하다가 自暴
自棄하는 경우가 종종 있었다. 이로 인하여 倉田는 삶에 대한 絶望을 거듭 하
다가 戰鬪的인 利己主義者가 되어 채울 수 없는 성욕(性慾)을 품게 된다. 그런
데, 한 때 洛陽의 시가지에서 발생한 한낮의 強姦事件을 생각하다가 倉田 스스
로도 強者가 되어야겠다는 世俗的인 野心을 품고 法科로 轉科했다는 설도 있
다. 이에 대한 內容은 『愛と認識との出發』 속의 논문 「異性の內に自己を見出
さんとする心」의 "強者になりたい。これが私の唯一の願望であった。私は法科
に転じた。"(『倉田百三選集』〈第2卷〉, p.44)에도 나타나 있다. 그러나 倉田는
法科에서 만족하지 못한 채 지내다 1912年(明45, 大元)에 다시 文科로 復歸하
고 말았다.
261) 現世 快樂主義 위에 서서 倉田는, 이 세상을 安樂하게 보내며 泰然하게 지내려
했다. 그렇지만, 그 때 庄原의 父親으로부터 法科로 轉科하라는 抑壓性 發言이
있기도 한 터에 자신의 世俗的 野望이 작용하여 1년간 法科로 옮겼지만, 그것
은 일시적인 彷徨에 불과했다. 1년이 경과된 시점에서 根本的인 信念이 確立되
어 있지 않으면 안정된 생활이 불가능하다는 사실을 알아차렸다. 그러나, 倉田
는 이미 哲學上의 煩悶과 학교 缺席, 그리고 試驗 缺試 등으로 神經衰弱에 걸
려 있었다.
262) 전술한 바와 같이, 그의 정확한 姓名은 西田幾多郎이다. 1870年(明3)에 태어
나 1945年(昭20)에 걸쳐 살다 간 日本의 近代哲學者이다. 明治 44年에 처녀
작이자 자신의 獨創的 體系인 西田哲學의 근본사상이 담겨있는 『善の研究』를
간행하였고, 大正 2年에서 昭和 3년까지 京都帝國大學의 敎授로 지냈다. 「京都
学派の祖」라 불리는 인물이다. 오늘날 이와 밀접한 관련이 있는 책으로서 宮川
透·荒川幾男가 함께 저술한 『日本近代哲学史』(昭51, 有斐閣)가 있는데, 國內

는 서점에서 이 책을 구한다. 이때부터 구라타는 키타로를 사모·존경하게 되는 바, 미요시중학교 동급생이던 고가와 산노스케(香川三之助)의 집에 체재하면서 이를 숙독하고 자신의 철학관을 크게 반성한다. 이를 계기로 東京第一高等學校 재학 중에 「憧憬—三之助の手紙—」와 「生命の認識的努力」를 교우회지에 기고, 소위 『愛と認識との出発』를 작품화하는 기초작업에 들어간다.

복학하여 문과로 복귀하고자 상경하던 중 교토에 있던 키타로를 방문하게 된다. 키타로는 인생에 대해 회의하고 찾아온 구라타에게 신란사상에 관하여 들려주고[264], 자신의 철학에 관한 책 『善の研究』를 읽게 했던 인물이다. 구라타는 이후 日本女子大學에 재학하고 있던 누이동생 쓰야코(艶子)의 급우인 이쓰미 히사코(逸見久子)[265]와

에서는 이 책이 李洙正(창원대 교수)에 의해 『일본근대철학사』라는 書名 그대로 2001년에 「생각의나무」라는 출판사에서 번역·출판되었다. 한편, 필자는 이상의 2권에 관하여 「'서양'에서 만들어진 일본의 신크리티즘」이라는 제목 아래 書評하고 있다.(拙稿, 『오늘의 동양사상』〈제6호, 2002년 봄·여름호〉, 예문동양사상연구원, pp.309-320 參照) 한편, 1945年 6月 7日 他界한 幾多郎는 자신의 墓碑에 새기기 위해 스스로 他界 10일 전에 괴테의 詩 「旅人の夜の歌」를 번역해 두었다.(『文藝春秋』, 前揭書, pp.301-302 參照)

263) 1911年(明44) 西田幾多郎의 初期 作品이다. 이는 몇 번의 轉換을 거쳐 후일 '西田哲学'으로 이어지는 基礎가 된 記念碑的인 著作物이다. 이는 大正·昭和期를 통하여 哲學徒만이 아니라 倉田 등 일반 知識人에 의해 읽혀짐으로써 큰 反響을 일으켰다. 그 理由라면, 저자 幾多郎가 이 책의 「序」에서 밝힌 바와 같이, 哲學的 探究의 背景에 〈人生의 問題가 中心이고 終決이다〉는 態度가 一貫되어 있기 때문으로 알려져 있다.

264) 幾多郎는 자신을 찾아온 倉田을 기꺼이 만나 談論하게 된다. 幾多郎가 人生問題 전반에 관하여 苦心하고 있던 倉田에게 자신의 主著인 『善の研究』에 관하여 담론한 것은 확실하다. 그러나 浄土真宗에 입각한 親鸞思想에 관해 언급했다는 자료는 아직 발견하지 못한 입장이지만, 단 하나 中産延二가 펴낸 『仏教と西田·田辺哲学』의 卷頭에 〈西田哲學과 親鸞聖人의 教義에 대한 田辺博士의 批判에 대하여〉라는 글을 통해 보면, 幾多郎와 親鸞思想은 결코 無關하다고는 할 수 없음을 필자는 밝혀 두고자 한다.(中産延二, 『仏教と西田·田辺哲学』, 百華苑, 昭54, pp.162-238 參照)

265) 日本女子大学 재학생이며 자신의 누이동생 艶子와 절친한 級友에 해당하는 사

연애한다. 1913년(대2) 2월 「異性の中に自己を見出さんとする心(こ
の小篇を春に目ざめたるH·Hに捧ぐ)」와 「자연아로서 살아라(自然児
として生きよ〈Y君266)に与ふ〉)」 등을 일고 교우회지에 발표한다. 그
러나 이쓰미가 귀향하여 다른 사람과 결혼하자 이에 대하여 다시금
크게 실연당했다는 생각으로 고뇌한 결과, 그해 말경에는 당시로서는
'죽음'을 면할 수 없는 폐결핵에 걸리고 만다. 이로 인하여 구라타는
一高를 자퇴하고 수 차례나 '자살'267)에 대한 충동을 느끼면서 수많
은 난관을 겪게 된 나머지, 연애에 대해 회의적이고 부정적으로 생각
하게 된다. 따라서 구라타가 이쓰미로부터 '절교 선언' 내용의 마지막
편지를 받고 느낀 점268)은 매우 인상적이다. 구라타는 이쓰미로부터
그 같은 편지를 받고 자신의 처지가 한심스럽기 그지없다면서 그 중
압감을 리얼하게 표현했다. 나아가 그는 '죽음'에 대한 불안감에 관해
서도 피력하였고, 반면에 심각할 정도로 절망적인 가운데서도 〈'삶'
의 조화에 대한 희망〉을 크게 염원했던 것이다.

1914년(大3) 1월, 미요시에 살고 있던 이모로부터 『歎異抄』를 빌
려 고향인 쇼바라로 돌아가 홀로 지내며 사색도 하고 종교서적을 탐
독하다가 기독교 교회269)에 다니게 된다. 그러나 그 해 9월에는 치

람이다. 倉田文學에서는 이 女性이 곧잘 「H·H」로 표현되곤 한다. 이하 「逸見」
라 표기한다. 이 逸見으로부터 失戀당한 후 倉田는 厭世的인 성격으로 변해갔
던 것이다.
266) 이를 구체적으로 말하면 矢內原忠雄이라는 사람이다.
267) 精神科 專門醫이자 心理治療 專門醫師인 토마스 브로니쉬(Thomas Bronisch)
는 '自殺'과 '自殺 企圖'는 오직 人間에게만 있는 行動樣式이며, 그것은 근본적
으로 人間의 實存과 관계된 것으로 自我省察을 전제로 한다는 주장을 펴고 있
다.(이재원 옮김, 토마스 브로니쉬 지음, 『자살, 인간만의 파괴적 환상』, 이끌
리오, 2002, p.4 參照)
268) 이에 관한 구체적인 내용은 본 논문의 〈本論 第5章 제2절-2〉를 통해 소개하고
자 한다.
269) 이 때 倉田는 자신이 앓고 있던 結核의 完治를 위해 祈禱하는 一念으로 庄原町
에 있는 조그만 アライアンス敎會에 있는 聖書硏究會에 다닌다.

루에 걸려 히로시마병원에 입원한다. 그곳에서 그의 나이 24세이던 1915년(대4) 1월에 간호사인 간다 하루코(神田晴子)를 알게 된다. 구라타는 이때부터 「오키누상(お絹さん)」270)라 불리던 하루코로부터 간호를 받음은 물론, 함께 기독교 교회에 다닌다. 그러나 12월에 교토 인근에 있던 소위 안식소(安息所)271)라 할 이토엥을 방문, 창시자인 텐코로부터 신란에 관한 내역을 듣게 되는 한편, 그곳에서 몸소 노동하면서 봉사생활을 하기도 한다. 구라타는 이미 키타로의『善の研究』를 읽고 감동을 받음은 물론, 정토진종 집안에서 태어난 키타로를 직접 만난 적도 있었기 때문에, 키타로로부터도 다소나마 신란의 영향을 받게 된 셈이다. 그러나 구라타의 사상은 오히려 텐코로부터 보다 큰 영향을 받고 기독교적인 면에서 불교적으로 바뀌어 간다. 이는 구라타가 결핵을 앓았으면서도 '삶'에 절망하지 않고 거듭나려는 종교적 열정에 의한 심적(心的) 태도에서 비롯되었다고 할 수 있다. 그러나 그는 앞에서 밝힌 바와 같이 기독교·이토엥·정토진종 등의 종교적 체험을 했음에도 불구하고, 자신이 어느 종교인이라 하면서 특정 종교인으로서의 삶은 살지 않았다고 생각된다.272)

이후 구라타는 26세 때이던 1916년(大5) 11월부터 히로시마만 동남쪽에 위치해 있는 단나(丹那)라는 어촌에서 하루코와 함께 지내며『出家とその弟子』의 집필을 완료273)하고, 이를 시라카바의 동인잡지

---

270) 神田晴子의 피부가 '비단'같이 곱게 보여 倉田가 愛稱한 것으로 추정된다. 그 결과 이는 倉田文學에 있어서 別稱으로 표현되어진고 있다. 본고에서는 「晴子」라 표기한다.
271) 야스마루 요시오(安丸良夫)는『日本の近代化と民衆思想』이라는 책을 통해 '一燈園'에 관하여 '極度의 精神主義자들에게 있어서 安息所'라고 설명하고 있다. (安丸良夫,『日本の近代化と民衆思想』, 平凡社, 1999, p.87 參照)
272) 그러므로 倉田의 宗敎觀과는 별도로, 그가 어느 宗敎人이었느냐에 대한 답은 短答形으로는 不可能하다고 본다. 그러나 그의 作品을 통해서 가장 가까웠다고 할 수 있는 것은, 아무래도 佛敎라 할 수 있다.
273)『倉田百三選集』〈第1卷〉, pp.122-125 參照

『生命の川』274)에 연재하기 시작한다. 이미 1월에는 병약해진 몸으로 이토엥에 다니게 되나, 2월에는 히로시마로부터 하루코가 찾아옴에 따라 함께 집을 빌려 동거생활에 들어가 간호도 받는다. 7월에는 셋째와 넷째 누나가 연달아 사망하고,275) 그 후 곧바로 조모(祖母, キク)도 세상을 떠나고 만다.

　1917년(大6)에는 『出家とその弟子』를 이와나미(岩波)서점에서 출판하고, 「本道と外道」를 집필한다. 12월 희곡 『歌はぬ人』의 전반을 『愛の本』276)에 발표하는 등 창작에 다시금 불을 지핀다. 그 해 2월 나카무라(中村)병원에 다시금 입원한 구라타에게는 3년 동안 교제·동거해 온 하루코와의 사이에서 장남인 지조(地三)가 출생277)하게 되나, 하루코와 지조의 처리 문제가 엄격한 양친과 쉽사리 타결되지 못함에 따라 세 번째 실연을 당한다. 이로 인하여 구라타에게는 관절염과 골반 카리에스(karies) 등이 계속 발병, 구라타의 집안은 이상과 같은 일로 인해 큰 부채(負債)를 지게 된다.278) 게다가 구라타의 나이 13세시 이미 첫째 누나가 사망했기 때문에 구라타로서는 가업 상속에 대하여 괴로워하며 말 그대로 내우외환(內憂外患)의 생활을 감내해야만 했다. 구라타는 이런 어려움 속에서도 『出家とその弟子』의 집필을 완성하고, 6월에 이를 이와나미서점에서 발간함으로써 일약 유명해진다.

　이렇게 구라타가 희곡에 대하여 특히 창작활동을 불태운 것은, 당

---

274) 1916年(大5) 9월 千家元麿·犬養健·高橋元吉 등과 함께 同人이 되어 創刊된 文藝雜誌이다.
275) 이 때 두 누나가 世上을 떠나게 된 것은 7월에 당시 34세이던 셋째 누나 タテ와 당시 30세인 넷째 누나 マサ의 연속적인 '죽음'을 말한다. 倉田는 1개월 전인 6월에 マサ의 重態 소식을 듣고 歸鄕하여 두 누나의 臨終을 지켜볼 수 있었다.
276) 1917年(大6) 同人雜誌 『生命の川』가 『愛の本』으로 改題되었다.
277) 『倉田百三選集』〈第1卷〉, p.157 參照
278) 上揭書, p.119 參照

시 문단의 경향이 그 배경으로 작용되었을 뿐 아니라, 철학적 사고와 종교적 신앙이 그의 사상적 중심이 되어 있었기 때문에 가능한 일이 었다. 이런 점에서 그에게는 자기의지를 표현할 문학적 방법으로서 '희곡'이 가장 어울렸다는 추정이 가능해진다. 또 이 『出家とその弟子』의 구성과 내용을 볼 때, 구라타야말로 극(劇)을 구성하는 기교랄지 방법을 습득하려는 학구열이 매우 컸음을 알 수 있다. 이렇게 집필된 『出家とその弟子』는 결국 일본의 근대문학과 신란사상과의 관계에 있어서 중대한 계기를 만들었다는 평가가 일반적이다.

1918년(大7) 1월 『歌はぬ人』의 후반을 『愛の本』에 발표하게 되고, 「地上の男女」 등도 집필하나, 육체적 아픔이 더욱 심해짐에 따라 후쿠오카(福岡)에 있는 규슈(九州)대학병원에서 구호 테이노요시(久保猪之吉)라는 의사의 진료를 받는다. 그런데 구라타는 이 병원에서 구호 부인의 소개로 에(江)라는 여성과 교제하게 되는데, 이 무렵 일찍이 구라타에게 두 번째 실연을 안기고 다른 사람과 결혼했던 이쓰미가 이혼하고 찾아옴에 따라 다시금 만나간다. 그 후 구라타는 무샤노코지 사네아쓰[279]가 주축이 되어 설립하는 「새 마을(新しき村)」의 창설에 관심을 갖고서 그 지부를 후쿠오카에 차린다.

1919년(대8) 5월 후쿠오카의 긴류지(金龍寺)로 거처를 옮긴 구라타는, 『出家とその弟子』를 교토의 오마루(大丸) 홀에서 초연(初演)하여 성공을 거두고, 7월에는 도쿄의 유라쿠자(有樂座)와 교토의 오

---

[279] 1885년(明治 18)부터 1976년(昭和 51)까지 살다 간 이 시대의 小說家이고 劇作家이다. 東京 출생으로 초기에는 톨스토이에 傾度하였으나, 후에 에고이즘에 대하여 대담하게 긍정적인 사고방식을 갖게 된다. 훗날 「新しき村」를 실천하는 운동에 적극 가담하였는데, 이와 관련된 문학작품으로 『新しき村に就ての対話』(第1・2・3, 以上 大正 7)가 있다.
한편, 倉田에게 영향을 준 天香의 경우도 일찍이 톨스토이로부터 영향을 받은 바 있음을 보면, 倉田의 정신적 기반에는 다소나마 톨스토이의 정신을 계승하고자 하는 마음이 있었다고 추정된다.

카자키(岡崎) 공회당에서 또 다시 공연하였는데, 후자의 경우는 텐코가 직접 상연취의서(上演趣意書)를 작성하여 이루어질 정도였다. 이 무렵 구라타는 몸이 더욱 허약해짐에 따라 효고(兵庫)현 아카시(明石)라는 곳으로 거처를 옮기고 요양에 전력을 기울인다. 이 때 후에 정식으로 부인이 된 이부키야마 나오코(伊吹山直子)가 후쿠오카의 결혼식장에서 도망해 와 구라타를 찾는다. 그러나 이 무렵 사기(死期)가 가까워진 것으로 예상한 텐코에게서 구라타는 〈척척서행수악거사(戚戚西行水樂居士)〉라는 계명(戒名)을 받게 된다.

『出家とその弟子』가 이토엥 주최에서도 큰 성황을 맞음에 따라, 그 해 11월 구라타는 「『出家とその弟子』の上演について」280)를 「中外日報」에 발표하고, 후쿠오카에 체재하고 있던 중 착수했던 『俊寬』을 누워지내면서 구술하여 12월에 완성한다. 30세 되던 1920년(大9) 3월에는 「隱遁の根拠について」를 쓰고 6월에 『歌はぬ人』을 이와나미서점에서 발간한다. 이어 7월에 하루코를 호적에 올리지만, 9월에 그녀와 합의하여 이혼하고 곧바로 도쿄 근교에 있는 오모리(大森)로 거처를 옮긴다. 그 후 12월 하루코가 장남인 지조과 함께 찾아오지만 별거한다.

1921년(대10) 2월 「勞動運動の道德的根拠について」281)를 기술하고, 3월에는 이전에 발표했던 평론 『愛と認識との出発』를 이와다미서점에서, 11월에는 『布施太子の入山』을 고야샤(曠野社)에서 각각 발간한다. 이어 「『出家とその弟子』の上演について」를 요미우리(読売)신문에 발표한다. 이듬해 1922년(大11) 1월에는 희곡 「処女の死」를 「新小說」에 발표하고, 3월에는 「『死の心配』に就いて」와 「『父の心配』の上演に就いて」를 집필한다. 이어 6월에 평론 『靜思』를 고야샤에서, 1

---

280) 『倉田百三選集』〈第2卷〉, pp.228-232에 게재되어 있다.
281) 上揭書, pp.308-326에 게재되어 있다.

1월에는 『處女の死』를 슌요도(春陽堂)에서 각각 발간한다.

이어 1923년(大12)에는 『轉身』을 고야샤에서 간행하며, 「『靜思』
の批評に對して有島武郎氏に答ふ」282)와 「有島武郎氏に」283)를 『靜
思』1·3월호에 각각 게재함으로써 아리시마 타케오와 '프로레타리
아운동'에 대한 태도에 관한 논쟁 즉 소위 〈아라시마·구라타논쟁(有
島·倉田論爭)〉284)를 일으킨다. 이에 대하여 아리시마 타케오의 입장
에서 보면 다음과 같다. 1936년(소11) 10월 개인잡지 『泉』를 발간
한 아리시마는 제2호와 제3호에 「『靜思』を読んで倉田氏に」를 연재
한 바, 이는 그의 평론 중 「愛は惜みなく奪ふ」와 나란히 한 장편의
역작이다. 이로 인하여 다시금 구라타의 반박을 불러 일으켰다.285)
이 논쟁은 아리시마 타케오와 구라타가 상호 방문함으로써 이뤄진
바, 아리시마의 소설에는 구라타가 지적(知的)이고 교양적인 훌륭한
요소가 많이 포함되어 있음은 물론, 그것은 일본소설에도 결여된 점
을 지적한 데서 야기되기 시작했던 것이다.286)

구라타는 34세 되던 1924년(大13) 1월에 평론집 『超克』을 개조사
에서 발간하지만 곧바로 모친(ルイ)이 타계한다. 이어 4월에는 무샤
노코지 사네아쓰·조요 젠로(長与善郎)와 함께 잡지 『후지(不二)』를
창간하고 그 창간호에 「弱き善人」을 발표한다. 10월 이부키야마 나오
코와 정식으로 결혼하여 호적에 올리고, 『超克』를 간행하기도 한다.

1925년(大14)에는 『希臘主義と基督教との調和の道』를 고야샤에
서 발간한다. 1926년(大15·昭元) 2월에는 강박관념증에 걸리고 9

---

282) 『倉田百三選集』〈第3卷〉 pp.220-227에 게재되어 있다.
283) 上揭書, pp.278-291에 게재되어 있다.
284) 이들의 論爭은 思想的 立脚地가 相反한데다, 文章이 장황하여 쉽게 읽어나가기
어렵다.(吉田精一, 『近代文芸評論史』, 至文堂, 昭55, pp.223-223 參照)
285) 上揭書, pp.211-225 參照
286) 『倉田百三選集』〈第1卷〉, p172 參照

월에 장남인 지조를 떠맡으나, 10월에 강박관념증을 치료하기 위해 교토 제생병원에 입원하고 이듬해 3월까지 괴로워한다. 8월에는 「『死の懺悔』を読む」287)를 집필하고, 이어 『一夫一婦か自由戀愛か』와 『赤い靈魂』을 이와나미서점에서 발간한다.

1927년(소2) 1월 부친 고사쿠(吾作)가 타계한다. 5월부터 11월까지 「精神の忍受力と苦悩の克服」를 『生活者』에 연재, 8월에는 그에 관한 첫 문학전집인 메이지 다이쇼(明治大正)문학전집 『倉田百三·吉田絃二郎集』를 발간한다. 1928년(昭3)에는 논문 「人生の真景とその肯定」를 발표하고, 가족과 함께 니시이즈(西伊豆) 해안으로 요양하러 간다. 1929년(昭4)에는 「念仏者のイデオロギー」와 「生活と文芸」를 발표하고, 마침내 현대일본(現代日本)문학전집 『山本有三·倉田百三集』를 가이죠샤에서 발간한다. 한편 4월에는 장남 지조가 교토의 曉星中學校에 입학하게 됨에 따라 쇼바라로 귀향하여 성묘도 하고 강연도 한다.

1930년(昭5) 여름에는 센다이(仙台)를 여행하고, 9월 센신샤(先進社)에서 『絶對的生活』를 간행한다. 1931년(昭6)에는 2월에는 나리타야마(成田山) 신쇼지(新勝寺)에서 37일간 단식수행하며, 11월에 노카시(野火止) 헤이린지(平林寺)에서 참선하고 「萬有絶對一枚の境地」를 자각한다.

1932년(昭7) 7월에는 「一元の世界─『宗教的人間』を読む」를 아사히신문에 연재하고 『神経質者の天国─治らずに治つた私の体験』을 센신샤에서 발간하며, 12월에는 『生活と一枚の宗教』288)를 大東出版社에서 발간한다.

43세 되던 1933년(昭8) 7월에는 교토(京都)대학 문제해결안 토의

---

287) 『倉田百三選集』〈第4卷〉 pp.182-201에 게재되어 있다.
288) 『倉田百三選集』〈第6卷〉 pp.1-101에 게재되어 있다.

「京大問題と国家主義者の態度」를 요미우리신문에 연재하고, 아카마쓰 코구마(赤松克麿) 등과 함께 국민협회를 결성하여 기관지「国民運動」의 편집을 담당한다. 이 무렵부터 불교와 일본주의(日本主義)와의 융합을 도모함으로써 정치운동에 참여한다. 1934년(昭9) 6월에는『大乗精神の政治的展開』를 9월에는『法然と親鸞の信仰 ― 一枚起請文・歎異抄』289)를 각각 大東出版社에서 간행한다.

이어 46세 되던 1936년(昭11)에는 8월과 11월에 각각 소설『親鸞聖人』과『女人往生集』를 간행함으로써 구라타는 더욱 유명해진다. 12월에는「『出家とその弟子』の追憶」을 발표하고 마쓰모토(松本) 등에 여행하기도 하며, 양녀인 와기(和枝)290)를 가와바타 요헤이(川端養平)와 결혼시키나, 구라타 자신은 문단의 펜으로서 관심을 표명해 온 소녀 야마모토 히사코(山本久子)291)와 편지를 주고받으며 연애감정을 교환한다. 이에 따라 구라타는 궁핍한 생활을 면하지 못하게 된다.

1937년(昭12)에는 덴리교(天理教) 전기소설인「大地にしく乳房」을 세이소도(精草堂)에서 발간하고,「学生と先哲—予言者日蓮」을 집필한다. 48세 되던 1938년(昭13)에는 논문집『祖国への愛と認識』을 이상사에서 발간하고, 청년기부터 서간을 수재한『青春の息の痕』를 大東出版社에서 발간한다. 한편 1월에는「新日本文化の会」의 결성에 참가하고 잡지『新日本』을 창간하여 편집장이 되고 2년 전부터 교제해온 야마모토와 절교한다.

1939년(昭14) 8월에는 소설『大化の改新』을『新日本』에 발표하고, 11월에는『日本主義文化宣言』을 人文書院에서 간행한다. 한편 5

---

289)『倉田百三選集』〈第7巻〉에 작품의 전체 내용이 게재되어 있다.
290) 넷째 누나 マサ의 長女에 해당하는 사람이다.
291) 이는 假名이며, 倉田가 他界한 후 간행된 서간집『絶対の恋愛』의 戀愛 相對로 등장하는 인물이다. 이 사람은 倉田가 만나 교제하고 연애한 최소한 6번째 해당하는 인물인 셈이다. 이하 '야마모토'라 표기한다.

월에는 삶에 관한 진리를 탐구하기 위하여 「生きんとての会」를 창립하고 주재하며, 매월 정기적으로 청년에게 삶에 대한 중요성 등을 지도하고, 이 무렵 적잖은 대학에서 그 내용에 관하여 강연한다. 10월에는 「経国文芸の会」에 가입하고 사토 하루오(佐藤春夫) 등과 함께 동 모임의 사무를 관장한다. 그 사이 10월부터 12월까지 3개월 동안 한반도와 만주(滿洲), 몽고(蒙古) 등을 여행하기도 한다.

1940년(昭15) 2월 수개월 전에 감행한 대륙(大陸)여행에 따른 과로로 오모리(大森)의 자택에서 요양한다. 6월에는 오모리의 히라이(平井)병원에서 8월에는 도쿄대학병원 물료(物療)내과에 입원하여 치료에 전념한다. 몸이 다소나마 좋아지자 12월에는 자전소설(自傳小說)『光りあふいのち』를 신세이샤(新世社)에서 발간하고, 고향에 있는 쇼바라소학교의 교가(校歌)를 작사한다. 1941년(昭16) 1월 도쿄대학 오키(大槻)외과에서 정형수술을 받고 7월에는 오모리의 히라이병원에 재입원한다. 10월에는 『共に生きる倫理』를 大東出版社에서 발간한다.

1942년(昭17) 2월에는 『東洋平和の恋』이라는 희곡을 간행하는 등 창작활동을 쉬지 않는 가운데, 장남 지조가 히로시마시 서부(西部)제5부대에 입영한다. 6월에는 「新国学協会」의 단카(短歌)잡지인 『ひむがし』의 동인이 되고, 7월에는 오모리의 자택으로 돌아와 요양에 진력하지만, 구라타는 마침내 1943년(昭18) 2월 28일[292] 오모리의 자택에서 52세의 나이로 영면(永眠)한다.

---

292) 보다 자세한 臨終 時刻은 이 날 午前 8時 30分이다.

1915년(大4) 12월 구라타는 교토 인근에 있는 이토엔을 찾아가, 그곳에서 창립자인 텐코를 만난다.[293] 그는 이듬해 1월부터 병약해 진 몸으로 이토엔에 다니면서 자신의 육체적 내지 정신적 고통을 치유하고자 입원하게 된다. 그러나 설상가상으로 7월 연이어서 셋째와 넷째 누나가 사망함에 따라 그는 인생에 대한 커다란 비애감을 맛보게 된다.

이런 난관 속에 있던 구라타는 극도의 정신주의자들에게 있어서 안식소라 할 이토엔에서 끈기 있게 살아가고자 하는 결심[294]을 굳힌다. 그가 이렇게 확고한 의지를 지니게 된 것은, 자신이 안고 있는 육체적 병고를 치유하고자 함도 있었지만, 한편으로는 하루코와의 동거 생활을 통한 갈등관계를 원만하게 풀어보려는 생각 등이 작용한 결과라 할 수 있다. 그리하여 구라타는 전술한 바와 같이 이토엔에서의 생활을 크게 동경하게 되었고, 자신의 목적이 실현되기를 염원했던 것이다.

이토엔에서 생활이 가능해지자 구라타는 텐코와 직접 대화를 나눌 수 있는 기회를 적잖게 가질 수 있었다. 이에 따라 그는 신란의 정토 사상의 영향을 일찍이 받고 있던 텐코의 순수한 지도와 상담에 날이 갈수록 감동, 더욱 그를 사모하고 존경하게 된다. 그러기 때문에 그

---

293) 天香가 태어난 집 또한 본래 浄土眞宗의 집안이었다.(西田天香, 『懺悔の生活』, 春秋社, 1990, p.210 參照) 이 점이 幾多郞과 共通點이라고 認識하게 된 倉田는, 이상과 같이 天香에게 자신의 마음을 털어놓을 수 있었다고 추정된다.
294) 『倉田百三選集』〈第1卷〉, p.131 參照

는 이토엥에서의 생활295)을 통해 낮에는 육체적 노동 등 봉사생활을 중심으로 하고 밤에는 이토엥의 정신을 읽히는 등 주경야독의 생활을 기꺼이 해 나갈 수 있었다.296) 그런데 그 무렵 구라타는 세 번째 실연을 당하기 직전에 있었고, 게다가 육체적·정신적 고통이 계속됨에 따라 심신간에 극심한 아픔을 겪고 있었다.

그러면 이토엥에서 지내기까지의 배경과 입원하여 수개월 동안 지내면서 구라타가 안고 있었던 내면의식을 고찰해 보기로 하자. 이는

---

295) 天香가 1905年(明35) 33세시 宗敎的 再生을 위해 시작한 새로운 생활을 가리킨다. 强者가 弱子를 압박하는 관계가 도미노형식으로 비치던 世界나 社會 속에서 살아가면서, 그는 他人에게 그렇게 하며 살고 싶지 않다고 苦惱한 끝에 톨스토이의 「참답게 살아가려거든 죽어라」는 말을 접하고 '죽음'을 決意한다. 이후 一切를 버린다는 생각으로 斷食을 하던 4일째 아침, 멀리서 들려오던 갓난아기의 울음소리를 듣고, 〈갓난아기는 다툼 없는 평화로운 먹을 것에 의해 자라고, 모유는 갓난아기가 태어나지 않으면 엄마의 젖에 나오지 않는다〉는 사실을 깨닫고, "갓난아기처럼 살아가자"고 다짐함으로써 〈無一物〉이라는 정신으로 一燈園을 창립했다고 한다. 따라서 一燈園에서의 생활은, 「다툼 없는 생활, 참회생활, 봉사생활」 등을 중심내용으로 하면서, 京都市 山科區에 주소를 두고, 「お光(神이나 부처님의 뜻)로부터 부여받은 土地 위에서 出版·印刷·農業·建築·劇團에 관한 財團法人의 일이 주 업무가 되어 있다. 또 學校法人 산하에는 幼稚園부터 大學 課程까지 있어 하나의 공동체 마을을 이루고 있다. 여기에서 한 가지 의미를 규정해 둘 것이 있다. 그것은, 一燈園이 과연 하나의 '宗敎'인가 하는 문제이다. 이를 논증하기 위해 필자는 藤吉慈海의 글을 참고하고자 한다. 藤吉는 天香가 한 때 '죽음'을 무릅쓴 적이 있었기 때문에, 一燈園 생활 전체가 '宗敎的'이었다는 岩本秀雄의 말, 즉, "今日の宗敎家は口では立派なことを言っているが、実際生活は宗敎的になっていない。しかるに、天香さんは一度死に切っているから、生活全体が宗敎的である。"(藤吉慈海,「西田天香さんの思い出」,『禅と念仏の間』, 春秋社, 昭54, p.30)를 여기에 소개한다.

296) 一燈園에 入園하는 데는 世俗的인 資格이 따로 없다. 天香는 어떤 사람에게든지 어떤 문제를 가지고 있다 할지라도, "죽을 수 있읍니까?"라는 오직 한 마디만 묻는다. 따라서 자신의 몸을 기꺼이 희사함으로써 同行者가 될 수 있음을 묻는 셈이다. 그러므로 一燈園의 生活을 하기까지에는 누구나 자신이 죽어 새롭게 거듭나고자 하는 念願이 있어야 비로소 가능했던 것이다. 天香는 그 경지를 〈新生涯〉라 명명하였다.(石川洋,「新生涯に生きる―― 一燈園の捨身の風光」, 前揭『大法輪』, p.120 參照)

그가 텐코으로부터 받았던 영향에 힘입어 한층 구체적으로 인식할 수 있는 중요한 계기를 맞는다.

먼저 구라타가 이토엥에서의 생활을 크게 동경하고 있을 때, 그의 내면에는 하루코와의 결혼생활과 흡사한 동거생활이 용이하지 않다는 생각이 들었다. 이런 관계 속에서 구라타와 히로시마에서 원거리인 교토에 있는 이토엥에 요양할 목적으로 떠나려 하자, 하루코는 그에 대해 공감하면서도 혹 구라타가 변심하지 않을까 하는 생각에 고민하게 된다. 하루코는 그 무렵 구라타과 심한 말다툼을 하게 된다. 이로 인하여 히로시마병원에 근무하는 동료 간호사들에게, 만일 일이 잘못되어지면 자신에게 '죽을 각오'가 되어 있음을 알리게 된 것이다.

그럼에도 구라타가 이토엥을 향해 히로시마를 출발하자, 하루코는 출발 당일로부터 전송하는 마음으로 며칠 동안 그와 동행하게 된다. 그런지 6일 째 되던 날, 하루코는 구라타에게 전송을 그만두고 히로시마병원으로 돌아가려 했다. 그 때 갑자기 후쿠야마(福山)경찰서에서 경찰이 파견되어 두 사람을 연행해 간 것이다. 그것은 하루코가 근무처인 히로시마병원에 6일 동안이나 결근하게 된 데다, 수일 전에 구라타의 변심 등 악조건이 생기면 '죽겠다'는 전갈을 동료들에게 해 두었기 때문에, 이를 전해들은 병원 측이 혹시 하루코가 죽는 것이 아닌가 하는 걱정으로 경찰에 보호요청한 결과 이 같은 상황이 벌어지게 된 것이다.[297]

구라타가 이토엥에 입원하여 텐코를 통해 느낀 첫인상은 매우 순수했다. 그에게 비친 텐코는 순수한 기독교인처럼 보였고 이토엥은 사찰과 같이 보였다는 자료가 있는 것을 보면, 이들의 만남이 계속되어지면서 친근한 신뢰관계가 이루어져 간 것은 참으로 운명적(運命

---

297) 『倉田百三選集』〈第1卷〉, p.132 參照

的)이라 할 수 있다. 25세의 청년으로서 구라타는 44세의 텐코의 순수함에 반한 나머지, 하루코와 동거하다가 생긴 갈등을 비롯하여 자신이 병마(病魔)와 싸우고 있다는 점 등 매우 구체적인 고민까지 낱낱이 텐코에게 고백한다.298)

이토엥에서 생활하면서 텐코에게 날이 갈수록 감동하게 된 구라타는, 위와 같은 내역에 대해서 구체적으로 상담하게 된다. 구라타의 어려운 사정을 알게 된 텐코는 구라타에게 하루코를 이토엥으로 불러 함께 지내도록 권고한다. 구라타는 텐코의 지시내용과 같이 이행할 것을 다짐했으나, 하루코는 장남 지조의 처리문제로 곤란을 겪은 나머지 이토엥을 찾지 않고 구라타에게서 멀어져 갔다. 이렇게 하여 구라타는 하루코에게 실연을 당하게 된 것이다. 그로서는 세 번 째 실연이었다.

이상에서 알 수 있는 바와 같이, 구라타가 얼마만큼 텐코를 존경하고 사모했는지 가히 추정하고도 남음이 있다. 이런 면을 볼 때, 텐코는 아직 젊기만 한 구라타에 대하여 연민(憐憫)의 정과 함께 선각자(先覺者)로서의 자비행(慈悲行)과 덕행(德行)을 몸소 실천하고도 남음이 있었던 것이다.

구라타는 두 누나가 연이어서 사망했다는 점에 대해서도 텐코에게 고백했다. 그러자 텐코는 구라타에게 두 누나를 위하여 49재 중에서 두 번째와 네 번째 재를 올려 주겠다는 소식을 보내왔다고 한다.299)

한편『出家とその弟子』가 1919년(大8) 이토엥의 주최로 5월에 교토시 오마루(大丸)홀에서 초연하여 성공을 거두었다. 이어 7월에는 도쿄의 유라쿠자(有樂座)와 교토의 오카자키(岡崎) 공회당에서도 성황리에 마칠 수 있었는데, 이 7월의 공연은 텐코의 상연취의서가 있

---

298) 三浦隆夫,『一燈園 西田天香の世界』, 春秋社, 1992, p.142 參照
299)『倉田百三選集』〈第1卷〉, pp.115-116 參照

어 신란과 그를 중심으로 하는 사제관계(師弟關係)를 묘사한 『出家とその弟子』에 대한 공연을 이토엥이 주최할 수 있었던 것이다.

이 같은 일련의 상황을 통해 보면, 청년 구라타와 선각자로서 이토엥을 이끌고 있던 텐코 사이에 얼마나 굳건한 신뢰감이 크게 작용했는지 가히 짐작할 수 있다. 이는 정토진종 가문 출신인 텐코가 간직하고 있던 신란사상이 별다른 여과 없이 젊은 구라타에게 바람직한 사상으로 전이(轉移)되어질 수 있었는지 쉽게 이해할 수 있게 하는 대목이다.

그러면 이상에서 밝힌 바와 같이, 구라타가 이토엥의 텐코로부터 받은 영향과 그 반대로 구라타의 『出家とその弟子』의 발간 내지 연극 공연으로 이토엥이 받은 영향 등에 관하여 고찰해보기로 하자.

> 니시다 텐코가 이토엥을 유명하게 한 것은, 무엇보다도 작가 구라타 햐쿠조의 (이토엥으로의) 입원과 베스트셀러가 된 『出家とその弟子』에 의한 바가 크다.300)

이상과 같이, 『一燈園 西田天香の生涯』를 저술한 미우라 타카오(三浦隆夫)는 텐코가 이토엥을 유명하게 한 것은 무엇보다도 작가 구라타가 이토엥에 입원하여 생활했던 일과 그에 의해 발간된 『出家とその弟子』가 베스트셀러가 되었던 점이라 꼽고 있다. 이를 통해 보아도 구라타는 텐코로부터 받은 신란사상을 가슴 깊이 새겨듣고 그 내용을 작품화 해 나갈 수 있었고, 이토엥 측은 물론 텐코 또한 구라타의 성장·발전과 그 역할에 대하여 크게 기대했다고 평가할 수 있다 하겠다.

---

300) 西田天香の一燈園を有名にしたのは、なんと言っても作家倉田百三の入園とベストセラーとなった『出家とその弟子』によるところが大きい。(三浦隆夫, 前揭書 p.140 參照)

텐코의 주저인 『懺悔の生活』301)에는 「芸術と一燈園生活」라는 글이 실려 있다. 이를 통해 텐코는 이토엥에 있어서 예술(藝術)이 있는가에 관하여 언급하고 있는데, 구라타에 관한 것으로서는 거의가 역시 『出家とその弟子』에 관한 내용이 주를 이루고 있다.

그러면 다음 인용문을 보자.

　　일찍이 구라타 햐쿠조씨의 『出家とその弟子』의 연극을 이토엥이 주최한 적이 있습니다. 그 때 실연자인 무라타 미노루(村田實)라는 사람이 나에게 (다음과 같이; 필자 주) 말씀하셨습니다. "지금까지의 연극은 모두 우상화되어 있습니다. 우리들은 그 우상을 파괴하고 싶은데, 그것은 있는 그대로를 무대에 선뵈는 일입니다."302)

이 인용문은 텐코가 구라타에 의해 초안된 『出家とその弟子』를 실답게 연극 무대에 얼마나 간절하게 올리고 싶어했는지 알 수 있게 한다. 이어 텐코는

　　구라타씨의 『出家とその弟子』는 실생활의 체험에서 풍부하게 나온 것입니다. 그것을 연극화한 작자가 그 인연으로 이토엥에 입원하고 싶어하여 오신 것입니다.303)

---

301) 1921年(大10) 7月에 출판된 이 책은 출판되자마자 베스트셀러가 되었다고 한다. 그것은 1年에 120版을 기록할 정도였다는 점에서 충분히 알 수 있다고 하겠다.

302) かつて倉田百三氏の『出家とその弟子』の芝居を一燈園が主催したことがあります。あの時の実演者の村田実という人が私に言われました。「今までの芝居はみな偶像化しています。私らはその偶像を破壊したい。それはありのままを舞台へ出すことです。(西田天香, 『懺悔の生活』, 春秋社, 1990, pp.63-64)

303) 倉田さんの『出家とその弟子』は、実生活の体験から盛り出たものです。それを芝居にした作者がその因縁で一燈園へ入りたいと言って来られましたのです。(上掲書, p.66)

라고 언급,『出家とその弟子』라는 연극이 구라타의 생활체험을 통해서도 이루어진 것인 바, 연극 공연이 끝난 뒤 작가의 인연으로 이토엔을 찾은 구라타에 대한 기억을 묘사해 둔 것으로 이해된다.

그런데 구라타가 당시에 특히 희곡에 대하여 창작활동을 불태운 것은 당시 문단의 경향이 그 배경이 되었을 뿐 아니라, 철학적 사고와 종교적 신앙이 그의 사상적 중심이 되어 있었기 때문에 가능한 일이었다. 그에게는 자기의지를 표현할 문학적 방법으로서 '희곡'이 가장 어울렸던 것이다.

이렇게 탄생한『出家とその弟子』는 결국 일본의 근대문학과 신란사상과의 관계에 있어서 획기적이고 중대한 계기를 만들어갔다. 그것은 '신란'을 직접적인 소재로 사용하는 작품이 당시로서는 보기 드문 일이었기 때문이다. 이 점을『出家とその弟子』에 관한 중요한 출판의의(出版意義)라 해도 좋을 것이다.

구라타는 정토진종 가문 출신인 키타로의『善の研究』로부터 받은 감동이 있기도 하지만, 또 한편으로는 구라타가『歎異抄』를 읽은 후 자신의 신앙처를 찾는 과정에서 텐코를 통해 정토진종을 만날 수 있었다는 점에서, 역시 이토엔의 텐코가 구라타에게 미친 영향은 지대하다고 아니 할 수 없다.

『出家とその弟子』야말로 구라타가 이토엔에서의 생활을 통해 무엇보다도 깊은 영향을 받음으로써 탄생된 작품이라는 점과, 이 작품이 출판된 후 곧바로 교토에서 거행된 초연을 통해 대성황을 이뤘던 점에서도 그 의의를 찾을 수 있다. 따라서 구라타가 신란사상을 체득할 수 있게 되기까지 가장 중요한 것은, 무엇보다도 구라타가 텐코의 이토엔에서의 생활체험이라고 말할 수 있다고 하겠다.

한편 텐코는 구라타의 몸이 극도로 악화되자, 구라타에게 '죽음'의 시기가 임박해졌다고 생각하고 〈척척서행수악거사〉라는 계명을 주게 되는데, 이런 일 등이 가능해진 것도 구라타에 대한 텐코의 관심과 영향이 컸음을 뒷받침해 준다고 하겠다. 그 결과 구라타는 기독교 쪽에서 정토진종라는 불교 쪽으로 전향(轉向)304)할 수 있게 된 것이다. 즉, 또 다시 개종(改宗)하게 된 것이다.

---

304) 基督敎는 他力信仰이 강하고 佛敎는 自力信仰이 강하다. 이미 十代 後半이라는 젊은 나이에 基督敎 信仰을 했던 倉田가 親鸞思想을 크게 흠모하게 된 데는, 親鸞의 淨土眞宗가 '念佛'을 중시함은 물론이고 이를 勤行해나가면 死後 淨土 極樂에 到達할 수 있다는 倉田의 믿음 때문에 가능한 일이었다. 즉, 倉田가 佛敎界인 淨土眞宗에 크게 관심을 갖게 된 이유라면, 한편으로는 당시 日本 哲學界를 바라다 보면서 西田幾多郎의『善の硏究』에 感動한 바가 컸기 때문이고, 다른 한편으로는 淨土眞宗의 他力信仰的 要素가 基督敎의 信仰體系와 같은 '他力的'이라는 점이 倉田의 마음에 쉽게 자리를 잡았기 때문으로 보여진다.

제 3 절	구라타의 『단니쇼(歎異抄)』에 관한 인식

구라타문학을 연구함에 있어서 신란사상에 관하여 그 역사적 사실을 보다 심층적으로 고찰하기 위해서는 신란의 생애는 물론, 신란의 주저인 『教行信証』305)를 간과해서는 안 된다고 본다. 나아가 본서에서는 비록 신란의 직접적인 저서는 아닐지라도, 구라타가 『出家とその弟子』집필하는 데 영향을 주었던 〈고전문학서(古典文學書)로서의 『歎異抄』〉306)에 관해서 더욱 궁구할 필요가 있다고 본다. 이를 위에 필자는 구라타가 어떻게 하여 『歎異抄』를 입수하여 탐독할 수 있었는가에 관련된 그 배경을 보다 구체적으로 고찰하고, 이어 『歎異抄』의 내용과 그 특징 등을 구라타가 어떻게 인식했는가에 관하여 살펴보고자 한다.

1914년(大3) 1월, 구라타는 고향에서 비교적 가까운 스이마(須磨) 쪽으로 이주하여 결핵 등의 신병(身病)을 치료하기 위해 요양하던 중, 미요시에 살고 있던 이모로부터 『歎異抄』를 빌려 간다.307) 구

---

305) 親鸞의 代表的 著作으로서, 浄土真宗의 根本聖典이다. 〈教·行·信·証·真仏土·化身土〉의 6巻으로 되어 있다. 『教行信証』이라 함은 略稱이고, 본래 書名은 『顯淨土眞實敎行證文類』라고 한다. 이 書名의 의미는 淨土의 眞實한 敎·行·證을 명확히 한 문장을 나타내어 집대성한 文類라는 것이다. 이를 통하여 親鸞과 天台宗의 '本覺思想'과의 관계를 엿볼 수 있다. 京都의 東本願寺에 親鸞의 自筆本이 現存하고 있다.(親鸞 著, 金子大栄 校訂, 『教行信証』, 岩波書店, 1997, pp.5-6와 石田瑞麿, 『教行信証入門』, 講談社, 1996, pp.42-49 參照)

306) 이 『歎異抄』는 日本의 佛典으로 취급되기도 하지만, 親鸞의 威力이 일반 대중의 마음을 感動시키고 있다는 점에서 日本文學의 古典으로 분류되어 널리 읽히고 있다. 이 책에는 주로 人間의 苦惱와 悲哀를 뛰어넘기 위해 가장 일상적으로 수행하기 쉬운 「念佛'의 道」가 제시되어 있다.

307) 倉田는 佛敎的인 思惟體系를 갖기 이전에 結核 患者로서 이미 『聖書』를 탐독하

라타는 부모와는 이야기가 통하지 않는 사정도 있어 고향집에 있지 못하고, 읍내에서 가까운 숲 속 연못가의 집을 빌려 홀로 지내며 사색과 폭넓은 종교서적에 심취·탐독하게 된다. 이 시기를 전후로 구라타는 주로『聖書』를 읽으며 기독교 교회에 다닌 적도 있었지만 신란사상이 중점적으로 실려 있는『歎異抄』를 접하게 된 일은, 그의 인생관 변화를 앞두고 신란사상에 얼마나 감동했는가 여실히 증명해 주고 남음이 있다고 하겠다.

그러나 구라타는 그 해 12월에 경도 인근에 있던 이토엥을 방문, 텐코로부터 간접적으로나마 신란사상의 영향을 받아 나간다. 구라타는 이미 키타로의『善の硏究』를 통해 감동을 받았음은 물론이다. 어려서부터 정토진종 가문 출신인 키타로를 직접 만났고, 텐코와의 빈번한 만남을 통해 이토엥에서의 종교체험과 노동 등을 체험함으로써 신란사상에 대하여 보다 자세하게 알 수 있는 계기를 얻는다. 이로써 그는 기독교에서 불교적 경향으로 그 종교관이 바뀌어 갔고, 한 때나마 출가(出家)를 결심한 적도 있다.308)

이상의 내용을 통해, 필자는 주로 구라타의 20대 중반까지의 연애와 요양·종교생활의 변화를 인식할 수 있었다. 그러나 구라타는 기독교 신앙을 갖기 이전에 이미 미요시(三次)중학교를 이모 집에서 다니면서 정토진종의 환경에 익숙해져 있었고, 이로 인하여 이모로부터 정토진종의 중요 교서인『歎異抄』를 직접 빌려 탐독해 나갔던 것이다. 이 같은 종교적 배경이 있었기 때문에, 구라타는 소위 그의 처녀

고 基督敎 信仰을 한 적이 있고, 天香의 一燈園에서 療養 차 지내면서도 勞動과 奉仕를 통한 생활을 즐겨 해 나갔다. 倉田가『歎異抄』를 入手하게 된 것은, 1914年(大3) 1月 須磨에서 지내다 고향인 庄原에 비교적 가까운 곳에서 요양하며 지내 던 중, 三次에 살고 있으며 이미 浄土真宗의 信者였던 姨母(통칭 静子, 남편은 宗藤襄治郎)로부터 빌리게 된 것이다.

308)『倉田百三選集』〈第1卷〉, p.239 參照

작(處女作)이라 할『出家とその弟子』를『歎異抄』의 내용을 토대 삼아 집필할 수 있었던 것이다.

그러면 구라타가 탐독하여『出家とその弟子』를 집필하면서 참조했던『歎異抄』에 관하여 구체적으로 살펴보자. 먼저『歎異抄』의 저자를 둘러싼 이설(異說)이 있으므로, 이에 관하여 규명해보고자 한다.

신란이 세상을 떠난 후 그 가르침을 비판하고 한탄한 이 책은, 저자가 누구냐는 점을 둘러싼 학설이 적지 않다. 우선 주목되어지는 사람은 손자(孫子)에 해당하는 '뇨신(如信)' 또는 증손(曾孫)에 해당하는 '가쿠뇨(覺如)' 등이다. 이에 대해 아케가라스 하야는『歎異抄講話』를 통해,『歎異抄』의 저자는 일반적 학설과는 달리 '뇨신'일 가능성을 제기하고 있다.309) 그러나 누구보다도 신란을 직접 만나서 지도 받은 '유이엥(唯円)'이라고 하는 학설이 짙다. 필자에게도 오늘날까지 타당성을 들어 정설로 제기되고 있는 저자는 '유이엥'이라고 보인다. 그것은 거주지가 지방이면서 멀리 교토에 까지 가서 신란의 가르침을 직접 들었던 제자가 아니면, 신란에 관하여 그토록 상세하게 알 수도 없고 집필할 수도 없기 때문이다.

그러나,『歎異抄』의 저자를 규명함에 있어서 가네코 다이에이(金子大榮)는

> 신란의 어록을 책으로 하고, 그에 따라 신란의 사후에 나타난 이설을 탄식하면서, 신란의 정확한 뜻을 전하려 한 것이다.310)

---

309) 이 점에 대해서는 曉烏敏가 쓴『歎異抄講話』p.6의 내용을 참조한 것이다.
310) 親鸞の語録を本とし、それによって親鸞の死後に現われた異説を歎きつつ、親鸞の正意を伝えようとしたものである。(金子大榮 校注、『歎異抄』、岩波書店、1997, p.5)

라고 언급, 그 저자를 제9장, 제13장에 나오는 '유이엥'이라 하여 전술한 내용이 정설임을 뒷받침하고 있다. 이에 따라 필자는, 본고를 통해 더 많은 수의 학자가 '유이엥'이라는 학설을 제기하고 있다는 입장311)만 정리하고, 이 문제를 일본의 역사가 내지 불교학자의 연구과제로 남기고자 한다.

그러면 『歎異抄』의 내용에 관하여 살펴보기로 하자.

『歎異抄』는 모두 18장으로 구성되어 있는데, 제9장까지는 신란의 법어(法語)312)가 주를 이루고 있고, 제10장은 호넨의 법어를 이야기하고 있으며, 제11~18장까지는 당시의 이단(異端)을 지적한 내용이다. 그 중 제10장은 제11장 이하의 이단 전반을 대응시키고 있다. 아울러 마지막 부분에서는 호넨과 일곱 사람 제자의 유죄(流罪)와 사죄(死罪)에 대한 기록이 중심내용으로 되어 있다.

『出家とその弟子』는 『歎異抄』의 가르침을 6막 13장으로 희곡화된

---

311) 『歎異抄』의 저자에 대해서는 親鸞 孫子(善鸞의 아들)인 如信이나 親鸞의 曾孫이며 本願寺 三世인 覺如라는 설도 있으나, 대체적으로 親鸞의 弟子이며 倉田의 『出家とその弟子』에 등장하고 있는 唯円에라는 설이 定說이라는 입장이다. 이 점은 親鸞과 그의 아들인 善鸞의 관계가 좋지 않음에 따라 야기된 '善鸞事件'(親鸞의 長子 慈信房 善鸞이 關東의 門弟 사이에 일으킨 異義事件에 의해 親鸞이 善鸞과 義絶한 일; 千輪慧, 『歎異抄と親鸞』, 勁草書房, 1984, pp.25-26 參照)을 비롯, 唯円이 親鸞과의 만남을 통해 체험한 일들이 『歎異抄』의 내용과 일치하고 있음에서도 알 수 있다고 하겠다.(伊藤博之, 「『歎異抄』」, 『國文學 解釋と鑑賞』〈昭58.12〉, 至文堂, pp.110-111 參照)

312) 日本에서 '法語'라고 하면, 본래 正法을 설한 言語이며, 佛陀의 說法을 분류할 때의 한 종류이지만, 後世宗門上의 要義나 信仰上의 문제를 언급한 祖師의 敎說이나 文書를 주로 가리킨다. 이 점에서 '語錄'도 같은 의미로 사용되며, 양자 모두 漢文體·和文體의 2종의 표현형식을 지니고 있다.(拙稿, 「日本 中世에 있어서 法語文學 硏究—法然의 『選擇集』를 中心으로—」, 『日本語文學』〈第2輯〉, 韓國日本語文學會, 1996, pp.358-358 參照) 한편, 小林智昭는 『法語文学の世界』를 통해, '法語'에 대한 구성요소를 ①法門上의 요소를 평이하게 서술한 것 ②'かな文體'인 것 ③禪家, 淨土家에 많이 사용되고 있는 것 등 3종으로 지적하고 있다.(小林智昭, 『法語文学の世界』, 笠間書院, 昭50, p.5 參照)

작품이다. 『歎異抄』는 정토진종의 종조(宗祖)인 신란으로부터 들었던 법어를 제자이자 저자인 유이엥이, 신란의 입멸(入滅) 이후 세월과 함께 그의 유훈(遺訓)과 다른 이의(異義)가 나타남을 개탄·비판하여 기록한 서적이다. 그러므로 한 마디로 요약하자면 신란의 언행록(言行錄)이라 할 수 있다. 신란은 이 책을 통해 인간의 죄업(罪業)이 심중(深重)하므로 마음 깊이 아미타불을 믿으며 '염불'행을 해야 된다는 〈타력신앙〉313)을 유독 강조하고 있다.

어느 글이든 그 문체를 결정하는 요인이라면, 말하여지는 시점이랄지 장소와 관계가 깊다. 그렇지만, 본서에서 『歎異抄』의 모든 표현을 나열해 가면서 문체적인 특성을 논하는 일은 무리가 아닐 수 없다. 그러나, 『歎異抄』의 제1·2·5·6장의 「そのゆへは」, 제7장의 「そのいはれいかんとならば」, 제3장의 「しかるを」「しかれども」라는 말 등의 대부분이, 마치 신란 스스로가 직접 본 것을 묘사하듯이 또 역설적으로 표현하고 있기 때문에, 그 문체적인 특성을 서정적이라 할 수 있다. 이 점에 대하여 지와 사토시(千輪慧)는 『歎異抄と親鸞』이라는 책에서

신란이 말한 내용의 기본은 그의 '신(信)'에 있어서의 기본이고, 그는 항상 그 기본이 되는 내용에서 모든 문제에 대한 대답을 끌어내고 있다고 해도 좋다. 그것은 이미 본 바 있듯이, 세상의 인정이나 도덕을

---

313) 倉田가 일찍이 접할 수 있었던 宗敎書籍은 주로 『聖書』와 『歎異抄』 등이다. 이에 대하여 당시 日本의 사정을 감안해 볼 때, 전자는 基督敎의 대표적 經典이고 후자는 淨土眞宗라는 佛敎의 經典인 셈이다. 이렇게 倉田가 지구상의 상반된 兩敎의 경전을 거의 같은 시기에 耽讀할 수 있었던 것을 필자가 추정하자면, 倉田가 극심한 心身간의 극복하면서 他力에 의지하고자 하는 信仰心의 발로라 생각된다. 그것은 주지하다시피, 基督敎는 대표적으로 絕對者 唯一神에 의지하는 종교이고, 佛敎는 대체로 自力的 종교라는 인식 아래서도 유독 '淨土係'(淨土宗 또는 淨土眞宗 등)만은 念佛만 지극히 하면 死後에 西方淨土極樂에 도달할 수 있다는 교리체계를 가지고 있기 때문이다.

초월한 것이었지만, 그는 『歎異抄』속의 말에 있어서 그 인간적인 차
원을 초월함을 인간적인 사랑이나 정리를 포함한 인간적인 것과의 길
항(拮抗)관계에 있어서 언급되고 있는 것이고, 그 점이 주목되어야만
한다고 생각한다.314)

라고 뒷받침하고 있다.

여기에서 그는 신란이 퍽 인간적인 차원에서 모든 문제를 풀어가
려 했다는 사실과 인간적인 사랑이나 고삐를 중요시했다는 점을 부
각시킴으로써, 성인(聖人)이라 할 수 있는 신란의 인간적인 평범성을
서정적으로 해석하고 있는 것이다.

그러면 이를 보다 구체적으로 이해하기 위해 그 「서(序)」에 관한
내용을 고찰해 보기로 하자. 구라타가 처음으로 이 『歎異抄』를 입수
하여 통독함으로써 그 내용을 파악했다는 점은 앞에서도 수 회에 걸
쳐 언급한 바도 있어 충분히 추정 가능하다. 그것은 『歎異抄』의 가르
침을 작품화한 것이 다름 아닌 『出家とその弟子』이기 때문이기도 하
지만, 구라타가 1934년(昭9) 9월 『一枚起請文・歎異抄—法然と親鸞
の思想』315)라는 책을 발간했다는 사실이 더욱 큰 이유가 될 수 있다.
이는 훗날 『法然と親鸞の思想』〈上・下〉316)라는 두 권의 책으로 발간

314) 親鸞が語った内容の基本は彼の信にとっての基本であり、 彼は常にその基本点
からあらゆる問題への答をひき出しているといって良い。 それはすでに見たよ
うに、 世の人情や道徳を超えるものであったが、 彼は『歎異抄』中の言葉におい
ては、 その、 人間的な次元を超えたものを、 人間的な愛やきずなを含めての人
間的なものとの拮抗関係において語ってにるのであり、その点が注目されねばな
らぬと思う。(千輪慧、 前掲書、 p.17)
315) 이 책은 같은 해 9월 15일 大東出版社에서 〈佛教聖典を語る叢書 第13卷〉으로
발행되었다. 필자가 이 책을 소장하고 있어 자세한 내용을 소개할 수 있는 바,
두 말할 것도 없이 그 저자는 倉田百三이었고 그 발행인은 岩野眞雄이었으며
인쇄소는 兩友堂이었다. 한편 이 책은 『倉田百三選集』〈第7卷〉에 게재되어 있
기도 하다.
316) 〈全2冊〉으로 발간되었다. 이를 보면, 이 책도 상당히 폭넓은 독자층을 형성하

되었는데, 그 중에서 동 하권317)이 주로 『歎異抄』를 중점적으로 해설한 내용으로 구성되어 있기 때문이다. 그러면, 『歎異抄』의 진수가 크게 함축되어 있는 그 「서」를 고찰해 보기로 하자.

　마음 속의 어리석은 생각을 가만히 굴리어, 대충 고금을 헤아려 보니, 선사(先師) 신란성인이 직접 구전으로 가르쳐 준 진실신심(眞實信心)과 오늘날 사람들이 말하는 신심이 똑같지 않음에 따라 이를 탄식하면서, 후학들이 신심을 이어감에 있어서 의심하고 미혹되지 않을까 걱정되는 바이다. 다행으로 인연 있는 선지식을 만나지 못하면 무슨 수로 염불이라는 이행(易行)의 유일한 길을 찾아들 수 있겠는가. 자기 견해를 내세우는 깨달은 듯한 말로 아미타불의 본원을 의지하는 타력의 종지를 혼란시켜서는 결코 안 될 것이다. 이런 연유로 이미 열반한 신란성인의 말씀의 취지 중에서, 지금 제 귀에 분명하게 새겨져 있는 것을

게 했음을 알 수 있다. 그것은, 이 책 중에서 필자가 소장하고 있는 '上卷'이 1977년 6월 10일 초판 발행된 이래 판을 거듭, 1990년 4월 25일 〈第13刷〉까지 발간되어 있고, '下卷'은 1977년 7월 10일 초판으로 나온 이래 1991년 10월 5일 〈第14刷〉까지 발간되었기 때문이다. 한편, 이 책은 法然과 親鸞의 生涯는 물론이고 그 주변에 관한 내용으로 가득 차 있어 文學書와는 별개의 것이나, 『歎異抄』에 대한 설명이 구체적으로 되어 있어, 倉田를 연구하는 데 있어서는 필수적인 책으로 보여진다.(倉田百三, 『法然と親鸞の信仰』〈上〉·〈下〉, 講談社, 1990·1991 參照)

317) 이 책의 「解說」을 쓴 稻垣友美는, 倉田와 同年輩의 사람으로서 '倉田百三'와 '『歎異抄』·『出家とその弟子』'와의 관련성에 대하여 다음과 같이 말하고 있다. "『法然と親鸞の信仰』은 젊은 사람들에게 매력 있는 書名은 아니다. 나에게 있어서는 倉田百三를 처음으로 만나게 해 준 책이지만,(중략) 드디어 나는 法然이나 親鸞의 가르침에 매료당하게 되어, 倉田百三에 대해서도 매력 당하고 말았다. 곧바로 『出家とその弟子』를 읽게 되었는데, 그 때 倉田百三의 부르짖음이 거기에 있는 듯한 인상을 받았다는 기억이 지금도 있다. 작품의 순서로 보면 15년이나 나중에 나온 작품을 먼저 읽고 나서, 이 戱曲을 읽은 것은 感動을 半減하게 했을지도 모르지만, 『歎異抄』를 다소나마 理解하게 되었음은 『出家とその弟子』를 읽고 도움이 되었다고 생각한다." 이를 보면 倉田가 『歎異抄』를 읽고서 그 가르침을 『出家とその弟子』를 통해 희곡화한 意義가 얼마나 큰지 示唆해주고 있다고 하겠다.(倉田百三, 『法然と親鸞の信仰』〈下〉, 講談社, 1991, pp.198-199 參照)

조금이나마 적어 두려고 하는 것이다. 이는 오직 신심(信心)과 함께하는 염불행자(念佛行者)들의 의심을 해소시켜 주기 위함이다.318)

먼저 이 책을 집필한 동기와 목적이 무엇인가를 파악하기 위해, 필자는 위에서 인용한 「서」의 내용이 실려 있는 동 하권을 더욱 구체적으로 살펴보고자 한다.

구라타는 이 책의 「第3章 歎異抄講評」의 가장 앞에 있는 「その序について」라는 항목을 통해 자신의 견해를 피력하면서도, 위의 인용문에 관하여, 현대 일본어 표기법으로

단니쇼에는 처음에 한문으로 된 짧은 서(序)가 붙어 있다. 이것은 유이엥이 단니쇼를 쓴 동기와 목적을 미리 알린 것이다. 문장 가운데 「선사 신란성인이 직접 구전(口傳)으로 가르쳐 준 진실신심(眞實信心)과 오늘날 사람들이 말하는 신심이 똑 같지 않음에 따라 이를 탄식(歎息)하면서」라는 것이 다름 아닌 『歎異抄』라는 제명(題名)에 해당되는 단니(歎異)의 의미이다.319)

라고 기술, 신란의 제자로 등장하는 인물인 유이엥이 『歎異抄』를 저술한 배경에 대하여 강조하고 있음을 알게 해 준다.

한편 위에서 인용한 『歎異抄』의 「서」를 통해 구라타는, 무엇보다도 신란의 인물 됨됨이에 관하여 큰 선지식320)이라는 확신을 갖게 한

---

318) 竊廻愚案、粗勘古今、歎異先師口傳之眞信、思有後學相續之疑惑、行不依有緣知識者、爭得入易行一門哉。全以自見覺悟、莫亂他力之宗旨。仍故親鸞聖人御物語趣、所留耳底、聊注之。偏爲散同心行者之不審也云々。(『親鸞集 日蓮集』〈日本古典文學大系 82〉, 岩波書店, 1978, p.192)

319) 歎異抄には初めに漢文の短い序がついている。これは唯円が歎異抄を書く動機、目的をことわったものである。 文中の「先師口伝の真信に異なることを歎き」というのがつまり「歎異抄」という題名の歎異の意味である。(倉田百三, 『法然と親鸞の信仰』〈下〉, p.77)

320) 佛敎가 '邪道'가 아니라 '正法'을 설하여 衆生을 佛道에 인도하며 解脫을 얻게

다. 그것은 그만큼 구라타가 신란에 대한 신심이 컸기 때문에 가능한 일로 보인다. 그리하여 구라타는 난해한 교리를 넘어선 소위 '이행 (易行)'이라는 방편에 해당되는 「'염불'에 의한 〈타력신앙〉」321) 즉 '염불'로써 왕생이 가능하다는 '믿음(信心)'에 크게 공감한 것으로 보인다. 이는 한편으로는 일찍이 기독교 신앙을 하면서 『聖書』를 탐독한 적이 있고 또 한편으로는 결핵에 걸려 '삶'과 '죽음'의 분수령에 놓여졌던 구라타로서, "여러분의 믿음은 인간의 지혜에 근거한 것이 아니라, 하나님의 능력에 근거한 것이 되게 하기 위한 것"322)이라는 내용의 '타력적인 힘'에 매달리고자 했던 마음이 작용되었기 때문으로 해석된다.

아케가라스 하야는 「『歎異抄』の世界的價値」를 통해 자신을 〈타력신앙〉으로 인도(引導)한 책이 곧 이 『歎異抄』이며, 자신에게 있어 가장 큰 성교(聖敎)이며 최대(最大)의 서적임을 다음과 같이 강조하고 있다.

> 1. 나를 타력신앙으로 이끌어 준 책 중의 하나가 (바로) 이 『歎異抄』이다. 나로 하여금 미타의 본원에 돌아가게 한 책의 하나가 이 『歎異抄』이다. 또 나로 하여금 신란 성인을 목말라 우러러보는 사람으로 보이게 한 책 중의 하나가 다름 아닌 이 『歎異抄』이다.
> 2. 내가 오늘날에도 슬픈 일이 있을 때나, 괴로운 일이 있을 때, 그리고 마음이 해야 할 바 있을 때는 반드시, 이 책을 꺼내어 읽고 있음이다. 그러기 때문에 나에게는 이 『歎異抄』 한 부가 여래(如來)의 말씀으로 들려오는 것이다.

하는 高位層의 사람을 말한다.
321) 대체로 佛敎는 自力的인데 반하여 基督敎는 他力的이라고 일컬어지나, 여기에서는 念佛行에 의하여 淨土에 往生할 수 있다는 〈他力信仰〉을 말한다.
322) 『聖書』, 고린도전서 2장 5절

불교에 수많은 경전이 있다. 그 중에서도 가장 나를 감화(感化)시키고, 또 가장 나를 위로해 주는 경전은 이 『歎異抄』이다. '(정토)진종'에도 많은 성전이 있다. 그 중에서 가장 나를 이끌어 주고, 나에게 안심을 주는 성전이란 이 『歎異抄』이다. 나는 『歎異抄』만 한 부 있으면, 다른 모든 서적, 다른 모든 성전, 여타 모든 이론과 해석은 없어도 지장이 없다고 하겠다.[323)]

이상은 『歎異抄』에 대하여 아케가라스가 『歎異抄講話』를 통해 평가한 점을 예시한 것이다. 그런데 아케가라스가 비록 『歎異抄』를 '세계적 가치'가 있는 가장 소중한 책으로 보았다 할지라도, 그 세계적 가치를 추상적인 '사상'으로서 말하지 않고 어디까지나 '경험'으로서 이해한 점이 더욱 감동적이다. 사실 신란은 불교의 한 종파인 정토진종의 창시자이지만, 기독교와 대비하여 볼 때 같은 맥락의 신앙 즉 〈타력신앙〉의 틀을 유지해 왔고, 그 종교적 실천으로서 자기가 사고한 바를 기도(祈禱)를 하거나 염불을 외움으로써 성취하려는 경험철학을 지니고 살아온 고승이었다. 따라서 신란의 사상과 신앙을 통해 일관되고 있는 것은, 현실에 대한 인간적 고뇌의 해결이었다. 즉, 신란은 어디까지나 인간적 고뇌에서 눈을 떼지 않고 철저하게 자기 내면세계를 성찰함으로써, 자신의 신앙체계를 형성하고 나아가 수많은

---

323) 一. 私を他力の信仰に導いた書物のひとつが、この『歎異抄』である。私をして弥陀の本願に帰せしめた書物のひとつが、この『歎異抄』である。また私をして親鸞聖人の渇仰者たらしめた書物の一つが、この『歎異抄』である。
二. 私が今日でも悲しいことのあるとき、苦しいことのあるとき、心のすることのあるとかは必ず、この書を取りいだして読むのである。ゆえに私には、この『歎異抄』一部が、如来の御声ときこえるのである。
仏教にたくさんの経典がある。その中で最も私を感化し、また最も私を慰めてくるる聖典はこの『歎異抄』である。真宗にたくさんの聖典がある。その中で最も私を導き、最も私に安心を与うる聖典はこの『歎異抄』である。私はこの『歎異抄』さえ一部あれば、他のいっさいの書籍、他のいっさいの聖典、他のいっさいの論釈はなくてもさしつかえがないのである。(暁烏敏, 前掲書, pp.23-24)

신도들에게 자신이 선택한 〈타력신앙〉을 할 수 있도록 인도했던 것이다.324) 이 같은 신란의 사상에 대하여 아케가라스 또한 스스로의 경험 속에서 고백할 수 있는 사상을 작품화하여 창조해 나갔다는 점에서, 문학가의 가치를 여실히 보여주고 있다고 해석된다.

여기에서 앞에서 기술된 기요와사 만시의 「정신주의」를 아케가라스의 관점에서 생각해 볼 필요가 있다. 이에 대하여 아케가라스는 다음과 같이 말하고 있다.

> 『歎異抄』라고 하는 책에 의해 자신의 앞길을 발견할 수 있었지만, 만일 내 앞에 살았던 기요사와(清澤)선생님이라는 선지식이 없었더라면, 이 『歎異抄』의 가르침은 단지 나의 염치없는 죄악(罪惡)의 변호(辯護)에도 자신의 가까이에서 이용할 수 없었을지도 모릅니다. 그런데 다행스럽게도 이 성스런 가르침을 자신이 발견하고 이 성스런 가르침에 의해 볼 수 있는 빛은, 기요사와선생님의 인격 위에 전통으로 인식되어졌기 때문에, 진짜로 성인께서 생각하여 불러 주심이라고 하나하나 맛볼 수 있었던 것입니다.325)

이처럼 아케가라스는 자신의 스승인 기요사와 만시의 「정신주의」를 크게 숭상했다. 그러기에 아케가라스는 스승이며 선지식으로서의 만지에게 '浩々洞'의 일원으로서 신명을 바쳤고, 만시의 '신념'을 크게 받아들이면서 『歎異抄』를 깊이 이해하였으며, 일본 근대에 신란사

---

324) 雲藤義道, 『親鸞の宗教的実践』, 教育新潮社, 昭61, p.10 參照
325) 『歎異抄』という書物によって、自分の道を見出さしてもらったのでありますけれども、もしも私の前に生きた清沢先生という善知識がなかったならば、この『歎異抄』の御教えは、単なる私の身勝手な罪悪の弁護に、自分の手先の用にしか立たなかったかもしれんのであります。 ところが幸いにこのお聖教を自分が発見し、このお聖教によって見出される光は、清沢先生の人格の上に伝統されましたので、 真に聖人の思召しと一つのお味わいを得さしてもらったのであります。(佐古純一郎,「親鸞の思想と近代文学」,『仏教思想と日本文学』〈仏教文学講座 第二巻〉, 勉誠社, 平7, p.210)

상을 재현시킨 인물이 될 수 있었다고 보인다. 이런 과정은 물론 아케가라스 스스로가 느끼고 경험한 사실을 『歎異抄講話』를 통해 세상에 드러내고 있기 때문에 알 수 있는 점이다.

한편 메이지시대의 문학에는 〈호교적(護教的) 문학〉이랄지 〈전도목적(傳道目的)의 문학〉이 반(反)종교적인 작용에 의해 문학적 작품으로서 무가치한 일로 인식되는 경우도 종종 있었다. 청년 시절에 세례까지 받았던 마사무네 하쿠초(正宗白鳥)[326]처럼 문학을 하게 됨으로써 신앙활동에서 벗어나 버리는 자가 속출하기도 했다. 이 점은 신란의 사상에 있어서도 예외가 아니었다. 그 내용이 단순한 사상 내지 교양으로서 지식에 머무는 한, 문학의 제재로서 인식되고 나아가 문학작품으로 평가받는 것은 거의 불가능하다고 보이기 때문이다.

그러나 신란의 사상을 다루면서도, 아케가라스처럼 『歎異抄』자체를 일단 '신앙'으로서 받아들인 후, 그 '신앙'을 '문학'으로 감히 표현하려 한 점은 어쩌면 일본 근대문학에 있어서 생각하기 어려운 일이라고 본다. 그것은 기독교나 불교를 불문하고 그런 작품의 시대적인 배경이 자아의 발견을 강조한 〈근대〉라는 사실 때문에 불가능한 것으로 간주되기 때문이다. 그만큼 일본 근대에는 '인간중심주의' 또는 과학과 상식에 바탕한 '합리주의'가 큰 물결을 이루고 있었다. 그럼에도 불구하고 1911년(明44)에 아케가라스의 『歎異抄講話』가 출판된 것은 '구라타 문학'에 있어서 실로 의의 있는 일이며, 이 책 또한 오늘날까지 고단샤(講談社) 학술문고본으로서 존속하고 있음도 가치 있는 일이라고 생각된다.

마쓰나가 고카즈(松永伍一)는 이 책의 권두를 통해 『歎異抄講話』

---

326) 1879年에 태어나 1962年에 死亡한 明治-昭和시대의 小說家·劇作家·評論家이다. 自然主義 작가로 활약하다가 「內村鑑三」「作家論」 등의 評論 집필에 심혈을 기울였다.

에 관하여, 「『歎異抄』を甦らせた名著」라는 제목으로 다음과 같이 평가하고 있다.

'근대'에 있어서 '개성'의 확립이라는 피해나갈 수 없는 점을 간절하게 구함을 알리고 있었던 일도 우리들은 알고 있다. 『歎異抄』가 기요와사 만시와 아케가라스 하야 등의 비원(悲願)은 두 말할 필요가 없고, 우치무라 간조(內村鑑三)라는 기독교 무(無)교회주의에 이르기까지 강한 영향을 주었던 사실은 무엇을 이야기하는 것일까?
『歎異抄』는 정토진종의 성전일 뿐만 아니라, 그 틀을 부수고 신란의 '절대타력(絶對他力)'을 파악하는 데 그것만을 근거로 하는 생활방식의 엄격함이 사람들에게 보편적인 물음을 던지지 않을 수 없다는 사실을 암시하고 있다. 언제 어떤 시대라 할지라도 절대자와 개인과의 내면의 관계는, 지식으로서 이해하면 끝이라는 것이 아니고, '신은 구원해 줄 것인가' '부처는 어떻게 하면 자비의 손을 뻗쳐 줄 것인가'를 생명 있는 것의 자각과 동시적으로 물어야만 하기 때문이다.[327]

여기에서 우리가 주목해야 할 것은, 『歎異抄』가 우치무라 간조[328]

327) 「近代」における「個」の確立という避けて通れない願求に発していたことも、われわれは知っている。『歎異抄』が清沢満之、曉烏敏らの悲願は言うに及ばず、内村鑑三というキリスト教の無教会主義にまで強い影響を与えていた事実は、何を物語るであろうか。
『歎異抄』は、浄土真宗の聖典であるばかりではなく、その枠を打ち破り、親鸞の「絶対他力」の把握とそれのみを拠りどころにする生き方のきびしさが、人びとに普遍的な問いを投げかけずにおかないということを暗示している。いつ、いかなる時代にあっても、絶対者と個人との内面の関係は、知識としてわかればすむというのではなく、「神は救ってくれるか」「仏はどうすれば慈悲の手をさしのべてくれるか」を、いのちあることの自覚と同時的に問われねばならぬからである。(曉烏敏, 前掲書, p.4)
328) 1861年에 태어나 1930年에 사망한 明治-昭和시대 前期의 宗教人이자 思想家이다. 1878년(明10) 札幌農學校에 2期生으로 입학하여 在學 중 基督教 洗禮를 받는다. 1885年(明17) 渡美하여 '回心'을 체험, 귀국하여 1891年(明23) 第一高等中學校에 근무하기도 했지만, 이듬해 소위 '不敬事件'으로 辭職하고는 記者가 되었다. 1901年(明33)에는 「聖書之研究」를 창간하고 聖書研究會를 열

가 그가 제창한 기독교에 대한 무교회주의에 까지도 영향을 주었다는 점이다. 이를 통해 우리는 『歎異抄』야말로 정토진종의 성전만이 아니라, 시공을 넘어서 '절대타력'을 모든 인간에게 부여해 줄 수 있는 구원의 책임까지 지니고 있는 경전임을 시사해 주고 있다고 보여진다.

아케가라스 테쓰오(曉烏照夫)는 『歎異抄講話』에 대하여 이 책의 권말에서 「曉烏敏出版」이라는 제목 아래

'하야(敏)'의 출판활동은, 보기 드문 그 구도의 정신과 시대를 조망하는 혁신적인 모습이 더욱 수확이 큰 형태로 거듭되어 나타나는 기적임과 동시에, 거기에 배우러 모인 사람들의 한 신앙활동의 커다란 기둥이 되어 있었다. 복잡하게만 된 현대에 같은 사명을 띄고 우리들에게 있어서, '하야'에게서 계속 받은 이 전통은 더욱 큰 힘이다. 이를 위해서도 아케가라스 하야의 광대한 정신세계와 풍성한 인간성을 본서의 독자 여러분들에게 알리는 것이 우리들의 바람이다.

되돌아 생각해 보면, 본서 『歎異抄講話』는, 하나의 '만남'의 책이다. 여기에는 신란과 그 가르침을 기록한 것과 기요와사 만시와 아케가라스 하야와 그리고 그들 모두를 관통하는 '믿음'의 세계와, 더 나아가 독자 여러분과의 '만남'이다. 이 같은 불가사의(不可思議)한 기연(機緣)을 조금이라도 깊게 하기 위해, 여기에 한마디 기록하는 바이다.[329]

어 '無敎會主義'를 제창한다. 나아가 러일전쟁을 맞고는 '非戰論'을 주장하고 1930年(昭5) 70세의 생을 마친다. 그가 남긴 著作으로는 『余は如何にして基督信徒となりし乎』, 『代表的日本人』 등이 있다.

329) 敏の出版活動は、類まれなその求道の精神と時代を見通す革新的な姿が、もっとも実り多い形に重なり合った奇跡であるとともに、そこに集い学ぶ人々の信仰活動の一つの大きな柱となっていた。複雑化した現代に同じ使命をおびた我々にとって、敏から受け継いだこの伝統はますます大きな力である。そのためにも、暁烏敏の広大な精神の世界と豊かな人間性を、本書の読者の方々に知っていただくことが、我々の願いなのである。翻って考えれば、本書『歎異抄講話』は、一個の「出会い」の書である。ここには親鸞とその教えを記す者と、清沢満之と暁烏敏と、そしてそれらすべてを貫き通る「信」の世界と、さらに読者の方々との「出会い」がある。そのような不可思議な機緣を少しでも深めていただくだめに、この一文を記した次第である。(上揭書, pp.604-605)

라고 높이 평가하고 있다. 즉, 그는 『歎異抄講話』를 출판하기 위한 활동에 대하여, 구도정신과 시대를 꿰뚫어 보는 혁신적인 모습이 기적과 같은 일이라고 강조하고 있다.

다시 말하자면 아케가라스의 방대한 저작물 중에서도 신란사상을 배우기 위해 모이는 사람들을 위한 신앙활동의 큰 기둥이라고 강조한 것이다. 따라서 일본 근대에 있어서, 『歎異抄講話』의 저자인 아케가라스야말로 신란사상을 문학적으로까지 표현하려 했던 대표적 사상가라 해도 과언이 아닐 것이다.

제4장 『출가와 그 제자(出家とその弟子)』의 사상에 나타난 '죽음' 의식

제1절 『出家とその弟子』의 성립배경과 문학적 가치

　　메이지 시대에 들어서 '근대'의 문제는 에고이즘(egoism)의 문제를 대두시킨 바, 물론 이는 철학적으로는 '독아론(獨我論)'이라는 문제를 낳게 되었다. 이 점에 대하여 진지한 자세를 취한 문학가라면 소세키이며, 철학적 영역에서는 키타로라 일컬어지고 있다. 소세키가 『こころ』에서 에고이즘의 문제를 한계상황으로 까지 추구해 나가면서『道草』『明暗』등의 작품에서는 에고이즘의 초극(超克)을 '소쿠텐교시'로 까지 지향하였고, 키타로는『善の研究』를 통하여 에고이즘의 문제를 적잖게 다룬 점은 우연의 일치가 아니라고 생각된다. 이 같은 일치현상의 배경에는 구라타의 희곡330)인 『出家とその弟子』331)가

---

330) 이 '戱曲'이 文學이 될 수 있는가 그렇지 않는가를 문제시하는 것은 時宜適切한 일이 아니다. 그럼에도, 鈴木貞美는, 레이먼드 윌리엄즈(Raymond Williams) 의 *KEYWORDS : A vocabulary of and society*(London, Fontana Press, H

출현하여 영향을 준 셈이다.

그러면, 먼저 구라타의 문학관에 관하여 살펴보기로 하자.

신란사상과 일본의 근대문학의 관계에 있어서『出家とその弟子』는 획기적이고 중대한 계기를 만든 셈이다. 그것은『歎異抄』를 바탕하지 않고서『出家とその弟子』가 출현할 수 없었다는 점 때문으로 보인다. 또『出家とその弟子』가 성립되기까지의 배경에는 당시 구라타가 이토엥에서 생활하고자 하는 의지와 텐코에 대한 강렬한 사모가 작용되었기 때문이라 할 수 있다.

『出家とその弟子』는 전술한 바와 같이, 다이쇼 시대로부터 오늘에 이르기까지 인생문제에 고뇌하는 일본의 청년 독자들에게 계속해서 익혀지고 있다. 그것은 그만큼 이 희곡작품에 의하여 신란이 정토진종의 신자만이 아니라 수많은 일본인의 마음에 하나의 상으로서 자리잡았기 때문이라 해도 과언이 아니라고 생각된다.

---

arper-Collins Publisher, 1976, Reissued, 1988, pp.183-184)의 〈'문학'과 '희곡(drama)'에는 차이가 있다〉에서 그 이유를, 「희곡은 (독서의 대상으로도 되지만) 명확하게 본질적으로는 말하는 연기를 위해서 쓰여진 것이기 때문」이라는 내용을 인용하고 있다. 이어 鈴木貞美는 「레이먼드 윌리엄즈는 희곡연구서를 몇 권이나 쓴 사람이다. 그 사람이 'literature'란 말의 애매함을 서술할 때에 'drama' 즉 희곡이 'literature'의 범주에 들어가는지 아닌지를 예로써 들고 있다. 희곡은 확실히 말을 주체로 쓰여져 있고, 읽어서 음미할 수 있다. 세익스피어 등 유럽의 희곡이 소개되기 이전부터 일본에서도 德川時代부터 가부키(歌舞伎)나 조루리(淨瑠璃)에 부수된 출판물이 있었다. 그리고 大正後期부터 昭和初期에 걸쳐서는 구라타 햐쿠조(倉田百三, 1891-1943)의『出家とその弟子, 1917』가 베스터셀러가 되었고,(中略) 하지만 戲曲은 어디까지나 演劇의 대본이며, 俳優와 臺詞와 身體演技, 舞臺美術과 音樂 등에 의해서 만들어진 舞臺空間을 만들어 내기 위한 補助手段이다.(中略) 그 점에서 戲曲은 詩나 小說과 같이 말의 연속에 따라서 상상력을 구사하여 읽는 것과는 명확히 종류가 다르다」고 자신의 희곡에 대한 관점을 피력하고 있다.(김채수 역, 鈴木貞美 著, 『일본의 문학개념』, pp.27-69 參照)

331) 『倉田百三選集』〈第8卷〉 pp.1-256에 게재되어 있다. 그러나, 필자는 본 연구를 통하여『出家とその弟子』의 原文을 [〈新潮文庫く21〉, 新潮社, 平11]을 底本으로 삼고, 각 인용문을 參考하고자 한다.

이 『出家とその弟子』는 「서곡(序曲)」을 제외하고도 6막 13장으로 『歎異抄』의 가르침을 희곡화한 작품이다. 이 『出家とその弟子』의 내용을 개괄적(槪括的)으로나마 소개해 보면 다음과 같다.

　『歎異抄』의 가르침을 6개의 막으로 희곡화한 작품은, 〈죽는 자―어느 날의 환영(幻影)〉이라는 서곡으로 막이 열린다.

　한 인간이 혼자서 지상(地上)을 거닐면서 "나는 태어났다. 그리고 태양 빛 아래에서 대기(大氣)를 호흡하며 살고 있다. 정말로 나는 살고 있다.(わしは産まれた。そして太陽の光を浴び、大氣を呼吸して生きている。ほんとうに私は生きている。[332])"라며 자신의 존재를 울부짖는 모습으로부터 시작된다. 이 때 갑자기 얼굴 가린 자가 나타나, 그 인간에게 "너는 대체 누구냐?" 라며 큰 소리로 묻고, 인간은 자신이 '인간'이라고 대답한다. 그러자 얼굴을 가린 자가 "그렇다면, 죽을 사람이로구나(では、「死ぬるもの」じゃ。[333])"라고 말한다. 그 말에 인간은, 자신은 살아있다고 대답하는데, 얼굴 가린 자는 곧 바로 거짓말을 한다고 꾸짖는다. 이어 그는 "죽게 되는 것은 죄가 있기 때문이니까. 죄 없는 자는 영원히 살 수 있어. 「죽는 자」란 「죄 있는 자」라는 말과 같은 거야.(死ぬのは罪があるからじゃ。罪のないものはとこしへに生きるのじゃ。「死ぬる者」とは「罪ある者」と同じことじゃ。[334])"라는 대화[335]가 계속 이어진다.

　그리하여 제1막부터는, 동냥하러 이곳저곳을 찾으러 나선 신란이 두 사람의 제자와 함께 히노 사에몽(日野左衛門)의 집에 하룻밤을 묵게 됨으로서 시작된다. 그 집에서 신란은 그 집의 아들인 마쓰와카(松若)라는 사람을 만나게 되고, 마쓰와카는 25세가 되어 신란으로부터 '유이엥(唯円)'이라는 법명을 얻고 출가하여 승려가 된다. 얼마 후 신란과 유이엥은 교토에서 열리는 호넨의 제사 날에 참여한 사람들을 보면서,

---

332) 倉田百三, 『出家とその弟子』〈新潮文庫く 21〉, 新潮社, 平11, p.5
333) 上同
334) 上揭書, p.7
335) 이상의 표현은 基督敎의 '原罪意識'을 충분히 느끼게 하고 있다. 그만큼 倉田는 젊었을 때부터 基督敎的인 思考方式을 지니고 있었다.

위선은 살인보다 더욱 죄가 큰 것이라는 점과 인생의 적적함 그리고 연애에 대하여 이야기를 나눈다. 그러자 신란의 아들인 젠란(善鸞)은 유녀 '아사카(浅香)'와의 불행한 사랑문제로 자포자기하고는 부친인 신란과 언쟁하고 계속해서 유녀들에게 접근한다. 유이엥은 이 부자를 화해시켜 보려고 같은 유곽에 들리는데, 오히려 유녀 중 한 사람인 '가에데(かえで)'에게 다가서다가 오히려 자신이 연애에 빠져버리고 만다.

젠란은 자신의 방탕생활을 후회하고 부친을 만나고 싶다고 유이엥에게 말하게 되고, 이를 듣게 된 유이엥은 젠란의 본심을 신란에게 전달하고 아들인 선란과 자신을 용서해 주기를 호소한다. 그러나 이를 본 승려들은 유이엥을 책망하게 되고, 신란은 젠란과 유이엥의 갑작스런 태도변화를 보고서, 남녀관계에 대하여 아무리 생각해 보아도 특별한 묘책이 없다며 만나 주지 않기로 단념한다.

그러자 유이엥은 자신이 사랑하는 사람을 불자로서 사랑하도록 기도하게 되면서 깊은 감동을 보인다. 이로부터 15년 후에 '가에데'는 유이엥과 결혼하게 되고 입신(入信)하여 쇼신(勝信)이라는 법명(法名)을 받게 된다.

신란이 임종을 맞게 되자 젠란은 급히 달려온다. 그 때까지 수행하면서 수많은 제자를 가르치고 중생을 제도하며 90세의 생을 살아온 신란도 '죽음'에 대한 공포감과 싸우면서 깨끗한 마음으로 죽기를 원하지만, 마음에 걸리는 것이 아들 젠란에 관한 것뿐임을 알게 된다. 신란은 젠란의 모든 것을 용서하고 아들이 부처를 믿는다고 말하기를 바란다. 그러나, 아들 젠란은 잘 결정되지 않는다며 거절한다. 이 때 쇼신은 젠란이 부처를 믿는다고 부친에게 알려드려 안심시키려 하지만, 그래도 젠란은 부친인 신란에게 쉽사리 다가서지 않는다.

결국 신란은 중재하는 마음과 맹세(盟誓)하는 마음이 다 악마(惡魔)에서 나오는 법이라 하면서 운명을 달리한다. 이와 함께 막(幕)도 내려진다.

이상의 줄거리를 통해 볼 때, 인상적인 곳이란 물론 한 두 군데가 아니다.

이『出家とその弟子』는 인간의 존재 그 자체를 지극히 크게 긍정

하면서도 '죄(罪)'가 있기 때문에 '죽어야 마땅한 사람'으로 묘사되어 있는 「序曲」을 통해 작품 전편을 꿰뚫는 주제가 제시되어 있다. 그뿐만 아니라, 작품에 흐르는 정조가 상징적으로 표현되어 있기도 하다.[336] 물론 이 '죄'라는 용어는 일상적인 어휘로 사용되기도 하나, 작품이 지니는 특수성과 작가의 생애 일면을 통해 볼 때 종교적인 어휘로 사용된 점에 무게를 더 두어야 된다고 본다. 물론 종교적인 면으로 해석할 때 대두되는 것은 구라타가 믿었던 대표적 종교인 불교와 기독교임은 두 말할 것도 없다.

한편, 문화예술과 종교를 비교함에 있어서 '문학'과 '종교'의 관계는 한 마디로 단언할 수는 없다. 그러나 전술한 바 있는 사사부치 토모이치는 '종교문학'이란 종교적인 주제나 소재를 중요하게 여기면서도 하나의 완전한 종교문학이 되기 위해서는 종교적인 행사가 중요하며, 가능한 한 주제랄지 소재가 종교적이어야하고, 나아가 종교행사가 뒷받침되어야 한다고 강조했다. 이 내용을 다분히 긍정적으로 생각하는 저자는, 이 『出家とその弟子』가 곧 사사부치의 발언과 일치하고 있다는 판단 아래, 더욱 종교적인 관점에서 각종 어휘를 해석하고자 한다. 물론 작품의 내용에 나오는 종교적 행사가 반드시 웅장하다고는 생각되지 않는다. 그렇지만 「제1막 제2장」의 모두에 나타나 있는 바와 같이 히노 사에몽의 집에서 사에몽의 가족이 나누는 대화에서 '지옥'과 '극락'이라는 어휘가 거듭 사용되면서 그 경지가 있다는 단정의 표현[337]과 신란이 자신의 제자인 료캉(良寬)·지엥(慈円) 등 일행과 함께 행각승(行脚僧)으로서 사에몽의 집에서 하룻밤을 묵으며 고행하는 동안, 불교를 냉대하면서 신란에게 무례하게 대하는 사에몽의 언동(言動)에도 불구하고 신란의 정성스런 언행에 크게 감

---

336) 倉田百三, 『出家とその弟子』, 前揭書, pp.5-6 參照
337) 上揭書, p.20

동하게 되는 사에몽의 심적 변화과정338)은 종교적 행사라고 해도 결코 무리가 아니라고 본다.

여기에서 종교행사가 왜 필요한 것인가 하는 문제가 제기되는데, 그것은 인간에 관한 '구제'의 문제가 종교행사와 함께 일반적으로 되어있기 때문이다. 나아가 이 '구제'는 동·서양의 대표적 종교라 할 불교나 기독교에 있어서 만이 아니라, 대체적으로 어느 종교에서나 나타나는 공통분모(共通分母)339)이기 때문이다.

시마조노 스스무(島薗進)가 종교적으로 '구제종교(救濟宗敎)'340) 라는 용어를 서슴없이 사용하고 있다고 보여진다. 한편, 이 '구제'341)라는 용어는 '구원(救援)'으로 바꿔 표현할 수도 있는 어휘인 바, 사생관의 입장에 서서 한국문학과 '죽음 의식'을 중심 테마로 연구의욕을 보여 온 이인복(李仁福)은『文學과 救援의 問題』라는 저서를 통해 '문학은 삶의 구원이고 수도의 한 방편'342)이라는 표현을 사용, '구원'이 곧 자신의 문학관을 밝히고 있는 바, 필자는 이 같은 관점을『出家とその弟子』에서도 발견하고자 한다.

---

338) 上揭書, pp.26-54
339) 이런 宗敎的 共通分母의 樣相은 비단 이 경우에만 있는 것은 아니다. 가령, 佛敎의 禪을 '마음을 닦는 것'으로 전제하고 동서양의 모든 종교와 그 근본정신이 하나임을 밝히고 있다. 이런 경우가 한국 시인 韓龍雲(1879-1944)과 미국 시인 월트 휘트먼(Walt Whitman, 1819-1892)의 詩에 표출된 종교 사상과 예술의 비교문학적 연구에서 곧잘 나타나는 바, 한용운의 불교는 휘트먼의 범신론적 초월사상과 일치한 특성을 보인다. 가령 "〈정신수양〉은 불교의 선에만 있을 뿐 아니라, 유교에도 있고, 예수교에도 있으니, 유교에는 孟軻의 求放心과 宋儒의 存養이 그것이요, 예수교에는 예수가 요르단의 강가에서 한 40일간의 沈晝冥想이 그것일 것"이라고 타종교와 불교를 동일시함으로써 기독교적 신앙과 동양의 제 종교를 통일한 휘트먼의 범신론적 태도와 상등한 초월적 信敎觀을 보인다.(김영호,「한용운과 휘트먼의 문학과 종교」,『문학과 종교의 만남』, 동인, 1995, p.51 參照)
340) 島薗進,『現代救濟宗敎論』, 靑弓社, 1995, pp.7-12 參照
341) 이는 宗敎的으로 해석할 때 마땅히 '救援'의 의미와 똑 같이 보고자 한다.
342) 李仁福,『文學과 救援의 問題』, 淑明女子大學校出版部, 1982, pp.3-4

이 작품의 「제3막 제1장」에서 비록 신분(身分)의 차이가 있을지라도 같은 청년의 몸으로 승려인 유이엥이 유녀(遊女)인 '가에데'를 사랑하는 점에 대하여, 저자인 구라타는 자신의 연애체험을 되뇌어 보는 듯한 감정을 시사하고 있다고 해석된다. 그러면 다음 인용문을 통해 젠란의 연애 행각에 관하여 살펴보기로 하자.

> 젠란   나는 아무것도 모르겠는데요. 아무것도 믿을 수 없단 말입니다. 나는 이 세상이 성립된 기초에 의심하지 않을 수 없어요.(중략) 슬픔과 분노와 괴로움 사이에서 여자만이 내 눈에는 빨간 꽃처럼 비쳐집니다. 나는 여자의 몸에 매달려서 괴로움을 잊는 길을 알게 되었단 말입니다. 사람들은 나를 방탕했다고들 합니다. 나는 그 말을 달게 받겠습니다.[343]

구라타는 이 인용문 가운데 젠란의 대사를 통해서, 젠란이 행했던 방탕한 삶을 진솔하게 표현하면서 독자로 하여금 지극히 허무적이며 자기파멸적인 삶을 반성하게 하고 있다.

이어 젠란으로부터 부친을 만나고 싶다고 본심을 솔직하게 듣게 된 유이엥은, 부모와 자식의 재회를 강하게 요청 받은 신란이 괴로워하면서 마음속으로는 자신도 뭇 사람들처럼 자식에 대한 애정만큼은 뒤지지 않음을 「제3막 제2장」을 통해 다음과 같이 말하고 있다.

> 신란   (괴로운 듯이) 아아, 그렇게 할 수만 있다면! 나는 그렇

---

343) 善鸞 私は何も解りません。何も信じられません。私は世界の成立の基礎に疑ひを挟みます。(中略) 悲しみと憤りと悩みの間に、女ばかりが私の眼に紅い花のように映じます。私は女の肌にしがみついて、私の苦しみを遺る道を覚えました。人は私を放蕩者と呼びます。私は其の名に甘んじます。(倉田百三, 『出家とその弟子』, 前掲書, p.96)

게 생각해야 된다는 것도 알고 있다네. 또 그렇게 생각
해야 된다고 자네에게도 가르치고 있지. 그러나 그렇
게 생각할 수는 없단 말이야. 자네는 아까 나에게 타인
에게는 너그러우면서 자기 자식에게만큼은 엄격하다고
했지. 그것은 내가 내 자식만 사랑하고 타인을 사랑할
수 없기 때문이야. 나는 젠란을 사랑하고 있어. 자칫하
면 젠란을 품에 안고 다른 사람들을 공격할 것 같기도
하지. 마치 사랑에 빠진 어머니가 무작정 자기 자식만
역성드는 것처럼 말이야. 나는 내 마음의 그 약점을 잘
알고 있지. 그것을 알고 있기 때문에 나는 젠란을 용서
하기가 어려운 것이란 말이야. 나는 젠란 때문에 죽은
여자의 가족과 그녀의 남편과, 그리고 남편의 가족과
— 젠란을 저주하고 있는 모든 사람들을 생각하지 않
을 수 없다네. 「당신 자식 때문에…」하고 그 사람들의
눈은 말하고 있단 말이야.344)

　위의 인용문을 통해서 구라타는, 신란이라는 성인도 자신을 찾아와
아들인 젠란에게 관대하게 대해주기를 바라는 유이엥에게, 자신이 아
들에게 엄하게 하는 것은 아들을 지극히 사랑하기 때문이라고 피력
한다. 부자지정(父子之情)이 성인인 신란에게도 있음을 내비치고 있

---

344) 親鸞 　(苦しげに) おおそれが私に出来たなら! 私はそう思ふべきであると信
　　　 ずる。そう思へようとお前に教える。しかしそう思う事が出来ないの
　　　 だ。お前はさっき私が他人に優しく我が子に厳しいと言つたね。それ
　　　 は私が我が子ばかり愛して、他人を愛する事が出来ないからだ。私は
　　　 善鸞を愛している。 私の心は動もすれば善鸞を抱きかかえて他の人々
　　　 を責めようとする。丁度愛に溺れる母親が悪戯をする小供を擁して、あ
　　　 われな子守を叱るように。私は私の心のその弱味を知って居る。それ
　　　 を知っている丈け私は善鸞を許し難いのだ。 私は善鸞のために死んだ
　　　 女の家族と、女の夫と、その家族と―すべて善鸞を呪つている人々の
　　　 事を思はずにはいられない。「あなたの子のために…」とその人々の眼
　　　 は語っている。(上掲書, p.116)

다. 그것은 마치 좋지 않은 일을 저지른 어린아이를 어머니가 품안에 껴안고 있는 마음가짐과 같다고 하면서 말이다. 여느 부모가 지니고 있는 자신들의 자식에 대한 '사랑' 의식처럼, 신란도 그 시점에서 아들의 잘못을 쉽게 용서하지 않음 그 자체가 자식에 대한 최고의 애정이라고 보고 있음을 구라타가 묘사하고 있는 것이다.

이 『出家とその弟子』는 구라타가 오랫동안 육체의 질환을 앓고 난 뒤의 작품이다. 저자의 육체적인 병은 결국 종교적 구도의 길에 들어서게 한 셈인데, 구라타는 처음에 기독교를 통해서도 어떤 구도의 단계를 경험하려 시도했다고 보인다. 이 때 기독교사상에는 자신이 추구하는 구도에 관한 방안이 발견되지 않음에 따라, 자신이 진정한 기독교인이 될 수 없음을 알아차린다. 그는 정토진종에 가까이 하고 〈투병을 계속하면서 인생을 어떻게 살아가야 하는가?〉 하는 의문을 갖게 된다. 구라타는 그런 투병생활 끝에 일체의 강박관념을 이겨냄은 물론이고 '자살' 충동마저 극복하고, 자연과 인생에게 주어진 사랑을 그대로 긍정하는 '생명'의 자유를 추구하고자 하는 '죽음' 의식을 체득해 나간 것이다.

이로부터 구라타는 신란의 「絶對他力信仰」과 유관한 『歎異抄』의 영향도 크게 받을 수 있게 된 셈이다. 그리하여 그는 정토진종의 창시자인 신란을 가슴 깊이 흠모하게 되는 바, 이상이 구라타가 '신란'을 소재로 삼아 역사적 사실에 포인트를 맞추어 쓴 『出家とその弟子』를 둘러싼 구라타의 종교적 배경이라 할 수 있다.

1. 기독교적 표현과 인간적 기본의식

1) 작품 속의 기독교적 표현

구라타는 그의 나이 24세이던 1915년(大4) 1월에 간호사인 하루코를 알게 된다. 구라타는 하루코로부터 간호를 받음과 동시에, 함께 기독교 교회에 나가 찬송가를 부르고 기도하는 시간을 가짐으로써 매우 가까운 관계345)가 된다. 누이동생 쓰야코(艷子)와 벳푸(別府)에 요양 차 다녀온 후부터 구라타는 고향 쇼바라로 돌아와 한 교회에서 설교도 한다. 이 무렵 구라타는 「戀を失うた者の歩む道」를 일고 교우회지에 기고하고 이듬해에는 「隣人としての愛」와 「過失—お絹さんへの手紙」도 발표한다.

구라타에게 이상과 같은 삶의 과정이 있어서인지, 『出家とその弟子』에는 인간이란 '죄'가 있으므로, '마땅히 죽어야 사람'으로 묘사되어 있고, 그 「序曲」에는 작품에 흐르는 정조가 상징적으로 표현되어 있다. 무엇보다도 「序曲」에 '죄'라는 표현이 거듭해서 사용되어지고

---

345) 이 때 倉田는 晴子를 통해서 '이웃 사랑(隣人愛)'와 '性慾'의 岐路에 서게 된다. 그것은 일반적으로 結核 患者의 경우, 療養生活을 잘 하게 되면 한층 性慾이 왕성해지는 계기가 된다고 한다. 사실 倉田는 매우 女性에 관심이 큰 사람이기도 하여 性慾이라는 業이 깊은 결과 平生을 통해 떨치지 못했다고 해석된다. 이 무렵 倉田는 세 번이나 手術을 받았으나 별다른 效果를 보지 못한다. 이후 점차 宗敎的 意識을 깊게 해 나간다. 그 결과 天職이라 여겨온 文學을 도외시하고 療養機關이라 생각되는 天香의 '一燈園'에 들어가나, 그곳에서 몸이 다소나마 回復되자 晴子와 同居生活을 하게 된다. 이에 倉田는 自身에 대하여 '戀愛의 天才'라는 표현을 사용했다고 보여진다.

있다. 작가의 생애 일면이나 작품의 특수성을 통해 볼 때, 이 '죄'는 종교적으로 해석할 수밖에 없으며, 이 때 종교란 지구상의 대표적 종교라 할 불교와 기독교를 가리킴은 두 말할 것도 없다.

여기에서 다시금 작품 중 「序曲」의 내용을 보면, 구라타의 내면의식 속에는 상당히 기독교적인 '원죄의식(原罪意識)'이 스며 있음을 느끼게 된다. 그것은 구라타가 청년기에 실연을 당하고 결핵에 걸림으로써 고교를 자퇴하면서 생기는 심적 상처를 입은 직후, 일시적이나마 구라타가 기독교에 경도[346]함으로써 자괴감(自愧感)을 가지면서 갖게 된 죄의식에 의한 것이라고 이해된다. 이는 구라타가 작품의 전편을 통해 '죄'에 관한 내용을 적잖게 기술한 데서 알 수 있다고 하겠다.

그러나 이미 20세부터 철학을 전공한 구라타는 「生命の認識的努力」라는 논문을 통해서

　　이 건조하고 침체되었으며 천박하기까지 한 속기(俗氣)로 가득 찬 우리 철학계(哲學界)에, 가령 시들고 메마른 산그늘에 가려진 토박한 땅에서 푸르스름한 빛을 띠고 있는 흰 잔디꽃이 고상한 향기를 내뿜고 있는 것과 같아서, 우리들(일본인들; 필자 주)에게 순수한 기쁨과 마음 든든함과 그윽한 경탄까지 느끼게 해주는 사람은 '우리의'(필자 주) 니시다 키타로씨이다.[347]

---

346) 倉田는 1914년(大3) 1월 홀로 療養生活을 하면서 宗敎書籍을 耽讀하는 계기를 맞게 되는 데, 이 때 그는 몸도 점점 쇠약해지는 자신을 발견하고 聖書硏究會가 있는 한 基督敎 敎會를 다니지만, 이후에는 基督敎 信仰과 상반된 佛敎쪽에 더욱 큰 관심을 갖게 된다. 이런 과정이 있기에 倉田는 이 작품을 집필할 수 있었고, 나아가 東洋思想이 基調가 되어있다 할 수 있는 「西田哲學」에 입각한 評論 『愛と認識との出発』를 집필·발간할 수 있었다.
347) 此の乾燥した沈滞した浅ましきまでに俗気に満ちたる我が哲学界に、餬へば乾らびた山陰の瘠せ地から、蒼ばんだ白い釣鐘草の花が品高くにおひ出て居るにも似て、我等に純なる喜びと心強さと、かすかな驚きさへも感じさせるのは西田幾多郎氏である。(『倉田百三選集』〈第2卷〉, p.9)

고 밝혔다. 이 인용문은 구라타가 당시의 철학계를 직시하고서「生命の認識的努力」라는 논문을 통해 밝힌 것으로,『善の研究』의 저자인 키타로에 대하여 높이 평가하고 있는 내용이다. 또한 이는 구라타가 당시의 일본 철학계를 크게 비판할 정도로 정신적으로 성숙한 단계에 까지 올라 있었다는 사실을 입증해주는 내용이다.

이상과 같은 능력을 갖춘 구라타는 마땅히 기독교적으로는『聖書』를, 불교적으로는『歎異抄』를 충분히 섭렵하는 한편, 이 두 가지 종교서적의 중심적 사상을 응용,『出家とその弟子』는 물론이고『愛と認識との出発』까지 집필해 나갈 수 있었던 것이다. 이로써 필자는『出家とその弟子』가 불교적 작품임에도 불구하고 구라타가 기독교적 표현을 빈번하게 구사한 것으로 보는 것이다.

이렇게 출현한『出家とその弟子』는 결국 일본의 근대문학과 신란사상과의 관계에 있어서 획기적인 계기를 만들었다고 할 수 있다. 그것은 이 작품이야말로 직접적인 소재로 '신란'을 사용하는 일이 당시로서는 매우 드물었기 때문이며, 이로 인해 이 작품에는 구라타가 편력한 기독교적인 행각과 불교적인 구도의 면이 공존할 수 있는 것이다.

『出家とその弟子』가『歎異抄』의 가르침을 희곡화한 것으로서「序曲」을 제외하고 6막 13장으로 구성되어 있음은 전술한 바 있다. 그 가운데「序曲」에서는, 작품 속에서 인간의 존재를 긍정하면서도 '죄'[348]가 있다는 기독교적인 이유를 들어 '마땅히 죽어야 할 사람'으로 묘사되어 있다. 물론 이 '죄'라는 용어는 일상적인 어휘로 사용되기도 하나, 구라타의 생애를 통해 살펴보면 농도 짙은 기독교적인

---

348) 그것은 전술한 바와 같이, 倉田가 作品의「序曲」을 통해 '罪惡'이라는 말을 거듭하여 사용하는 데서 알 수 있는 점이다. 필자는 물론, 이 '罪惡'이라는 어휘 속의 '罪'의 의미란 일반적으로 法律的·道德的·宗敎的인 것이라고 언급한 적이 있다. 그 가운데 宗敎的인 의미라면 意識的이든 無意識的이든 信仰의 對象에 대한 反逆으로서 나타난다는 것이었다.

표현이 아닐 수 없다. 이는 두 말할 것도 없이 구라타가 한 때 기독교에 경도한 적이 있기 때문에, 이 점은 충분히 추정할 수 있는 부분이라고 여겨지는 것이다. 이 『出家とその弟子』라는 작품에는 구라타가 편력한 기독교사상과 불교적 정토사상이 공존(共存)하고 있다는 점에서, 여타의 작품과 다른 점이 느껴진다. 아울러 이 작품에는 인간이라면 누구에게나 청년기에 찾아오는 연애와 신앙을 비롯하여 인생에 대한 고뇌와 '죽음'의 문제 등이 내포되어 있어, 다이쇼 시대로부터 오늘날에 이르기까지 인생문제에 방황하는 청년들을 계속해서 깨우치는 데 나름대로의 역할을 했다고 보인다.

2) 인간의 죄악감

여기에서 다시금 작품 중 「序曲」의 내용을 보면, 구라타의 뇌리에는 상당히 기독교적인 '원죄의식'이 깃들어 있고, 일반적인 죄에 대한 의식도 스며 있다. 그러나 종교적으로 보는 '죄'는 '악(惡)'과 더불어 쓰임으로써 기독교도로 하여금 가장 심대한 죄의식을 갖게 한다[349]고 할 수 있다. 그것은 특히 기독교에서는 이 '죄'가 교의의 중심 내용이 되기도 하며, 기독교 학문이라 할 신학(神學)에서는 이 '죄'가 인간의 근본적인 선악(善惡)의 문제로 다루어지고 있기 때문이다. 그러므로 가메이 쇼이치로는 〈구라타 햐쿠조론〉을 통해 종교적 인간이라면 무엇보다도 '자기응시'를 깊이 있게 해야 된다고 했고, 이에 관해 3종(種)의 기연[350]이 있다고 한 것으로 추정된다.

---

349) 이에 비하여 佛敎에서는 이 '罪'를 '業'이라고 한다. 흔히 '罪'라고 하면 보통 他人에 의해서 이루어진 罪도 있지만, 自己 自身이 이룬 罪도 있다. 이는 他人에 의한 것이 아니고 스스로 지어 스스로 받는 果報라는 점에서 '業'이어서 '罪業'이라고 일컬어진다. 따라서 佛敎에서 말하는 '業'이란 '罪'라고 할 수 있다. (佐々木現順, 『業と運命』, 淸水弘文堂, 昭57, p.292 參照)
350) 龜井勝一郎는 이 3種의 起緣을, 첫째 生命의 危機感, 즉 죽음과의 對決이고, 둘

구라타는 고교자퇴·실연·결핵 등 일련의 심적 상처를 입은 직후 기독교를 신앙했다. 이는 이미 건강을 잃은 자로서 타력적 종교인 기독교의 절대자(絶對者)에게 매달리고 싶은 일시적 충동에 의한 일로 보인다. 그러나 작품 속에 실려 있는 작가의 기독교적인 발상의 농도를 보면, 구라타는 한 때나마 단순한 신앙에 그치지 않고 기독교에 경도된 적이 있었다. 그러기 때문에 구라타는, 작품에 나타난 '사랑(愛)'은 물론, '기도, 용서·중재·화해, 죄, 심판' 등의 기독교적인 표현을 즐겨 사용할 수 있었던 것으로 보인다. 그렇지만, 이 『出家とその弟子』가 불교문학 작품으로 분류되어지는 만큼, 작품 속에 '집착·번뇌·염불·극락' 등의 불교적 표현이 더욱 많이 사용되고 있음은 두 말할 것도 없다. 이 중에서 '사랑'에 관한 어휘를 생각해 볼 때, 기독교는 〈사랑의 종교〉이고 불교는 〈자비의 종교〉라는 해석이 가능하지만, '사랑'이란 곧 '자비'와 다르지 않다는 견해로 보면 이 『出家とその弟子』가 불교문학 작품임에도 기독교사상이 공존할 수 있는 이유가 충분히 있다.

'죄악'이라는 말속의 '죄'가 일반적으로 지니고 있는 의미는 법률적 내지 도덕적 그리고 종교적인 것 등 3종으로 분류된다. 이들은 규범으로서 인정되어지는 법칙에 배반하는 경우에 죄가 생긴다는 공통점이 있다. 이 '죄'가 법률적·심리적으로는 주어진 자유의지의 남용 또는 오용에서 일어나고, 도덕적으로는 '선'과 '악'의 그릇된 선택에서 일어나며, 종교적으로는 의식적이든 무의식적이든 신앙의 대상에 대한 반역으로서 나타난다고 할 수 있다. 이 중에서 종교적으로 보는 '죄'는 '악'과 더불어 가장 심대한 죄의식을 갖게 하는데, 특히 기독교에서는 이 '죄'가 교의 중 무게 있는 내용이기도 하여 신학이라는

<hr />

째 病者의 自覺이며, 셋째 罪에 관한 意識이라고 밝히고 있다.(龜井勝一郎, 「倉田百三論」, 『倉田百三選集』〈別卷〉, 日本図書センター, 1994, pp.76-79 參照)

학문의 영역을 통해서 인간의 근본적인 선악의 문제로 곧잘 다루어
지고 있다고 보인다.

작품에서 「죽는 자―어느 날의 환영」이라는 장면으로 열리는 「序
曲」이 다각도로 표현되는 가운데, 가장 먼저 등장되는 인물은 〈인간
(人間)〉과 〈얼굴 가린 자(顔蔽いせる者)〉이고, 이 양자의 대화는 죄
를 짊어지고 있는 인간으로서 마땅히 맞게되는 '죽음'에 대해서 집중
되고 있다.

얼굴가린자	(나타난다) 너는 누구냐?
인간	저는 인간이옵니다.
얼굴가린자	그렇다면 「죽어야 될 사람」이로구나.[351]

여기에서 〈死ぬるもの〉라는 표현을 생각해 보자. 사람이 죽게 되
는 것은 죄를 짓고 있기 때문이고, 죄가 없는 경우에는 영원히 살 수
있다는 내용으로 요약될 수 있는 이상의 내용은 다음의 인용문에서
더욱 확연하게 드러난다. 즉 그것은 〈죄 있는 자=죽는 자〉라는 방정
식을 인과관계로서 〈인간의 불가피한 '죽음'의 운명〉을 예고하고 있
다. 그러므로 이는 종교적인 발상에서 작가인 구라타가 원초적인 인
간의 죄악감을 이상과 같이 표현하고자 했다고 할 수 있다. 인용문
전체적인 맥락이 인과관계라는 의미에서 불교적으로 해석되어지나,
이 인용문이 「序曲」의 일부이어서 내용의 흐름으로 비추어 보면 한
층 기독교적인 면이 크다고 할 수 있다.

얼굴을 가리고 등장하는 한 쪽 화자(〈얼굴 가린 자〉)의 모습은 물

---

351) 顔蔽いせる者   (あらわる)お前は何者じゃ。
    人間   私は人間でございます。
    顔蔽いせる者   では「死ぬるもの」じゃな。
    (倉田百三, 『出家とその弟子』, 前掲書, p.5)

론이고 작가가 한 때 기독교에 대한 신앙생활을 했던 점과 관련지어 생각해 보면, 묵시적 문예(黙示的 文藝)352)의 일면으로도 보이다. 이런 흐름은 다음 인용문에서 더욱 짙게 느낄 수 있다.

인간	죽는 자라는 말에는 경멸의 의미가 포함되어 있는 듯이 들립니다.
얼굴가린자	죽게 되는 것은 죄가 있기 때문이니까. 죄 없는 자는 영원히 살 수 있어. 「죽는 자」란 「죄 있는 자」라는 말과 같은 거야.
인간	그러면 인간은 모두 죄인이라는 말씀이십니까?
얼굴가린자	모두 나쁜 죄인이지. 죄 값은 곧 죽음인 게야. (사라진다)353)

이 '묵시적 문예'라는 문예적 특징은 『聖書』의 「요한 묵시록」의 영향을 받은 구라타가 작품을 집필하기 이전에 의도적으로 구상한 것으로 보인다. 그것은 이 「序曲」을 통해 나타나는 적잖은 표현이 『聖書』의 영향을 크게 받았다고 볼 수밖에 없는 것이다. 그것은 이 같은

---

352) 이 '黙示'라는 어휘에 관하여, 『日本国語大辞典』〈第二版, 第8巻, 小学館〉에 〈① 暗黙 속에 意志를 나타내는 말. 확실하게 말하지 않고, 간접적으로 의지를 나타내는 것 ②숨어 있던 眞理를 開示하는 일, 특히 猶太敎나 基督敎에서 사람이 그 才能이나 知識으로는 헤아릴 수 없는 일을 神이 특별한 방법에 의해 사람에게 보이는 것 ③(②를 비유적으로 사용하여)直觀的으로 어느 原理나 思考方式, 方法 등을 아는 일〉로 설명하고 있다. 본고에서 필자도 ②의 意味로 해석하며, 이 '黙示的 文藝'도 두 말할 것도 없이 ②의 의미로 집필된 문학 또는 문예작품을 의미한다고 보고 싶다.

353) 人間　　　死ぬる者という言葉には軽蔑の意味が含まっているように聞えます。
　　顔蔽いせる者　死ぬのは罪があるからじゃ。罪のないものはとこしへに生きるものじゃ。「死ぬる者」とは「罪ある者」と同じことじゃ。
　　人間　　　では人間は皆罪人だとおつしやるのでございますか。
　　顔蔽いせる者　皆悪人じゃ。罪の価は死じゃ。(消ゆ)「序曲」
　　(倉田百三, 『倉田百三選集』, 前揭書, p.7)

대화가 「序曲」에 수 차례나 계속 되고 있기 때문이다. 그러면 문답형식에 있어서 「序曲」의 중심 표현으로 보이는 〈죽어야 될 사람〉의 경우 기독교적으로 해석하자면, 다름 아닌 인간이 저지른 '죄'에 따라 받아야 마땅할 '심판(審判)'의 대상이라고 풀이된다. 그만큼 구라타는 자신의 인생에 있어서, 이 작품을 집필했던 이십 대 중반까지 청소년기를 지냈던 기독교적 환경의 영향을 고스란히 받고 있었던 것이다. 그 결과 구라타는 '죽음'의 의의를 죄악관과 종말관(終末觀)으로 인도한 바, 그 내용은 아래 인용문을 통해서 인지할 수 있다.

얼굴가린자	불쌍한 사람아!
인간	(손을 뻗어 얼굴 가리개를 벗기려고 한다)
얼굴가린자	그 손에 화가 있어라! (멀리서 우레 소리가 들린다)
인간	(무릎꿇는다)

환영의 행렬이 나타난다.

얼굴가린자	보거라.
인간	새를 비롯한 짐승들의 행렬이 지나가는구나. 솔개는 비둘기를 지배하고, 늑대는 양을 압박하며, 뱀은 개구리를 삼키고 있구나. 그런데 행렬 선두에 갑옷과 투구를 쓰고 화살을 어깨에 메고서 말을 타고 가는 것은 인간인 것 같은데.
얼굴가린자	그 자가 모든 행렬을 인솔해 가고 있다.
인간	정복자군.
얼굴가린자	게다가 불쌍한 것 중에서 가장 불쌍한 자이지.
인간	아, 말에 박차를 가했구나. 모든 행렬이 막 돌진하기 시작한다. (흉포한 음악) 마치 폭풍 같구나. 저렇게 서둘러서 어디에 가려는 걸까?
얼굴가린자	멸망으로. 나에 관해 전혀 모르는 자들이 가는 곳으로.[354]

---

354) 顔蔽いせる者　あわれなものよ!

이상의 인용문은 그 표현형식을 볼 때 몇 곳이나 〈얼굴 가린 자〉가 마치 신적(神的) 존재인 것처럼 〈인간〉이 손으로 얼굴가리개를 벗기려 하자, 그 손은 곧 화(禍)를 입게 될 것이라는 듯이 기술되어 있다. 또한 죄를 지어 불쌍한 인간의 행렬은 곧 멸망해 갈 것이라고 시사하는 것을 보면, 이 또한 구라타가 『聖書』의 영향을 받았기에 가능한 표현이라고 해석된다.

인간	당신은 너무 잔혹하십니다.
얼굴가린자	너의 값에 상당할 뿐이지.
	금수 등 무수한 생물의 무리들이 울부짖는 소리 들린다.
인간	(벌벌 떨면서) 저 소리는?
얼굴가린자	네가 죽인 생물들이 저주하는 소리야.
인간	아아.(머리를 감싼다)
얼굴가린자	너는 간음에 의해서 태어난 거야. 그것을 사랑이란 이름으로 은폐하고 있지만.

人間	(手をのばして顔蔽いをとろうとする)
顔蔽いせる者	その手に禍いあれ! (遠雷きこゆ)
人間	(ひざまずく)
幻影の列あらわる。	
顔蔽いせる者	見よ。
人間	鳥や獣や匐うものの列がすぎる。鷲は鳩を支配し、狼は羊を圧迫し、蛇は蛙を制馭している。だがあの列の先頭に甲冑をかぶり弓矢を負うて、馬にのって進んでいるのは人間のようだ。
顔蔽いせる者	彼は全列を率いている。
人間	あれは征服者だ。
顔蔽いせる者	そして哀れなもののなかの最も哀れなものだ。
人間	あ、馬に拍車をあてた、全列は突進しだした。(凶暴なる音楽おこる) まるであらしのおうに。あんなに急いでどこに行くのだろう。
顔蔽いせる者	滅亡へ。 すべての私を知らないものの行くところへ。「序曲」(上掲書, p.8)

인간	저의 죄를 하나하나 꼽지는 말아 주세요.
얼굴가린자	끝이 없으니까.355)

이상의 인용문들은 「序曲」의 내용 중 사실상 절정을 이루는 내용이라 할 수 있다. 마지막 단계에서 '심판'의 내용이 곧 절정인 셈이다. 그것은 이 인용문에서 〈얼굴 가린 자〉는 〈인간〉이 지어 온 죄의 영속성을 말하고 있는 바, 인간의 생명이 기독교에서 말하는 가장 원초적인 죄라 일컬어지는 간음(姦淫)에 의해 태어난 것이 마치 새삼스러운 일인 양 형편없는 것으로 매도함으로써 다시금 인간의 죄를 덮어씌운다. 이는 〈얼굴 가린 자〉를 신적인 존재로 비유함으로써 인간의 유한한 가치에 상응한 잔혹성이라는 것이 부득이 있을 수밖에 없다는 표현, 즉 "너의 값에 상당한 뿐이지(お前の価に相当しただけ)"라고 강조하는 데서 충분히 도출해 낼 수 있는 구라타의 사상적 기조라 할 수 있다. 즉 구라타는, 일본 근대에 있어 기독교문학에 대하여 크게 관심을 표명해 온 아키야마 슌(秋山駿)이, 엔도 슈사쿠(遠藤周作)의 『黄色の人』에 나타나 있는 "죄라는 것을 나로서는 알 수 없었다. 알 수 없었다기보다는 죄의 감각이 나에게는 없었던 것 같습니다(罪というものがなにかぼくにはわからなかった。わからかったと言うよりは、罪の感覚がぼくにはなかったようです)"356)라는 부분을 인

---

355) 人間　　　　あなたはあまり残酷です。
　　顔蔽いせる者　お前の価に相当しただけ。
　　　　　　　　鳥獣等無数の生物の群のおらぶ声起る。
　　人間　　　　(おののきつつ) あの声は?
　　顔蔽いせる者　お前の殺した生物の呪詛だ。
　　人間　　　　ああ。(頭を抑える)
　　顔蔽いせる者　お前は姦淫によって生れたものだ。それを愛の名でかくしてはいるが。
　　人間　　　　私の罪を数えたてるのはよしてください。
　　顔蔽いせる者　限りがないから。「序曲」(上掲書, p.13)

용하고 있다. 이는 「〈罪の感覺〉の創造」라는 논문을 통해서 아키야마 슌이 "분명히 기독교의 신에 대해서 '죄에 관한 감각'은 자신에게 없다"[357]고 말하는 것과는 달리, 인간의 죄가 결국 끝없는 것이라고 일축하는 표현을 통해 무한하게 원죄를 지녔다 하는 인간의 모든 것을 죄악시(罪惡視)한 것으로 이해된다.

3) '이웃 사랑' 의식

구라타의 종교적 심성(心性)의 다변화에 따라 『出家とその弟子』의 언설 표현 또한 다양하게 전개되고 있음을 인지하게 된 필자는, 작품을 통해 기독교에서 가장 중심적 테마라 할 '이웃 사랑' 의식[358]에 관하여 고찰하고자 한다.

『出家とその弟子』에는 전술한 바와 같이, 기독교사상을 뒷받침하는 '사랑(愛)'에 관한 표현을 비롯하여 전술한 바 있는 '기도, 용서·중재(中裁), 죄, 심판' 등의 표현이 불교적인 '자비'와 되풀이되면서 적잖게 나타나 있다. 그런데 이 불교적 사랑인 '자비'에 대하여 구라타는 『愛と認識との出發』의 「生命の認識的努力」라는 논문을 통해 '기독교적 사랑'[359]의 의미로 사용하고 있다.[360] 그만큼 구라타는

---

356) 秋山駿, 「〈罪の感覺〉の創造」, 『国文学解釈と鑑賞』〈昭和61年10月号〉, p.43 参照
357) 上同
358) 물론 이는 '慈悲'를 '基督敎的인 사랑'으로 倉田가 해석한 점에 근거를 두고 필자 또한 똑 같은 관점에서 해석하고자 하는 내용이다.
359) "私の信仰の経路を反省して見ますと、私にはキリスト教的愛の真理であるくのが信じられ、慈悲(キリスト教的愛)の完成のために祈祷の心持が生じ、その心持のなかに神に遭へるやうに感じたのでした。"라는 내용을 통해서 알 수 있다. (『倉田百三選集』〈第1巻〉, p.212 参照)
360) 佛敎의 核心思想은 '慈悲'이고 基督敎의 경우는 '사랑(愛)'이라고 할 수 있다. 이에 관하여 작가 倉田는 그 差異에 관하여 嚴格하게 구별하여 사용하지 않고 있다. 한편 日本人 히로사치야(ひろさちや)와 竜沢克己는 이에 관해서만 아니

불교사상은 물론이거니와 기독교사상 또한 적잖게 도출하면서 많은 성서적 표현을 사용하고 있다고 하겠다. 그렇지만 필자는 『出家とその弟子』 가운데 가장 중심적 테마라 할 '사랑'의 의미가 여러 가지의 종류361)가 있다고 밝히면서, 본고를 통해서는 '사랑'을 불교적인 것이라기보다는 기독교적인 것으로 해석362), 그 표현과 의미를 살펴보고자 한다.

구라타는 『愛と認識との出発』 속의 「隣人としての愛」를 통해 '이웃 사랑' 의식을 강조하고 있다. 구라타에게는 이 '이웃 사랑' 의식이 보다 크게 자리잡고 있음을 알 수 있다. 그러면 이에 관하여 살펴보기로 하자.

> 사랑을 응시하라. 사랑으로 살아가라. 그 때 우리들은 비로소 사랑의 종족(Art)을 알아차리게 될 것이다.(중략) 사랑의 문제를 진실로 자기의 문제로 삼고 살아가는 사람은 반드시 이 구별이 보이게 될 것임에 틀림없다. 그 다음부터 진실한 사랑이 생기는 것이다. 나는 지금은 '이웃 사랑'만이 진실한 사랑이라고 믿는다.(중략) 나는 사랑하고 있다. 착한 일을 하고 있다고. 하지만 착한 일을 사랑하는 천국의 열쇠가 되는 사랑은 그리스도가 "너희 이웃을 사랑하라"고 말한 바와 같이, 부처가 중생을 대하는 것처럼 이웃에 대한 사랑뿐이다.363)

라, 兩敎의 同質性에 관한 語彙를 다채롭게 比較하고 있다.(ひろさちや, 『仏教とキリスト教』, 新潮社, 昭61, pp.1-191, 竜沢克己, 『続仏教とキリスト教』, 法藏館, 昭54, pp.1-230 參照)

361) 이를 槪念 상으로 分類해 보자면, ㉠性的 사랑의 의미(26회) ㉡부처님의 사랑의 의미(12회) ㉢부모 자식간의 사랑(11회) ㉣이웃에 대한 사랑(8회) ㉤스승과 제자간의 사랑(6회) ㉥기타(16회) 등이라고 할 수 있다.

362) 필자가 佛敎文學 작품인 『出家とその弟子』에 나타나는 '사랑'의 의미를 基督敎的인 것으로 해석하는 것은, 倉田가 한 때 基督敎에 傾倒한 적이 있어서이기도 하지만, 그가 佛敎的 思惟方式을 가지고 執筆한 것이 곧 『出家とその弟子』인 만큼 '慈悲' 대신 '사랑'의 표현을 쓴 것은 작가가 親鸞의 '열린 宗敎觀'을 충분히 認知하고 있기 때문이라고 본다.

363) 愛を凝視せよ、愛に生きよ、その時私たちは初めて愛の種族(アルト)に気が着

구라타는 이 인용문을 통해 〈'이웃'에 대한 '사랑'〉의 중요성을 강조하고 있다. 즉, 구라타는 인간 사이에 가장 중요한 것이 '사랑'이라고 역설한 후, 그 사랑이 처음에는 가슴 설레게 하는 것으로 다가오지만 보다 사랑을 깊게 응시하면 비로소 사랑의 종족을 깨닫게 된다고 말하고 있다.

본래 기독교에서는 구약성서(舊約聖書)가 〈'율법(律法)'의 경전〉이고 신약성서(新約聖書)가 〈'사랑'의 경전〉이라고 일컬어지고 있다. 이처럼 구약성서에 한정적으로 사용되고 있는 '사랑'이 신약성서에서는 무수히 표현됨으로써 『聖書』에 있어서 최고의 종교적 개념으로 되어졌다. 따라서 구라타가 작품을 통해 '사랑'에 관한 의식을 실로 다양하게 사용하고 있음은 그 의의가 적지 않다고 하겠다. 그러나 한편으로는 작품에 나타나 있는 이 '사랑'이라는 표현은 한두 번이 아니라 수십 번이나 사용되고 있기 때문에, 어휘상의 개념이 불명확한 점도 없지 않아 보인다.

그렇지만 『聖書』에 있어서 '사랑'에 관한 보다 확실한 개념이라면, 기독교 창시자인 예수가 무엇보다도 "네 이웃을 사랑하라"고 한 점에 미루어 생각해 볼 때, 무엇보다도 '우애(友愛)'를 포함한 각주 361의 ㄹ인 '이웃에 대한 사랑'이라고 보인다. 이에 따라 필자는 '이웃 사랑'이라는 표현의 의미를 간과하지 않고 그 의식에 관해 심층적으로 고찰하고자 하는 바이다.

くであろう。(中略) 愛の問題を真実に、自己の問題として生きる人は必ずこの区別が見ゆるやうになるに違ひない。その時から後に真実の愛が生まれるのである。私は今は隣人の愛のみ真実の愛であると信じてゐる。(中略) 私は愛してゐる。善事をなしてゐると。けれども善を愛、天国の鍵となる愛はキリストが「汝の隣りを愛せよ」と言つた如き、仏の衆生に対するが如き隣人の愛のみである。(『倉田百三選集』〈第2卷〉, p.102)

그러면, 『出家とその弟子』 속에서 구라타가 구사하고 있는 그 직접적인 표현과 그 의미를 다음의 인용문을 통해 살펴보기로 하자.

신란   사에몽 양반, 울지 마십시오.(중략) 그리고 그 심중한
                 죄인을 용서해 주실 부처님을 믿으시지요. 그리고 당
                 신의 이웃(사람)을 그 마음으로 사랑하시지요.364)

사에몽은 겨울 어느 날, 자기 집에서 하룻밤을 머물러 가기를 간청하는 행각승365) 신란과 그가 갖고 있던 작은 불상 등을 지팡이로 내려치고 만다. 엄동설한 속에서 상당한 시간이 흐른 후에 신란의 자비행에 감동한 사에몽은 크게 참회하면서 울게 된다. 이 모습을 보고 있던 신란은, 심중한 죄인을 용서해 주는 부처님을 믿되 '이웃'에 대한 '사랑'의 마음으로 불교 승려인 자신에게 대해 줄 필요성을 간과하지 말아야 된다고 강조한다. 물론 이는 작가인 구라타가 신란의 대사를 통해 강조하는 내용이어서, 작가의 '이웃 사랑' 의식이 얼마나 큰지 알 수 있다고 하겠다.

이는 신란이 사에몽의 집에 머물면서 날이 새도록 사에몽과 나눈 대화 내용인 만큼, 신란이 내면적으로는 불교적인 자비행을 생각했을지 몰라도, 작가인 구라타가 사용한 그 표현만큼은 "당신의 이웃을 그 마음으로 사랑하시지요(あなたの隣人をその心で愛して下さい)"라는 간곡한 어조로 말한 점을 통해서 알 수 있는 것처럼, 기독교에서 두루 사용하고 있는 〈'박애(博愛)'와 같은 '사랑' 의식〉의 실천으로 보여진다. 그러면 '이웃 사랑' 의식이 더 한층 넓고 크게 전개되는

---

364) 親鸞左衛門殿、お泣きなさるな。(中略) そしてその深重な罪の子を赦して下さる仏様を信じて下さい。そしてあなたの隣人をその心で愛して下さい。(倉田百三, 『出家とその弟子』, 前掲書, p.52)

365) 탁발(托鉢) 등을 하며 修行하는 僧侶를 가리킨다.

다음 인용문을 살펴보자.

신란	정말로 애석한 일을 했군. 그렇게 좋은 어머니는 드물었지.
유이엥	얼마나 저를 사랑하셨는지 몰라요. 저는 어린 시절로 되돌아갈 때마다 어머니의 사랑을 뼈저리게 느낍니다. (중략)
유이엥	(잠시 침묵, 드디어 마음먹은 듯이) 스님! 스님께서는 저를 사랑하시고 계십니까?
신란	묘한 것을 묻는군. 자네는 어떻게 생각하는데?
유이엥	사랑해 주십니다. (갑자기 눈물을 흘린다) 저는 아까울 정도이옵니다. 저는 스님의 은혜를 평생 잊지 못할 것입니다. 저는 스님을 위해서라면 무슨 일이든지 할 것입니다. 저는 죽어도 괜찮습니다.(흐느껴 운다)
신란	(유이엥의 어깨에 손을 올려놓는다) 왜 그러나? 유이엥, 어째서 그렇게 감동하는 겐가?
유이엥	저는 당신님의 사랑에 매달려 부탁을 드립니다. 부디 젠란님을 용서해 주십시오. 젠란님을 만나주십시오.366)

---

366) 親鸞　ほんに惜しい事をした。あんないいお母さんはめずらしかった。
　　唯円　母は私をどんなに愛してくれたでしょう。私は子供の時の思い出をたどるたびに母の愛を沁沁と感じます。(中略)
　　唯円　(暫らく沈黙、やがて思い入れたように) お師匠様、あなたは私を愛して下さいますか。
　　親鸞　妙な事を訊くね。お前はどうお思いかな。
　　唯円　愛して下さいます。(急に涙をこぼす) 私はもったいない程で御座います。私はあなたの御恩は一生忘れません。私はあなたの為なら何でも致します。私は死んでも厭いません。(すすり泣く)
　　親鸞　(唯円の肩に手を置く) どうした。唯円。何でそんなに感動するのだ。
　　唯円　私はあなたの愛に縋って頼みます。どうぞ善鸞様を赦してあげて下さい。善鸞様と逢って下さい。(上掲書, pp.108-109)

인용문 직전에서 유이엥은 신란과의 대화를 통해, 풀벌레 소리에 귀를 기울이며 고향과 어머니가 생각난다고 한다. 이를 듣고 있던 신란이 유이엥의 어머니가 세상을 떠난 후 얼마나 되느냐고 묻고, 유이엥은 다가오는 겨울이면 7주기가 된다고 대답한다.

그런데, 이 인용문에서는 유이엥이 자신의 어머니를 회상하면서 참으로 큰 사랑을 준 사람이 곧 어머니라고 하고 있다. 여기에서, 필자는 어머니란 작가 구라타가 어린 시절에 받은 과잉보호를 인식하고 이상과 같은 대사를 기술했다고 본다. 그러기 때문에 필자는 구라타가 한없이 크기만 한 〈어머니의 '사랑'〉을 발견하지 않을 수 없다고 해석한다. 따라서 위 인용문에서는 결코 기독교적인 신앙의 대상은 아니라고 보인다. 그것은 그대로 작가 구라타 자신이 유이엥의 입장에 서서 바라보는 '친 어머니상(像)'을 묘사했다고 보이기 때문이다. 그렇지만, 구라타가 위 인용문을 통해 갑자기 '어머니'를 대사에 등장시킨 것은 이 세상에서 가장 〈큰사랑의 주인공〉이 다름 아닌 '어머니'이고, 이 '어머니'는 곧 유이엥[367]의 스승인 신란을 가상하여 설정한 인물로 해석된다. 그 이유는 인용문의 후반에서 알 수 있는 바와 같이, "저는 아까울 정도이옵니다. 저는 스님의 큰 은혜를 평생 잊지 못할 것입니다. 저는 스님을 위해서라면 무슨 일이든지 할 것입니다. 저는 죽어도 괜찮습니다.(私はもったいない程で御座います。私はあなたの御恩は一生忘れません。 私はあなたの為なら何でも致します。私は死んでも厭いません。) (중략) 저는 당신님의 사랑에 매달려 부탁을 드립니다. 부디 젠란님을 용서해 주십시오. 젠란님을 만나주십시오.(私はあなたの愛に縋って頼みます。 どうぞ善鸞樣を赦してあげて下さい。善鸞樣と逢って下さい。)"라는 내용을 통해, 구라

---

367) 左衛門의 아들인 松若가 親鸞의 영향을 받고 出家하여 僧侶가 됨에 따라 불려지고 있는 法名이다.

타는 신란이 이미 32세나 된 아들 젠란의 계속된 방탕한 생활에 못마땅해 하면서 자식을 대할 때마다 의절(義絶)했다는 생각으로 지내자, 이를 본 유이엥이 신란에게 젠란을 용서하여 의절했다는 생각을 잊고 만나가기를 간절하게 바라는 의도를 전하는 내용에서 알 수 있다 하겠다. 이는 분명 구라타가 청년기에 기독교 신앙을 했던 기억으로 참된 '이웃 사랑' 의식을 지향하고 있음을 통해서 알 수 있다.

다음 인용문을 보면 더욱 구라타의 의도를 더욱 깊게 느낄 수 있다.

> 유이엥   어찌하여 젠란님에게만 엄하십니까? 저로서는 알 수
> 없는 일입니다. 당신님께서는 항상 저에게, 우리들만큼
> 은 골육이나 부부의 관계로 사랑하는 것은 순수한 사
> 랑이 아니라고 말씀하셨지요. 어떤 사람이든지 이웃으
> 로 사랑할 수 있어야 된다고 가르쳐 주셨습니다. 그렇
> 다면 그분도 스님의 한 이웃이 아닙니까? 그 이웃을
> 용서하는 일은 아름다운 일이 아닙니까?368)

이 인용문은, 신란이 방탕생활을 하는 아들 젠란을 대할 때마다 의절했다는 생각으로 지내자, 이를 본 유이엥이 스승인 신란에게 건네는 표현이다. 앞에서 '이웃 사랑'의 중요성을 강조해 온 유이엥은 신란에게, 혈육(血肉)으로서 대하지 말고 "이웃을 사랑하라"는 그리스도의 가르침대로 대하면 자식을 쉽게 용서할 수 있게 되고, 그렇게 되면 '자식에 대한 사랑'도 가능해질 수 있음을 암시하고 있다. 그것은 인용문 직전에서 유이엥의 "만일 젠란님이 스님의 자식이 아니라

---

368) 唯円   何故善鸞様にばかり厳しいのですか。私は解りません。あなたは常々
私におっしゃるには私たちは骨肉や夫婦の関係で愛するのは純な愛で
はない。何人をも隣人として愛せなくてはならないと教えて下さいま
した。それならあの方も一人のあなたの隣人ではありませんか。その
隣人を赦すのは美しい事ではありませんか。(上掲書, p.113)

면 진즉 용서해 주셨을 것입니다.(若し善鸞様があなたのお子でない
ならば疾くに赦してあげていらっしゃいます。)"라는 대목에 이어지
는 표현이라서, 확실히 기독교적인 '이웃 사랑' 의식이 깃들어 있음을
알 수 있게 한다. 이처럼 구라타는 비록 승려 사이에서 건네고 있는
표현인데도 〈이웃 사랑〉이라는 기독교의 기본적인 이념에 가까운 표
현을 자신의 내부로부터 자연스레 도출, 유이엥의 입을 통해 스승인
신란에게 호소하는 듯 표현하고 있는 것이다.

다음 인용문은 무대가 유녀 '아사카(淺香)'의 거실에서 또 다른 유
녀인 '가에데'369)와 '아사카'가 나누는 「제4막 제2장」의 대화 내용이
다. 젠란이 이미 의절한 것으로 알고 있는 신란을 만나기 위해 교(교
토; 필자 주)에 왔었는데, 부친인 신란이 명예라든가 제자들의 입장,
그리고 친척에 해당하는 사람들의 의중 같은 것을 생각해서 만나주
지 않았다는 사실을 알고 말하는 내용이다.

> 아사카   그렇지만 유이엥님의 덕분으로 아버님의 마음가짐을
> 알 수 있게 되셨기에 크게 안심하셨었지. 헤어져 있으
> 면서도 서로 행복을 빌자—모든 인간이 이웃으로서 그
> 렇게 하는 것이 흔한 일이다. 인간은 아무리 서로 사랑
> 하고 있다 할지라도 언제나 함께 있을 수 있는 것은
> 아니다.(중략) 라고 말씀하셨네.370)

---

369) 善鸞이 방탕생활을 계속하던 遊廓의 遊女 중 한 사람이다. 후에 善鸞의 말동무
   가 될 목적으로 遊廓을 자주 드나들던 唯円과 눈이 맞아 結婚도 하고 두 아이
   를 낳기까지 하게 되나, 최후에는 親鸞의 영향에 힘입어 發心, '勝信'이라는 이
   름으로 비구니(比丘尼)로서의 삶을 살게 된다.
370) 浅香   けれど唯圓様の御蔭でお父様のお心持がよく解ったので、大変安心な
   さいました。別れていて互いの幸福を祈る — すべての人間は隣人と
   してそうするのが普通のさだめなのだ。人間はどのように愛し合って
   いても、いつも一緒にいられるものではない。(中略)とおっしゃいま
   した。(上掲書, p.152)

이 인용문의 앞에서 '가에데'가 젠란의 하경(下京)에 대하여 "그러면 적적한 마음으로 내려 가셨겠지요?(では淋しいお心で御帰国なさったでしょうねえ。)"라고 하자, '아사카'가 "측은하기보다는 오히려 불쌍할 정도였지.(おいとしいと云うよりも、あわれなと云う位でしたよ。)"라고 말하고는 잠시 말을 멈추다가 계속해서 젠란의 마음을 대변하는 내용이다. 이 내용을 보면, 신란의 자비가 넘치는 행각을 작가 구라타는 '아사카'의 입을 빌려 "모든 인간이 이웃으로서 그렇게 하는 것이 흔한 일이다.(すべての人間は隣人としてそうするのが普通のさだめなのだ。)"라는 말을 간접적인 화법으로 읊고 있는 것이다. 이 또한 구라타의 '열린 사랑'으로서의 기독교적인 사상의 발로가 아닐 수 없다.

구라타는 거듭 '이웃 사랑'을 강조하고 있다. 다음 인용문을 보자.

> 신란   이 세상에는 헤아릴 수 없을 정도로 많은 불행한 중생이 있네. 그 사람들을 사랑해 주게나.[371]

이 인용문에는 구라타가 신란의 말을 통해, '사랑'을 하되 '박애'의 정신으로 실천해가야 된다고 역설하고 있다. 여기에도 바로 기독교적인 '이웃 사랑' 의식이 스며있다고 아니 말할 수 없다. 이에 관하여 필자로서는, 인용문 중에 '사랑'이라는 어휘 앞에 불교적 용어인 '중생(衆生)'이 있음을 볼 때 구라타의 뇌리에는 불교적 '자비' 정신이 분명히 있었겠지만, 신란의 입을 통해 자신의 신앙처인 불교의 울을 뛰어 넘어 보다 넓은 의미로서의 '이웃 사랑'을 다시 한번 강조하고 있다는 느낌을 갖게 된다.

---

371) 親鸞   この世には無数の不幸な衆生がいる。その人たちを愛してくれ。(上掲書, p.203)

그러면 먼저 작품 「出家とその弟子」의 다음 내용을 통해 기독교적인 표현으로 '이웃 사랑'이 더욱 짙게 실려 있는 다음 인용문을 살펴보자.

신란   모두들 사이좋게 슬픔을 참고 견디면 인내는 곧 덕(德)
           이 되는 것일세. 이웃을 사랑하게나. 그리고 나그네에
           게 친절하게나. 부처님 명호에 의해 합심해 주게나.372)

이 인용문은, 신란이 자신의 사후(死後)에도 교법을 위하여 제자들이 싸우지 말고 인내하면 덕이 된다는 점을 강조하면서 '이웃'을 '사랑'하고 나그네에게도 친절히 하라고 당부하는 내용이다. 여기에서 필자는 신란의 "이웃을 사랑하게나.(隣人を愛せよ)"라는 표현 그 자체는 어찌 보면 관념적 예수 그리스도의 정신으로 보이기도 하지만, 성서의 "자신이 받고 싶은 것처럼, 남에게도 해 줘라"는 표현과 함께 생각해보면, 인용문에서의 '이웃 사랑'에 대한 신란의 대사도 이 같은 『聖書』의 내용과 상당히 유관하다고 보인다.

따라서 비록 인용문의 중심 내용의 후반에 "부처님의 명호에 의해 합심해 주게나.(仏の名によって皆繁がり合ってくれ。)"라는 불교적 표현이 있다 할지라도, 이는 기독교적인 '이웃 사랑'의 실천적 자세의 결과로 보인다. 이는 작품의 앞부분인 「제1막 제2장」으로부터 작품의 거의 마지막 부분에 있는 신란의 임종을 눈앞에 두고 있는 「제6막 제4장」에 걸쳐 기독교적인 표현이 곧잘 사용되고 있는 점을 생각하면, 이 또한 구라타가 젊은 시절 『聖書』의 영향을 크게 받은 나머지, 기독교적인 표현이 작품을 통하여 적잖게 사용되고 있는 것이다.

---

372) 親鸞 悲しみを耐へ忍べよ。忍耐は德を己れのものとするのじゃ。隣人を愛
         せよ。旅人を懇ろにせよ。仏の名によって皆繁がり合ってくれ。(倉田
         百三,『出家とその弟子』, 前掲書, p.211)

또한 이 인용문은 작품의 클라이막스 중의 하나로 이해된다. 그것은 한 사람의 종교인 내지 성인의 임종 직전의 '죽음'이라는 감동적 장면을 통해, 신란이 최후의 일성으로 제자들을 훈계하고 있다는 점에는 종교적으로나 예술적으로나 사제간의 하모니를 느끼게 해 주기 때문이다. 또한 구라타의 기독교에 대한 신앙의 영향력이 한층 깊이 있게 느껴지기 때문이다. 그러나 구라타가 신란의 대사를 통해 '이웃'과 '나그네'를 언급한 점에는 수많은 중생을 구제(救濟)하라는 의미 또한 함축되어 있다고 보인다. 이에 따라 제자들에게 영원토록 포교(布敎)도 잘 하라는 깊은 뜻이 내재되어 있는 것으로 해석된다.

2. 불교적 표현과 타력신앙 의식

1) 작품 속의 불교적 표현

『出家とその弟子』는 작가 구라타가 수년간이나 정신적·육체적으로 아픔에 괴로워하면서 집필한 희곡인 만큼, 그의 투병생활 속에서 직접 실행한 '염불'과 '기도'에 관한 내용만이 아니라 이를 권면하는 불교적 신행이 상세하게 묘사되어 있다. 그러므로 구라타가 정토진종의 신자(信者)[373]와 같은 마음가짐으로 신행한 것으로 인식하기 쉬

---

373) 필자는 지금까지 본 논문을 기술하면서, 倉田가 선택한 宗敎가 무엇인가에 관하여 看過할 수 없었다. 그럼에도 倉田의 宗敎가 확실하게 어떤 종교이며 무엇인가를 명확히 糾明하기에는 어려움이 있었다. 그것은, 필자가 수집·고찰한 자료에는 아직도 그의 종교에 관하여 확실하게 提示되어 있지 않기 때문이다. 그렇지만, 倉田의 成長背景을 비롯한 전반적인 生涯와 內面世界, 그리고 그가 집필한 作品의 質量을 통해 굳이 생각해 보면, 역시 倉田의 宗敎는 淨土眞宗와 禪宗와 같은 '佛敎'에 가장 가깝다고 아니 말할 수 없다. 사실 倉田는 『生活と一枚の宗敎』의 「信仰の經路に就て」라는 글을 통해서도 자신의 종교에 확실하게 단언하고 있지는 않으나, 작품 『出家とその弟子』와 관련시켜서는 淨土眞宗에 가깝고, 强迫觀念을 치료한 經路로 볼 때는 자신이 坐禪을 한 적이 있다며 禪宗的이라고 말하고 있다.(倉田百三, 『生活と一枚の宗敎』, 前揭書, pp.2-3 參照)

워 보인다.

물론, 이 가운데, '염불'의 결과는 왕생극락(往生極樂)할 수 있다는 점에 주안점을 댄 것이고, '기도'는 기독교나 불교만이 아니라 '모든 종교'에 있는 것이다. 한편 필자가 이 작품을 통해 가장 중요시하는 점이란, 다름 아닌 '염불'과 '기도'라는 두 가지 신행에 관한 것이다. 그것은 '염불'과 '기도'에는 작가의 종교적 실천의 정수가 깃들어 있기 때문이다. 그런 만큼 『出家とその弟子』를 일독함으로써 확실하게 알 수 있는 것은, 작가 구라타가 『歎異抄』에 바탕한 〈타력신앙〉을 강조하는 '정토진종'에서 각종 내용에 관하여 힌트를 얻어 취재한 것이라는 점이다.

어디까지나 주제나 소재 등이 매우 불교적인 이 작품에는 불교사상의 흐름이 끊임없이 펼쳐져 있다. 그 가운데 작품 속에서 필자가 발견할 수 있는 핵심적인 내용이라면, 곧 두 가지 드라마라 할 수 있다. 그 하나는 정토진종의 종조인 신란과 그 아들인 젠란과의 〈부자간의 갈등관계〉이고, 다른 하나는 〈'유이엥'과 '가에데'의 사랑과 신앙의 마찰〉이라 할 수 있다. 그러므로 필자는 『出家とその弟子』가 일본의 근대문학작품 중에서 대표적인 불교문학작품이라는 점을 재인식하면서, 작가 구라타의 신행처인 정토진종의 특징적인 면모라 할 수 있는 〈타력신앙〉의 양상, 즉 '염불'과 '기도' 의식에 관하여 고찰해 보고자 하는 것이다. 이는 구라타가 『出家とその弟子』속에 발원(發願)·왕생할 수 있는 길로서 '염불'을 강조한 것으로 보이며, '기도'를 통해서는 연애와 성불 등 인간으로서 기본적이고 불교적인 염원을 이루려 했던 것으로 보이기 때문이다.

이에 따라 구라타는 점진적으로 〈나무아미타불〉이라는 염불 일성에 감동하면서 '염불보다 뛰어난 선행은 없다'는 단계를 섭렵할 수 있었던 것이다.

그러면「제1막 제2장」의 내용을 통해 강도있게 기술되어 있는 '염불'에 관한 내용을 살펴보기로 하자.

> 1.「아미타불(阿彌陀佛)께서 세워 오신 서원(誓願)의 불가사의한 힘에 의하여 구원받아, 정토에 왕생할 수 있다고 믿고, 입으로 염불하고자 하는 마음이 생기면, 그 때 일체중생을 섭취불사하시어 이익을 받은 것이다. 아미타불 본원에는 노소와 선악 간에 사람을 가리지 않는다. 다만 신심만이 중요하다는 것을 알아야 된다. 그것은 치성(熾盛)한 중생을 구제하기 위해 세우신 본원이기 때문이다. 그러므로 아미타불의 본원을 믿어 가는 데는, 여타의 선이 필요하지 않다. 염불보다 뛰어난 선행은 없기 때문이다. 또 악을 저지른다고 두려워 할 필요도 없다. 아미타불의 본원을 방해할만한 악행이 없기 때문이다.」고 거듭 말씀했다.[374]

이 인용문의 내용은『歎異抄』제5단의「오직 자력을 버리고 염불하여 조속히 정토(淨土)에 왕생(往生)하고자 함(ただ自力をすてゝ、いそぎ浄土のさとりをひらきなば)」[375]과 제6단의 「오로지 미타(彌陀)로부터 부르심을 받고(ひとへに弥陀の御もよほしにあづかりて)」[376] 등을 통해 한층 〈타력신앙〉의 필요성은 물론이고 그 경지를 보다 실천적으로 전개하고 있음을 알 수 있다. 두 말할 것도 없이 불

---

374) 一、「弥陀の誓願不思議にたすけられまいらせて、往生をばとぐるなりと信じて、念佛まうさんとおもひたつこゝろのおこるとき、すなはち、攝取不捨の利益にあづけしめたまふなり。彌陀の本願には、老小善惡の人をゑらばれず、ただ信心を要とす、としるべし。そのゆへは、罪惡深重・煩惱熾盛の衆生をたすけんがための願にてまします。しかれば、本願を信せんには、他の善も要にあらず、念佛にまさるべき善なきがゆへに。惡をもおそるべからず、弥陀の本願をさまたぐるほどの悪なきがゆへに」と云々。(『親鸞集 日蓮集』, 前掲書, pp.192-193)
375) 上揭書, p.196
376) 上同

교가 이렇게 〈타력신앙〉의 양상으로 보편화되어진 점이란 곧 정토계 불교의 특징이 아닐 수 없다.

그러므로 구라타는 작품 『出家とその弟子』를 통해 용서·중재·고백·기도·사랑 등 여러 가지로 사용되어지고 있는 기독교적 용어군을 통해 알 수 있다 하겠다. 이 점을 통해 필자는 『歎異抄』의 사상적 기반이 타력종교의 대표격인 기독교와 비슷한 양상을 보이고 있다고 보면서, 지금까지 언급한 '염불'과 작품 곳곳에 나타나 있는 '기도'라는 의례적인 면을 염두에 두고자 한다. 구라타는 이상과 같은 두 가지 개념적 특징을 발견하고, 정토진종에 대한 자연스런 관심 내지 애정을 키워갔던 것이다.

그러면 작품을 통하여 〈타력신앙〉의 양상 중에서도 가장 대표적 신행이라 할 수 있는 '염불'과 '기도' 의식에 관하여 각각 구체적으로 고찰해 보고자 한다.

2) '염불' 의식

작품 『出家とその弟子』에 깃들어 있는 구라타의 '염불' 의식은 주로 「제1막」과 「제2막」을 통해 중점적으로 묘사되어 있다. 먼저 그것은 행각승의 입장에 처해 있던 신란 일행이 사에몽의 집에 하룻밤을 머물기 전후의 상황 속에서 거듭 사용된 '염불'이라는 표현과 함께 나타난다. 작품을 통한 구라타의 '염불' 의식에 관한 성향을 구체적으로 나열해보면 〈정토계(淨土界) 염불의 연원(淵源), 자비심(慈悲心)의 발원(發源), 고통극복(苦痛克服)의 발원, 청정심(淸淨心)의 발원〉 등이라 할 수 있는 바, 이상의 내용을 구라타는 신란을 비롯한 등장인물의 입을 통해서 독자들에게 전하고 있는 셈이다.

그러면 먼저 『出家とその弟子』에 나타나 있는 '염불' 표현의 첫 장면으로서 〈정토계 염불의 연원〉에 관한 내용을 살펴보기로 하자.

지엥	그것은 서로 깊게도 사랑하고 계셨기 때문이지요. 스승님께서 고마쓰타니(小松谷) 선실(禪室)로 작별인사를 가셨을 때, 호넨님께서는 책상 앞쪽에 앉아 염불을 하고 계셨습니다. (중략)
료캉	호넨님께서는 뭐라고 말씀하셨습니까?(눈물짓는다)
지엥	신란, 울지 마시오. 그저 염불을 외우며 헤어집시다. 정토에서 꼭 만나기로 하죠. 그 때는 서로가 아름다운 부처가 될 수 있도록 합시다. '나무아미타불'이라고 말씀하셨습니다.377)

'염불'에 관한 행의가 아주 리얼하게 나타나 있는 이 인용문은, 그 무대가 신란과 함께 지엥·료캉 등의 승려가 사에몽의 집밖 눈 위에서 잠을 청하면서 나누는 광경이다.378) 이는 신란이 스승 호넨의 정토종 문하에 들어간 것이 29세 때의 일이고 위 인용문에 등장한 때가 61세 때의 일이기 때문에, 유배(流配)379)를 간 적이 있다. 이후 신란이 이미 58세 때인 1211년(建力1)에 사면(赦免)을 받은 후 한창 포교해 가는 입장에서 81세나 된 호넨을 '아미타불의 화신(化身)'이라 여겨 온 역사적 사실을 구라타가 되살려 표현한 것으로 해석된다. 이

---

377) 慈円   それは深く愛し合っていられましたからね。お師匠様が小松谷の禅室にお暇乞いにいらした時、法然様は文机の前に坐って念仏していられました。(中略)
　　 良寛   法然様は何と仰せになりましたか。(涙ぐむ)
　　 慈円   親鸞よ。泣くな。只念仏を唱えて別れましょう。浄土できっと逢いましょう。その時はお互いに美しい仏にして貰っていましょう。南無阿弥陀仏とおっしゃいました。(倉田百三, 『出家とその弟子』, 前掲書, pp.33-34)

378) 이 때 左衛門의 집안에는 左衛門과 お兼, 松若 등 세 사람이 베개를 나란히 하고 자고 있다.

379) 親鸞이 29세 때 法然의 門下에 들어가 本願他力의 專修念佛의 가르침에 따랐으나, 1207年(承元1)에 있었던 念佛彈壓이 시행되던 무렵에는 法然이 당하게 된 土佐로의 流罪와 갈라서서 越後国府로 유배당했다. 이 때 藤井善信의 俗名을 부여받고 부터는 親鸞 자신에 대하여 '愚禿(ぐとく)'라 自稱하게 되었다.

는 신란이 스승 호넨을 정토계 '염불신앙의 연원'으로 보고 있는 면을 단적으로 표현한 셈이다. 이 점은 비록 호넨이 '행(行)의 일념'을 강조하고 신란이 '신(信)의 일념'을 강조했다 할지라도, 한 때나마 신란이 호넨의 아미타불의 본원에 대한 신앙을 중요시하며 결코 잊지 않고 있다는 증거이기도 하다. 그러면 이어 〈자비심의 발원〉이 강조되어 있는 장면을 살펴보도록 하자.

사에몽　　(신란에게) 저는… 저는… (운다) 용서해 주십시오.(눈
　　　　　위에 무릎을 꿇는다.)
　신란, 감동한 후 잠깐 머뭇거린다. 그리고 나서 말없이 사에몽의
어깨를 쓰다듬는다.
오카네　　본심은 좋은 사람이거든요. 본심은 좋은 사람이니까요.
지엥　　　(눈물짓는다. 조그만 소리로) 나무아미타불, 나무아미
　　　　　타불.
료캉　　　나무아미타불, 나무아미타불[380]

「제1막 제1장」에서, 신란을 비롯한 승려 세 사람은 행각승으로서 사에몽의 집과 인연을 맺는다는 마음으로 하룻밤 묵어 갈 것을 간절히 요청했음에도 불구하고, 오히려 승려이기 때문에 불가하다며 신란을 떼밀고 지팡이를 휘두름에 따라 신란 일행이 집밖으로 쫓겨난 적이 있음에 대해서 전술한 바 있다. 이로 인해 할 수 없이 문밖에서 돌을 베개삼아 잠을 청하고 있는 신란 일행에게 사죄하지 않을 수 없다며 사에몽과 아내인 '오카네(お兼)'가 다시 다가가 신란의 의연한 태

---

380) 左衛門　(親鸞に) 私は… 私は… (泣く) 許して下さい。(雪の上に跪く)
　　　　　親鸞、感動する。少しおどおどする。それから黙って佐衛門の肩をさ
　　　　　する。
　　お兼　根はいい人なのですからね。根はいい人なのですからね。
　　慈圓　(涙ぐむ。小声にて) 南無阿弥陀仏。々々々々々々。
　　良寬　南無阿弥陀仏。々々々々々々。(上掲書, p.41)

도에 용서를 빌며 집안으로 들어갈 것을 권유하는 이 인용문의 내용을 보면, 신란의 고승으로서 참으로 보통 승려와는 차원이 다른 면모를 보이고 있다.

사에몽의 지팡이에 얻어맞은 적이 있는 신란이 위엄을 보이면서도 '오카네'에게 건넨 "별일이 아닙니다. 탁발하러 다니다 보면 이런 일들이 종종 있습니다(大事ありません、行脚すれば、この様な事は度々あります。)"381)라는 말과 태도에 사에몽이 송구함을 넘어서 감동하기까지에는 신란의 자비행이 있어 가능한 일이었다. 그 때 사에몽은 가슴속에서 올라오는 참회심으로 눈물을 흘리고 무릎까지 꿇으면서 용서를 비는 장면은 가슴 뭉클할 정도이다.

불교의 중심교리에는 소위 '사제(四諦)'라는 '고집멸도(苦集滅道)'가 있고, '고(苦)'에는 '사고(四苦)'라는 것이 있다. 그 가운데 하나가 '애별리고(愛別離苦)'이다. 그러면 〈고통극복의 발원〉이 들어 있는 다음 인용문을 보자.

사에몽   하지만 스님과 이대로 헤어지는 것은 싫습니다. 언제
          또 뵈올지 모르는 일이니까요.
오카네   그렇다면 적어도 4, 5일만이라도 묵었다 가십시오.
신란   만나게 되면 헤어지기 마련입니다. 그것이 이 세상의
          정해진 바이지요. 혹시 제가 생각나시면 '나무아미타
          불'을 외우십시오. 저는 그 속에 살고 있습니다.382)

---

381) 上揭書, p.40 參照
382) 左衛門 でもあなたとこのままお別れするのは辛う御座います。いつまた逢わ
            れるか解りません。お兼せめて四五日なりとお泊り遊ばして。
    親鸞   会うものはどうせ別れなくてはならないのです。それがこの世のさだ
            めです。恋しく思召さば南無阿弥陀仏を唱えて下さい。私はその中に
            住んでいます。(上揭書, p.53)

여기에서는 사에몽조차 신란을 '살아있는 부처(生佛)'로 보면서 이전과는 정반대의 자세로 함께 하고 싶은 심정을 토로한다. 그 때 신란은 "만나게 되면 헤어지기 마련입니다. 그것이 이 세상의 정해진 바이지요. 혹시 제가 생각나시면 '나무아미타불'을 외우십시오. 저는 그 속에 살고 있습니다.(会うものはどうせ別れなくてはならないのです。それがこの世のさだめです。恋しく思召さば南無阿弥陀仏を唱えて下さい。私はその中に住んでいます。)"라고 말한다. 따라서 이 인용문에서는 신란에게 고집멸도의 현상이 나타나기만 하면, 염불로 마음을 승화시켜 간 점을 이해할 수 있는 대목이다. 이를 통해서 필자는 구라타가 신란의 〈고통극복의 발원〉의 방법으로도 염불행을 했다는 사실을 발견하게 된다.

이어 구라타는 다음 인용문을 통해 신란의 염불을 〈청정심의 발원〉으로까지 해석하고 있음을 알 수 있다. 「第2幕」의 내용을 살펴보자.

승려1	안색도 안 좋으시군요. 심기가 불편한 것은 아닙니까?
유이엥	아닙니다. 그저 왠지 마음이 답답할 뿐입니다.
승려3	그렇게 기분이 가라앉을 때는 부처님 앞에 앉아서 염불을 외워보시죠. 마음이 개운한 마음이 될 것입니다.
유이엥	그렇사옵니까?
승려1	큰 소리로 경을 읽으시면 한결 좋을 겁니다.[383]

여기에서는, 무엇보다도 희로애락(喜怒哀樂)의 심경에 이를 때마

---

383) 僧一　顔色もすぐれませんね。お気分でも悪いのではありませぬか。
　　唯円　いいえ、只何となく気が重たいので御座います。
　　僧三　その様に気の滅入る時には仏前に坐って念仏を唱えて御覧なさい。明るい、さえざえした心になります。
　　唯円　左様で御座いますか。
　　僧一　大きな声を出してお経を読むとよう御座います。(上掲書, p.61)

다 염불행을 함으로써 청정심을 일으킨 승려가 권유하는 일로 시작된다. "그렇게 기분이 가라앉을 때는 부처님 앞에 앉아서 염불을 외워보시죠. 마음이 개운한 마음이 될 것입니다.(その様に気の滅入る時には仏前に坐って念仏を唱えて御覧なさい。明るい、さえざえした心になります。)"라는 대사 내용이 곧 이를 시사한다. 이 또한 신란사상의 하나라 할 수 있는데, 이를 구라타는 결코 놓치지 않고 작품 속의 대사로 기술한 셈이다.

이상과 같이 필자는, 구라타가 『歎異抄』에 나타나 있는 '염불'에 관한 〈정토계 염불의 염원, 자비심의 발원, 고통극복의 발원, 청정심의 발원〉 등으로 다양하게 의미부여된 내용을 작품 『出家とその弟子』를 통해 고찰해 보았다. 이는 구라타가 신란사상은 물론이고 『歎異抄』에 대해서도 대체로 섭렵하고 있다는 증거가 되는 셈이다.

그러면, 이 '염불' 의식을 정리하는 의미에서, 『歎異抄』는 물론이고 〈타력신앙〉의 바탕에 해당되는 '염불'에 관하여 일가견(一家見)을 갖고 있는 마스타니 후미오(增谷文雄)의 견해에 접근해 보기로 하자.

> 정토문에 있어서 절대타력의 신앙은 같은 논리와 표현이 발견되는데, 이는 당연한 일이다. 그에 따라 무엇보다도 먼저 생각되어지는 것은 이 『歎異抄』에 있어서, 신란이—나는 제자 한 사람도 두지 않는다—라고 말하고 있는 점이다.(중략) 자기 이외의 곳에서 자신에게 가해지는 힘은, 여래의 불가사의한 서원력을 생각할 수밖에 없는 것이라고 한다면, 거기에는 당연한 논리로서 「아! 이 신심은 여래가 주신 것이다. 미타의 은혜를 입어 자신의 마음에 이 같은 신앙이 생긴 것」이라고 인정하지 않을 수 없다. 그런데, 그렇게 하여 지금 이곳에 타력구제의 길에 들어섰다고 한다면, 자신이 의지할 곳은 오직 '염불신앙'의 길만이 아니고서는 안 된다. 자신이 생각해야 할 것은 오직 신앙뿐이고, 자신이 해야 할 일은 오직 '염불'뿐이다.[384]

이 인용문에서 마스타니 후미오가 강조하고자 하는 것은, 여래의 불가사의한 서원력을 갖추기 위해서라도 '염불'을 하지 않으면 안 되고, 〈타력신앙〉에 힘입어 구제되기 위해서도 '염불' 행의를 게을리 해서는 안 된다는 점이다.

이상과 같은 고찰에 힘입어, 『歎異抄』의 가르침을 희곡화한 『出家とその弟子』라는 작품에는 〈타력신앙〉에서 가장 으뜸으로 여기는 '염불' 의식이 깃들어 있음을 인식할 수 있었다. 필자는 여기에서 구제의 길에 들어서려고 한다면, 누구든 '염불신앙'의 길을 찾아 나서야 된다는 신념이 작품 속에 깃들어 있음 또한 발견하게 된 셈이다.

3) '기도' 의식

이상과 같이 '염불'에 관한 내용이 주로 앞쪽인 「제1막」과 「제2막」을 통해 나타나 있는 반면, '기도' 의식은 주로 「제5막」을 통해 짙게 묘사되어 있다. 작가가 장기간에 걸쳐 육체적 질환을 앓고 난 후 『出家とその弟子』가 집필된 것이기 때문인지, 작품의 뒤쪽에 이 '기도'라는 행의가 집중적으로 묘사되어 있다.

구라타의 크나큰 질병은 그를 종교적 구도의 길에 들어서게 했다.

---

384) 浄土門における絶対他力の信仰においても、おなじ論理とおなじ表現とが見られることは、当然でなければならぬ。そのことにつき、まず思いおこされるものは、かの『歎異抄』において、親鸞が―わたしは弟子一人ももたない。―といっておることである。(中略) 自分以外のところから私のうえに働きかけてくる力としては、如来の不思議なる誓願力を考えるのほかはないとするならば、そこに当然の論理として、「ああ、この信心は、如来の賜わったものであった。弥陀の御もよおしあずかって、このわたしのうちに、このような信仰が生れたのだ」と合点せざるを得ないのである。さて、そのようなわたしが、そのようにして、いまここに、他力救済の道のなかにあるとするならば、わたしの依るべきものは、ただこの念仏信仰の一筋のみでなくてはならない。わたしの心すべきことはなにか。信仰のみ。わたしの為すべきことは何か。念仏のみ。(増谷文雄、『仏教とキリスト教の比較研究』、筑摩書房、1991, pp.207-208)

따라서 구라타는 처음에는 기독교를 통해 어떤 구도행위를 찾으려 하기도 했으나, 자신이 진정으로 기독교인이 될 수 없다는 생각과 함께 『歎異抄』를 탐독한 후부터 정토진종의 창시자인 신란을 크게 흠모하게 되고, 결국에는 소위 '종교적 전환'을 시행하게 된 셈이다. 이런 과정과 식견이 있었기에 작품 『出家とその弟子』가 탄생될 수 있었던 것이다. 결국, 구라타에게는 자신의 투병생활을 통해 실행했던 기도의 중요성을 작품을 통해 적잖게 묘사해 나가고자 했던 것이다. 그러면 구라타의 '기도' 의식을 발견하기 위해 「제5막 제2장」에 나타나 있는 기도의 중요성 내지 그 행의에 대해 강조한 내용을 살펴보기로 하자.

유이엥	(등장. 신란을 보자 무릎을 꿇고 운다.)
신란	(곁으로 다가가 등을 두드린다) 유이엥, 울지 말게, 나는 대강 헤아리고 있어. 심하게 꾸짖지 않겠네. 자네가 자책하고 있는 줄도 내가 아니까 말이라네.
유이엥	저는 숨기고 있었습니다. 곧잘 스님께 거짓말을 하고 말았습니다. 이 큰 잘못을 어찌하오리까? 어떤 벌이라도 받으려고 각오하고 있겠습니다. 벌받아 마땅합니다.
신란	나는 자네를 제재할 생각이 없네. 자네를 위해, 자네의 벌을 위해 사해주시기를 부처님께 기도드리고 있다네.
유이엥	저를 꾸짖어 주십시오. 매를 들어 주십시오.[385]

---

385) 唯円　(登場。親鸞を見ると、ひざまずいて泣く)
　　親鸞　(側に寄り背をたたく) 唯円、泣くな。私は大てい察している。きつく
　　　　叱りはしない。お前が自分を責めているのを知っているから…
　　唯円　私はかくしていました。度々お師匠様に嘘を申しました。私はどうし
　　　　ましょう。どうでもして下さい。どのような罰でも覚悟しています。
　　　　それに相当しています。
　　親鸞　私はお前を裁く気はない。お前のために、お前の罰のために、とりな
　　　　しの祈りを仏様にささげている。
　　唯円　私を責めて下さい。鞭打って下さい。(倉田百三、『出家とその弟子』、
　　　　前掲書, pp.179-180)

이상의 인용문 직전에서 유이엥의 외도를 본 승려들이 유이엥을 종단 밖으로 내보내야 된다는 말을 듣게 된 신란은, 비록 유이엥이 악인(惡人)이라 할지라도 '용서'만이 제일의 방도라고 강조한다.[386] 이어 신란은, 유이엥과 연애에 빠진 유녀 '가에데'의 불행한 운명을 가엽게 여기면서, 이전에 호넨이 유녀에게 불법을 설함으로써 불연(佛緣)을 맺을 수 있도록 해 주었던 적이 있었다는 이야기를 승려들에게 들려준다.[387] 여기에서 한 가지 간과해서는 안 될 점이 있다. 그것은 작가 구라타가 얼마나 정토종계에 관한 역사적 지식을 지니고 있었는가 하는 점이다. 어쩌면 구라타가 「일본불교」 전반에 관한 지식을 지니고 있어 그 같은 표현을 구사할 수 있었다고 해석된다.

위의 인용문은, 그 후 승려들이 유이엥의 연애에 관한 소식을 듣고 소란을 피우자, 어쩔 수 없이 유이엥이 신란을 찾아옴에 따라 신란과 유이엥이 나누는 대화 장면이 인상적이다. 사제 간의 대화 중에서, 스승인 신란은 위로의 이야기와 함께 자비의 마음으로 임해주고, 제자는 자신의 과오를 참회·반성한 나머지 '기도'하고 있는 심정을 토로하고 있는 장면은 실로 리얼하게 보인다. 이는 신란의 대자대비(大慈大悲)라는 불교적 진수(眞髓)가 깃들어 있다고 해도 지나치지 않다고 보여진다. 그러면 이어지는 '기도' 의식의 다른 장면을 살펴보기로 하자.

유이엥   도와주십시오.
신란   나는 자네를 위해 기도하겠네. 자네의 사랑이 이루어지게 해 주시기 바란다고. 이상은 인간의 한계를 넘는 일이라네. 자네도 그저 기도하게나. 인연이 있으면 두 사람을 맺어달라고 말일세. 결코 맹서해서는 안 되네.[388]

---

386) 上揭書, pp.175-177 參照
387) 上揭書, pp.178-179 參照

이 인용문 앞에서, 유이엥은 젠란이 자신에게 찾아와서 부친인 신란에게 과거의 잘못을 진정으로 빌 것임을 전제한 적이 있다. 그러자 신란은 그런 모든 일은 기도를 통해서 해결해 나가야 된다고 알린다. 그리고 난 후, 신란은 부처의 허락이 없으면 꽃잎 하나도 땅에 떨어지는 법이 없는 것이라 예시하면서, 승려인 유이엥이 저지르고 있는 방탕한 생활을 호되게 꾸짖은 적이 있었던 것이다.

그렇지만 이 인용문에서는, 유이엥이 행하고 있는 사랑의 행각마저도 서슴지 않고 스승인 신란에게 고백하고 난 후, 몸을 떨면서 자신의 연애 행각을 하소연하는 대목이다. 그래도 신란은 사랑에 빠진 수많은 사람들이 예로부터 그렇게 맹세해 온 것뿐이라며, 마치 연애에 대해서도 달관한 것처럼 말한다. 그러면서 신란은 연애에 빠진 유이엥의 요청에 대하여, 자신이 할 일이란 상대인 유이엥의 연애가 이루어지도록 '기도'하는 것이라며 유이엥에게도 기도하라고 강조한다. 여기에서 신란은 '기도' 의식을 지니는 것 이상의 해결책은 인간의 한계를 넘는 일이라고 하면서 기도를 강조한 것이다.

그러면 다음 인용문을 통해서 염원과 운명을 잇게 해주는 '기도' 의식에 관한 내용을 살펴보기로 하자.

유이엥   인간의 염원과 운명과는 서로 알지 못하는 사람처럼 관계가 없는 것인가요. 아니, 폭군과 희생자 사이처럼 잔혹한 관계인가요? 「이렇게 되고 싶다」는 희망을 「이렇게 되어 있다」는 운명이 유린해 버리는 것인가요. 아무리 순수하고 인간다운 염원일지라도.

---

388) 唯円   たすけて下さい。
親鸞   私はお前のために祈る。お前の戀のまどかなれかしと。これ以上のこのは人間の領分を越えるのだ。お前もただ祈れ。縁あらば二人を結び級えとな。決して誓ってはならない。(上掲書, pp.181-182)

신란	거기에 기도가 있어. 염원과 정해진 운명을 내면적으로 잇게 하는 것은 바로 기도라네. 기도는 운명을 일깨우는 것이지. 운명을 만들어낸다고 해도 돼. 법장비구(法藏比丘)의 세상을 뛰어넘는 기도가 지옥행으로 결정된 인간의 운명을 극락행으로 그 운명을 바꾸어놓지 않았는가? 「부처님, 저희 두 사람이 맺어지도록 해주십시오」라는 기도가 부처님 귀에 들어가 마음을 움직이면 자네들의 운명이 되는 것이야. 그것을 기도가 감응하였다고 하는 것이지. 거기에 기도의 미묘한 영험(靈驗)이 들어 있는 거지.389)

이 인용문에서는, '기도'라는 어휘가 참으로 빈번하게 사용되고 있다. 여기에서 신란이 기도에 관하여 권유해 주는 점에 힘입어 제자인 유이엥이 기꺼이 받아들이는 '기도' 의식은, 작가 구라타가 젊은 시절부터 오랫동안 해 나갔던 투병생활을 통해 절대자에게 기도하는 마음을 아무런 주저 없이 표현했다고 해도 좋을 것이다. 그러므로 이상의 내용을 통해서는, 작가로서 구라타가 지니고 있던 타력신앙적인 요소가 아주 짙게 나타나 있다고 아니 말할 수 없다. 그 같은 마음가짐을 유이엥의 대사를 통해 묘사하려는 리얼한 작가의 착상은, 마치 구라타 스스로의

---

389) 唯円　人間のねがいと運命とは互ひに見知らぬ人のように無関係なのでしょうか。いや。それは多くの場合寧ろ暴君と犧牲者とのような残酷な関係なのでしょうか。「かくありたし」との希望を、「かく定められている」との運命が蹂躙してしまうのでしょうか。どのやうな純な、人間らしい、願いでも。

　　親鸞　其処に祈りがある。願いとさだめとを内面的に繁ぐものは祈りだよ。祈りは運命を呼びさますのだ。運命を創り出すと云ってもいい。法藏比丘の超世の祈りは地獄に審判されていた人間の運命を、極樂に決定せられた運命にかえたではないか。「仏様み心ならば二人を結び給え」との祈りが、仏の耳に入り、心を動かせばお前たちの運命になるのだ。それを祈りがきかれたというのだ。そこに微妙な祈りの応験があるのだ。(上掲書、p.182)

내면세계를 들춰내려는 다분히 의도적인 부분이라고 여겨진다.

이상과 같이 필자는, 작가가 지니고 있는 작품 『出家とその弟子』에 나타난 '염불' 의식과 '기도' 의식을 몇 가지 인용문을 통해서 살펴보았다. 그러나 이상과 같은 '염불' 의식과 '기도' 의식이 대체로 상통되고 있기는 하지만, 양자 사이에 그 차이는 커 보인다. 그것은 전술한 바와 같이, '염불'이 발원·왕생할 수 있는 방편이고 '기도'는 인간의 모든 염원을 이룰 수 있는 방도라는 점에서 그렇다.

양자 사이의 또 하나의 차이라면, 정토진종에서는 사상적으로 '기도'보다는 '염불'을 더 우선시해 온 점이 있다는 점이다. 그러기 때문에 작품 속에 나타나 있는 불교만의 신행인 '염불'에 대한 행의가 비교적 작품의 앞쪽에 묘사되어 있는 반면, 기독교와 불교 등 모든 종교가 지니고 있는 공통적 신행이라 할 '기도' 행의는 비교적 뒤쪽에 실려 있는 것으로 이해된다. 이는 작가 구라타의 의도적인 작품 구성상의 문제의식의 소산으로 보인다. 즉, 정토진종이 〈타력신앙〉을 중시하고 있는 만큼 '기도'야말로 종교적으로 매우 중요한 실천적 자세라고 생각했던 구라타의 의도가 있었기 때문으로 해석된다.

사실 '신란사상'을 다소나마 깊이 고찰해보면, 분명히 『出家とその弟子』의 중심내용이라 할 수 있는 '염불'과 '기도'라는 행의가 이 작품 속에 깃들어 있다 할지라도, 한편으로는 허구성을 떨칠 수 없다는 점에서 '문학'과 '종교' 사이에 일어나는 해석의 차이는 독자에 따라서 문제시될 수도 있어 보인다. 그것은 이 작품이 어디까지나 희곡이라는 점390)에서, 역사적 인물인 신란과 그 제자들의 신행을 적확하게 묘사하는 데는 분명히 양자 사이에 한계가 있을 수 있다는 생각이 들어지기 때문이다.

---

390) 모든 경우에 통하는 論理이지만, 본고에서도 '戱曲'이란 충분히 虛構(fiction)에 가깝게 작품화되어질 수 있는 장르라는 점에서 그렇다고 필자는 보고 싶다.

구라타의 인생체험과 운명적 '죽음' 의식

1. '연애'를 통한 운명적 '죽음' 의식

작품 『出家とその弟子』 가운데 '연애'를 통한 '운명'에 관한 내용은, 전 6막 중 「제2막」에서 「제5막」에 이르기까지 골고루 실려 있다. 그것은 구라타가 이 작품을 집필하던 당시 그의 의식에는 한결같이 자신의 연애에 대한 아쉬움391)이 있었기 때문으로 보인다.

필자는, 희곡 『出家とその弟子』에 정토진종의 창시자인 신란과 그 아들인 젠란 사이에 나타나는 부모자식 간의 갈등과, 신란의 제자인 유이엥과 유녀 '가에데'의 사랑과 신앙에서 오는 마찰이라는 두 가지 흐름이 발견된다고 전술한 바 있다. 여기에서 생각해 볼 때, 전자에서는 소위 '젠란 의절'392)라는 것이 그 갈등의 표면 위로 솟구칠 정도로 작품 속에 나타나 있는 반면, 후자에서는 연애의 주인공에 젠란도 포함되어 있다는 점이다. 여기에서 유이엥과 젠란이라는 두 주인공을 보면, 신란의 아들과 제자라는 점만으로도 남다른 데가 있어 보인다. 그것은 그들이 실로 불교적인 신행을 하는 사람으로서 신란과 매우 가까운 사이이기도 하고, 그 입장에서 연애하며 갈등을 겪게 된다는 그 일 자체만으로도 그들의 연애는 여는 사람의 연애와 다르다

---

391) 그것은, 작품 『出家とその弟子』가 집필되어진 時期가 1916-1917年(大5,6)이어서, 작가 倉田가 20대 중반의 작품이기 때문이다. 즉, 그것은 倉田이 이미 수 회에 걸친 失戀의 아픔을 겪은 나머지 당시로서는 극심한 重病이라 할 結核과 투병생활을 속행하고 있었던 시기였기 때문으로 해석된다.

392) 이는 실제로 있었던 親鸞에 관한 역사적 사건이다. 親鸞이 자식인 善鸞의 방탕했던 私生活을 문제삼아 지적, 父子關係를 끊겠다는 의지로 善鸞에게 적어 보낸 絶緣에 관한 書狀을 말한다.

고 할 수 있다. 반대로 여느 사람과 다르게 보지 않는다 할지라도, 그들의 연애과정에는 너무나도 긴장감이 감돌고 있고, 또 한편으로는 숙명적인 연애 행각이 펼쳐지기 때문이다.393) 그러므로 여기에서 필자는 작품을 통한 그들의 '연애'를 통한 운명적 '죽음' 의식을 도출해 보고자 한다.

그러면 먼저, 「제2막」에 나타나 있는 연애가 어떻게 운명적으로 펼쳐져 있는가 살펴보기로 하자.

신란　　(측은한 듯 유이엥을 바라본다) 자네의 외로움은 대상에 의해서 치유될 수 있는 외로움이지만, 내 경우는 그 무엇으로도 치유될 수 없는 외로움이라네. 인간의 운명에 있어서의 외로움이지. 그것은 인생을 경험해보지 않고는 모르는 일이지.(중략)

유이엥　그러면 저는 어찌해야 됩니까?

신란　　외로울 때는 외로워해야 되지. 운명이 자네를 키워가고 있으니까. 단지 무엇이든 일념으로 성실하게 임하게. 남을 비꼰다거나 속인다거나 자신을 기만하지 말고 마음이 이끄는 대로 충실히 따르게.(중략)

유이엥　당신께서 하신 말씀에 대하여 잘은 모르지만, 어떻든 저는 성실하게 살 것입니다.

신란　　음, 자네에게는 유순하면서도 외곬으로 뻗을 좋은 소질이 있어. 나는 자네를 아끼고 있네. 그 성품을 소중히 하게나. 운명을 향해 똑바로 서게나. 지혜는 운명만이 연마해낼 수 있는 것이니까. 지금은 자네가 나이에 비해 어린 것 같지만, 앞으로는 커질 거야.394)

---

393) 특히 唯円과 '가에데'라는 遊女와의 戀愛는 일시적인 사랑에 끝나지 않고, '가에데'가 훗날 出家를 단행함으로써 比丘尼가 되어간 점만 보아도 그렇다. 이는 倉田가 자신의 이상적인 女人像을 추구하다가 親鸞을 중심적 인물로 설정하고 『出家とその弟子』를 집필하려 했던 특별한 運命的 意志의 所産으로 해석된다.

394) 親鸞　　(あわれむように唯円を見る) お前の淋しさは対象によって癒される

이상의 인용문은 유이엥이 25세[395])라는 청년의 몸으로 수행하다
가 느끼고 있는 고독감[396])에 관하여 신란과 이야기를 나누고 있는
내용이다. 직전에서 신란은, 주위에 많은 수행자의 모습도 각양각색
이라면서도 스스로가 겪었던 인생의 사랑과 슬픔에 대한 동경 내지
허전함이 있었음을 토로한 적이 있다.[397]) 이를 듣게 된 유이엥은 자
신이 겪고 있는 외로움과 슬픈 기분이 들어진다고 말하자, 신란 자신
도 그런 적이 있었지만 대상이 있어 외로움을 타는 유이엥과는 다르
다고 말한다. 그것은 아직도 출가생활에 예민함을 보이고 있는 유이
엥이 혈기왕성함으로 인하여 연애 대상이 있는 외로움을 겪는 것은
치유(治癒)될 수 있는 일이지만, 신란의 외로움은 치유될 수 없는 인
간의 운명에 있어서의 외로움이라고 한 것이다.

이에 관하여 신란은, 겪어보지 않은 사람은 모르는 일이라고 말하
고 있다. 나아가 신란은 외로움을 느낄 때는 외로움을 타보는 것도

淋しさだが、私の淋しさはもう何物でも癒されない淋しさだ。人間の
運命としての淋しさなのだ。それはお前が人生を経験して行かなくて
は解らない事だ。(中略)

唯円　では私はどうすればいいのでしょうか。

親鸞　淋しい時は淋しがるがいい。運命がお前を育てているのだよ。只何事
も一すじの心で真面目にやれ。ひねくれたり、ごまかしたり、自分を
欺いたりしないで、自分の心の願いに忠実に従え。(中略)

唯円　あなたのおっしゃる事はよく解りません。しかし私は真面目に生きる
気です。

親鸞　うむ。お前には素直な一向な善い素質がある。私はお前を愛している。
その素質を大切にしなくてはならない。運命にまっすぐに向え。智慧
は運命がけが磨き出すのだ。今はお前は年の割りに幼いようだけれど、
先きでは大きくなれるよ。(上掲書, pp.66)

395) 이 때 親鸞의 나이는 75세로 나타나 있다.
396) 이 인용문에는 아직 나타나지 않으나, 작품의 뒤에서 唯円이 겪게 되는 것이
젊은 修行者로서 女性에 대한 그리움이기 때문에, 여기에서도 그런 종류의 고
독감으로 해석하지 않을 수 없다고 본다.
397) 上掲書, pp.64-65 參照

좋고, 외로움을 타게 되는 운명은 사람을 키워주는 계기가 될 수 있는 것이라면서, "나는 자네를 아끼고 있네. 그 성품을 소중히 하게나. 운명을 향해 똑바로 서게나. 지혜는 운명만이 연마해낼 수 있는 것이니까.(私はお前を愛している。 その素質を大切にしなくてはならない。運命にまっすぐに向え。智慧は運命がけが磨き出すのだ。)"라고 제자에 대한 '사랑' 의식을 드러내고 있다.

이에 따라 유이엥을 포함한 신란의 제자들은 수행에 더욱 정진, 법열(法悅)의 세계를 느끼게 된다. 이 같은 수행에 있어서 법열의 단계는 외로움이나 허전함을 이겨낼 수 있는 비교적 성숙한 수행의 단계라고 볼 수 있다. 다음 인용문을 통해서 유이엥의 자기구제(自己救濟)398)를 위한 수행의 깊이를 살펴보자.

승려1	저는 거기까지 생각이 미치지 못했습니다. 법열이 있든지 없든지 우리들의 심적인 변화에는 관계없이 구원은 정해져 있는 거라는 말씀이세요?
신란	그렇지 않고서는 운명에 휩쓸리지 않는 확실한 구원이라 말할 수 없지요. 우리들의 심적 상태는 운명에 의해 움직이는 것이니까.(중략) 어떤 일이라도 맡겨버리는 소박하고 곧은 마음이 되었으면 하네.
유이엥	들으면 들을수록 깊은 가르침이라는 것을 알게 됩니다.399)

---

398) 아래 인용문에서는 '救援'이라는 말을 사용하고 있으나, 이는 작가 倉田에 의한 基督敎的 表現의 일종으로 보인다. 대체로 佛敎界에서는 '救濟'라는 어휘를 더 즐겨 사용하고 있다고 할 수 있다.
399) 僧一 私は其処に気が付きませんでした。法悅があっても、なくても、私らの心の有様の変化には係りなしに救いは確立しているので御座いますね。
　　親鸞 それでなくては運命に毀たれぬ確かな救いと言われません。私らの心の有様は運命で動かされるのだからな。(中略) 何もかもお任せする素直な心になりたいものだな。

유이엥은 신란으로부터 "어떤 일이라도 맡겨버리는 소박하고 곧은 마음이 되었으면 하네.(何もかもお任せする素直な心になりたいものだな。)"라는 말을 듣게 된다. 이는 아무리 정토계 불교라 할지라도 신심의 중요성 또한 크지 않을 수 없음을 시사하는 내용이다. 이에 유이엥은, 비록 자신의 마음 한 구석에 청년의 몸으로 수행함으로써 생기는 외로움 등이 있다 할지라도, 신란의 가르침을 고스란히 받음으로써 자기구제라는 숙제를 풀어가려는 의지가 엿보이는 대목이라 할 수 있다.

이상과 같이 유이엥이 수행 중에 다소의 번민을 안고 있는 가운데, 세월은 빠르게 흐른다. 「제3막 제1장」을 보면 신란의 아들인 젠란이 32세라는 나이에 이미 유곽에 빈번하게 출입, 26세에 달한 '아사카'와 운명적인 연애에 빠지고 만다.

그러나 다음 인용문의 내용은 당연히 일찍이 '젠란 의절'이 있은 후의 일에 관한 것이다. 이 사건이 생긴 지 얼마 후, 젠란은 "제가 지금 아버님을 만나는 것은 아버님을 위해서도 안 됩니다. 가령 아버님이 용서를 하시더라도 말입니다. 세간의 의리란 괴로운 것입니다. 나는 어렸을 때부터 그런 괴로움을 맛보았습니다. 실은 나는 아버지와 어머니의 친아들이 아닙니다.(私が今父に逢う事は父のためにもなりません。仮令父がそれを許してくれても。浮世の義理と云うものは苦しいものです。私は幼い時からその冷たい力に触れました。実は私は父の妻の子では無いのです。)"[400]라고 말했을 때, 유이엥이 그런 말은 처음 듣는다고 놀란 적이 있다. 그러자 젠란은 "나는 부모를 부모라고 부를 수 있기까지 암울한 세월을 보냈었지요. 나는 아버지를 탓하고 싶은 생각은 조금도 없습니다. 거기에는 어쩔 수 없는 '사랑'과

唯円　聞けば聞くだけ深い教えで御座います。(上掲書, pp.73-74)
400) 上掲書, p.99

운명의 슬픔이 있을 테니까요.(私は父母を父母と呼び得るまでには暗
い月日を過ごしました。私は父をとがめる気は少しもありません。其
処には人生の愛と運命の悲しさがありましょう。)"401)라고까지 말한
적이 있다. 두 말할 것도 없이, 여기에서 갑작스레 언급되어지고 있
는 '아버지'에는 역시 구라타가 어린 시절 억압했던 부친에 관한 이
미지가 함축되어 있다고 보인다. 그 정도로 구라타에게는 억압적인
부친에 관한 편견이 가슴에 자리잡혀 있었던 것이다.

다음 인용문에서는 그런 내용을 이미 잘 알고 있는 '아사카'에게
젠란이 신란의 부름에 어찌할 바 몰라 하며 도움을 청하자, 마치 '아
사카'가 누이처럼 자신의 의견을 내놓는 내용이다.

젠란   난 모르겠어. 내게는 너무나도 벅차. 나를 … 도와 줘.
아사카   만나지 마시고 빌기만 해주세요. 아버님의 평화와 행
          복을 빌기만 하라고 제가 약한 줄 아시면서 저에게 도
          움을 청하시니 저라도 강해져야겠어요. 젠란님은 오래
          전에도 지금과 같은 기로에 한번 서보시지 않았습니
          까? 평생의 운명을 판가름하는 어려운 때에, 지금과
          똑같은 길에 서셨던 것이 아닙니까?(중략) 그때 당신께
          서는 제가 불쌍한 부모의 희생이 된 것을 칭찬해주셨
          습니다. 남을 행복하게 하기 위해 고통을 참으라고 가
          르쳐주셨습니다.402)

---

401) 上揭書, p.100
402) 善鸞   私は解らない。私は思いにあまる。私は … 助けてくれ。
    浅香   遇わずに祈って下さい。父上の平和と幸福を祈って下さい。私は強く
          なければなりません。あなたが私に、弱いと知っていらっしゃる私に
          助けをお求めなさるなら。 あなたはずっと前にあなたの生涯の運命を
          きべる危ぶない時に、 今と同じ別れ道にお立ちなされたのではありま
          せんか。(中略) その時あなたは私があわれな父母の犠牲になっている
          事をほめて下さいました。他人をしあわせにするために、苦しさを忍
          せとおしえて下さいました。(上揭書, pp.101-102)

그 어려운 기로에 서 있는 젠란에게 '아사카'는 평생을 통하여 하나의 운명을 판가름해야 하는 중요한 시점에서, 남을 행복하게 하기 위해서는 참아야 된다고 했던 젠란의 말을 인용하면서 오히려 그를 설득하고 있다. 그 내용이란 두 말할 것도 없이, 아버지의 평화와 행복을 위해서는 만나지 말고 '기도'만 하라고 강조하고 있다.

이어지는 인용문은, 만추(晚秋)가 된 어느 날 신란이 젊은 사람들은 비록 세월의 무상함을 안다고 할지라도 신속함을 아는 사람은 적은 법이라고 하면서, 젊은 입장에서 어떤 일을 판단하는 경우에는 잘못된 판단이 있을 수 있으나, 한편으로는 '젊음'을 치켜들고 운명과 싸우려는 순수한 용기를 높이 평가하고 있는 대목이다. 여기에서 신란은, 젊을 때 순수해야 늙어 사려 깊은 생각 또한 할 수 있는 사람이 된다는 점을 강조하고 있다.

신란	사계절이 참으로 빨리도 바뀌는구나. 그런데 늙으면 특히 더 빠르게 느껴진다네. 이 세상 무상신속이라지 않는가? 그 중에 무상의 느낌은 젊어서도 알 수 있지만, 신속의 느낌은 노년이 되지 않고는 모르는 걸세. (중략)
유이엥	세상이란 젊은 저희들이 생각하고 있는 그런 것이 아니겠죠?
신란	'젊음'이 판단하는 잘못이 많지.(중략) 하지만 젊은 때는 젊은 판단으로 살아갈 수밖에 없는 것이라네. '젊음'을 높이 치켜들고 운명과 맞서는 거지. 순수한 청년 시절을 거치지 않은 사람은 깊이 있는 노년기도 맞이할 수 없는 것일세.403)

---

403) 親鸞   四季のうつりかわりの速いこと。年を老るとそれが殊に早く感じられるものだ。この世は無常迅速というてある。その無常の感じは若くても解る、迅速の感じは老年にならぬと解らぬらしい。(中略)

이 인용문에는 순수하고 알차지 못한 사람은 실력 있는 노승(老僧)
이 될 수 없다는 이야기가 깃들어 있다. 이런 관점에서 보면, 자칫 젊
은 시절에 방탕한 삶을 살아서는 세월의 무상함 앞에 남게 되는 것이
란 아무것도 없으므로, 충실한 수행을 하라는 신란이 극진하게 제자
를 대하는 '사랑 의식'이 매우 사실적으로 나타나 있다.

　　다음 인용문은, 유이엥과 '가에데'와의 연애에 관한 일면이다.

　가에데　　저를 버려 주세요. 저는 당신의 사랑을 받을 자격이 없
　　　　　　어요. 저는 이미 더러워진 몸이지만, 당신은 깨끗한 보
　　　　　　석 같은 분이지요. 저는 이런 신세가 아직도 멉니다.
　　　　　　저는 울면서라도 참아낼 겁니다. 지금까지 무슨 일에
　　　　　　나 참아온 걸요. 저는 한 평생 남자의 노리개로 끝날
　　　　　　각오를 하고 있습니다. 그런 수모조차도 내 운명이라
　　　　　　여기고 체념할 생각입니다. 체념하지 않는다고 별 수
　　　　　　있을 리 없고, 어떻게 해볼 힘도 저에게는 없어요. 그
　　　　　　리고 모두들 제가 체념하도록 몰아가고 있답니다.(중
　　　　　　략) 지금 저는 제가 서 있는 위치를 분명하게 알았습
　　　　　　니다. 저는 단념하겠습니다. 유이엥님을 평생동안 잊
　　　　　　지 않겠습니다. 얼마 안 되는 시간이었지만, 제게 주어
　　　　　　졌던 즐거운 꿈을 간직하고 살아가겠습니다.404)

　唯円　　世の中は若い私たちの考えているようなものではないのでしょうね。
　親鸞　　「若さ」のつくり出す間違いが沢山あるね。(中略) しかし若い時には若
　　　　　い心え生きて行くより無いのだ。若さを振りかざして運命に向うのだ
　　　　　よ。純な青年時代を過さない人は深い老年期を持つ事も出来ないのだ。
　　　　　(上掲書, pp.106-107)
404) かえで　私を捨てて下さい。私はあなたに愛される価値がありません。私は汚
　　　　　れています。あなたは清い玉のようなお体です。私は済みません。私
　　　　　は泣いて耐え忍びます。これまで何もかもこらえて来たのですもの。私
　　　　　は一生男のなぐさみもので終るものと覚悟していました。その侮辱さ
　　　　　えも私の運命としてあきらめる気きでした。あきらめないと云ったと
　　　　　て仕方はないのですもの。(中略) 今私は私の立っている地位を明らか

이미 32세 된 승려 유이엥이 아직 어리기만 한 16세의 '가에데'와 사랑을 속삭인 지도 이미 오래되었음을 알게 해 준다. '아사카'라는 유녀와 이미 방탕한 삶을 살아가는 젠란을 구하러 유곽에 들렀던 유이엥이 자신도 모르게 '가에데'와 사랑에 빠지게 되었다는 내용에 관해서는 이미 전술한 바 있다.

그러나 이 「제4막 제1장」의 인용문에서 유이엥이 결코 일시적인 연애를 하고 있지 않다고 말하자, 그를 향해 '가에데' 또한 인품이 훌륭한 승려와 연애하는 자신의 유녀로서의 운명을 솔직하게 털어놓고, 더 이상 연애할 몸이 아니라는 내용이 주를 이루고 있다. 인용문 마지막 부분에서, 화자인 '가에데'가 스스로 자신에게 다가온 '연애'의 당사자로서의 운명을 바꾸느냐 마느냐 라는 기로에서, "지금 저는 제가 서 있는 위치를 분명하게 알았습니다. 저는 단념하겠습니다. 유이엥님을 평생동안 잊지 않겠습니다. 얼마 안 되는 시간이었지만, 제게 주어졌던 즐거운 꿈을 간직하고 살아가겠습니다.(今私は私の立っている地位を明らかに知りました。私はあきらめます。あなたの事は一生忘れません。私はしばらく私に許されたたのしい夢の思い出を守って生きて行きます。)"라고 한 대사 내용은 퍽 인상적이다.

이상의 내용을 통해서 저자가 상상할 수 있는 것이라면, 유이엥이 작가 구라타 자신이고 '가에데'가 젊은 시절 구라타에게 실연을 안긴 이쓰미나 하루코로 생각한 나머지, 구라타가 집필한 것일 수 있다는 점이다. 그것은 나름대로 자신에게 엘리트 의식을 지니고 있었던 東京第一高校의 학생 입장에 있었던 구라타로서, 그에 미치지 못했던 과거의 연애 상대를 만나 '참된 사랑'을 구하고자 하는 구라타 자신

に知りました。私はあきらめます。あなたの事は一生忘れません。私はしばらく私に許されたたのしい夢の思い出を守って生きて行きます。
(上掲書, pp.124-125)

에게는 물론, 실연을 안겨 준 여성의 자존심까지 충분히 되살리려는
의도가 짙다고 해석된다.

그렇지만 다음 「제5막 제2장」의 내용은, 신란의 입을 통하여 엄격
한 지도 방침으로 유이엥을 일깨워주고 있는 듯 보인다. 그러면 그
내용을 살펴보자.

> 신란　　　　많은 남녀의 사랑 중에 오직 허락된 사랑만이 성취되
> 　　　　　　는 것일세. 그 밖의 사람들은 모두 실연의 쓴잔을 마시
> 　　　　　　게 되는 법이지.
>
> 유이엥　　　(몸을 떤다) 너무나도 무섭기만 한 말씀입니다. 그러면
> 　　　　　　저희들의 사랑은 어떻게 되나이까?
>
> 신란　　　　성취될지도 모르고 그렇지 않을지도 모르지. 앞일은
> 　　　　　　인간이 알 수 있는 것이 아닌 게야.
>
> 유이엥　　　이루고야 말 것입니다. 목숨을 걸고라도.
>
> 신란　　　　수 없는 사랑에 빠진 사람들이 예로부터 그렇게 맹세
> 　　　　　　했다네. 그러면서 운명을 향해 연약한 팔을 휘둘렀다
> 　　　　　　네. 그러다 땅에 쓰러졌었지. 많은 불행한 사람들이 그
> 　　　　　　처럼 해서 무덤에서 잠들고 있다네.405)

구라타가 볼 때, 역사적 인물 신란의 경우도 비구승(比丘僧)이 아
니었다. 이미 결혼한 몸으로 여성마저 구제하고자 혼신의 힘을 다 해

---

405) 親鸞　　多くの男女の恋のうちで、ただゆるされた戀のみが成就するのじゃ。そ
　　　　　　の他の人々はみな失恋の苦いさかずきをのむのじゃ。
　　　唯円　　(おののく) それはあまりにおそろしい。では私の恋はどうなるのでしょ
　　　　　　う?
　　　親鸞　　なるかも知らぬ、ならぬかも知らぬ。先きのことは人間にはわからぬ
　　　　　　のじゃ。
　　　唯円　　ならさずに置くものか。いのちにかけても。
　　　親鸞　　数知れぬ、恋する人々が昔から、そう誓った。そして運命に向ってか
　　　　　　弱いかいなをふるった。そして地にたおされた。多くのふしあわせな
　　　　　　人々がそのように墓場に眠っている。(上揭書, p.181)

온 고승이었던 것이다. 이 점을 확연하게 인식하고 있는 작가 구라타는 신란의 대사를 통해서, 진리에 허용되지 않은 연애는 결실을 거두지 못하고 실연이라는 쓴잔을 마시는 법이라고 강조한다. 이에 유이엥은 자신의 연애가 스승인 신란에게 확실하게 심판을 받게 됨을 알고 '죄의식'에 사로잡힌 채 몸을 떨고 만다. 그러면서도 유이엥은 '가에데'와 이미 결혼까지 약속한 입장이기 때문인지 목숨을 걸고라도 연애를 성공시키려 다짐한다. 그러나 신란으로부터 "수 없는 사랑에 빠진 사람들이 예로부터 그렇게 맹세했다네. 그러면서 운명을 향해 연약한 팔을 휘둘렀다네. 그러다 땅에 쓰러졌었지. 많은 불행한 사람들이 그처럼 해서 무덤에서 잠들고 있다네.(数知れぬ、恋する人々が昔から、そう誓った。そして運命に向ってか弱いかいなをふるった。そして地にたおされた。多くのふしあわせな人々がそのように墓場に眠っている。)"라는 말을 듣게 된다.

이어지는 내용은, 유이엥이 신란을 향해 자신의 연애가 성취될 수 있도록 도움을 청하고, 신란은 유이엥의 연애가 완전한 사랑으로 이루어지기 위해 기도한다고 유이엥에게 말한다.406) 그러면서도 신란은, "인연이 있으면 두 사람을 맺어달라고 말이네. 결코 맹서해서는 안 되네. 그것은 부처님의 영역을 침범하는 무서운 잘못이야. 그러나 그 잘못 또한 응보에서 모면할 수 있는 것은 아니라네.(縁あらば二人を結び給えとな。決して誓ってはならない。それは仏の領土を侵すおそろしい間違いだ。けれど間違いもまた、報いから免れることは出来ないのだ。)"407)라고 일침을 놓는다. 그래도 유이엥은 인연이 없다면 어떻게 되느냐 묻고, 신란은 그렇다면 맺어질 수 없다고 대답한다.

---

406) 이에 대해서는, 「第4章 제3절-3」의 〈'祈禱'를 통한 運命的 '죽음' 意識〉을 통해 보다 구체적으로 살펴보고자 한다.
407) 上揭書, pp.182

여기에서 필자는 바로 위의 인용문을 통해서, "이루고야 말 것입니다. 목숨을 걸고라도.(ならさずに置くものか。いのちにかけても。)"라는 유이엥의 다짐에 찬 발언에 귀를 기울이고자 한다. 이 대사야말로 작가 구라타가 강조하여 작품을 통해 드러내고자 하는 〈'연애'를 통한 운명적 '죽음' 의식〉의 결론으로 생각된다.

> 신란   연애가 서로의 운명을 상처나게 하지 않는 경우는 드
>   문 거라네. 연애가 죄가 된다는 것은 바로 그 때문이
>   지. 성스런 사랑은 연인을 이웃으로서 사랑해야 하는
>   것일세.408)

이 인용문에서 신란이, "성스런 사랑은 연인을 이웃으로서 사랑해야 하는 것일세.(聖なる恋は恋人を隣人として愛せねばたらない。慈悲で憐れまねばならない。)"라고 말한 것은, 자신의 제자로서 그리고 지금까지 '상좌(上佐)'409)로서 지내온 유이엥의 연애 행각에 대해 별 수 없다는 뜻을 지닌 채, 이왕 중생을 구제할 목적으로 연애를 한다면 '가에데'를 〈'이웃'으로 사랑해야 된다〉는 기독교적인 표현을 구라타가 사용하고 있는 것이다. 물론 이어지는 대사를 통해 신란이 "자비로 불쌍히 여겨나가야 하는 거야.(慈悲で憐れまねばならない。)"라고 말함으로써 결국 불교적인 표현법을 사용한 작가의 의도가 있다 할지라도 말이다.

그런데 구라타는 이 인용문에서 신란을 통해 아주 의미심장한 말을 남기고 있다. 다름 아닌 "연애가 서로의 운명을 상처나게 하지 않는 경우는 드문 거라네. 연애가 죄가 된다는 것은 바로 그 때문이지.

---

408) 親鸞   恋が互の運命を傷けないことはまれなのだ。恋が罪になるのはそのため
          だ。聖なる恋は恋人を隣人として愛せねばたらない。(上掲書, p.186)
409) 師僧의 대를 이을 여러 弟子 중에서 가장 높은 僧侶를 말한다.

(恋が互の運命を傷けないことはまれなのだ。恋が罪になるのはそのためだ。)"라는 대사가 곧 그것이다. 전술한 바와 같이 작가 구라타는 적어도 여섯 명 이상의 여성과 연애한 적이 있다. 그런 과정에서 그가 가슴 깊이 생각하고 있었던 말이라면, 바로 이상에서 재인용한 말이라고 추정해본다. 연애가 서로의 운명을 상처나게 하는 경우가 비록 드물다 할지라도, 승려의 몸으로 비록 허용된 연애를 하는 경우라도 '죄'가 될 수 있다는 사실을 말이다. 따라서 필자는, 적어도 구라타가 영면하기 전에 자신의 연애 과정을 회고하면서 집착에서 벗어나지 못했던 점에 대하여, 그가 느낀 '죄의식'을 기술하지 않으면 안 된다는 생각이 들었던 것으로 해석된다.

2. '염불'을 통한 운명적 '죽음' 의식

어느 종파를 막론하고 불교의 지옥과 극락을 중심으로 하는 육도 윤회와 그에 따른 내세관은 불교도의 신행에 지대한 영향을 미친다고 본다. 신란의 정토진종이 비록 〈타력신앙〉의 요소가 강하다 할지라도, '자력종교' 본연의 목적인 '성불'하고자 하는 발원이 『歎異抄』를 비롯한 대부분의 경전에 실려 있음은 물론이다. 구라타가 실제로 '염불'행을 한 점은 『青春の息の痕』라는 내용 속에 깃들어 있다. 그는 이 책에서 마음속에 사찰을 세우고 싶다고 하면서 종종 독경도 하고 염불을 했던 것이다.410)

이에 필자는 〈정토계 염불의 연원, 자비심의 발원, 고통극복의 발원, 청정심의 발원〉 등의 순서에 따라, '염불' 의식이 실려 있는 여러 가지 내용을 인용해 가면서 기술한 바 있다. 여기에서는 작품을 통하여 구라타가 불교적으로 묘사한 〈성불(成佛)의 발원, 청정심 발원,

---

410) 『倉田百三選集』〈第1卷〉, p.270

극락왕생 발원〉의 내용을 통해 〈'염불'을 통한 운명적 '죽음' 의식〉에 관하여 살펴보고자 한다.

그러면 다음 인용문을 보자.

> 사에몽   어차피 피할 수 없게 될 악인이라면 다른 악인들에게
>   모욕당하기는 싫기 때문입니다.(중략) 극락과 지옥은
>   정말로 있는 것입니까?
> 신란   저는 있다고 믿고 있습니다. 저는 지옥이 없을 리 없다
>   는 생각이 무엇보다도 듭니다. 저는 남의 운명을 다치
>   게 했을 때, 그리고 그것을 돌이킬 수 없을 때, 저는
>   나를 매질해 주시라거나 나에게 벌을 주시라고 누군가
>   를 향해 외치고 싶어집니다. 죄가(罪價)를 보상할 방법
>   이 찾아지지 않는 거죠. 또한 어떤 잔혹한 짓을 내가
>   했을 때, 벌 없이 그냥 넘어가서 될 일인가 하는 생각
>   이 듭니다. 이것은 저의 혼이 실재로 느끼는 바입니
>   다.411)

이 인용문에서는, 사에몽이 극락과 지옥이 있느냐는 질문에 신란은 지옥이 있다고 대답한다. 이어 신란은 남의 운명을 다치게 했을 때를 비롯, 해를 남에게 끼쳤을 때는 벌받아 마땅하다는 소신을 펴고 있다. 특히 "저는 남의 운명을 다치게 했을 때나 그것을 돌이킬 수 없을

---

411) 左衛門 どうせ遁れられぬ悪人なら、外の悪人どもに侮辱されるのはいやです
      からね。(中略) 極樂と地獄とは本当にあるもので御座いましょうか。
   親鸞   私はあるものと信じています。私は地獄が無いはずはないという気が
      先きにするのです。私は他人の運命を傷けた時に、そしてその取返し
      がつかない時に、私を鞭って下さい、私を罰して下さい、と何者かに
      向って叫びたい気がするのです。その償いをする方法が見つからない
      のです。また自分が残酷な事をした時にはこの報いが無くて済むもの
      かという気がするのです。これは私の魂の実感です。(倉田百三、『出
      家とその弟子』、前掲書, p.44)

때, 저는 나를 매질해 주시라거나 나에게 벌을 주시라고 누군가를 향해 외치고 싶어집니다.(私は他人の運命を傷けた時に、そしてその取返しがつかない時に、私を鞭って下さい、私を罰して下さい、と何者かに向って叫びたい気がするのです。)"라는 말을 신란으로부터 듣고 사에몽은, 이 인용문 직후에서 자신도 그렇게 믿고 있다며, 신란 등 일행에게 사죄할 뜻이 있음을 밝힌다. 이는 매우 실증적이다. 자신이 닭을 잡아 죽일 때마다 느낀 점으로 죄악을 짓게 되면 당연히 벌을 받아야 된다는 내용에 의견을 함께 하고 있다.

여기에서 구라타의 생애를 통해 생각해 보면, 그가 적잖은 여성들과 연애한 것을 제외하면, 크게 죄악을 범하지 않았다는 느낌을 받게 될 수도 있다. 그렇지만 불교적으로 보면, 누구나 인간은 신·구·의(身·口·意)를 통해서 삼업을 짓고 있다는 관점에서 구라타가 마음으로 지었던 죄악이 적지 않음을 가히 추정할 수 있는 대목이라 여겨진다. 어찌 보면 죄악을 범하지 않으려는 노력 속에 극락으로 가는 왕생을 염원하고 있다는 생각이 구라타의 내면 깊숙이 자리하고 있었는지도 모른다.

그러기 때문에 구라타는 또 다시 사에몽의 입을 통해서 선한 마음으로 살아가려고 하는 것마저 무리한 일이냐고 되묻고, 신란을 통해서는 선해지려는 염원이 있는 경우에는 무리가 아니므로, 그 같은 염원이 이루어지도록 죽을 때까지 노력을 경주하겠다는 내용을 다음 인용문을 통해서 인지할 수 있다고 본다.

사에몽   그러면 선해지려는 노력도 무리라는 말입니까?
신란   선해지려 하는 염원이 마음에서 우러나온다면 무리는 아닙니다.(중략) 그러나 저는 선해지려는 염원은 끝까지 잃지 않겠습니다. 그 염원이 이루어지지 않는 것은 지상의 정해진 운명입니다. 저는 그 염원이 염불에 의

해서 성불했을 때 만족할 수 있는 것이라고 믿고 있습
니다. 저는 죽을 때까지 이 염원을 계속해 갈 작정입니
다.412)

앞에서 구라타는 작품을 통해 신란마저도 '악인'이라고 폄하함으로
써 정토진종 특유의 '악인정기설(惡人正機說)'413)을 드러낸 적이 있
다. 구라타는 이 같은 '악인'이 선해지려는 염원을 갖게 됨은 결국 범
(汎)불교계가 지향하는 '상구보리(上救普提)'하되 '하화중생(下化衆
生)'하고자 하는 뜻을 크게 지니고 있었던 셈이다. 위 인용문은 신란
이 성불의 길로서 염불 또한 가능하다는 점을 인식하는 대목이다. 그
것도 "저는 죽을 때까지 이 염원을 계속해 갈 작정입니다.(私は死ぬ
るまでこの願いを持ち続けるつもりです。)"라며 말이다. 또 구라타는
나아가 신란사상의 핵심적 요소라 할 '왕생관'에 관해서도 빠뜨리지
않고 기술하고 있다. 따라서 이상의 인용문은, 구라타가 극락왕생에
관한 불교적 안목을 염불행을 통해 묘사하고 있는 대목이며, 또한 염
불을 통해서 성불하고자 하는 작가의 염원이 신란의 입을 통해 표현
되고 있다 하겠다.

또 다음 내용을 살펴보기로 하자.

---

412) 佐衛門　では善くなろうと努めるのも無理ですか。
　　　 親鸞　　善くなろうとする願いが心に湧いて来るなら無理ではありません。
　　　 (中略) しかし私は善くなろうとする願いは何処までも失いません。そ
　　　 の願いが叶わぬのは地上のさだめです。私はその願いが念仏に依って
　　　 成仏する時に、満足するものと信じています。私は死ぬるまでこの願
　　　 いを持ち続けるつもりです。(上掲書, p.50)
413) 親鸞思想 중에서도 가장 중요한 特質을 나타내는 槪念이다. 親鸞의 法語를 기
　　　 술한 『歎異抄』「第3章」의 「善人なをもちて往生をとぐ、いはんや惡人をや」라는 말에
　　　 단적으로 나타나 있다고 할 수 있다. 여기에서 말하는 '惡人'이란 특정한 階層
　　　 ·身分·職業에 소속된 사람을 가리키는 것이 아니고, 末法 世上이라 생각되어
　　　 지고 있던 당시의 모든 사람을 가리킨다.

동행5	극락왕생하고 싶어서요.
신란	극락왕생은 일찍이 고향에서 설법을 들어 잘 아시는 바와 같이 염불로 분명히 이루어지는 것입니다.
동행6	그렇다고 해도 왠지 불안한 마음이 들어서 말입니다.
신란	안심하십시오. 염불만으로 충분합니다.
동행1	스님의 안심에 관하여 더 듣고 싶습니다만.
신란	나의 안심도 오직 그 염불뿐입니다.
동행2	하지만 너무 단순합니다.
신란	그 단순함이 우리 종파의 진면목입니다.414)

불교는 본래부터 소위 연기법(緣起法)에 의해 사생관(死生觀)을 펴나간다. 인생의 종국적인 면이 '죽음'에 있다는 불교적 교리체계를 보면, 그 사후의 세계란 결코 간과되어서는 안 될 일로 보인다. 그러므로 구라타는 위의 인용문을 통해 '금생(今生)을 통한 삶의 안심(安心)'의 중요성을 역설하고 있다.

더욱이 구라타는 신란의 입을 빌려 "그렇게 목숨을 걸면서까지 길을 찾고자 하시다니 참으로 갸륵하십니다. 나는 늘 세상 사람들이 신심을 가볍게 여기는 점을 안타깝게 생각합니다. 신심은 가장 중요한 것입니다. 일체를 건 승부라 할 수 있지요. 지옥과 극락의 갈림길입니다. 인간이 그 무엇보다도 진지하게 대해야 할 일이지요. 그런데 여러분들은 그 고장 사찰에서 왕생에 대한 설법을 듣지 못했습니까?

---

414) 同行五　極樂參りが致したいので。
　　親鸞　極樂參りはお国で聴聞なされてよく御承知の通りの念仏で確かに出来
　　　　　るのです。
　　同行六　でも何だか不安な気がしまして。
　　親鸞　安心なさい。それだけで充分です。
　　同行一　あなたの御安心が承わりたいので。
　　親鸞　私の安心もただその念仏だけです。
　　同行二　でもあまり曲がなさ過ぎます。
　　親鸞　その単純なのが当流の面目です。(上掲書, pp.78-79)

(さ程懸命に道を求めなさるのは実に殊勝に存じます。私はいつも世の人が信心を軽るい事に思うのを不快に感じています。信心は一大事じゃ。真剣勝負じゃ。地獄と極樂との追分じゃ。人間が一番真面目に対せねばならぬ事だでな。だが、あなた方は国のお寺では聴聞さされませぬかの。)"[415]라고 유이엥을 비롯한 동행하고 있는 승려들에게 묻는다. 여기에서 구라타가 작품을 통해 강조하고 있는 것은, 무엇보다도 목숨을 걸면서까지 구도의 길을 찾고자 하는 승려들에게 '왕생'[416]을 강조[417]한 것으로 해석된다.

따라서 구라타는 이후의 인용문을 통해서, 신란사상의 극치를 염불로 묘사해 냄으로써, 남을 사랑하고 용서하며 슬픔도 극복하고 업력도 소멸시켜 나갈 것을 주문한다. 특히 운명을 직시하고 그렇게 하면 인생사에 윤기가 돌뿐만 아니라 자비가 고맙게 느껴진다는 점을 강조한다. 나아가 구라타는 무엇보다도 동행 승려의 입을 통해 염불로 극락왕생 또한 가능하다고 역설하게 하고 있다.

신란   무엇 때문에 거짓을 말씀드리겠습니까? 돌려 말하는 것이라고 생각하지 마세요. 무릇 진리는 단순한 것입니다. 구원의 절차로서 밖에서 보면 염불만큼 단순한 게 없는 거지요. 단 여섯 글자이니까요.(중략) 그것보다도 제각기 염불의 뜻을 깨닫도록 마음가짐을 가지시

---

415) 上揭書, p.78
416) 이에 대해서 石田瑞麿는 '極樂淨土에 태어남'을 의미한다고 강조하고 있다.(石田瑞麿, 『往生の思想』〈サーラ叢書 16〉, 平樂寺書店, 1996, p.88)
417) 日本에서 淨土教란 現世의 利益을 버리고 來世만을 欣求하려 한 것이라고 이해할 수 있을지 모르나, 실로 淨土教가 추구한 것은 信徒가 穢土로서의 現世에 처해 있으면서도 彼岸의 世界를 具現하려는 것인 바, 이를 俗人에게 조차 救援받을 수 있다고 하면서 極樂往生을 가장 徹底하게 하게 한 것은 親鸞이었다. 사실 親鸞은 出家修行者의 獨身生活과 修行을 완전히 否認해 버렸다.(中村元, 『日本宗教の近代性』, 春秋社, 昭39, pp.128-129 參照)

지요. 남을 사랑하세요. 용서도 하시고요. 슬픔을 참아
내세요. 업력의 다그침을 받아들이세요. 운명을 직시하
십시오. 그렇게 하면 인생의 여러 가지 사상을 보는 눈
에 운기가 돕니다. 부처님의 자비가 고맙게 느껴집니
다. 나무아미타불이 마음가짐이 가득해질 것입니다. 그
거야말로 진정한 학문이라 할 수 있는 거죠.

동행5   송구합니다. 미련한 저희들로서도 무슨 말씀인지 알아
듣겠습니다. 극락왕생하기 위해서라면 오직 염불만 하
면 된다는 말씀이지요. 꼭 염불만 하면 좋다는 말씀이
시지요.418)

　이 인용문에서는 신란이, 인간으로서 제각기 염불의 뜻을 깨닫고
나면 부처님의 자비가 고맙게 느껴지는 등의 효험이 있다고 말한다.
그러자 한 동행인이 '극락왕생'을 위한 염불로 받아들이며, 염불행을
굳게 다짐하고 있는 장면이 인상적이다. 따라서 '극락왕생'에 관한 구
라타의 관점이 '염불'행에 의해서 가능한 것임은 물론이다. 나아가 구
라타는 오직 '염불'에 의한 끊임없는 노력으로 '죽음'을 초월하듯 정
진해 나간다면 '죽음' 뒤의 '극락왕생의 길'은 반드시 열리게 될 것이
라고 믿었던 것으로 이해된다.
　그런데 필자는, 구라타의 '죽음' 의식에 관한 한 무엇보다도 희곡

---

418) 親鸞　何しに虚言を申しましょう。思わせぶりだと思召しなさるな。凡そ真
理は単純なものです。救いの手続きとして、外から見れば念仏程簡単
なものはありませぬ。ただ六字だでな。(中略)それよりも銘々に念仏
の心持を味う事を心掛けなさるがよい。人を愛しなさい。許しなさい。
悲しみを耐え忍びなさい。業の催しに苦しみなさい。運命を直視なさ
い。その時人生の様々の事象を見る眼が濡れて来ます。仏様のお慈悲
が有り難く心に沁むようになります。南無阿弥陀仏がしっくりと心に
はまります。それが本当の学問と申すものじゃ。

同行五　畏れ入りました。純な私たちにもよく腹に入りました。極樂へ參らせ
て戴くためには、ただ念仏すればよいので御座いますな。ただそれだ
けでよいので御座いますな。(上掲書, pp.80-81)

『出家とその弟子』의 말미에 집중적으로 실려 있다고 해석, 이에 관하여 살펴보고자 한다.

바로 이 '죽음' 의식은 『出家とその弟子』의 「제6막 제2장」부터 전개된다. 장소는 신란성인의 병실이다. 정면에 불단이 있고, 침상 뒤에는 옛 산수화가 그려진 병풍이 둘려 있다. 머리맡 책상 위에는 불경(佛經)이 두세 권 있고, 약그릇과 물그릇도 놓여 있어, 실로 신란의 임종이 다가온 느낌을 갖게 해 준다.

> 쇼신 　(계속해서 읽는다) 세상도 잠시 빌린 세상이고, 몸 또한 잠시 빌린 몸이다. 이렇게 잠깐 머물다 가는 것을, 아무 쓸모도 없는 생각을 하고 죄를 지으면서 욕망에서 헤어나지 못하고 있으니, 딱한 일이 아니오리까. 앞에서 말씀드린 것처럼, 애석하다 · 탐난다 · 사랑스럽다 · 슬프다고 하는 것들도 생각해보면 모두다 내 마음 속에 있는 것입니다.419)

이 인용문은, 한 사람의 인간으로서 90년 동안 불법(佛法)을 닦고 행하며 가르치면서 지내온 신란으로 하여금 구라타가 자신의 과거를 회상하면서 인생무상의 경지를 솔직하고 담백하게 읊고 있는 대목이다. 이런 내용을 신란은 '최후의 말씀'이라 할 유언(遺言)으로 남기게 된 바, 이를 쇼신(勝信)420)이 읽어 내려간다. 당연히 그 자리에 있던 몇몇 대중은 숙연한 마음가짐으로 신란의 유언을 듣고 있다. 신란의

---

419) 勝信　(読みつづける) よもかりのよ、身もきりの身、すこしのあひだにむやくの事を思ひ、つみをつくり、りんね、もうしふの世に、二たびかへり給ふまじく候。さきに申候ごとく、さまざまに品こそかはれ、をしい、ほしい、いとほしい、かなしいと思ふが、みなわがこゝろに候。
　　　　(上掲書, p.175)
420) 한 때 遊女 '가에데'로 불렸던 인물이다. 唯円과 결혼한 후 比丘尼로서 지내면서 親鸞의 弟子로서 살아간 사람이다.

말대로 인생이란 결국 윤회라는 수레바퀴를 벗어날 수 없다는 불교적 '죽음' 의식을 아니 느낄 수 없다. 결국 구라타는, 신란의 대사를 통해 희로애락의 순간 순간이 모두 자신의 마음에 의한 작용에 불과하다고 말한 것이다.

> 쇼신　(계속 읽어간다) 그 아무리 지식과 덕망이 높은 불제자나, 그 옛날의 석가 같은 여래도, 오체(五體)를 받고 태어나면 생로병사를 어찌 피할 수 있겠습니까? 임종 또한 다를 바 없는 줄 압니다. 항상 마음만 깊이 먹으면 죽으면 죽는 대로 살면 사는 대로 맡길 수 있으리라 생각되옵니다. 천년 만년 산다고 해도 결국은 헤어지게 되는 것, 누구에게 무슨 미련을 남길 일이겠습니까… (신란을 본다) 그만 읽을까 합니다. 왠지 가슴이 벅차 올라…421)

이상의 인용문은 실로 천리(天理)와 인도(人道)를 깨달은 사람으로서, 신란이 남긴 유언 중에서도 참으로 '죽음'의 세계를 불교적 사생관(死生觀)에 입각하여 묘사하고 있는 소중한 대목으로 인지된다. 그것은 "오체(五體)를 받고 태어나면 생로병사를 어찌 피할 수 있겠습니까? 임종 또한 다를 바 없는 줄 압니다. 항상 마음만 깊이 먹으면 죽으면 죽는 대로 살면 사는 대로 맡길 수 있으리라 생각되옵니

---

421) 勝信　(つづけてよむ) いかなるちしき上人、そのかみ、しやか仏ほどのによらいも、五体に身を受け給へば、やまひのくるしみ、しやうらうびやうしとて、なくて叶はぬ物にて候、りんじふなどのことなどもことごとくしやべつはなきものにて候。つねづね御こゝろがけさへふかく候はゞ、しなばしぬるまで、いきば生きるまでと打ちまかせてあるがよろしく候。せんねんまんねんいきても、一たびは老いたるも、若きも、しなでかなはぬものにて候。会者定離は人間の習ひなれば。たれになごりか惜しき… (親鸞を見る) わたしもう止しましょうかしら。何だか切なくなって… (上掲書, p.176)

다. 천년 만년 산다고 해도 결국은 헤어지게 되는 것, 누구에게 무슨 미련을 남길 일이겠습니까…(五体に身を受け給へば、やまひのくるしみ、しやうらうびやうしとて、なくて叶はぬ物にて候、りんじふなどのことなどもことごとくしやべつはなきものにて候。"라는 말은 물론이고, "つねづね御こゝろがけさへふかく候はゞ、しなばしぬるまで、いきば生きるまでと打ちまかせてあるがよろしく候。せんねんまんねんいきても、一たびは老いたるも、若きも、しなでかなはぬものにて候。会者定離は人間の習ひなれば。たれになごりか惜しき…)"의 내용을 통해 인생의 무상함을 아니 느낄 사람은 절대로 없을 것이기 때문이다. 이를 두고 어찌 불법의 진수(眞髓)라 아니 말할 수 있겠는가?

그러면 신란을 통해 구라타가 묘사하고 있는 또 다른 '운명'에 관한 내용을 고찰해 보자.

> 신란 　　(다시 묵연하게 눈을 감고 있다) 어디선가 영혼을 엄습해 오는 이 음산한 그늘은 무엇일까?(중략) 90살이나 된 이 노인이—이 세상에 무슨 희망이 남아 있다고. 무슨 향락이?(중략) 나는 일생동안 운명을 순수히 받아들여 사랑해 왔다. 그리고 운명을 섬겨 왔다. 운명에 거역하는 마음과 싸워 왔다. 그렇다. 나는 무덤에 들기까지 이 싸움을 계속해야 한다.(중략) 그 때 나는 심판을 받는 거다. 일생을 악과 싸워 왔다.(중략) 오오, 불안이여, 물러가라.(묵도한다)422)

---

422) 親鸞　（しばらく黙然として眼を閉じている）どこからともなく、わしの魂を掩うてくる、この寒い陰影は何ものであろう。(中略) 九十歳になる老人が―この世に何の希望が残っている。何の享樂が?(中略) 私は一生の間運命を素直に受取って、それを愛してきた。それに事えて来た。運命にそむく心と戦って来た。そうだ。わしは墓場に行くまでこのたたかいをつづけねばならない。(中略)その時私は審判の前に立つのだ。一生を悪と戦った。(中略) おお、不安よ。去れ。(上揭書, p177)

젊은 나이에 출가하여 불문에서 오랜 동안 지내온 신란이 자신의 한 평생을 회고하면서 중시하는 것은, 다름 아닌 '죽음'을 '운명'으로 보는 내용이다. 이는 인용문 속에 표현된 '심판' 또는 '악'이라는 어휘와 더불어 생각해 볼 때, 갑작스레 기독교적인 표현을 구라타가 구사하고 있음을 역시 구라타의 인생역정 그대로와 같다고 해도 과언이 아니다. 구라타가 병고 끝에 타계했던 그의 나이 52세와 90세를 넘어선 신란의 몰년(沒年)에는 큰 차이가 있어 보인다. 여기에서 한 가지 간과해서는 안 될 것이 있다. 비록 구라타가 당시로서는 '죽음' 외에 다른 방도가 없다 할 결핵에 걸리고 생사의 길목에서 수많은 우여곡절을 겪었다고 해도, 이 인용문 마지막 부분에서 '죽음'을 운명으로 여기면서도 불안감을 떨치지 못한 점은 구라타가 신란에 미치지 못하는 점이라고 해도 좋을 것이다.

3. '기도'를 통한 운명적 '죽음' 의식

앞에서 젠란과 '아사카', 유이엥과 '가에데'를 둘러싸고 진행되는 연애에 대하여 각각 고찰해 보았다. 그러나 아무리 유곽을 배경으로 하는 연애라 할지라도, 젠란과 '아사카'의 경우까지 연애를 둘러싼 운명적 만남이라고 단언하기에는 무리가 있어 보인다. 그러나 유이엥과 '가에데'의 경우에는, 목숨까지도 바치려는 사랑이 승려 유이엥의 입을 통해 전달되어지는 대사를 볼 때, 결코 그들의 사랑이 일시적인 연애로 끝나지 않고 운명적 '사랑' 의식으로 승화되어져 감을 느낄 수 있다. 그러므로 필자는 여기에서 어쩌면 『出家とその弟子』를 통해 가장 극적이라 할 수 있는 〈'기도'를 통한 운명적 '죽음' 의식〉을 발견하게 되는 것이다.

그것은 작가 구라타가, 이 같은 유이엥과 유녀 '가에데'와의 운명

에 대하여 "가령, '가에데'라고 하는 유녀의 운명을 생각해 봤는가? 그저 비천한 여자라고 하면서 함부로 밀어버릴 일이 아닐 거야. 이번 일로 가장 불행한 인간은 그녀일 거야.(例えば、かえでとやら申す遊女の運命のことをお前たちは考えてやったかね。ただ卑しい女と云って振り捨ててしまえばいいと訳のものではない。今度の出来事のうちで一番不幸な人間はその女だろう。)"[423]라는 부분과, "유이엥과 유녀와의 운명을 위해 기도하지 않으면 안 된다(唯円と遊女との運命のために祈ってやらねばならない。)"[424]는 내용을 신란의 입을 통해 강조하고 있는 점에서도 알 수 있는 일이다. 이는 두 말할 것도 없이, 신란이 생각하기에 가장 불행한 사람은 유이엥의 연애 상대인 유녀 '가에데'라는 점이고, 두 사람의 운명을 위해서 기도하지 않으면 안 된다는 말에, 곁에 있던 세 사람의 승려가 차례로 그 과정을 납득하는 내용이다.

그러면 이상과 같은 〈'기도'를 통한 운명적 '죽음' 의식〉에 이르는 과정을 몇몇 인용문을 통해 살펴보기로 하자.

오카네	당신도 참, 그런 사람이 어디 있어요? 마음을 착하게 먹자고 하지는 못하고 나쁘게 만들려고 애를 쓰다니.
사에몽	(술을 자꾸 마시며 말한다) 나는 악인이 될까 생각해. 선인인 체하고 있는 놈들의 얼굴을 껍질 채 벗겨내고 싶다고. 모두가 거짓말만 하고 있어. 나는 그래서 말인데, 가끔 이런 생각을 해 본다고. 하지만, 죽어버리든지 도둑놈이 되든지 하는 두 가지 길밖에 없다.(중략) 어차피 싸우지 않으면 안 될 바라면, 나는 자비로운 체하거나 자신에게 위선의 껍질을 쓰기보다는, "나는 나

---

423) 上揭書, p.178
424) 上揭書, p.179

쁜 사람이야"라고 하면서 나서고 싶단 말이야. 그렇지
않다면 거지 노릇을 하든지 그것도 싫으면 죽든지 하
는 거야. 그렇지만 나는 아직 죽고 싶지 않아. 그러니
까 강해지지 않으면 안 된다고 하는 것이야.[425)]

이 인용문 직전에서 사에몽은, 아들 마쓰와카[426)]와 아내 오카네와
함께 이야기를 나누는 장면이 펼쳐진다. 여기에서 지옥과 극락에 관
한 이야기가 나오게 되는데, 마쓰와카가 착한 일을 한 사람은 죽어서
극락에 가고 나쁜 일을 한 사람은 지옥에 간다는 이야기의 진위를 묻
자, 사에몽은 한 마디로 부정하고 만다. 그러나 지옥의 존재에 대해
서는 '사이노 가와라(賽の河原)'[427)]를 예를 들면서 긍정하게 된다.
그 후, 사에몽은 오카네 앞에서 술을 거듭 마시면서, 자신이 살아가
기 위해서 악인이 되려고 결의했다고 말한다. 이어 그는 "그렇지 않

---

425) お兼   まあ、そんな事をする人があるものですか。自分の心を善くしょうと
         心懸けるかわりに悪くしょうとして骨折るなんて。
左衛門   (飲み飲み語る) 私は悪人になってやろうと思うのだ。善人らしい面を
         して奴の面の皮を剥いでやりたいのだ。皆嘘ばかりついていやがる。私
         はな、これで時々考えて見るのだよ。だが死んでしまうか、盗賊になる
         か、この世の渡り方は二つしか無いと思うのだ。(中略)どうせ争わねばな
         らぬのなら、私は慈悲深そうな顔をしたり、また自分を慈悲深いもののよ
         うに考えたり虚偽の面を被るよりも、私は悪者ですと銘打って出たいのだ。
         さもなくば乞食をするか。それも業腹なら死んでしまうかだよ。ところ
         で私はまだ死にともないのだ。だから強くなくてはいけないのだ。(上掲
         書、pp.21-22)
426) 唯円이 出家하기 이전의 이름이다. 위 인용문에서는, 11세에 불과한 소년으로
     등장하고 있다. 한편, 그의 父親인 左衛門은 40세, 母親 '오카네'는 36세, 親鸞
     은 61세의 나이로 각각 등장한다.
427) '西院の河原'라고도 한다. 佛説에 의하면, 冥土와 三途川 강가에 있는 平原을
     말한다. 이는 어린 아이 死後에 苦를 받는 '저승'을 말한다. 이곳에 간 어린 아
     이 故人이 父母를 위해 石塔을 쌓으려고 하면, 惡鬼가 와서 무너뜨리곤 하므
     로, 그것을 반복하는 사이에 地藏菩薩이 나타나 救濟해 준다고 하는 이야기가
     있는 바, 옛날이야기를 통해 이를 기억하고 있는 左衛門이 이것이나마 긍정하
     면서 그 존재를 이야기한 것이다.

다면 거지 노릇을 하든지 그것도 싫으면 죽든지 하는 거야. 그렇지만 나는 아직 죽고 싶지 않아. 그러니까 강해지지 않으면 안 된다고 하는 것이야.(さもなくば乞食をするか。それも業腹なら死んでしまうかだよ。ところで私はまだ死にともないのだ。だから強くなくてはいけないのだ。)"라고까지 말하게 된 것이다.

그렇지만 위 인용문의 내용으로만 보면 '기도' 의식이 없어 보인다. 그러나 사에몽이 지옥의 존재에 대해서 긍정하면서도, 자신에 대하여 악인이라 말하는 가운데, 무언가 사에몽의 삶에 대한 희망 이상의 어떤 것을 느끼게 된다.

신란은 전술한 바와 같이, 지엥(慈円)과 료캉(良寛) 등과 함께 탁발수행(托鉢修行)을 하다가 눈 내리는 날 사에몽의 집에 이르러 하룻밤 쉬어 가고자 애원하지만, 사에몽은 도무지 들어주지 않는다. 눈보라치는 밖에서 늙은 몸으로 잠을 청하는 신란의 모습에 사에몽은 '순수한 사람'임을 알아차리게 된다. 평소 사냥을 좋아하는 사에몽이 동물을 살생하면서 즐거워하지만, 아내 오카네는 아들 마쓰와카가 몸이 약한 것은 남편이 사냥하고부터 생긴 일이고, '기도'를 하지 않아 집안에 행운이 생기지 않는다고 말한다.[428] 그 날 밤, 사에몽은 닭을 잡는 가운데 일어나는 무서운 꿈을 꾸게 된다.[429]

> 오카네   오늘밤은 왜 그런지 이상한 생각이 들어지네요. 잠자
>   리에 들었는데도 잠이 오지 않아서 이런저런 생각을
>   한 끝에 돌아가신 어머니가 떠오르는 것이지 뭐겠어
>   요? 이상한 이야기 같을 테지만, 저는 왠지 아까 그 스
>   님이 우리 엄마의 환생(還生)일지도 모른다는 생각이
>   들어져요.

---

428) 上掲書, p.25 参照
429) 上掲書, p.35 参照

사에몽	무슨 그런 바보 같은 말을. 그런 일이 어디 있어?
오카네	어머니는 신심이 독실했잖아요? 그리고 돌아가실 무렵 저에게 "이번에는 일어나지 못할 거다. 내가 죽으면 스님으로 다시 태어날 것이다. 잘 기억해 두어라. 집집마다 탁발하러 다닐 테니까."라고 말씀하셨어요.430)

이 인용문에서 사에몽은, 아내인 오카네로부터 승려 일행 중 신란이 자기 모친의 환생일지 모른다는 것과, 신심이 돈독했던 모친이 내생에는 승려로 태어날 것이니 탁발승에게 소홀히 대하지 말라는 등의 유언을 전해듣게 된다.431) 그리고 나서 탁발 차 자기 집을 찾아온 신란에게 지팡이로 내려 친 것을 회상하면서 크게 뉘우치고, 신란이라는 노승에게 색다른 점이 있다는 점을 깨닫는다. 그리고 그 순간 자신의 잘못을 실토한다. 사에몽은 자신에게 악령이라도 생긴 게 아닌가 하는 생각을 하게 되고, 아내 오카네는 신란에게 남편의 잘못을 사죄하게 된다. 그 때부터 사에몽은 신란이 보통 승려가 아니라는 생각에 더욱 관심을 갖게 된다. 다음 인용문을 보자.

---

430) お兼　今夜は何だか変な気がしますね。　私も寝床に入ってから少しも眠られないので、色々な事が考えられてならなかったのですと。　実は私の亡くなったお母さんの事を思い出しましてね。　変な事をいうようですけれどもね。　私は何だか宵のあの出家様が私のお母さんの生れ更りのような気がするのですよ。

左衛門　なにを馬塵な。そんな事があるものか。

お兼　お母さんはあんなに信心深かったでしょう。　そして死ぬる前頃私に「私は今度はどうせ助かるまい。私が死んだら坊さまに生れ更って来る。よく覚えてお置きよ。門口に巡礼して来るからね」って云いました。（上掲書, pp.37-38）

431) 倉田가 이상과 같은 인용문을 통해 갑자기 '오카네'의 母親을 등장시킨 것은, 어린 시절 過保護해 주었던 작가의 母親에게서 '사랑'을 느끼지 못했던 점에 대한 그리움이 작용한 것으로 해석된다. 그것은 적어도 작가가 佛教的 輪廻思想을 인지하고 있었기 때문에 추정할 수 있는 점이라 하겠다.

사에몽	댁 같은 출가인으로부터 그런 말씀을 듣기는 처음입니다. 그러면 사람이란 모두 악인입니까?
신란	저는 극중악인(極重惡人)입니다. 운명에 부딪히면 부딪힐수록 제가 지니고 있는 악의 뿌리가 깊다는 것을 알 수 있지요. 선의 형태가 마음의 눈이 트여감에 따라 전에는 알지 못했던 악이 보이게 됩니다.
사에몽	스님은 지옥이 있다고 하셨지요?
신란	있다고 믿습니다.
사에몽	(진지한 표정이 된다) 그러면 스님은 지옥에 떨어지시게 되는 것 아닙니까?
신란	이대로라면 지옥에 떨어지겠지요. 이 말이 무리한 일이라고는 생각하지 않습니다.[432]

사에몽은 신란의 말을 통하여, 악인의 요소는 누구에게나 있음은 물론이고 신란이 더욱 심중한 악인이라는 점, 그리고 신란조차도 지옥에 떨어질 수 있다는 점에 크게 공감한다. 그런데 인용문의 마지막에서 신란은 "이대로라면 지옥에 떨어지겠지요. 이 말이 무리한 일이라고는 생각하지 않습니다.(このままなら地獄に堕ちます。それを無理とは思いません。)"라고 말하면서, 사에몽에게 두려움만 느끼지 말고 차츰 선근(善根)을 쌓아가야 된다는 점을 넌지시 건넨다. 이를 알

---

432) 左衛門　あなたのような出家からそのような言葉を聞くのは初めてです。 では人は皆悪人ですか。あなたもですか。

親鸞　私は極重悪人です。 運命に逢えば遇うだけ私の悪の根深さが解ります。 善の相の心の眼に展けて行くだけ、前には気のつかなかった悪が見えるようになります。

左衛門　あなたは地獄はあるとおっしゃいましたね。

親鸞　あると信じます。

左衛門　（まじめな表情をする） ではあなたは地獄に堕ちなくてはならないのでありませんか。

親鸞　このままなら地獄に堕ちます。 それを無理とは思いません。（上掲書, p.46）

아들은 사에몽은 지옥이 없다고 할 수 없음을 깨닫고 선행을 하여 극락에 가고자 하는 염원을 갖게 된다. 그리고 〈타력신앙〉에 대한 신심, 즉 신란이 내놓은 구제의 길이 있음을 알게 된다. 이로부터 사에몽은 기도하고자 하는 마음을 갖게 되며, 이를 자신이 걸어갈 운명적인 길이라고 거듭 깨닫게 된다.

이어지는 기도에 관한 내용이 집중적으로 실려 있는 「제5막 제2장」의 내용을 고찰하고자 한다. 여기에는 주로 신란의 소원과 정해진 운명을 내면적으로 잇게 하는 것이 '기도'로 묘사되어 있다. 다음 인용문에서 신란은 '기도'의 감응되는 바를 강조하고, 이를 듣게 된 유이엥은 뛸 듯이 기뻐하며 자신도 온 정성을 다 받쳐 기도하겠다고 다짐한다. 다음 인용문을 보자.

> 신란 　거기에 바로 기도가 있어. 소원과 정해진 것을 내면적으로 이어주는 것이 기도인 게야. 기도는 운명을 일깨우는 것이야.(중략)
>
> 유이엥 　(뛸 듯이 기뻐하며) 기도하겠습니다. 저는 일심을 모아 기도하겠습니다. 기도로 운명을 일깨우겠습니다.
>
> 신란 　기도에는 실천적 의지가 있다네. 아니, 실행의 가장 깊은 것이 기도인 게야.433)

이상은 비록 짧은 인용문이지만, '기도'라는 어휘가 다시금 빈번하게 사용되고 있는 대목이다. 이 인용문 속에서는 스승인 신란이 권유

---

433) 親鸞　其処に祈りがある。　願いとさだめとを内面的に繫ぐものは祈りだよ。祈りは運命を呼びさますのだ。(中略)

　　唯円　(飛び上る) 私は祈ります。私は一心こめて祈ります。祈りで運命を呼びさまします。

　　親鸞　祈りには深い実践的の心持がある。いや、実行の一ばん深いものが祈祷だよ。(上掲書, p.182)

하는 기도에 힘입어 제자인 유이엥이 기꺼이 받아들이는 '기도' 의식
이 실려 있어 보인다. 그것은 작가 구라타가 투병생활을 통해 절대자
에게 기도하는 마음가짐을 유이엥의 대사를 통해 묘사하고 있는 셈
이다. 이 같이 리얼한 구라타의 착상은 마치 작가 스스로 옛날의 내
면세계를 들춰내려는 다분히 의도적인 부분이라고 여겨진다.

신란으로부터 기도야말로 자신의 운명을 일깨우는 것이라고 듣게
된 대목은, 마치 구라타가 이토엥에서 지내며 텐코에게 스스로의 아
픔을 낱낱이 고백한 결과, 간절하게 염원하면 치유할 수 있다고 믿어
진 '기도'로 이해된다. '기도'에 대하여 뛸 정도로 반갑고 기쁜 일로
받아들이는 유이엥에게 있어서야 말로, 작가는 이 '기도'를 자신의 운
명을 바꾸고자 하는 초월의식이라고 본 셈이다.

이는 곧 '기도'를 통한 작가의 운명적인 '죽음' 의식으로 보이기도
한다. 그것은 구라타가 성인(聖人) 신란을 절대적 위력을 지니고 있
는 인물로 보고, 유이엥을 작가 자신으로 볼 수 있는 데서 나오는 해
석이라고 해도 좋을 것이다. 따라서 작가 구라타는, 역사적으로 성인
으로 보아 왔던 신란이라는 등장인물을 말 그대로 성인으로 인식하
고, 독자들에게도 마찬가지로 성인으로 인식하게 하고 있다. 이에 따
라 구라타는 다음의 인용문에서 신란의 입을 통해, 염원과 정해진 운
명을 내면적으로 잇게 하는 것이 '기도'라 하면서, '기도'만은 정성스
럽게 해야 됨을 강조한다. 다음 인용문을 보자.

> 신란   기도 속에는 깊은 실천적 의지가 있다네. 아니, 실행의
> 가장 깊은 것이 기도라는 것이야. 사랑을 위해 기도한
> 다는 것은, 진실하게 사랑한다는 것과 다르지 않지. 자
> 네는 이제 무엇보다도 자네의 기도를 성스럽게 되도록
> 하는 일이라네. 바꾸어 말하자면, 자네의 사랑을 부처
> 님의 마음에 맞도록 깨끗하게 가꿔가야 하는 거야.

유이엥	아아, 저는 부처님의 마음에 맞는 성스런 사랑을 하고 싶습니다. 스님, 어떤 사랑이 성스러운 사랑인가요?
신란	성스러운 사랑이란 불자에게 허용된 사랑을 가리키지. 모든 일에 저주를 보내지 않는 사랑을 말하지, 부처님 을 비롯해서 연인에게도, 연인 이외의 사람에게도, 그 리고 자기 자신에게도.434)

　　이 인용문을 통해서, 승려로서 '기도'하려는 마음가짐이란 중요한 것임에 틀림없는 일이다. 그러나 여기에서 더욱 필요한 것은 그 실천 적 자세라고 보는 구라타의 안목과 그 마음가짐이라 보고 싶다. 아울 러 정토진종의 경우 '기도'를 '염불'에 비하여 무게를 두지 않음에도 불구하고, 구라타가 작품을 통하여 '기도' 의식을 운명적으로까지 다 양하게 표현한 점에는, 작가의 사고체계에 불교적인 것에 못지않게 기독교적인 사고방식도 스며있기 때문이라고 해석된다.

---

434) 親鸞　祈りの内には深い実践的の心持ちがある。いや、実行の一ばん深いもの が祈祷だよ。 恋のために祈るとは、 真実に恋をすることに外ならない。 お前は今何よりもお前の祈祷を聖いものにしなくてはならない。 云いか へればお前の恋を仏の御心に適うように浄めなくてはならない。

　　　 唯円　ああ、私は仏のみ心に適う、聖い戀をしたい。お師匠様どのような恋 が聖い恋で御座いますか。

　　　 親鸞　聖い恋とは仏の子にゆるされた恋のことだ。一切のものに呪いをおく らない恋のことだ。仏様を初めとし恋人へも、恋人以外の人にも、ま た自分自身へも。(上掲書, pp.182-183)

제1절 『愛と認識との出発』의 성립배경과 문학적 위상

東京第一高校를 자퇴하고 실연당하는 일과 당시로서는 거의 불치병이라고 일컬어졌던 결핵을 앓게 된 일 등은, 청년 구라타로 하여금 인생에 대한 무상감을 맛보게 했고, 자신의 내면세계를 보다 상세하게 응시하게 했다. 따라서 그는 이 시기에 다방면에 걸쳐 독서를 하거나 마음에 드는 곳을 찾아다니는 등의 침착한 생활을 즐겼던 것이다.435) '수필평론'이라는 작품 『愛と認識との出発』는, 서간의 형식을 빌린 사소설적(私小說的)인 것이며 청년을 위한 인생철학서(人生哲學書)이자 세속의 번뇌에서 생명력을 찾으려는 구도서(求道書)이면서 문학성까지 갖춘 종합적인 수필평론으로 평가할 수 있다.

또 이 작품은 이후에 발표된 그 밖의 『生活と一枚の宗教』436)나 『絶

---

435) 이 時期는 倉田이 작품 『愛と認識との出発』를 기술하기 위한 準備의 자세로 보인다.(『倉田百三選集』〈第1巻〉, pp.62-63 参照)

対的生活』437)와 같은 작품과 그 문학성을 함께 하고 있어, 수필평론으로서 종교적인 내용을 다분히 안고 있는 작품으로 보인다.438) 이 점은 특정 종교를 넘어선 문학으로서, '불교문학'의 범주를 넘어선 소위 '종교문학'으로 대별시킬 수 있는데, 사실 '문학'과 '종교'와의 관계는 인류 역사의 출발점에서부터 시작되어 오늘에 이르고 있기 때문에 유기적(有機的)인 관계라고 밖에 인식할 수 없다고 본다.

이 『愛と認識との出発』가 출판된 것은 1921년(大10) 4월의 일로, 구라타가 31세 때의 일이다. 이 책이 출판되자마자 구라타는 당시의 청년들로부터 인기를 한 몸에 받았다. 구라타가 말한 이 책의 출판이 갖는 의미는 두 가지라고 할 수 있다. 구라타는 이 작품의 서문을 통해 "하나는 내 청춘의 기념비로서이고, 둘은 뒤에 오는 청춘의 마음들에게 주는 선물로서이다.(一は自分の青春の記念碑としてであり、二は後れて来たる青春の心達への贈り物としてである。)"439)라고 말함으로써, 이 책이 비록 자신이 젊은 나이에 출판한 작품일지라도, 자신의 기념비에 해당하고, 늦게 찾아온 청년의 마음에 보내는 선물이라고 뜻깊게 생각했던 것이다.

그는 또 이 책의 서문의 모두(冒頭)를 통해 "이 책에 실린 것은 나 자신이 오늘날까지 기술해 온 감상 및 논문의 거의 전부이다.(此の書に収むるところは自分が今日までに書いた感想及び論文の殆ど全部で

---

436) 이 『生活と一枚の宗教』에는 「附─治らずに治つた私の体験」이라는 副題가 달려 있다.
437) 『倉田百三選集』〈第4卷〉과 〈第5卷〉에 게재되어 있다.
438) 이런 점에 앞서 倉田 스스로가 젊은 나이에 이미 기독교와 西田哲學이랄지 親鸞 영향하의 불교 등에 관심을 남달리 갖고 있었던 인물이라는 점과 함께 훗날 대체로 불교적인 작품을 즐겨 읽고 즐겨 집필했다는 점에서, 어찌 보면 종교문학자의 한 사람으로 인식해도 지나치지 않다고 보여진다.
439) 阿部次郎·倉田百三, 『阿部次郎·倉田百三論』〈現代日本文学全集 74〉, 筑摩書房, 昭31, p.293

ある。)"고 기술하고 있다. 그러므로 이 작품을 통해서 독자들은 인격형성기에 있어서 그의 사색의 과정과 사상의 양상을 엿볼 수 있다. 그렇지만『阿部次郎・倉田百三集』(現代日本文學全集 74)에 실려 있는 이 작품 속의 일련의 수필평론이 서문을 제외하고도 총 17항목으로 되어 있음을 볼 때, 역시 종합적으로 보면 그 통일성을 발견할 수는 없다. 이 작품이 유명 평론치고는 논술의 체계성이 부족하다는 인상을 갖게 한다는 점이다.

그래서인지 스즈키 테이비(鈴木貞美)는

> 키타로의『善の研究』에 있어서도 간행 당초는 철학계의 반응을 별도로 한다면, 겨우 구라타 햐쿠조의「生命の認識的努力」가 심취자의 등장을 알렸을 정도였을 뿐이다. 그 권두에 실은 구라타 햐쿠조의『愛と認識との出発』가 이와나미(岩波)서점에서 나온 것과 같은 1921년(大10)『善の研究』의 岩波 판이 나오자 이번에는 고등학생이 멋을 부리기 위해서라도 샀다고 할 정도로 유행하게 되었다.「다이쇼(大正) 교양주의(教養主義)」의 확대가 그 배경에 있었다.440)

라고 말함으로써, 당시에 키타로의『善の研究』와 구라타의『愛と認識との出発』를 대비시키고 있다.

이상에서 스즈키가 밝힌 내용은 어디까지나 그의 전적인 주관에 의한 판단에 따른 것으로 보인다. 그러나 다른 한편으로 보면, 키타로의『善の研究』에는 구라타의 입장에서 볼 때, 스승상이 엿보이기 때문441)이라 할 수 있다.

이 작품의 출판 의의라면, 구라타가 당시의 청년층을 의식하여 생명과 인식과 사랑과 선에 놀란 나머지, 애써 구하는 자는 청년의 특

---

440) 김채수 역, 鈴木貞美 著, 前揭書, pp.463-464 參照
441)『倉田百三選集』〈別卷〉, p.72 參照

질을 소지하지 않으면 안 된다는 내용이라 하겠다. 아울러 구라타는 이 작품의 출판을 통해 문학가로서 〈생명의 형이상학〉을 목표로 삼아 나갔던 것이다.

앞에서 밝힌 『阿部次郎·倉田百三集』에 실려 있는 『愛と認識との出発』에는, 다음과 같은 내용이 순서대로 기술되어 있다. 이를 소개하면

> 1) 동경―산노스케의 편지― 2) 생명의 인식적 노력(西田幾多郎論) 3) 이성 안에 자기를 발견하는 마음 4) 자연아로서 살아라 5) 사랑을 잃은 자의 걸어갈 길(사랑과 인식의 출발) 6) 이웃 사람으로서의 사랑 7) 은둔의 마음가짐에 대하여 8) 사랑의 두 가지 기능 9) 과실(過失) 10) 선(善)해지려고 하는 기도 11) 타인에게 작용하는 마음가짐의 근거에 대해서 12) 본도(本道)와 외도(外道) 13) 지상(地上)의 남녀―순결한 청년에게 보낸다― 14) 문단을 향한 비난 15) 사람과 사람과의 종속 16) 「출가와 그 제자」의 상연에 대하여 17) 천수관음(千手觀音)의 화상(畫像)을 보고442)

등이다.

이 『愛と認識との出発』에 이상과 같은 순서로 실려 있는 논문이 갖는 특징은, 여러 가지의 문제들이 그저 평면적으로 내던져 있는 것이 아니라, 그 자체가 하나의 정신사(精神史)를 형성하고 있다는 점이며, 이는 결코 간과해서는 안 될 내용이라고 생각된다. 그것은 이

---

442) 1)憧憬―三之助の手紙― 2)生命の認識的努力(西田幾多郎論) 3)異性の内に自己を見出さんとする心 4)自然児として生きよ 5)戀を失うたものの歩む道(愛と認識との出発) 6)隣人としての愛 7)隠遁の心持について 8)愛の二つの機能 9)過失―お絹さんの手紙― 10)善くならうとする祈り 11)他人に働きかける心持の根拠について 12)本道と外道 13)地上の男女―純潔なる青年に贈る― 14)文壇への非難 15)人と人との従属 16)「出家とその弟子」の上演に就いて 17)千手観音の画像を見て（上掲書, pp.292-395）

책에 '전신(轉身)'443)이라는 표현이 자주 나타나고, 훗날 집필된 그의 작품에 『轉身』이 있는 점으로도 알 수 있다.

구라타는 이 책의 간행에 즈음하여 서명에 이어지는 말로서 「이 책을 훗날에 오는 젊은이들에게 준다.(此の書を後れて来たる青年に贈る。)」444)고 적고 있다.

이어 구라타는 『聖書』「요한 제1서 제2장」의 내용인 "형제들이여, 내가 너희에게 새 계명(戒名)을 써 보내는 것이 아니다. 즉 너희가 처음부터 가진 새 계명이니, 이 옛 계명은 본래 너희의 들은 바 말씀이다. 그래서 다시 내가 너희에게 새 계명을 쓰노라.(兄弟よ、我爾曹に新らしき誡を書き贈るに非ず。即ち始より爾曹の有てる旧き誡なり。此の旧き誡は始より爾曹が聞きし所の道なり。然ど我が爾曹に書き贈る所は新しき誡なり。)"445)는 말을 권두에 기술하고 있다. 여기에서도 필자는 구라타가 전술한 바와 같이 이 『愛と認識との出発』를 집필하기 이전에 한 동안 기독교에 경도되어 있었음을 거듭 발견할 수 있다. 그것은 자신의 고뇌에 찬 저서를 첫 평론집으로 출판하면서 그 모두에 『聖書』의 내용을 게재했다는 점에서 그렇다. 한편 구라타가 기독교적인 사고방식에 의한 표현법446) 또한 상당히 서구적이라는

---

443) 오늘날의 용어로 바꾸어 표현하면 '實存'이라는 말이 더욱 적절한 표현이라고 생각된다. 倉田에게 『転身』이라는 작품이 있을 정도이고 보면, 그가 얼마나 자신의 內面世界를 깊게 응시하고 자기의 '變身'을 위해 몸부림쳤는지 알 수 있다.

444) 이를 번역하면 「이 책을 뒤에 오는 젊은이들에게 준다」

445) 上揭書, p.292 參照. 「형제들이여, 내가 너희에게 새 계명(戒名)을 서 보내는 것이 아니다. 즉 너희가 처음부터 가진 새 계명이니, 이 옛 계명은 본래 너희의 들은 바 말씀이다. 그래서 다시 내가 너희에게 새 계명을 쓰노라」이다.

446) 위 인용문에서도 倉田는 大正時代 당시에 '信仰'이라고 비교적 基督敎的이고 西歐的인 용어를 즐겨 사용했다. 어쩌면 이런 표현은 오늘날이라면 비교적 東洋的인 표현인 '宗敎'라고 언어를 구사했을 것이다. 한편 이 같은 倉田의 표현방식은 그의 대표적 희곡인 『出家とその弟子』에서도 발견된다. 이에 대한 구체적인 설명은 前揭 拙論, p.185에 밝혀 두었다.

사실을 이어지는 서문을 통해서도 인지할 수 있다.

그러면 작품 중 서문의 내용을 살펴보기로 하자.

구라타는 이를 통해, "이 책은 청년으로서 마땅히 생각해야 할 중요한 문제를 모두 포함하고 있다고 해도 좋다.(此の書は青年として当に考ふべき重要なる問題を悉く含んでゐると云つてもいゝ。)"[447] 고 하면서

> 「선이란 무엇인가」, 「진리란 무엇인가」, 「우정이란 무엇인가」, 「연애란 무엇인가」, 「성욕(性慾)이란 무엇인가」, 「신앙이란 무엇인가」 등의 문제를 결코 해결할 수는 없을 때까지라도, 이들에 관한 가장 본질적이 사고방식을 보이고 있다. 그리고 사고방식은 어떤 의미에 있어서 해결보다도 중요한 것이다.[448]

라고 기술하고 있다.

두 말할 것도 없이 이 책의 내용은 한결같이 청년으로서 마땅히 생각해야 할 중요한 문제를 포함하고 있다고 할 수 있다. 즉, 「선이란 무엇이고, 진리란 무엇인가? 그리고 우정이란 무엇이며, 연애란 무엇이고, 성욕이란 무엇이며, 신앙이란 무엇인가?」 등의 문제를 둘러싼 인간으로서 가장 본질적인 문제를 드러내려 했다.

구라타는 이 인용문에서도 비교적 서구적이고 기독교적인 표현을 즐겨 사용하고 있다. 그는 전술한 바대로 신란사상과 「니시다 철학(西

---

447) 필자는 앞에서 『倉田百三選集』〈第2卷〉, p.5를 통해, 基督教的인 表現이 적잖게 記述되어 있음을 밝힌 바 있다.

448) 「善とは何ぞや」、「真理とは何ぞや」、「友情とは何ぞや」、「戀愛とは何ぞや」、「性慾とは何ぞや」、「信仰とは何ぞや」等の問題を、決して解決し得ては居ないまでも、此等に関する最も本質的な考へ方を示してゐる。而して考へ方は或る意味に於て解決よりも重要なのである。(上掲書, pp.294-295 參照)

田哲學)」의 영향을 크게 받고서 당시 인간·사랑(愛)·생(生)의 의미·병고(病苦)·신앙 등에 각별히 관심을 기울였던 것이다. 문학가로서 구라타는 초기에는 시라카바파에 속하는 사람들과 함께 활동했으나, 30대에 이르러서는 마음 깊이 청년들을 가깝게 지도하고자 했다. 나아가 만년에는 전술한 바와 같이 일본주의운동을 펼치고 싶어했다. 그런 까닭에 구라타는 『処女の死』, 『超克』, 『希臘主義と基督教主義との調和の道』 등의 작품도 세상에 출현시킬 수 있었던 것이다.

전술한 바와 같이 구라타는, 이 『愛と認識との出発』의 모두를 통해 〈"형제들이여, 내가 너희에게 새 계명을 써 보내는 것이 아니다. (중략) 그래서 다시 내가 너희에게 새 계명을 쓰노라."〉라는 「요한 제1서 제2장」의 내용을 적고 있는 바, 이를 보면 구라타가 한 때 기독교에 크게 경도되어 있었음을 쉽게 알 수 있다. 그것은 자신의 고뇌에 찬 첫 수필평론집에 「요한 제1서」의 내용을 게재했기 때문이다. 더욱이 구라타가 기독교적인 사고방식에 의해 그 표현법 또한 상당히 서구적이었다는 사실은, 자신의 한 때의 신앙처가 기독교였기 때문이기도 하고, 신란사상에도 포함되어 있는 〈타력신앙〉으로부터 받은 영향이 컸기 때문으로 보인다.

그럼에도 불구하고 구라타는 당시 자신의 신앙에 대하여

나는 사랑이나 용서나 치유나 노동에 관한 기독교적 덕을 존경하는 마음이 두터울 뿐입니다. 그렇지만 그것만으로 기독교 신자는 아닙니다. 기독교 신자는 그리스도를 신의 아들, 구주(救主)로서 믿지 않으면 안됩니다.

내 신앙의 경로(經路)를 반성해 보면, 나에게는 기독교적 진리임이 믿어지고, 자비(기독교적으로는 '사랑')의 완성을 위해서 기도하는 마음이 생기며, 그 마음 바탕에 신을 만날 수 있다는 느낌이 들었을 뿐입니다.(중략)

나는 기독교 사상으로 나날을 살아가고 있습니다만, 크리스챤은 아
닙니다.449)

　라고 언급한 것을 보면, 그가 비록 기독교적인 덕(德)을 존경했다고
할지라도, 그의 내면세계에 기독교 신앙이 돈독하게 자리잡고 있지는
않았다고 보인다.

　1915년(大4) 25세가 된 구라타는 결핵 치료를 위해 입원, 간호사
인 하루코(晴子)라는 여성과 사귀게 된다. 그러나 그는 그 해 12월
텐코의 이토엔에 들어가 노동과 요양을 하면서 침착한 마음가짐으로
지내다가, 이듬해 밖에서 하숙생활을 하게 된다. 이로 인하여 다시
쇠약해진 몸을 치료하기 위해 거듭 이토엔에 들어가지만, 이 때 두
누나의 죽음450)을 맞게 된다. 두 누나의 질병 치료와 사망으로 인하
여 자기 집에 적잖은 부채가 있음을 알게 된 구라타가 이후 희곡『歌
はぬ人』와『出家とその弟子』를 집필했던 점을 생각해보면, 그가 얼
마나 많은 인내력과 끈기를 지니고 있었는가를 알 수 있게 한다.

　한편 구라타는, 고교 자퇴와 거듭된 실연, 그리고 당시로서는 거의
불치병이었던 결핵을 앓게 된 일 등에도 좀처럼 굽히지 않고, 약관 2
1세에 東京第一高校 시절 이후 기고해 온 감상문과 논문을 집필하여

---

449)　私は、愛や赦しや癒しや勞働やのキリスト敎的德を尊ぶ心は深くなるばかりで
　　す。けれどもそれだけではキリスト信者ではありません。キリスト信者はキリ
　　ストを神の子、救主として信じねばなりません。
　　　私の信仰の經路を反省して見ますと、私にはキリスト敎的愛の眞理であること
　　が信じられ、慈悲(キリスト敎的愛)の完成のために祈禱の心持が生じ、その心
　　持のなかに神に遭へるやうに感じたのでした。(中略)
　　　私は基督敎の思想で日々暮らしてはゐますが、クリスチァンではありません。
　　(『倉田百三選集』〈第1卷〉, p.212)
450)　이는 당시 34세인 셋째 누나 タテ와 당시 30세인 넷째 누나 マサ가 1916년 7
　　월에 연이어 사망하는 일을 말한다. 두 누나의 臨終을 지켜본 倉田는 '죽음'을
　　간접적으로나마 體驗하게 된다.

이 『愛と認識との出発』를 전신인 『愛と知慧との言葉』[451]라는 이름
으로 발표했었다. 그러면 이들 작품명에 관한 내용부터 살펴보기로
하자.

> 나는 혹은 9월부터 센케 모토마로(千家元麿)라는 사람의 『善の生命』
> 라는 잡지에 「愛と知慧との言葉」라는 제목으로 짧은 것을, 매일 작곡
> 하는 듯이 잠시 쓸지도 모릅니다. 9월의 것은 「타인에게 말을 거는 마
> 음가짐의 근거에 대하여」라는 것입니다.[452]

이상은 서간집(書簡集)인 『靑春の息の痕 - 或る神學靑年の手紙
の束 -』[453]에 실려 있는 것으로, 구라타가 구보 마사오 앞으로 1916
년(大5) 8월 16일 보낸 편지의 내용이다. 이 글을 살펴보면, 구라타
가 자신의 수많은 논문을 한데 모아 한 권의 평론집으로 구성하기까
지 얼마나 많이 고뇌했는가를 추정할 수 있다.

우리가 독자의 입장에서 이 작품을 일독하면, 누구나 구라타가 유
소년 시절부터 남달리 인생을 의문시한 만큼 자신의 내면의식을 탐
구하려는 마음작용이 자못 컸음을 인지할 수 있어 보인다. 물론 그것
은, 구라타가 직접 쓴 각종 서간문[454]을 통해 '사랑'과 '지혜' 그리고
'타인을 향한 마음가짐' 등의 어휘가 적잖게 발견되는 점에서 알 수
있는 내용이다.

---

451) 이에 관하여 倉田는 가능한 哲學을 사용하지 않고 마음에서 마음으로 이야기하
  고 싶다고 밝히고 있다.(上揭書, p.125 參照)
452) 私は或は九月から千家元麿といふ人の『善の生命』といふ雜誌に「愛と知慧との言
  葉」といふ題で、 短いものを、 毎日組曲のやうにして暫らく書くかも知れません。
  九月のは「他人に話しかける心持の根據について」といふのです。(上揭書, p.117)
453) 『倉田百三選集』〈第1卷〉에 게재되어 있다.
454) 위 인용문이 書簡文體임은 물론이고 『愛と認識との出發』가 거의 이 서간문으
  로 되어 있다. 이 점에 대해서는 바로 이어지는 「第5章 제2절 1」에 구체적으로
  밝혀 두었다.

구라타는 이 『愛と認識との出発』를 출판함으로써 자신의 굳건한 문학적 소양을 확인할 수 있었던 것이다. 이를 보면 구라타의 문학에 대한 열정과 신념이야말로 후세 사람들에게 좋은 본보기가 될 수 있다고 본다. 그것은 전술한 바와 같이 이미 당시에 청년기를 살아가고 있었던 구라타가 인생에 대한 허무감·무상감을 맛보면서 자신의 내면세계를 응시하는 힘을 발휘할 수 있었기 때문이다.

이 『愛と認識との出発』는, 키타로의 『善の研究』와 아베 지로(阿部次郎)의 『三太郎の日記』 등과 더불어 당시의 청년들에게 큰 인기가 있었다. 구라타가 이 책의 서문을 통해, 『愛と認識との出発』야말로 자신의 기념비에 해당하고 늦게 찾아온 청년의 마음에 보내는 선물이라고 강조했던 것은, 이 작품이 비록 자신이 젊은 나이에 집필된 것일지라도 구라타 스스로도 작품에 대한 자신감이 있었기 때문에 가능했던 일로 해석된다.

1. 「憧憬―三之助の手紙―」에 나타난 우정관

『愛と認識との出発』의 문체적 특징이 서간문의 형식을 띠고 있음을 밝힌 바 있다. 이 작품의 첫 번째 수필평론인 「憧憬―三之助の手紙―」[455]에는 여타의 논문보다도 그 서간문체가 두드러지게 나타나 있다. 그것은 「憧憬―三之助の手紙―」라는 그 논제에 이 평론의 권두에 있는 부제 '―三之助の手紙―'가 들어 있음만 보아도 이 논문이 서간문체임을 쉽게 알 수 있다. 따라서 이 평론은 편지 형식에 의한 수상적(隨想的) 논문[456]이라 할 수 있다.

구라타의 나이 22세에 쓰어진 이 수필평론은 "사랑의 원류란 무엇인가?"라는 지극히 인간으로서 기본적인 인생문제에 봉착하면서, 당시의 청년이라면 누구나 공통적으로 겪고 있던 인생에 대한 의문이 주로 많이 묘사되어 있다. 그것은 하나의 연애담을 서간문의 형식을 빌려 마치 자신의 어려운 생활 속에서의 자기경험을 친구인 고가와 산노스케(香川三之助)에게 고백하듯이 표현하고 있는 점에서 알 수 있다.

그러면 먼저 이 논문의 도입부분부터 살펴보자.

> 편지 잘 받았네. (자네와 나) 상호간에 청년 21세가 된 셈이로군. 그
> 런데도 고생을 하고 난 기세가 나로 하여금 형(兄) 같은 느낌이 들기만

---

455) 본래 一高 校友會誌 第213號(1912年 2月)에 발표된 것이다.
456) 上揭書, p.277 參照

한다네. 작년 정월에 나누었던 그 화려했던 연애담을 알고 있는 만큼, 차갑고 어두우며 더럽기까지 한 기숙사에서 삭막하게 새해를 맞이하는 자네가 한층 더 생각나네. 자네는 나와는 다르게 호강스런 가정에서 자라났으니 말이네. T군이 자네를 로맨틱하다고 냉소했다구? 그건 상관 없다네. 그의 찰나주의(刹那主義)야말로 위험한 것이라네. 왜냐하면 그의 사상에는 중심점이 없기 때문이지.457)

　　물론 이 인용문은 '사랑'이란, 반드시 이성과의 만남을 통해서 되어지는 것만은 아니라는 사실을 폭 넓게 그리고 있다. 특히 이 「憧憬—三之助の手紙—」라는 수필평론을 통해 구라타가 기술한 "상호간에 청년 21세가 된 셈이로군. 그런데도 고생을 하고 난 기세가 나로 하여금 형(兄) 같은 느낌이 들기만 한다네. 작년 정월에 나누었던 그 화려했던 연애담을 알고 있는 만큼, 차갑고 어두우며 더럽기까지 한 기숙사에서 삭막하게 새해를 맞이하는 자네가 한층 더 생각나네. 자네는 나와는 다르게 호강스런 가정에서 자라났으니 말이네.(お戸に 青春二十一歳になつたわけだね。でも苦勞した勢がぼくの方に兄のやうな氣がしてならない。昨年の正月の艶々しい戀物語を知つている丈に、冷い、暗い、汚い寮で侘びしく新年を迎へた君が一層の事いとしい。君は私と違つて花やかな家庭に育つたんだからね。)"라는 내용과 표현을 보면, 어쩌면 〈사랑=우정〉이라는 방정식처럼 매우 사실적이다. 이 「憧憬—三之助の手紙—」에는 구라타가 친구인 산노스케에게 찰나주의가 위험하다는 내용을 기술한 것이랄지, 쾌락주의적인 생활방식을

---

457) 御手紙拜見。お戸に青春二十一歳になつたわけだね。でも苦劳した勢がぼくの方に兄のやうな気がしてならない。昨年の正月の艶々しい戀物語を知つている丈に、冷い、暗い、汚い寮で侘びしく新年を迎へた君が一層の事いとしい。君は私と違つて花やかな家庭に育つたんだからね。 T君が君をロマンチックだつて冷笑したつて。構ふものか。彼の刹那主義こそ危いものだ。何故といふに、彼の思想に中心点が無いからだ。(上揭書, pp.281-282)

지니면서도 그런 삶에 쓸쓸함을 남기고 괴로워하는 마음에 대한 갈등이 상세하게 묘사되어 있다.

이어 구라타는 다음의 인용문을 통해 인간의 본성에 대하여 마찬가지로 서간문 형식을 빌려 자신의 사고방식을 구체적으로 피력하고 있다.

> 어제 마루야마(丸山)씨가 편지를 보내 왔네. 수줍고 조심스런 필적인데 어딘지 사람의 마음을 끌더군. (중략) 맨발로 뜰에서 신는 '게다(나무 나막신)'를 신고 뜀돌 위에 섰던 키 큰 여성의 모습이 이상스럽게도 그날 밤 내 마음속으로 스며들었다. 과부(寡婦)이면서 자식이 없는 마루야마씨는 산노스케씨! 산노스케씨! 산노스케씨! 하며 나를 동생처럼 귀여워해 줬는데, 지금은 기후(岐阜)에 있는 여학교에서 선생님을 하고 있다고 한다. 나는 휴가가 시작됐을 때, 후쿠야마(岡山)에서 내 취미에 맞는 아주 예쁘게 생긴 빗을 누이동생에게 선물로 사 가지고 갔더니, 그 검소한 여학교에서는 이렇게 사치스런 것을 꽂을 수 없다면서 한편으로는 반가운 표정을 짓더군. 자네도 오모코(重子)씨에게 책이라도 위안 삼아 부쳐주게. 누이동생이라는 것은 귀여운 것이니까 말야. 모레 출발하겠네. 그럼 착실하게 공부하고 지내게.[458]

「憧憬―三之助の手紙―」 중에서도 이 인용문은, 구라타가 했던 '사랑'을 사실적으로 느끼게 한다. 실로 제목 그대로 인간으로서 누구나

---

458) 昨日丸山さんが手紙をよこした。つゝましい筆使ひだが、一村人を惹きつける。(中略) 素足に庭げたをはいて飛石の上に立つた丈の高い女の姿が妙に其の夜の私の心に沁みた。寡婦にして子供無き丸山さんは三之助さん、三之助さん、三之助さんと言つて私を弟の如く愛して呉れたのだが、 今では岐阜で女學校の先生を勤めてるさうだ。私は休暇の初、岡山で私の趣味に照らして最も美しいと思ふ花がんざしを妹に土産に買つて歸つてやつたら、 あの質素な女學校では此んな派手なものは挿されませぬと言つて居たが其れでも嬉しさうな顔はした。君も重子さんに本でも慰めに送つてやり給へ。妹と云ふものは 可愛いもんだからね。明後日出發する。しつかり勉強し給へ。(上掲書, pp.282-283)

지니고 있는 하나의 '동경'에 사로잡히게 한다. 그것은, 그 대상이 다른 사람이 아닌 여선생 같기도 하고 누이동생 같기도 하여, 그가 말하는 '사랑' 또한 검소하고 착실한 모습으로 다가오는 느낌이 실로 너무나도 리얼하기 때문이다. 즉, "맨발로 뜰에서 신는 '게다(나무 나막신)'를 신고 뜀돌 위에 섰던 키 큰 여성의 모습이 이상스럽게도 그날 밤 내 마음속으로 스며들었다. 과부(寡婦)이면서 자식이 없는 마루야마씨는 산노스케씨! 산노스케씨! 산노스케씨! 하며 나를 동생처럼 귀여워해 줬는데, 지금은 기부에 있는 여학교에서 선생님을 하고 있다고 한다.(素足に庭げたをはいて飛石の上に立つた丈の高い女の姿が妙に其の夜の私の心に沁みた。寡婦にして子供無き丸山さんは三之助さん、三之助さん、三之助さんと言つて私を弟の如く愛して呉れたのだが、今では岐阜で女学校の先生を勤めてるさうだ。)"는 부분을 언뜻 보기만 해도 적잖은 표현에서 너무도 리얼한 점을 느낄 수 있다. 그렇지만 구라타는 훗날 '연애'라고 하는 것이 가족과의 관계를 그르치게 할 수 있다고 괴로워했으며, 인도적인 사랑과 애욕 사이에서 정신적 고통을 크게 느껴 나갔던 것이다. 이렇게 구라타는 자신의 내면의식을 산노스케에게 보내는 서간문을 통해 솔직하고 담백하게 묘사하고 있는 바, 이는 친구에게 향하는 마음가짐이 열려 있었기 때문으로 해석된다.

그러면 다음의 인용문을 통해 구라타의 한층 성숙된 연애관을 살펴보기로 하자. 두 말할 것도 없이 이것도 산노스케에게 보내는 서간문의 내용이다.

> 지난번의 긴 편지 잘 읽었네. 솔직하게 말한다면 그의 편지는 나에게 그다지 기쁜 느낌을 가져다주지는 못했었네. 고생하며 찾아다니다 드디어 이럭저럭 '쾌락(快樂)'이라고 하는 한 가지를 잡은 것까지는 좋았지만, 그 '쾌락'을 잡았을 때 자네는 적잖게 처량한 색조와 '데스퍼

레트'한 기분을 띠고 있는 것처럼 보였기 때문일세. 쾌락주의는 자네에게 있어서는 이미 이젠 하나의 귀한 신념이 되었지. 그러나 자네는 그 편지를 쓴 이후로 부드럽고 상냥하며 차분한 심정으로 나날을 보내고 있겠지. 아마도 거칠고 될 대로 되라는 기분일 것이 분명하네. 자네의 결론을 나는 이렇게 단정했네. "인간의 본성은 쾌락을 욕구하게 되는 의지이다. 따라서 가장 훌륭한 삶을 얻으려면 의지의 대상인 쾌락이 있는 곳으로 가라"고. 나도 쾌락에 「인디퍼렌트'할 정도로 냉담한 사나이는 절대로 아닐세.(중략) 그러나 발생적·심리적으로 생각해 보게. 욕구를 만족시킬 때 비로소 쾌락이 생기는 것이지 욕구하기 시작하는 그 때는 쾌락은 없었을 것이 틀림없네.(중략) 그리고 또 인간이 이 세상에 홀연히 생겨나와 쾌락을 위하여 쾌락을 맛보고, 다시 홀연히 사라져 가 버리는 것이어서는 너무나 어처구니없지 않은가?[459]

이 인용문을 통해서 구라타는, 쾌락주의라는 것이 자신에게 있어서 이미 하나의 귀한 신념으로 작용된 듯 하지만 자신의 글을 읽는 사람은 부드럽고 착하고 차분한 심정으로 나날을 보낼 것이라고 하면서, '쾌락'에 대해 "인간의 본성은 쾌락을 욕구하게 되는 의지이다. 따라서 가장 훌륭한 삶을 얻으려면 의지의 대상인 쾌락이 있는 곳으로 가라.(人間の本性は快樂を欲求する意志である。故に最もよき生を得んに

---

459) 此の間の長い手紙丁寧に讀んだ。實を言ふと彼の手紙は私に取つて余り嬉しい 感じを與へて吳れなかった。苦心して探し廻つて、終にどうかかうか快樂といふ一事を捕へたまではよかつたが、其の「快樂」を捕へた時は、君はすくなからず蕭殺たる色相とデスペレートな氣分とを帶びてる如く見えたからである。快樂主義は君ち取つては今は一つ尊き信念になつた。然し君は彼お手紙を書いて以來、柔かな, 優しい、濕うた、心地で日を送つてるかい。恐らくは荒んだ、捨鉢な氣持であろう。君の結論は私はかう斷定した。「人間の本性は快樂を欲求する意志である。故に最もよき生を得んには意志の對象たる快樂の存する所に赴べし」と。私だつて快樂にインディフェレントな程に冷淡な男では萬々ない。(中略) 然し、發生的、心理的に考へて見給へ。欲求を滿足せしむる時初めて快樂を生ずるので、欲求する當初に快樂は無かつたに違ない。(中略) 其れに又人間が此の世の中にポツと生まれ出て、快樂の爲に快樂を味うて、又ポツ消えて仕舞ふとは余りにもあつけないではないか。(上掲書, pp.292-293)

は意志の対象たる快樂の存する所に赴べし。)"고 귀결시키고 있다. 그러면서도 구라타는 친구들과의 우정을 중요시했고, 그런 친구들에게는 내면에서 일어나는 자신의 '철학'을 꾸밈없이 전달하려는 자세를 잃지 않았다. 그 만큼 구라타는 자신의 '사랑'에 대한 사고를 단순한 쾌락주의에 머물게 하지 않고, 철학 또는 자신의 내면의식에 접근시키려 했다고 이해된다.

그러기 때문에 구라타는 아래의 인용문에서 알 수 있듯이, 쾌락의 집착, 욕구의 해방, 힘의 확충, 재보의 획득이야말로 자신은 물론이고 친구도 망칠 수 있는 '암담한 먹구름'이라고 단언했다고 보인다.

> 네 칸 반의 타다미방에서 멀리서 온 친구와 마주앉아 차분하게 이야기 나누는 정취(情趣)는 자네를 이끌지 못하게 되고, 모모 회의원의 연회가 펼쳐지고 있는 밤의 화려함만이 자네의 마음을 자극하게 될 것만 같은 생각이 드네. 자네는 지금 이기적인 쾌락주의의 창을 정면으로 휘두르면서 세상을 확보하려고 하는군. 쾌락의 집착, 욕구의 해방, 힘의 확창, 재보의 획득! 아아 자네가 가려는 곳에는 암담한 먹구름이 기다리고 있네. 무서운 파멸이 기다리고 있다네. 내 어찌 그것을 눈물 없이 간과할 수 있겠는가? 이런 것들은 모두 자네의 오늘날까지의 삶이 충실하지 못했었기 때문이라네. 차분히 가라앉은 통일적인 생활을 안 했기 때문일세. 그렇게 생각하고 보니 더욱 자네가 그립네.460)

그는 그런 일시적 쾌락(快樂)이라는 것은 파멸(破滅)의 길로 진입하는 것이어서, 그것이 마치 자신의 일인 양 '눈물 없이 간과할 수 없다'

---

460) 四畳半に遠来の友と相対して湿やかに物語る趣は君を惹かなくなって、某々会議員の宴会の夜の花やかさのみが君の心をそゝるやうになるやうにも思はれる。君は今利己的快樂主義の鉾を真向に振り翳して世の中を荒れ廻らんとして居る。快樂の執着、欲求の解放、力の拡充、財の獲得! あゝ君の行く方には暗澹たる黒雲が待つて居る。恐ろしい破滅が控へて居る。僕は是を涙無して如何して見過す事が出来よう。此等も皆今迄の君のライフが充実して居なかつたが為である。沁々と統一的に生き得なかつた為である。さう思へば益々いとしくなる。(上掲書, pp.294-295)

는 뜻으로 '동적(動的)'이 아닌 '정적(靜的)'인 생활의 긴박함을 전하고 있다.

이처럼 「憧憬—三之助の手紙—」는 〈三之助の手紙〉라는 부제(副題)가 있어서 그런지, 이 인용문의 "자네는 지금 이기적인 쾌락주의의 창을 정면으로 휘두르면서 세상을 확보하려고 하는군. 쾌락의 집착, 욕구의 해방, 힘의 확창, 재보의 획득! 아아 자네가 가려는 곳에는 암담한 먹구름이 기다리고 있네. 무서운 파멸이 기다리고 있다네. 내 어찌 그것을 눈물 없이 간과할 수 있겠는가? 이런 것들은 모두 자네의 오늘날까지의 삶이 충실하지 못했었기 때문이라네. 차분히 가라앉은 통일적인 생활을 안 했기 때문일세.(君は今利己的快樂主義の鋒を真向に振り翳して世の中を荒れ廻らんとして居る。快樂の執着、欲求の解放、力の拡充、財の獲得! あゝ君の行く方には暗澹たる黒雲が待つて居る。恐ろしい破滅が控へて居る。僕は是を涙無して如何して見過す事が出来よう。此等も皆今迄の君のライフが充実して居なかつたが爲である。沁々と統一的に生き得なかつた爲である。)"라는 내용을 보면, 더욱 구라타의 생각에는 하나의 문학적 내지 철학적 산물로 정리되어있는 듯하다.

구라타는 이 『愛と認識との出発』라는 수필평론을 저술함으로써 수많은 독자를 확보했다. 그 이유라면 바로 작가 스스로가 청년의 몸으로 이를 집필했다는 점 때문이다. 그러나, 첫 번째 논문인 「憧憬—三之助の手紙—」의 연애관이라면, 인간이 지니고 있는 사고방식이야말로 어떤 특별한 해결보다는 가장 기본적인 것, 즉 '사랑'과 '철학에 대한 인식'을 갖추는 일로 해석된다. 구라타는 이 점을 매우 중요시함으로써 한층 성숙된 내면의식을 지닐 수 있었고, 이는 결국 자신의 내면의식을 친구들에게 아낌없이 전달해 나가는 '우정'을 돈독하게 해 나갈 수 있었다고 보인다.

2. 「生命の認識的努力」에 나타난 철학관

전술한 바와 같이 키타로는, 1883년(明16) 그의 나이 13세에 너무도 친하게 지냈던 바로 위의 두 누나가 18세의 나이로 병사함에 따라, 소년기에 '죽음'이라는 인간의 가장 큰 슬픔을 겪게 된다. 결국 구라타는 그의 나이 26세 때이던 1916년 7월 셋째 누나와 넷째 누나의 임종을 지켜볼 수 있었다. 이 때 구라타는 복합적인 비애감을 맛보게 되는데, 그것은 먼저 사랑하는 두 누나가 죽고 말았다는 그 자체이고, 그 다음에는 인간의 '죽음'이라는 것은 아무리 사랑하는 사람이라 할지라도 대신 죽어줄 수 없다는 것이었다.

누나의 계속되는 '죽음'은 인간으로서의 개체적 존재의 고독과 유한성에 해당되는 슬픔을 구라타로 하여금 갖게 한 셈이다. 그 만큼 구라타는 두 누나의 죽음을 목격하고서 형제애를 두텁게 느끼게 되었던 것이다.

이 같이 사려 깊은 구라타는 당시 자신만이 겪었던 철학과 사상을 이 『愛と認識との出発』라는 수필평론 속에 싣고자 했다. 그것은 바로 인간이 지니고 있는 사고방식의 중요성이 작품을 통해 적잖게 실려 있는 데서 찾을 수 있는데, 그것이 바로 「生命の認識的努力」라는 작품 속의 또 하나의 평론이다. 구라타는 항상 자신을 뛰어 넘으려고 하는 자신의 '정신적 고투'를 이 평론을 통해 사실적으로 보여주고 있다. 즉, 그는 실존적인 자기 발전과 한 인간으로서 체험적 자취를 작품의 여기저기에 남기고 있다는 것이다. 그래서 그는 작가로서만이 아니라 사상가로서의 자질까지도 갖춘 인물로 볼 수 있다고 하겠다.

그러면 이에 관련된 몇몇의 내용을 고찰해 보기로 하자.

『愛と認識との出発』의 사상적인 면을 주로 이 「生命の認識的努力」라는 글을 통해 살펴보고자 한다. 그것은 이 평론 속에 '철학에 대한

인식'이 주된 소재로 다루어져 있기 때문이다.

「生命の認識的努力」는 전술한 바와 같이 一高 재학 중 교우회지에 〈니시다 키타로론〉이라는 부제목을 곁들여 발표한 것이다. 이는 구라타가『善の研究』의 영향을 크게 받았기 때문에 이같이 관련시키고 있다고 보여진다. 키타로가『善の研究』를 통해 자연주의자로서 자신의 마음을 진솔하게 묘사하고 있는 것처럼, 구라타도 자신만이 아니라 대부분 인간의 생명력은 언제나 살아있음을 직관하면서 지극히 자연스럽게 인간이 살아가야 할 목표의식을 갖출 수 있도록 방향을 제시하고 있다. 아울러 삶의 가치에 대해서도 세밀하게 시사해 주고 있다.

그러면 다음의 인용문을 통해, 우리 인간이 우주 만물 가운데 하나의 생명체로 태어나서 어떻게 행동하며 인식해 나가야 할 것인가에 대한 구라타의 관점을 살펴보기로 하자.

> 우주만물은 모두 그 그림자를 우리들의 관능 속에 짜 넣고, 우리들의 생명내부에 숨어 있는 충동은 이에 대해 능동적으로 활동하여 인식하고 정감하며 의욕을 일으키도록 한다. 그래서 생명은 자기 스스로의 내면에 함축적(implicit)으로 숨어 있는 내용을 점차로 분화 발전시킴으로써 우리들의 내부 경험은 나날이 복잡해져 간다.461)

이 인용문 직전에서 구라타는, 인간이 살아있다면 마음속을 살펴보고 살아있다는 사실을 직관해야 한다고 강조한다. 또 그 사유의 세계는 내부경험을 통해서 변화하는 것이라고 단언한다. 그리고 나서 구라

---

461) 宇宙の萬物は皆其の影を我等の官能の中に織り、我等の生命の內部に潛める衝動は是に能動的に働らきかけて認識し、情感し、意欲する。かくて生命は己れ自らの中に含蓄的(implicit)に潛める內容を次第に分化發展して我等の內部經驗は日に日に複雜になつて行く。(倉田百三,『倉田百三選集』〈第2卷〉, p.7)

타는 이상의 인용문을 통해 우주만물 또한 인간의 심적 작용에 따라 움직이며, 인간의 내부에 있는 생명력이 우러나야 된다고 강조하고 있는 것이다. 그러기 때문인지 구라타는 여기에서 진일보하여 '생명에 대한 인식'도 인간의 내부경험 속에서 싹트는 것이며, 이는 내면의식에 함축적으로 작용하면서 날마다 분화하고 발전한다고 토로하고 있다.

구라타는 다음 인용문을 통해 인간의 내부에 있는 '생명'에 대한 실다운 인식의 차이로 인하여, '예술'이 되어질 수 있고 '철학' 또한 되어질 수 있는 것이라고 자기논리를 강하게 피력하고 있다.

> 두 말할 것도 없이 예술과 철학과는 이 내부 생명의 표현적 노력의 두 갈림길이다. 다만 전자는 구체적 · 부분적으로 묘사해내는 내부 경험을, 후자는 개념의 양식을 가지고 전체로서 통일적으로 표현하는 것이다. 그렇게 하여 얻어진 결과는 내부생명의 투사이고 자기의 그림자이며, 달성된 목적은 생명의 자기인식이다.462)

구라타가 '생명'에 대한 직관력을 갖게 된 배경이라면, 그의 불우한 젊은 시절에 느낀 '죽음'에 대한 간접적인 체험이 '참된 생명감' 내지 '생명의 존엄성' 등에서 생긴 것으로 추정된다. 구라타는 여기에서 자신의 사상적 토대를 구축했고, 생명관을 확충해 가면서 인간에게 필요한 것이 무엇인가를 고민했던 것이다.

이런 점에서 구라타는 예술과 철학은 물론, 차원 높은 희망 · 사랑 · 동경 · 신앙 등을 몸소 체험하고 싶어했던 것이다. 그러므로 구라타는 '생명'에 바탕한 철학을 통해 뭔가를 발견하기 위해서는, 인간이라

---

462) 言ふまでもなく芸術と哲学とは此の内部生命の表現的努力の二途である。只前者が具体的に部分的に写出する内部経験を後者は概念の様式を以て全体として(as a whole)統一的に表現するのである。かくて得られたる結果は内部生命の投射であり、自己の影であり、達せられたる目的は生命の自己認識である。(上同)

면 누구나 쓰라린 체험 속에서도 자신의 과오도 발견해 나가야 된다고 말한 것으로 이해된다.

이런 정도의 가치가 있는 작품이기 때문에, 『愛と認識との出発』가 출판되자마자, 구라타는 갑자기 유명세를 얻을 수 있게 된 것이다. 그는 몸은 비록 결핵을 앓고 있었지만, 그의 마음가짐은 꾸준히 그 세계를 넓혀가면서 인류의 '구제'와 '사랑'을 지향한 바, 이런 사고가 신란사상에 입각한 '휴머니즘'을 보여주게 된 것으로 생각된다.

그러면 구라타의 〈철학적 세계관〉에 관하여 고찰해 보기로 하자.

> 우리나라(일본; 필자 주)의 철학계를 둘러보면, 우리들은 초목이 시든 겨울의 들판과 같은 적료한 느낌보다는 퍼붓는 듯한 햇볕 아래 바래진 메마른 모래 산이 줄지어 늘어선 광경을 생각하게 된다. 주인 없는 연구실의 공허감을 의식하게 하지 않는 것도 아니건만, 그보다는 거리에서 손님을 부르는 천박하고 떠들썩한 소리를 듣는 듯한 기분이 든다. 근대의 고뇌를 몸에 지니고 침통하게 사색해 나가는 철학자는 정말 적다. 드물게 출판되는 책을 보면 통속적인 어떻고 어떻다는 강습회 강연 원고가 아름답게 장정되어 나타난 것에 지나지 않는다. 저자의 개성이 나타난 독창적인 사상이 듬뿍 실려 있는 철학서는 거의 없다. 심각하게 피를 토해내는 듯한 내부 생활의 추이 과정을 더듬는 것과 같은 저서는 한 권도 없다. 그 뿐이 아니다. 그들은 국권의 통일에 그 자유로운 사색의 날개가 얽매여 있다.463)

---

463) 我が国の哲学界を見渡す時に、我等はうら枯れた冬の野のような寂寥を感ずるよりも、乱射した日光に晒らされた乾らびた砂山の連なりを思はれる。主なき研究室の空虚を意識せぬでもないが、其れよりも街頭に客を呼ぶ浅はかな喧噪を聞くやうな気がする。近代の苦悩を身にしめて、沈痛なる思索をなしつゝある哲学者はまことに少い。稀り出版される書物を見れば通俗的な何々講習会の講演の原稿が美装を凝らして現はれたのに過ぎない。著者の個性のあらはれた独創的な思想の盛りあげられた哲学書はほとんどない。深刻な血を吐くやうな内部生活の推移の跡のたどらるゝやうな著書は一冊もない。其ればかりではない。彼等は国権の統一に其の自由なる思索の翼を搦まれてゐる。(上掲書, pp.8-9)

필자로서는 구라타가 한 청년으로서 어떻게 '일본'이라는 자국의 철학계를 한 눈으로 바라보며 이상과 같이 적절한 비판과 그에 따른 강력한 촉구를 할 수 있었는지 믿어지지 않을 정도이다. 그것은 이 비판이 비록 적나라하다 할지라도 그의 세계관 또한 작지 않아서 세인을 놀라게 하고도 남음이 있다고 보여지기 때문이다. 이를테면, "주인 없는 연구실의 공허감을 의식하게 하지 않는 것도 아니건만, 그보다는 거리에서 손님을 부르는 천박하고 떠들썩한 소리를 듣는 듯한 기분이 든다. 근대의 고뇌를 몸에 지니고 침통하게 사색해 나가는 철학자는 정말 적다.(主なき研究室の空虚を意識せぬでもないが、其れよりも街頭に客を呼ぶ浅はかな喧噪を聞くやうな気がする。近代の苦悩を身にしめて、沈痛なる思索をなしつゝある哲学者はまことに少い。)"라는 내용을 보면, 기성 철학자들에게 경종을 울려주는 방법으로서도 통렬하기 이를 데 없다.

이 같은 안목으로 구라타는 그 변화무쌍한 시기에 적절하게 일본의 철학계를 비판함은 물론이고, 자신의 철학적 영역을 확보하면서 자신이 자국을 위해서 어떤 세계관을 가져야 되는가 하고 끊임없이 고심했던 것이다. 나아가 그는 자신의 내부생활을 통한 사색을 청년기에 해 나간다면, 인생의 튼튼한 초석이 될 수 있다는 점을 독창적인 체험을 통해 인지해 나갈 수 있었던 것이다. 이 같은 세계관을 구라타는 '자신의 철학'이라 여기면서 지구상에서 윤리사상의 나약함까지 기꺼이 지적한 셈이다. 다음 내용을 보기로 하자.

> 그 뿐만이 아니다. 우리들과 마찬가지로 현대의 공기를 호흡하며 살고, 현대의 특징을 모조리 몸에 거둬들여, 시대의 고민과 동경을 이해하는 진정한 근대인조차도 드물다. 그들은 우리들 청년과 함께 살고(mitleben) 있지 않다. 양자가 상호간의 밖에서 살고 있다. 그 사이에는 생명과 생명의 따뜻한 교감은 성립되어 있지 않다.

이 건조하고 침체되었으며 천박하기까지 한 속기로 가득 찬 우리 철학계에, 가령 시들고 메마른 산그늘에 가려진 토박한 땅에서 푸르스름한 빛을 띤 하얀 잔디 꽃이 고상한 향기를 내뿜고 있는 것과 같아서, 우리들(일본인들; 필자 주)에게 순수한 기쁨과 마음 든든함과 그윽한 경탄까지 느끼게 해주는 것은 '우리의'(필자 주) 니시다 키타로씨이다.

키타로씨는 하나의 메타피지션(metaphysician; 필자 주) 즉, 형이상학자로서 우리의 철학계에 있어서 특수한 지위를 차지하고 있다. 키타로씨는 합법적 경험주의(radical impiricism) 위에 서 있으면서도 분명히 한 사람의 로맨틱한 형이상학자이다.464)

구라타는 이렇게 시대에 맞는 고민을 계속해서 해 나갔던 것이다. 또 우리가 쉽게 알 수 있는 것은, 자신의 시대관이나 동경 의식을 이해하는 사람을 그는 '근대인'이라 부르고, 그런 사람들이 드문 시대상을 가슴을 내려치는 듯이 탄식하고 있다. 그러기 때문에 그는 이 시대를 "이 건조하고 침체되었으며 천박하기까지 한 속기로 가득 찬 우리 철학계에, 가령 시들고 메마른 산그늘에 가려진 토박한 땅에서 푸르스름한 빛을 띤 하얀 잔디 꽃이 고상한 향기를 내뿜고 있는 것과 같아서, 우리들(일본인들; 필자 주)에게 순수한 기쁨과 마음 든든함과 그윽한 경탄까지 느끼게 해주는 것은 '우리의'(필자 주) 니시다

---

464) 其れどころではない。我等と同じく現代の空気を呼吸して生き、現代の特徴を悉く身に収めて、時代の悩みと憧憬とを理解せる真正なる近代人さへも稀である。彼等は我等青年とmitlebenして居ない。両者は互の外に住んで居る。其の間にはいのちといのちの温かな交感は成り立たない。

此の乾燥した沈滞した浅ましきまでに俗気に満ちたる我が哲学界に、例へば乾らびた山陰の瘠せ地から、蒼ばんだ白い釣鐘草の花が品高くにおひ出て居るにも似て、我等に純なる喜びと心強さと、かすかな驚きさへも感じさせるのは西田幾多郎氏である。

氏は一個のメタフィジシャンとして我が哲学界に特殊な地位を占めて居る。氏はradical impiricismの上に立ちながら明らかに一個のロマンチークの形而上学者である。(上掲書, p.9)

키타로씨이다.(此の乾燥した沈滞した浅ましきまでに俗気に満ちたる
我が哲学界に、例へば乾らびた山陰の瘠せ地から、蒼ばんだ白い釣鐘
草の花が品高くにおひ出て居るにも似て、我等に純なる喜びと心強さ
と、かすかな驚きさへも感じさせるのは西田幾多郎氏である。)"라며, 키
타로의 위상에 관하여 자신이 느낀 그대로 피력했던 것이다.

　나아가 구라타는 키타로야말로 합법적 경험주의에 입각하면서도 로
맨틱한 형이상학자라고 단언하기도 했다. 여기에서 필자는 작가인 구
라타가 왜 키타로의 『善の研究』가 인격적 자연주의에 바탕한 작품이
라고 규정했는지 관심을 갖고자 한다. 키타로가 이『善の研究』와 상통
하는 내용이 실린 서간465)을 통해 밝힌 내용을 살펴보기로 하자.

> 「이 육신이야말로 소중하기 그지없지만, 사람은 무리하게 이 육신을
> 보지지 않으면 안 되는 이유가 있다. 생각하건대 사람의 생명은 육신
> 에 있지 않고 그 사람의 이상(理想)에 있는 것이다. 사람이 그 내면의
> 마음을 깊게 탐구하여 좋다고 생각되는 일에 반하는 일을 할 때는, 즉
> 자기가 남에게 압력을 받아 자기다워지는 사람은 스스로가 사망한 것
> 이다.」466)

　키타로는 이상과 같이 언급, 사람의 생명은 육신이 아닌 이상에 있
는 것이고, 사람이 속마음을 깊이 탐구하여 선에 반하는 일을 할 때
는, 곧 자기가 남에게 눌린 나머지 자기는 이미 사망한 것이라고 함
으로써 자신의 인생관과 사생관을 피력한 적이 있다. 그러므로 구라

---

465) 이 서간은 西田가 山口高校에서 근무하면서 京都에까지 다니면서 참선하던 18
　　97年(明 17年) 11월 11일에 친구인 山本良吉에게 보낸 것이다.
466)「この肉身の大切なるべけれども人は無理にこの肉身を保たざるべからずの理あ
　　りや。思ふに人の生命は肉身にあらず其人の理想にあるならん。 人が其内心に
　　深く探りて善と思ふ事に反する事をなすの時は、 即ち已が他に圧せられ已たる
　　者は已に死亡したる也」(宮川 透·荒川幾男 編, 前掲書, pp.116-117)

타도 키타로의 영향을 받았기 때문인지 위의 인용문에 크게 동감했다고 해석된다.

그러면 「生命の認識的努力」를 통해 구라타가 키타로의 『善の硏究』의 가치를 어떻게 기술하고 있는지 살펴보자.

> 키타로씨의 저서로는 오직 『善の硏究』라는 책 한 권만 있다.(중략) 키타로씨의 철학사상 전체가 하나의 정리된 체계로서 발표된 것은 『善の硏究』이므로, 키타로씨의 철학계에 있어서의 지위를 결정짓는 것도 이 책이라는 것은 두 말할 필요가 없다. 이 책은 10년 이전에 쓰기 시작한 것이어서, 오늘날의 사상은 어느 정도는 이것에서 추이하여 발전했기 때문에, 언젠가는 고쳐 쓸까 하지만, 그 근본사상은 오늘날이라 할지라도 의연하게도 바뀌지 않았다고 일컬어지고 있다.(중략) 나는 스스로 헤아리지도 않고 키타로씨의 사상의 철학적 가치에 관하여 시비를 판단하려는 것은 아니다. 철학자로서 키타로씨의 사상에 관한 및 인격을 있는 그대로 하나의 방침 아래 서술하고자 하는 것이다. 필자의 목적은 씨의 해석이다. 그 태도는 평가(valuation)가 아니고 해설(exposition)이다.467)

이 인용문에서 구라타는, 『善の硏究』야말로 키타로의 철학적 지위를 결정짓게 하는 서적임을 크게 강조하고 있다. 이렇게 「生命の認識的努力」라는 논문은 『善の硏究』의 철학적 가치가 당시의 사상적

---

467) 氏の著書としては「善の硏究」が一册あるのみである。(中略)氏の哲学思想全体が一の纏つたる体系として発表せられたのは「善の硏究」であつて、氏の哲学界に於ける地位を定むるものも此の書である事は言ふまでもない。此の書は十年以前に書き初けられたのであつて、今日の思想は幾分か是よりも推移し発展して居るから何時か書き替へたいと思つてるが、其の根本思想は今日と言へども依然として変じないと言つて居られる。(中略) 私は自ら櫺らずして氏の思想の哲学的価値に関して、是非の判断を下さうとするのではない。哲学者としての氏の思想及び人格をあるがまゝに、一の方針の下に敍述しようと試みるのである。論者の目的は氏の解釈である。其の態度はvaluationでなくしてexpositionである。(『倉田百三選集』〈第2卷〉, pp.10-11)

체계로서 우수한 내용을 담고 있다고 할 수 있다. 아울러 그는 키타로의 인격을 사상과 더불어 서술하면서, 자신이 위와 같이 기술한 목적은 키타로 만큼은 못하더라도 그 해설은 가능하다는 점을 밝히고 있다.

3. 「異性の內に自己を見出さんとする心」에 나타난 연애관

구라타는 『愛と認識との出発』의 첫 번째 논문인 「憧憬—三之助の手紙—」를 통해 어쩌면 가장 문학적인 소양을 피력하고 있다고 보여진다. 그것은 '사랑'에 관한 인간으로서 기본적인 문제를 제기하면서, 자신의 연애담을 서간문의 형식을 빌려 자기가 몸소 체험한 듯이 고백하고 있는 점에서 알 수 있다.

그러면, 구라타가 자신의 연애를 통하여 느낀 연애관을 수필평론 『愛と認識との出発』의 「異性の內に自己を見出さんとする」라는 평론을 통해 살펴보고자 한다.

> 그렇지만, 내가 슬퍼하는 것은 형이상학적으로 서술된 사랑과 희생에 관해 기술된 책을 접할 수가 없었다. 모든 것은 애매하고 불철저한 모조품임에 지나지 않는다.(중략) 이 같은 사랑이 얼마만큼 힘과 열과 빛을 생명의 밑바닥에서 나오게 할 수 있겠는가 하고 의심했다. 니시다씨는 열렬한 「사랑의 철학자」이다.(중략) 그렇지만 나는 어찌하여 타인의 존재를 긍정할 수 있었겠는가? 나는 어찌하여 내가 자신의 존재를 긍정하듯이, 확실하고 자명하게 생생한 모습에 있어서 타인의 존재를 인식할 수 있었겠는가? 그리고 자타의 생명 사이에 통하는 본질적인 관계가 있음을 인식할 수 있었겠는가? 나는 이처럼 생각하면서 괴로워했다.468)

---

468) しかしながら悲しいことには私は形而上学的に敍述された愛と犠牲との書物に
　　接することができなかつた。 すべては曖昧なる不徹底なるがひものに過ぎなか

구라타는 이 인용문을 통해, 〈어떻게 하여 타인의 존재를 긍정할 수 있었겠는가?〉라는 의문 속에서 더욱 깊게 생각하며 고민했다. 이런 번민 끝에 그는 '타인의 존재' 또한 인식하려 했다. 그렇기 때문에 그는 키타로를 〈'사랑'의 철학자〉로 부르게 된 것이다. 그러나 구라타는 '사랑'에 대하여 위의 인용문에서와 같이 지극히 독자적으로만 인식하거나 해석하지 않았다. 그렇다고 해서 보통 인간으로서 누구라도 쉽게 하는 그런 사랑을 논하려 한 것도 아니었다. 어디까지나 그는 사랑을 철학적 토대 위에서 인식하려 했으며, 날이 갈수록 그 근거를 키타로의 『善の硏究』에서 찾으려 했다.

그러면 「異性の內に自己を見出さんとする心」 속의 다른 인용문을 통해서 구라타가 추구한 '사랑'에 대한 관점이 어떤 것이었는지에 관하여 살펴보기로 하자.

> 그러기 때문에 사랑과 인식은 종류가 다른 정신 작용이 아니다. 인식의 궁극적 목적은 바로 사랑의 최종적인 목적이다. 우리들은 사랑하기 위해서는 몰라서는 안 되고, 알기 위해서는 사랑하지 않으면 안 된다. 우리들은 마침내 동일율(Gesetz der Identität) 밖으로 나올 수 없다. 꽃만이 꽃의 마음을 잘 안다. 꽃의 진상을 아는 식물학자는 스스로 꽃이 되지 않으면 안 된다. 즉, 자기를 꽃 속으로 이입하여 꽃과 일치하지 않으면 안 된다. 이 자타합일의 마음이야말로 사랑이다.
>
> 사랑은 실재의 본체를 포착하는 힘이다. 사물의 가장 깊은 지식이다. 분석하고 추론하여 얻은 지식은 사물의 표면적인 지식이어서, 실재

つた。(中略) かくのごとき愛がいかばかり力の熱と光とを生命の底より發せしめ得るであらうかを疑つた。西田氏は熱心なる「愛の哲學者」である。(中略) 併しながら私はいかにして他人の存在を肯定することが出來たであらうか。 私はいかにして私が自己の存在を肯定するごとく、確實に、自明に、生き生きとした姿に於て他人の存在を認識することが出來たであらうか。 そして自他の生命の間に通ふ本質的關係あることを認めることが出來たであらうか。 私は思ひ悩んだ。(上揭書, p.42)

그 자체를 붙잡을 수 없다. 오직 사랑만이 이것을 잘 할 수 있다. 사랑
이란 알음알이의 극점이다.(『善の研究』, 지와 애)

　이 같은 인식적인 사랑은, 자기를 지탱하기 위한 생명의 가장 엄숙
한 노력이지 않으면 안 된다. 개인 의식이 순간적인 존재를 떠나 확실
하고 원시적이며 자연적이고 영원하며 참다운 생명으로 돌아가려고 하
는 가장 엄숙한 종교적 요구이다. 그래서 사랑은 생명의 내부적인 열과
힘과 빛과의 원천임을 얻는 것이다.469)

　여기에서 구라타는 '사랑'과 '인식'은 다른 정신작용이 아니고, 양
자의 궁극적인 목적은 같은 것이라고 역설하고 있다. 그러기 때문에
그는 사랑하기 위해서 우리는 모두 알아야 된다고 말하고 있는 것이
다. 이는 마치 꽃만이 꽃의 마음을 아는 것처럼 말이다. 그러기 때문
에 구라타는 "꽃의 진상을 아는 식물학자는 스스로 꽃이 되지 않으면
안 된다. 즉, 자기를 꽃 속으로 이입(移入)하여 꽃과 일치하지 않으
면 안 된다. 이 자타합일(自他合一)의 마음이야말로 사랑이다.(花の
真相を知る植物学者は自る花であらねばならない。すなわち自己を花
に移入(einfuhren)して花と一致しなければならない。この自他合一の

---

469) それ故に愛と認識とは別種の精神作用ではない。　認識の究極の目的は直ちに愛
　　の最終の目的である。　私等は愛するがためには知らねばならず、知るがために
　　は愛したければならない。我等は畢竟同一律(Gesetz der Identitat)の外に出
　　ることは出来ない。花のみよく花の心を知る。花の真相を知る植物学者は自る
　　花であらねばならない。すなわち自己を花に移入(einfuhren)して花と一致しな
　　ければならない。この自他合一の心こそ愛である。
　　「愛は実在の本体を捕捉する力である。ものの最も深かき知識である。分析推論
　　の知識はものの表面的知識であつて実在そのものをつむことはできない。たゞ愛
　　よりてのみこれをよくすることができる。愛とは知の極点である。」(『善の研究』、
　　知と愛)
　　かくの如き認識的愛は生命が自己を支へんための最も重々しき努力でなければ
　　ならない。個人意識がかりそめの存在を去つて確実なる、原始なる、自然なる、
　　永遠なる真生命に就かんとする最も厳かなる宗教的要求である。　この意味に於
　　て愛はそれ自ら宗教的である。　かくてこそ愛は生命の内部的なる熱と力と光と
　　の源泉たることを得るのである。(上掲書, pp.50-51)

心こそ愛である。)"라고 까지 표현함으로써, 자신이 인지하고 있는 '사랑'의 단계를 단순한 문학적 단계를 넘어 수사학적으로까지 표현 하면서, '이성과의 사랑'의 방안을 다음과 같이 제시하고 있다.

> 나는 이성에 대하여 관대하고 충실한 열정 있는 마음을 품고 있었 다. 나는 성문제에 생각이 미치면 금방이라도 가슴이 두근거렸다. 그만 큼 이 문제에 엄숙한 기대를 걸고 있었다. 나의 천품 속에는 이성에 의 해서만 나타나게 되고 성장할 수 있는 능력이 숨어 있음에 틀림없다. 또한 여성 속에는 남성과의 접촉에 의해서만 빛을 낼 수 있는 비밀이 숨어 있을 것임에 틀림없다. 나는 그 비밀에 접촉하여 전율하고 싶었 다. (중략) 나는 남성의 영육을 이끌어 즉시 여성의 영육과 합해질 때, 거기에 가장 숭고한 종교가 성립할 것으로 생각했다. 참된 종교는 섹스 (sex) 속에 숨어 있다. 아아, 사나이의 마음에 '죽음'을 긍정하게 할 만 큼 아름다운 여인은 없을까? 나는 여자여, 여자여 하고 생각했다.470)

이 인용문에서 구라타는 청년의 몸으로 이성(異性)에 대해 솔직한 자기 심정을 고백하고 있다. 아니 솔직함을 넘어서서 어찌 보면 자신 의 내면세계를 양심에 비추어 있는 그대로 드러내고 있다. 그것은 그 가 '천품(天稟)'471)이라는 어휘를 선택해 사용한 데서도 알 수 있다. 여기에서 구라타는 '섹스'를 종교의 성립조건으로까지 확대하여 표현

---

470) 私は異性に対して寛大な、忠実な、熱情ある心を抱いて居た。私は性の問題に想ひ到 ればすぐに胸が躍つた。それ程この問題に厳粛なる期待を繋いで居た。私の天稟の なかには異性によりてのみ引き出だされ、成長せしめられ得る能力が隠れてゐるに 相違ない。また女性のなかには男性との接触によりての光輝を発し得る秘密が潜んで ゐるに相違ない。私はその秘密に触れてをのゝきたかつた。(中略) 私は男性の靈肉を ひつさげて直ちに女性の靈肉と合一するとき、そこに最も崇高なる宗教が成立するで あらうと思つた。真の宗教はSexの中に潜んでゐるのだ。あゝ男の心に死を肯定せしむ るほどなる女はないか。私は女よ、女よと思つた。(上揭書, p.56)

471) 이 "天稟"은 불교적으로 "성품"이나 "본성"으로 바꿔 표현할 수 있는데, 이는 결국 「가장 바탕을 이루는 마음가짐으로서의 "心地"」라는 의미로도 풀이할 수 있다.

하고 있는데, 그것은 다름 아닌 "나의 천품 속에는 이성에 의해서만 나타나게 되고 성장할 수 있는 능력이 숨어 있음에 틀림없다. 또한 여성 속에는 남성과의 접촉에 의해서만 빛을 낼 수 있는 비밀이 숨어 있을 것임에 틀림없다. (중략) 아아, 사나이의 마음에 '죽음'을 긍정하게 할 만큼 아름다운 여인은 없을까? 나는 여자여, 여자여 하고 생각했다.(私の天稟のなかには異性によりてのみ引き出だされ、成長せしめられ得る能力が隠れてゐるに相違ない。(中略) あゝ男の心に死を肯定せしむるほどなる女はないか。私は女よ、女よと思つた。)"라는 표현을 통해 알 수 있다고 하겠다.

  그러므로 구라타는 나아가서 자신의 '죽음'을 바쳐서라도 자신의 눈에 아름답게 보이는 여성을 목마르게 구하려 했던 것이다. 이렇게 그는 자신의 연애에 관한 관점[472]을 더욱 진일보한 채 대담하게 표현하고 있는 셈이다. 여기에서 구라타의 문학성은 더욱 짙게 묘사되어 있음을 느낄 수 있다. 또 그는 스스로가 자신이 하고자 하는 〈진정한 사랑을 위해서는 죽어도 좋다〉는 '사무여한(死無餘恨)'의 마음가짐까지 나타내고 있다. 그렇게 구라타는 자신이 갈구하고 있는 사랑의 부재에 대해서 매우 적극적으로 토로해 나갔던 것이다. 그러면서 자신은 어쩌면 이 같은 글을 기술함으로써 스스로가 실행하지 못

---

472) 倉田가 남기 語錄 가운데 '戀愛'에 관한 글은 많다. 더 구체적인 그의 연애에 접근하기 위해 그가 남긴 '戀愛'에 관한 몇몇의 어록을 소개하면 다음과 같다.
「私は宗敎的空氣のなかに私の女を包んで愛しました。」(靑春の息の痕)
「私は神を畏れ、彼女の運命を傷けることを怖れて重々しく、大切に、かの女を損はぬやうに全心を傾けてゐます。」(靑春の息の痕)
「我々は戀愛に於て、その戀愛の中に運命を見る時に初めて夫婦たらんと決意する。」(くにへの愛)
「お前は愛のかなしい心を知つてゐるか。」(歌はぬ人)
「戀は選擇ではない。運命だ。」(父の心配)
「最も優れたる靈魂を有する男子は、女性崇拜者となるものである。」(靜思) (以上 『倉田百三選集』〈別卷〉, pp.189-192)

하는 부분을 심적으로나마 만족했는지도 모른다. 그래서인지 구라타는 다음 인용문을 통해서 자신이 직접 '사랑'하고 있다는 심정을 적어간 셈이다.

> 아아, 나는 사랑을 하고 있다. 이렇게만 썼을 때 눈물이 나와서 어찌할 바를 몰랐다. 나는 사랑을 위해서는 죽어도 괜찮다. 나는 처음부터 '죽음'을 각오하고 사랑한 것이다. (중략) 나는 지금부터 쓰는 방법을 바꾸지 않으면 안 될 것 같은 생각이 들어진다. 왜냐하면, 내가 여성에 대해서 준비하고 있던 예술과 철학에 대한 이론은, 일단 내가 사랑하고부터 뭔가 쓸모없게 된 거처럼 생각되기 때문이다. 나는 실제로 철학이나 예술이나 모두를 팽개치고 연애에 몰두한다. 나에게 연애를 암시해 준 것은 나의 철학과 예술이었음에 틀림없다. 그렇지만, 나의 연애는 그 철학과 예술을 토대 삼아 비로소 가치와 권위를 얻을 수 있었던 것은 아니다. 지금의 나에게 있어서 연애는 완전히 독립되어 있어 그 자체가 바로 가치의 본체이다.[473]

여기에서 구라타의 표현이 작가 스스로의 직접적인 체험에서 우러나온 것만은 아니라고 보인다. 그것은 구라타가 『愛と認識との出発』라는 작품을 집필하기 전에, 부친으로부터 가업을 승계해야 된다는 억압을 받은 적이 있고, 이토엥에 들어가기 전후에 여성으로부터 실연을 당한 경험이 있으며, 당시로서는 한 번 걸리면 죽음을 각오해야

---

[473] あゝ私は戀をしてるんだ。これだけ書いた時涙が出てしかたがなかつた。私は戀のためには死んでも構はない。私は初めから死を覚悟して戀したのだ。私はこれから書き方を変へなければならぬやうな気がする。 何故ならば私が女性に対して用意して居た芸術と哲学との理論は、一度私が戀してから何だか役に立たなくなつたやうに思はれるからである。私は実に哲学も芸術も放擲して戀愛に猛進する。私に戀愛を暗示したものは私の哲学と芸術であつたに相違ない。併しながら、私の戀愛はその哲学と芸術とに支へられて初めて価値と権威とを保ち得るのではない。今の私にとつて戀愛は独立自全にしてそれ自ら直ちに価値の本体である。(『倉田百三選集』〈第2卷〉, pp.58-59)

하는 결핵을 앓은 적이 있어, 적어도 마음 한 편에는 적잖은 상처가 자리잡고 있었다. 그러기 때문에 "나는 처음부터 '죽음'을 각오하고 사랑한 것이다. (중략) 나는 실제로 철학이나 예술이나 모두를 팽개치고 연애에 몰두한다.(私は初めから死を覚悟して戀したのだ。(中略) 私は実に哲学も芸術も放擲して戀愛に猛進する。)"고 기술했다고 보인다. 따라서 이는 자신의 마음속을 여과 없이 고백한 것으로 해석된다. 그러나 한편으로는 그것들에 대한 보상심리 같은 것이 작용되었기 때문에 그렇게까지 표현했다고 추정된다.

그렇지만, 구라타는 이상과 같은 마음의 상처 또는 피해의식이 있어서인지, 「生命の認識的努力」를 통해서, 인간의 생명력이랄지 철학에 대한 인식, 그리고 인간이면 누구나 접하게 되는 '죽음'과 '사랑'이라는 문제를 최대한 솔직하게 다루었다고 생각된다.

그러면 이와 관련된 내용을 「異性の内に自己を見出さんとする心」를 통해 살펴보기로 하자.

> 만일 나의 연애가 철학 위에 서서 처음으로 가치 있는 것이라면, 만일 그 철학이 붕괴했을 때 연애의 가치도 함께 소멸되지 않으면 안 된다. 이 같은 일은 나로서 참아낼 수 없는 또 믿을 수 없는 일이다. 나는 어떻게 해서라도 연애의 자전과 독립을 신앙해야만 한다. (중략) 이것을 미신이라고 말하면 연애는 내 삶에 있어서 최고로 큰 미신이다. 누가 미신 없이 살아갈 수 있겠는가. (중략) 충실한 생활은 삶의 가치가 그대로 안에서 직관되어지어야만 되는 것이 아닐까? 이처럼 인간 삶의 골자란 철학이 아니다. 예술도 아니다. 다만 생활의 미신이다. 이 미신이 받쳐줌으로써 비로소 철학과 예술은 가치와 권위를 함께 얻어나갈 수 있는 것이다. 이 미신이 긍정되어지는 곳에 환희가 있고 열락이 있으며, 생명의 열과 빛과 힘이 있다. 이 미신이 부정되어지는 곳에는 비애가 있고 고통이 있으며, 결국에는 '죽음'이 있을 뿐이다.474)

여기에서 구라타는 "나는 어떻게 해서라도 연애의 자전과 독립을 신앙해야만 한다. (중략) 이것을 미신이라고 말하면 연애는 내 삶에 있어서 최고로 큰 미신이다. 누가 미신 없이 살아갈 수 있겠는가.(私はいかにしても戀愛の自全と独立とを信仰せずには居られない。(중략) これを迷信と云ふならば戀愛は私の生活の最大の迷信である。誰か迷信なくして生き得るものがあらう。)"라고까지 표현할 정도로 자신의 연애에 심취해 있다. 그러기에 자신이 경험하는 '연애'가 비록 실연 후에 더욱 깊고 크게 느껴지는 것이라 할지라도 연애의 극치를 만끽하고야 말겠다는 이른바 '미신(迷信)'[475]이 마음속 깊이 작용했는지도 모른다.

그래서 구라타는 이 '미신'이 긍정되는 곳에 환희(歡喜)가 있고 열락(悅樂)이 있으며 생명의 열과 빛과 힘이 있고, 거꾸로 이 미신이 부정되는 곳에는 비애와 고통이 있으며 마침내는 '죽음'이 있을 따름이라고 강조했다고 보인다. 그만큼 구라타는 자신의 인생에 있어서 '죽음'을 직·간접적으로 체험했고, 자신이 목격하고 경험한 사실을 「異性の内に自己を見出さんとする心」라는 논문을 통하여 위와 같이 문학적으로 고백한 것이다.

---

474) 若し私の恋愛が哲学の上に立ちて初めて価値あるものであるならば、若しその哲学が崩壊した時恋愛の価値も共に滅びなければならない。かくのごときことは私の堪へ得ざる、また信じ得ざることである。私はいかにしても恋愛の自全と独立とを信仰せずには居られない。(中略) これを迷信と云ふならば恋愛は私の生活の最大の迷信である。誰か迷信なくして生き得るものがあらう。(中略) 充実せる生活は生活の価値が直ちに内より直観せらるゝものでなければならないのではあるまいか。かくの如き生活の骨子だるものは哲学ではない。芸術でもない。ただ生活の迷信である。この迷信に支へられてこそ初めて哲学と芸術とは価値と権威とを保ち得るのである。此の迷信の肯定さるゝところ、そこに歓喜があり、悦樂があり、生命の熱と光と力のがある。この迷信の否定さるゝところ、そこに悲哀があり、苦痛があり、終には死があるばかりである。(上掲書, pp.59-60)
475) 倉田 스스로가 생각할 때는 두 말할 것도 없이 自身이 經驗한 '戀愛'를 가리킨다고 보여진다.

4. 「隣人としての愛」에 나타난 '이웃 사랑' 의식

구라타는 형이상학적으로 서술된 '사랑'과 '희생'에 관해 씌어진 책을 접하고 싶어했다. 그리고는 '사랑'이 힘과 열과 빛이 '생명'으로부터 나올 수 있음을 기대했다. 이 기대는 키타로가 〈'사랑'의 철학자〉라는 점을 발견하고서부터 가능했다고 볼 수 있다.

이런 마음가짐이 있었기 때문에 구라타는, 논문 「隣人としての愛」를 통해

> 사람과 사람의 접촉에 관심을 가진 사람들의 마음에 있어서 무엇보다도 중요한 자리를 차지하는 것은 말할 나위도 없이 사랑의 문제이다. 사랑은 처음에는 화려한 한 무더기의 노을처럼 즐거이 가슴을 설레게 하는 매력을 갖추고 우리들 앞에 나타난다. (중략) 사랑의 문제를 진실로 자기의 문제로 삼고 살아가는 사람은 반드시 이 구별이 틀림없이 보이게 될 것이다. 그 때부터 진실한 사랑이 생기는 것이다. 나는 지금은 이웃에 대한 사랑만이 진실한 사랑이라고 믿고 있다. (중략) 나는 사랑하고 있다. 착한 일을 하고 있다고. 그렇지만 착한 사랑, 즉 천국으로 가는 열쇠가 되는 사랑은 그리스도가 '너의 이웃을 사랑하라'고 말한 바와 같이, 부처가 중생을 대함과 같이 이웃 사람을 사랑하는 것뿐이다. 참된 사랑은 본능적인 사랑처럼 달콤한 것이 아니다. 그것은 괴로운 희생이다. 모자 간이랄지 이웃 사람 사이에 눈물과 감사가 있을 때는 양자 사이에 '이웃'에 대한 사랑이 작용한 때이다.476)

---

476) 人と人との接触に関心する人々の心に在つて最も重き地位を占むるものは言ふまでもなく愛の問題である。 愛は初め花やかなる一団の霞のごとくに、たのしく、胸を躍らす魅力を備へて私等の田に現はれる。(中略) 愛の問題を真実に、自己の問題として生きる人は必ずこの区別が見ゆるやうになるに違ひない。 その時から後に真実の愛が生まれるのである。 私は今は隣人の愛のみ真実の愛であると信じてゐる。(中略) 私は愛してゐる。善事をなしてゐると。けれども善を愛、天国の鍵となる愛はキリストが「汝の隣りを愛せよ」と言つた如き、仏の衆生に対するが如き隣人の愛のみである。 真の愛は本能的愛の如く甘きものではなくてそれは苦がき犠牲である。 母子の間、隣人の間に涙と感謝とのあると

라고 〈'이웃'에 대한 '사랑'〉의 중요성을 강조하고 있다. 여기에서도 구라타는 인간 사이에 가장 중요한 것이 '사랑'이라고 역설한 후, 그 구체적인 내용이라면 모자간의 사랑과 남녀간의 사랑의 차이라고 자신의 '사랑'에 대한 관점477)을 피력하고 있다. 이어 그는 사랑의 문제를 진실로 자신의 문제로 삼고 살아가는 사람은 이 구별이 가능해질 것이고, 이웃에 대한 진실한 사랑이 '참 사랑'임을 믿고 있다고 그의 작품 여기저기에서 거듭 밝힌 것이다. 따라서 이상의 인용문은, 단적으로 구라타가 보고 있는 '참 사랑'에 관한 것인데, 참다운 사랑은 본능적인 사랑처럼 달콤한 것이 아니어서 결국 종교적 자세478)로서 〈'이웃'을 위해 베푸는 사랑〉이라고 강조하고 있는 것이다. 그리고는 이 종교적 자세에 의한 사랑은 때로는 '힘든 희생'을 감수해야 하며, 모자와 연인들 사이에 눈물과 감사가 있을 때라야 양자 사이에 '이웃 사랑'이 작용한다고 자신의 사랑에 관한 견해를 피력하고 있다.

그러면 「隣人としての愛」 속의 또 다른 인용문을 살펴보기로 하자.

연인은 연애의 에고이즘을, 어머니는 골육의 사랑의 에고이즘을 자각했을 때부터 생기는 자주적·희생적 작용이다. 나는 연애에 실패하고서 연인에의 에고이즘, 연인의 어머니의 에고이즘(연인에 대한)을 통절하게 느끼고 평생 잊을 수 없는 교훈을 얻었다. 그리고 그때부터 사

きは両者の間に隣人の愛の働いた時である。(上揭書, pp.102-103)
477) 倉田는 이어 母子의 사랑과 男女의 그것과는 다르기만 한 게 아니라, 서로 背反하는 것이라고 診斷하면서, 이 차이는 에고이즘의 계통에 속하는데, 대부분의 사람들은 이것을 混同하고 있다고 지적하고 있다. 아울러 倉田는 보통 인간들은 자신의 에고이즘을 정당화(justify)하고 마음대로 행동하면서 '이웃 사랑'을 받으려고만 한다는 내용으로 人間의 利己主義를 지적하기도 한다.
478) 倉田는 위 인용문의 마지막 부분을 통해 자신은 '착한 사랑'을 하고 있다고 외치면서, 그것은 天國의 열쇠가 되는 사랑을 말하는데, 이는 그리스도가 "너희 이웃을 사랑하라"고 말한 것처럼 그리고 부처가 중생을 대하는 것처럼, 이웃을 사랑하는 일이야말로 참다운 사랑이라고 피력하고 있다.

랑은 그리스도의 '이웃 사랑', 신 앞에 서서 서로 이웃을 사랑하는 사랑밖에 없다는 것을 느끼게 되었다.[479]

이라는 내용은 물론이고,

연애나 골육의 사랑처럼 의지에서 나오는 사랑일 때는 이 괴반은 없다. 그러나 인식에서 나오는 사랑—이웃의 사랑, 참다운 사랑일 때는 우리들은 준엄한 이 대립을 느끼지 않을 수 없게 된다. 거기에 사랑의 십자가가 있다. 나는 사랑을 입증하는 것은 십자가밖에 없다고 생각한다. 십자가를 지지 않고 사랑할 수는 절대 불가능하다. 이웃의 사랑으로 어느 누구든 사랑해 보라. 거기에는 반드시 십자가가 세워진다. 자기가 하고 싶은 무엇인가를 희생하지 않으면 안 된다.[480]

라는 내용에 대하여, 구라타는 '이웃 사랑'의 가치라는 데 포인트를 두고 기술하고 있다.

이 인용문은, 구라타가 『出家とその弟子』를 집필한 이후에 쓰여진 하나의 평론에 불과한 내용이라 폄하될 수도 있다고 보인다. 그러나 그의 일관된 '이웃 사랑'을 뒷받침해주는 논리정연한 내용이라는 점에서, 그 자체만으로서도 가치가 충분하다. 나아가 『出家とその弟子』

---

479) 恋人は恋のエゴイズムを、母は骨肉の愛のエゴイズムを自覚したる時より生ずる自主的、犠牲的作用である。私は恋を失うて恋人へのエゴイズム、戀人の母へのエゴイズム(恋人に対する)とを痛切に感じて一生忘れることの出来ない肝銘を得た。そしてその時から愛はキリストの「隣人の愛」、神の前に立つて互に隣りを愛する愛のほかにないことを感ずるやうになつた。(上揭書, p.104)

480) 愛や骨肉の愛の如く意志より発する愛のときは此の乖反はない。けれど認識より発する愛—隣人の愛、まことの愛のときに我等は峻しき此の対立を感ぜずにはゐられなくなる。其処に愛の十字架がある。私は愛を証するものは十字架のみであると思ふ。十字架を背負はずに愛することは決して出来ない。隣人の愛を以て何人かを愛して見よ、そこに必ず十字架が建つ。自分の欲しい何ものかを犠牲にしなければならない。(上揭書, p.107)

의 '이웃 사랑'을 검증하는 데 필수불가결한 내용이라고 여겨진다.

그러나 앞에서 다루었던 두 편의 글, 즉 「異性の内に自己を見出さんとする心」와 「生命の認識的努力」를 통해서 인지할 수 있었던 구라타의 연애관과 이 「隣人としての愛」라는 평론의 내용을 비교해 보면, '사랑'에 관한 해석에 있어서 차이가 있어 보인다.

그것은 「異性の内に自己を見出さんとする心」에 나타난 "나는 사랑을 위해서는 죽어도 괜찮다. 나는 처음부터 '죽음'을 각오하고 사랑한 것이다. 나는 지금부터 쓰는 방법을 바꾸지 않으면 안 될 것 같은 생각이 들어진다. 왜냐하면, 내가 여성에 대해서 준비하고 있던 예술과 철학에 대한 이론은, 일단 내가 사랑하고부터 뭔가 쓸모없게 된 거처럼 생각되기 때문이다. 나는 실제로 철학이나 예술이나 모두를 팽개치고 연애에 몰두한다. 나에게 연애를 암시해 준 것은 나의 철학과 예술이었음에 틀림없다.(私は戀のためには死んでも構はない。私は初めから死を覚悟して戀したのだ。私はこれから書き方を変へなければならぬやうな気がする。何故ならば私が女性に対して用意して居た芸術と哲学との理論は、一度私が戀してから何だか役に立たなくなつたやうに思はれるからである。私は実に哲学も芸術も放擲して戀愛に猛進する。私に戀愛を暗示したものは私の哲学と芸術であつたに相違ない。)"라는 내용의 연애관을 비롯, 「生命の認識的努力」의 "나는 어떻게 살아야 좋은지 알 수 없었다. 단, 쓸개빠진 개구리처럼 멍하니 살아 있을 따름이었다. 나의 내부 동란은 나를 학교 같은 곳에 보내지 않았다. 나는 멍해진 채 곧잘 교외로 나갔다.(私はどうして生きていゝか解らなくなつた。だゞ腑の抜けた蛙のやうに茫然として生きてるばかりだつた。私の内部動乱は私を学校などへ行かせなかつた。私はぼんやりしてはよく郊外へ出た。)"에서 느껴지는 자기내부를 통한 '사랑' 의식과, 이 「隣人としての愛」라는 글 속의 "나는 사랑하고 있다. 착한 일을 하고 있다고. 그렇지만 착한 사랑, 즉 천국으로 가는 열쇠가 되는 사랑은 그리스도가 '너의 이웃을 사랑하라'고 말한 바와 같이, 부처가 중생을 대함과 같이 이웃 사람을 사랑하는 것뿐이다. 참된 사랑은 본능적인 사랑처럼 달콤한 것이 아니다. 그것은 괴로운 희생이다.(私は愛してゐる。 善事をなしてゐると。 けれども善を愛、天国の鍵となる愛はキリストが「汝の隣りを愛せよ」と言つた如き、仏の衆生に対するが如き隣人の愛のみである。真の愛は本能的愛の如く甘きものではなくてそれは苦がき犠牲である。)"를 통한 '사랑' 의식을 비교해 보면, '사랑'에 관한 접근방식에도 상당한 차이가 있음을 알 수 있는 것이다.

앞의 두 편의 논문을 통해 구라타는 〈여성 속에는 남성과의 접촉에 의해서 광채를 낼 수 있는 비밀이 숨어 있음에 틀림없다〉고 말함으로써 〈연애는 곧 섹스(sex)〉라는 식의 연애관을 피력, 〈'생명'과 '사랑' 이후에는 '죽음'이 기다린다〉는 인생관을 시사한 데 반하여, 「隣人としての愛」를 통해서는 생각의 폭을 더 넓혀 〈'참 사랑'='이웃 사랑'〉이라는 또 하나의 등식 관계를 펴고 있기 때문이다. 이 '이웃 사랑'에 관한 구라타의 보다 구체적인 관점에 대해서, 필자는 이미 밝힌 바 있다.

1. '생명' 인식에 입각한 철학적 '죽음' 의식

구라타는 1910년(明43) 약관 20세라는 나이에, 가업 상속을 희망하던 부친의 반대에도 불구하고 일고에 철학을 지망하여 입학했다. 그러나 출세하기 위해서 구라타 자신의 생각과 부친의 억압성 권유로 법과로 전과했다. 이어지는 고교자퇴·실연·결핵481) 등으로 인하여 극심한 불면증에 걸렸고, 염세적 경향의 성격이 되고 말았다. 다시금 철학을 전공하게 된 구라타는 철학과 문학에 관한 서적을 읽어나감으로써, 이와노 호메이(岩野泡鳴)에게는 증오감을 느끼고, 나가이 카후(永井荷風)에게는 반감을 가지며, 모리 오가이(森鷗外)에는 탄식을 하였고, 구니키다 돗포(國木田獨步)나 시마자키 토손(島崎藤村)에게는 친밀감을 지니게 되었으며, 무샤노코지 사네아쓰 등의 시라카바파와는 합류하는 정도로 문학상의 호오감(好惡感)을 지니고 있었던 것이다.482) 그러나 구라타는 이후 유독 철학서를 중점적으로

---

481) 이 結核에 대한 약이나 그 治療法이 발견되지 않았던 당시의 倉田에게는, 懷疑와 生命에 대한 執着이 강할 수밖에 없었다. 아울러 두 누나의 죽음은 倉田 자신의 병을 악화시켰다고 볼 수 있는데, 이에 대한 文學的 資料로서의 근거는『出家とその弟子』의 「序曲」에 나타나 있는 「私の父は死にました。父の父も。おお私の愛する隣人の多くも死にました。 しかし私が死ぬるとは思われません。」「千年も万年も生きてゐたい。いつまでも。いつまでも。」를 통해서도 알 수 있는 대목이다. 물론 이 인용문은 어디까지나 작품이 지닌 '戲曲'이라는 특성상 어떤 特定人의 言行이라고 보기는 어려우나, 저자인 倉田의 思考方式에서 나온 것임에는 틀림없는 사실이다. 여기에서 바로 그의 영원한 生命을 渴求하는 소리를 들을 수 있다.(倉田百三,『出家とその弟子』, pp.5-14 參照)

482) 藤原定, 「倉田百三解説」, 前掲書, p.12 參照

읽어나갔는데, 그 중심 인물과 서적은 쇼펜하우어(Schopenhauer, 1788-1860)의 『意志及び表象としての世界』등이었다.

그렇지만, 1912년(明45·大 元) 구라타는 자신의 철학적인 번민으로 고뇌하던 중 그의 일생에 있어서 실로 큰 철학적 계기를 접하게 된다. 그는 우연히 키타로의 『善の硏究』를 접하고 크게 감동받은 나머지,[483] 키타로라는 인물은 물론이고 「니시다철학(西田哲學)」[484]에 끌리게 된다. 이에 따라 구라타는 고가와 산노스케의 집에 잠시 머물면서 이를 숙독하고 자신의 내면에 떠오르는 일본 철학계를 바라보는 안목을 키운다. 구라타는 그 무렵부터 소위 '인생무상'을 더욱 크게 느꼈고, 그에 따라 자신만의 문학과 사상을 정립해 간 셈이다. 그만큼 『善の硏究』에는 '선에 대한 탐구'로 가득 채워져 있었다고 작가는 느꼈던 것이다.

---

[483] 幾多郎와 佛敎와의 관계가 『善の硏究』에 직접적으로 나타나 있는 부분은 극히 적다. 그러나 幾多郎의 哲學이 佛敎와 깊이 관련되어 있다는 사실에 대해서는 대체로 인지하고 있다고 보여진다. 그것은 무엇보다도 幾多郎가 浄土眞宗의 家庭에서 태어나 信者였던 부모의 영향을 크게 받았고, 후에는 曉烏敏·佐々木月樵 등과 가까이 했으며, 이로 인하여 親鸞思想에 깊은 理解와 共感을 보임으로써 「愚禿親鸞」과 같은 글을 저술했기 때문이다.

[484] 이 「西田哲學」은 西田幾多郎에 의해 日本에서 獨創的으로 성립된 철학이다. 明治 초기에 西洋哲學을 수입하여 소개하고 해설함으로써 시작된 日本哲學이 幾多郎에 의해서 최초로 獨自的인 體系를 갖추었다는 점에서 劃期的인 일이라고 보여진다. 이 「西田哲学」은 그의 名著 『善の硏究』(1911)로부터 起因된 것이라고 해도 좋다고 보여지는데, 이를 이해하기 위하여 韓國人 허우성의 글을 다음에 소개하고자 한다.
이 방면에 해박한 허우성은 "「西田哲學」은 西田의 삶과 함께 논의되어야 한다. 그의 哲學은 그의 삶이 준 것을 자료로 삼아 거기에 반성과 사유를 가하여 형성된 것이기 때문이다. (중략) 西田哲學의 형성에 중요한 역할을 담당한 것으로, 처음에는 주로 개인적인 비극이, 다음에는 주로 충격과 격동의 시기를 살아가던 日本人 全體가 당하는 歷史的 運命과 이에 대한 日本人의 集團的 對應이 있었다."(허우성, 『근대일본의 두 얼굴:니시다철학』〈서남동양학술총서 7〉, 문학과지성사, 2000, p.21 參照.)

그 직후 구라타는 동경에 가는 길에 교토에 들려 키타로를 찾아 인생에 관하여 담론한다. 그 후 그는 일고 재학 중에 자신의 사려 깊은 삶의 태도에 힘입어 「憧憬─三之助の手紙─」와 「生命の認識的努力」를 일고 교우회지에 기고, 소위 사상서로서 평가받은 『愛と認識との出発』의 작품화 작업에 착수하게 되었던 것이다.

구라타는 『善の研究』라는 키타로의 명저를 발견하는 순간부터 감동하고, 그 주인공인 키타로를 통해서 '죽음'을 크게 인식[485]하게 된다. 그것은 다름 아닌 『善の研究』를 통해 한편으로는 불교적 인생관을 지닌 그에게서 '생명'에 관한 인식을, 또 한편으로는 1883년(明16) 그의 나이 26세 때 바로 위의 두 누나가 병사[486]하지만, 키타로 또한 13세이던 소년기에 두 누나의 '죽음'이라는 인간의 가장 큰 비애(悲哀)[487]를 체험했다는 사실을 인식하게 된다.

기독교에 경도되어가고 있을 무렵, 키타로와 그의 『善の研究』로부

---

485) 倉田가 幾多郎의 『善の研究』를 耽讀한 만큼, 그 중 '自殺'에 대한 내용도 인식했다고 보여진다. 이에 해당하는 내용을 소개하면 다음과 같다. 「個人善に最も必要なる徳は強盛なる意志である。(中略) 之に反し意志の薄弱と虚栄心とは最も嫌ふべ悪である。 又個人に対し最大なる罪を犯したる者は失望の極自殺する者である。」(西田幾多郎, 『善の研究』, 岩波書店, 昭17, p.246)

486) 結核에 대한 약이나 그 치료법이 발달되지 않았던 당시의 倉田에게는, 懷疑와 生命에 대한 執着이 강할 수밖에 없었다. 아울러 두 누나의 죽음은 倉田 자신의 병을 악화시켰다고 볼 수 있는데, 이에 대한 文學的 資料로서의 根據는 『出家とその弟子』의 「序曲」에 나타나 있는 「私の父は死にました。父の父も。おお私の愛する隣人の多くも死にました。しかし私が死ぬるとは思われません。」「千年も万年も生きてゐたい。いつまでも。いつまでも。」를 통해서도 알 수 있다 하겠다.(倉田百三, 前揭書, 『出家とその弟子』, p.5-14 참조)

487) 幾多郎의 누나의 죽음은 공교롭게도 倉田에게도 같은 悲哀를 느끼게 했다. 幾多郎는 자신의 누나의 죽음에 대해 『余の弟西田憑次郎を憶ふ』를 통해 다음과 같이 기술하고 있다. 「余は此時始めて人間の病がいかに悲しき者なるかを知り、人なき所に至りて独涙を垂れ幼き心にも若し余が姉に代りて死に得るものならばと心から思つた。」(『余の弟西田憑次郎を憶ふ』, 明治三七年一一月) (宮川 透・荒川幾男, 『日本近代哲學史』, 有斐閣, 昭51, p.107)

터 받은 감동을 재인식하게 된 구라타는, 당시 정토진종라는 불교적 사고체계를 지니고 있던 키타로부터 신란사상의 영향을 받게 된 것이다. 그 후 소위 「西田哲學」의 주관적인 해석에 의한 '연애 찬가'를 「異性の內に自己を見出さんとする心」라는 평론을 통해 구라타는 다음과 같이 말하고 있다.

나는 실제로 고민했다. 나는 어떻게 살아야 좋은지 알 수 없었다. 단, 쓸개빠진 개구리처럼 멍하니 살아 있을 따름이었다. 나의 내부 동란은 나를 학교 같은 곳에 보내지 않았다. 나는 멍해진 채 곧잘 교외로 나갔다. (중략) 어느 날 나는 정처 없이 헤매다 돌아오는 길에 서점에 들려 검푸른 표지로 만들어진 책을 한 권 구입해 왔다. 그 저자의 이름은 나에게는 전혀 알지 못하는 것이었지만, 그 저자의 이름은 묘하게도 나를 끌어당기는 힘을 가지고 있었다.

그것은 『善の硏究』였다. 나는 별다른 마음 없이 그 서문을 읽기 시작했다. 잠시 후에 내 눈동자는 활자 위에 못이 박히듯 되어졌다. 보라! 「개인이 있고 나서 경험이 있는 것이 아니다. 경험이 있고서야 개인이 있는 것이다. 개인적 구별보다도 경험이 근본적이라는 생각에서 독아론을 벗어날 수 있었다!?.」라고 똑똑하고 선명하게 활자로 씌어져 있는 것이 아닌가? 독아론을 벗어날 수 있었다. 이 얼마 안 되는 문자가 나의 각막에 눌러 붙을 정도로 강하게 비쳤다.

나는 심장의 고동이 멎지는 않는가 하고 생각했다. 나는 기쁨도 아니고 슬픔도 아닌 일종의 정적인 긴장으로 가슴이 뿌듯하게 벅차 올라와, 그 다음부터는 아무래도 읽어 나갈 수 없었다. 나는 책을 덮고 책상 앞에 꼼짝하지 않고 앉아 있었다. 눈물이 저절로 뺨을 흘러 내렸다.488)

---

488) 私は実際苦悶した。私はどうして生きていゝか解らなくなつた。だゞ腑の抜けた蛙のやうに茫然として生きてるばかりだつた。私の内部動乱は私を学校などへ行かせなかつた。私はぼんやりしてはよく郊外へ出た。(中略)
ある日、私はあてなきさまよひの帰りを本屋に寄つて、青黒い表紙の書物を一冊買つて来た。その著者の名は私には全くフレムドであつたけれど、その著者の名は妙に私を惹きつける力があつた。

이 인용문을 통해 알 수 있듯이, 구라타는 자신이 어떻게 살아야 좋을지 몰라 고민하고 또 고민했다. 그래서인지 자신의 내부로부터의 심정을 "나는 어떻게 살아야 좋은지 알 수 없었다. 단, 쓸개빠진 개구리처럼 멍하니 살아 있을 따름이었다. 나의 내부 동란은 나를 학교 같은 곳에 보내지 않았다. 나는 멍해진 채 곧잘 교외로 나갔다.(私はどうして生きていゝか解らなくなつた。だゝ腑の抜けた蛙のやうに茫然として生きてるばかりだつた。私の内部動乱は私を学校などへ行かせなかつた。私はぼんやりしてはよく郊外へ出た。)"라고 표현할 수 있었던 것이다. 그리고 어느 날 구라타는 발길 닿는 대로 걷다가 서점에서 책을 한 권 샀는데, 이상하게도 그 책의 저자가 자신을 끌어당기는 힘을 가지고 있었다. 인간이라면 보통 누구라도 그랬을 법이라고 간과하기에는 무언가 묘한 느낌을 가지고 있었던 모양이다. 그 책이 바로 키타로의 『善の研究』였던 것이다.

구라타는 이 책의 서문을 통해서, "「개인이 있고 나서 경험이 있는 것이 아니다. 경험이 있고서야 개인이 있는 것이다. 개인적 구별보다도 경험이 근본적이라는 생각에서 독아론을 벗어날 수 있었다!?」(「個人あつて経験あるにあらず、経験あつて個人あるのである。個人的区別よりも経験が根本的であるといふ考から独我論を脱することが出来た。

それは『善の研究』であつた。私は何心なく其の序文を読みはじめた。しばらくして私の瞳は活字の上ち釘付けにされた。見よ!
「個人あつて経験あるにあらず、経験あつて個人あるのである。個人的区別よりも経験が根本的であるといふ考から独我論を脱することが出来た。」とありありと鮮かに活字に書いてあるではないか。独我論を脱することが出来た!? 此の数文字が私の網膜に焦げ付くほどに強く映つた。」
私は心腸の鼓動が止まるかと思つた。私は喜こびでもない悲しみでもない一種の静的な緊張に胸が一ぱいになつて、それから先きがどうしても読めなかつた。私は書物を閉ぢて机の前に凝と坐つてゐた。涙がひとりでに頬を伝つた。『倉田百三選集』〈第2卷〉, (pp.47-48)

とありありと鮮かに活字に書いてあるではないか。独我論を脱することが出来た!?」)"라는 구절에 너무나 감탄한 나머지, "나의 눈동자는 활자 위에 못이 박힐 정도가 되고 말았다.(私の瞳は活字の上ち釘付けにされた。)"라고 독백한 것이다. 이 표현은 키타로나 그의『善の研究』에 대한 적절한 '애정'과 '존경'의 표현이라고 보인다.

이에 관하여 앞에서〈「西田哲學」의 주관적인 해석에 의한 '연애 찬가'〉라고 언급했다. 그러므로 구라타가 어찌 '사랑'을 이성이나 조국이나 진리만을 대상으로 삼았겠는가? 분명 구라타 자신이 그 동안 일본의 철학계를 마음껏 비판하고 그 비판에 상응할 정도의 고심을 해왔으므로, '니시다 키타로'라는 이름이나『善の研究』의 서문을 읽는 순간 감탄에 감탄을 한 것으로 이해된다. 이런 정황은 이상의 인용문 마지막 부분인 "나는 심장의 고동이 멎지는 않는가 하고 생각했다. 나는 기쁨도 아니고 슬픔도 아닌 일종의 정적인 긴장으로 가슴이 뿌듯하게 벅차 올라와, 그 다음부터는 아무래도 읽어 나갈 수 없었다. 나는 책을 덮고 책상 앞에 꼼짝하지 않고 앉아 있었다. 눈물이 저절로 뺨을 흘러 내렸다.(私は心腸の鼓動が止まるかと思つた。私は喜こびでもない悲しみでもない一種の静的な緊張に胸が一ぱいになつて、それから先きがどうしても読めなかつた。私は書物を閉ぢて机の前に凝と坐つてゐた。涙がひとりでに頬を伝つた。)"라고 말한 데서 특히 실감할 수 있다.

키타로의『善の研究』에는, 「'純粋経験'概念の成立過程とその構造」라는 제목 아래 「西田幾多郎(一)」라는 부제가 있는 논문이 실려 있다. 이 글이 실려 있는『일본근대철학사(日本近代哲学史)』의 공동 저자 중 한 사람인 니가타 노부카즈(新形信和)는 「ヘーゲル哲学の受容と西田幾多郎の哲学」이라는 글을 통해 키타로가 '죽음' 직전에 쓴 논문 「場所的論理と宗教的世界観」(昭和二十年四月 脱稿)을 통하여, 자

신의 '철학의 출발점'에 대하여 다음과 같이 말하고 있다. 그러면 그 내용을 살펴보자.

> 자기의 영원한 죽음을 아는 것이 자기 존재의 근본적 이유인 것이다. 그것은 자기의 영원한 죽음을 아는 것만이 참으로 자신이 개체임을 아는 것이기 때문이다. 그것만이 진정한 개체이며, 진정한 인격이기 때문이다… 영원의 부정에 직면함으로써 우리들의 자기는 참으로 자기가 일회적임을 아는 것이다…. 그러나 이렇게 자기가 자기의 영원한 죽음을 알 때, 자기의 영원한 무를 알 때, 자기가 진정으로 자각하게 된다.[489]

이 인용문을 통해 보면, 키타로가 1883년(明16) 13세라는 소년의 입장에서 어린 시절부터 아주 친했던 바로 위의 누나가 18세라는 나이에 병사한 점을 생생하게 기억함으로써, '죽음'을 비롯하여 '무(無)' 또는 '부정(否定)'이라는 어휘에 남달리 크게 사색했음을 짐작할 수 있다. 그것은 『日本近代哲学史』에 나타나 있는 위의 인용문 바로 다음에, 이상과 같은 내용이 실려 있기도 하고, 키타로의 생애를 통해 보아도 그가 '죽음'에 대하여 실감할 수 있었던 계기가 더 이상 컸던 적이 없기 때문이다. 이런 점에 바탕하여 키타로는 헤겔(Hegel, 1770-1831)을 비롯한 당시의 서양철학자의 논리를 수용함으로써 자신의 철학관을 남달리 전개해 나갈 수 있었던 것이다.

구라타가 『善の研究』를 통해 한편으로는 불교적 인생관을 지닌 키

---

489) 自己の永遠の死を知ることが、自己存在の根本的理由であるのである。何となれば、自己の永遠の死を知るもののみが、真に自己の個たることを知るものなるが故である。それのみが真の個である、真の人格であるのである。… 永遠の否定に面することによつて、我々の自己は、真に自己の一度的なることを知るのである。… しかしかく自己の永遠の死を知る時、自己の永遠の無を知る時、自己が真に自覚する。新形信和、「ヘーゲル哲学の受容と西田幾多郎の哲学」、(宮川 透・荒川幾男 編、前掲書、p.106)

타로에게서 '생명(生命)' 전반에 관한 인식490)을 하게 된 셈이다. 결국 키타로에게 있어서 '죽음'이라는 인간의 가장 큰 비애감은 구라타로 하여금 철학적 안목을 크게 해주는 중요한 계기가 되었다고 해도 좋을 것이다.

『愛と認識との出発』가 출판됨으로써 『出家とその弟子』가 출판된 직후보다 한층 더 유명해진 구라타는 결핵 등으로 몸져눕게 된다. 그러나 이런 일들이 계기가 되어 그는 마음가짐을 꾸준히 넓혀나감으로써, 인류의 구제와 가능한 드넓은 '사랑'을 지향할 수 있게 된 셈이다.

구라타는 「生命の認識的努力」를 통해서 "我等は生きて居る。我等は內に省みて此の淚のこぼるゝ程嚴肅なる事實を直観する。"라고 말하면서, 무엇보다도 〈'생명'의 소중함〉을 강조하고 있다. 이는 구라타 스스로 남달리 행한 '연애' 체험은 물론이고, 자신의 '자살' 충동과 누나의 연이어진 사망에 의한 간접적인 '죽음' 체험은 〈'생명'은 '사랑'을 낳고 또 그 '사랑'을 하고 나면 '죽음'이 기다린다〉는 내용의 인생철학을 구축, 오늘을 살아가는 모든 인간에게 '삶'과 '죽음'의 의미를 인식할 수 있도록 시사하는 바가 크다 하겠다.

자신의 철학과 사상을 『愛と認識との出発』에 집필하게 된 구라타는, 스스로의 각종 난관을 이겨내려는 '정신적 고투'가 작품 속에서 적잖게 발견된다. 이는 구라타가 사상가로서의 자질까지 갖추었음을 증명하는 셈이어서, 이미 소위 '철학자살(哲學自殺)'491)이라는 형태의 자살행위

---

490) 倉田가 幾多郎의 『善の研究』를 耽讀한 만큼, 그 중 '自殺'에 대한 내용도 인식했다고 보여진다. 이에 해당하는 내용을 소개하면 다음과 같다. 「個人善に最も必要なる德は强盛なる意志である。(中略) 之に反し意志の薄弱と虛栄心とは最も嫌ふべ惡である。 又個人に對し最大なる罪を犯したる者は失望の極自殺する者である。」(西田幾多郎, 『善の研究』, 岩波書店, 昭17, p.246)
491) 이 '哲學自殺'이라는 용어는, 倉田이 불과 13세의 나이에 해당되는 1903年(明

와는 별개의 것으로 이해된다. 그러면 작품 중「戀を失うた者の歩む道」
를 통해 이와 관련된 몇몇의 내용을 고찰해 보기로 하자.

> 본능적인 사랑은 순진한 사랑이 아니다. 그것은 얽매인 에고이스틱
> 한 사랑이다. 참다운 사랑은『선의 연구』의 저자가 말한 바와 같이 인
> 식적이고 기독교적인 사랑이다. 의식적이고 노력하는 사랑이다. 생물학
> 적인 본능이 아니라, 인간의 창조적인 사랑이다. 성애나 어머니의 사랑
> 이나 모두가 인식하는 마음의 작용과는 다른 맹목적인 것이다.492)

여기에서 필자는『愛と認識との出発』의 주된 철학 내지 사상을
「生命の認識的努力」와 관련지어 보고자 했던 것이다. 그것은 이 논문
이 '철학에 대한 인식'이 주된 소재로 다루어져 있기 때문이다.

구라타가「戀を失うた者の歩む道」라는 논문을 통해서는 자신만이
아니라, 보편적인 '인간의 생명력'이 살아있음을 직관하면서, 인간이
라면 지극히 자연스럽게 살아가야 할 목표의식을 강조하고 있으며,
아울러 삶의 가치를 제시한 것이다. 그렇지만,「生命の認識的努力」를
통해서는 우리 인간이 우주만물 가운데 하나의 '생명체'로 태어나서
어떻게 활동하며 인식해 나가야 할 것인가를 제시하고 있다. 다음 인
용문을 보자.

---

36) 5月에 〈萬有의 진상은 단 한마디로 말해진다. 이르기를 不可解. 나는 이
한을 따라서 번민하고, 결국엔 '죽음'을 결심하기에 이른다〉는 말을 남기고, 藤
村操라는 一高 學生(倉田의 先輩에 해당되는 엘리트 청년)이 日光의「華嚴폭
포」에서 投身自殺했던 행위를 말한다. 이를 계기로 당시의 청년들의 깊은 煩悶
이 화제에 오르게 되었다.(김채수 역, 前揭書, p.455 參照)

492) 本能的愛は愛の純真なるものではない。 因縛されたるエゴイスチックなもので
ある。 真の愛は『善の研究』の著者が説く如き認識的基督教的愛である。 意識的
努力的なる愛である。 生物学的なる本能にあらずして、人間の創造的なる産物で
ある。 性愛も母の愛も認識する心の働らきとは異なれる盲目的なものである。(『倉
田百三選集』〈第2卷〉, p.99)

우리들은 살아 있다. 우리들은 마음 속으로 살펴보고 이 눈물날 만큼 엄숙한 사실을 직관한다. 우주 만물은 모두 그 그림자를 우리들의 관능 속에 짜 넣고, 우리들은 생명의 내부에 숨어 있는 충동은 이에 대해 능동적으로 활동하여 인식하고 정감하며 의욕적으로 하고자 한다. (중략) 두 말할 것도 없이 예술과 철학마저도 이 내부 생명의 표현적 노력의 두 갈래 갈림길이다.493)

여기에서 구라타는, 인간이란 자신의 마음속을 살펴보고 살아있다는 사실을 직관해야 하며, 우주만물 또한 인간의 심적 작용에 따라 움직이기 때문에 인간 내부의 '생명력'을 강조하고 있다. 이어 '생명'이란 인간의 내부경험 속에서 싹트는 것이며, 이 내부에 있는 '생명'에 대한 표현의 차이가 곧 '예술'이며 '철학'이라고 자기논리를 피력하고 있다. 결국 이는 '삶'과 '죽음'이라는 '두 갈래 갈림길'494)이라 표현할 수도 있어 보인다. 이어 구라타는,

우리들의 생명은 정의만으로 되어 있지 않다. 생명은 지·정·의(知·情·意)를 통일한 나눌 수 없는 유기적 전체이다. 우리들의 정의가 예술의 화려한 나라에서 정서생활의 윤택함을 추구하고 동경하게 됨과 동시에, 그 반대로 우리들의 지성은 춥기만한 사색의 경지에서 내부생명의 통일을 추구하고 방황하지 않으면 안 된다.(중략) 모든 생명 있는 것은 계통적 존재이며, 계통의 파괴는 바로 생명 그 자체의 소멸이기 때문이다.495)

---

493) 我等は生きて居る。我等は内に省みて此の涙のこぼるゝ程厳粛なる事実を直観する。宇宙の万物は皆其の影を我等の官能の中に織り、我等の生命の内部に潜める衝動は是に能動的に働らきかけて認識し、情感し、意欲する。(中略) 言ふまでもなく芸術と哲学とは此の内部生命の表現的努力の二途である。(上掲書, p.7)
494) 여기에서 필자는 倉田가, 인간의 '生命'은 물론이고, 인간이 創造하는 藝術과 哲學에도 生死의 두 가지 길이 있음을 시사하고 있다고 해석하고자 한다.
495) "我等の生命は情意からばかりは出来居ない。生命は知情意を統一したる分つべからざる有機的全体である。我等の情意が芸術の華やかな国に、情緒生活の潤ひを

라고 말함으로써, 우리 인간의 생명이 '정·의'에 '지'를 더한 '지·정· 의'를 통일한 나눌 수 없는 유기적 존재라고 강조한다. 그는 이로 인 하여 인간에 있어서 '정의'가 정서생활의 윤택함을 추구하고 동경하 는 데 반하여, '지성'은 사색의 경지에서 내부생명의 통일을 위해 몸 부림치듯 방황할 수 있어야 하는 당위성을 갖기 때문에 요청된다고 주장한 셈이다.

그런 방황의 끝자락에서 볼 때, '생명'이 있는 자는 모두가 하나의 계통적 존재이고 그 계통이 파괴되면 곧바로 생명 그 자체는 완전히 없어지고 마는 것이다. 이처럼 구라타가 '생명'에 대한 직관력을 갖게 된 것은 자신이 순탄하지 못했던 젊은 시절496)에 느낀 '참된 생명감' 내지 '생명의 존엄성' 등을 실감한 데에 있다고 생각된다. 여기에서 필자는 '생명의 존엄성'497)을 유념하고 살아가는 사람 치고 '자살'을 감행하는 자 있을 수 없다는 생각을 하게 된다. 이런 점에 대한 확신 이 구라타에게 있어서는 '내부생명'이라는 틀 속에 자리잡혀 있었다

追うてあこがれると共に我等の知性は影の寒い思索の境地に内部生命の統一を求 めて彷徨しなければならない。(中略) 生命のある者は系統的存在であつて、系統 の破壊は直ちに生命其のものゝ滅却であるからである。(上同)

496) 두 말할 것도 없이 倉田가 두 번째 失戀당한 뒤 結核을 앓고 一高를 自退했던 무렵을 말한다.

497) 이에 관하여 韓國人 철학자 金泰吉은, "인간이 스스로를 존엄하게 대접하는 굳 건한 태도와 세도나 금력을 잡은 사람들이 권세를 자랑하고 권위주의를 휘두르 는 오만한 태도를 혼동해서는 안 될 것이다."고 하면서, "인간의 존엄성은 권력 이나 또는 권위 따위와는 아무런 관계도 없다. 인간의 존엄성이 가장 뚜렷하게 나타나는 것은 오히려 지위도 힘도 없는 외로운 사람이 자기의 신념이 가르치 는 대로 말하고 행동할 때에 있어서다. 그러나, 가난하고 힘없는 사람들이 그렇 지 않은 사람들보다 더욱 존엄하다는 뜻 물론 아니다. 인간은 빈부나 지위의 차이와는 관계없이, 그가 인간답게 사는 이상, 누구나 모두가 한결같이 존엄하 다."고 역설하고 있다.(金泰吉, 『인간의 존엄성과 성실』〈三育敎養叢書 2〉, 三 育出版社, 1996, p.87)

고 이해된다.

그러면 구라타가 키타로의 '선'과 '생명'의 관계에 관하여 언급한 바와 같이, 〈'선'의 내용을 이루고 있는 것은 우리들의 '생명의 본연적 요구498)'〉499)라는 말에 귀를 기울여보자. 이는 직전에서 구라타가 "선(善)은 자기가 자기에 대한 요구이다. 우리들은 타인을 위하여 선을 이루지 않는다. 자기의 인격적 요구에 재촉되어 이루게 되는 것이다.(善は自己が自己に対する要求である。 我等は他人の為めに善をなすのではない。自己の人格的要求に促されてなすのである。)"500)라고 말한 점을 상기할 필요가 있다고 본다.

그것은 이 세상에 오직 한 사람으로 태어난 한 개체로서의 인간이라면, '생명'을 더할 나위 없이 존귀하게 여겨야 됨을 시사하는 내용으로 보인다. 이처럼 인간이 선을 쌓고자 하는 요구가 인식되어질 경우, 그 '선'이란 타인을 위하는 일만이 아니고, 결국은 자기를 위하는 일이 된다는 논리, 다시 말하자면 비록 이타적(利他的)인 행위를 한다 할지라도 그 행위가 종국에 가서는 자기를 위한 '사랑' 내지 '자비'가 된다는 논리가 입증되는 셈이다. 여기에서 필자가 이를 불교적 어휘인 '자비'로까지 표현하고자 하는 데는 이미 키타로가 정토진종의 가정에서 유소년 시절을 보낸 적이 있고, 이후에는 선종(禪宗)이라는 불교적 토양에 바탕한 삶을 살았기 때문으로 보인다. 따라서 구라타는,

---

498) 여기에서 '生命'에 관한 '本然的 要求'라는 말은 人間 生命의 尊貴함을 철학적으로 표현한 말로 보여지는데, 이 '本然的 要求'라는 말은 앞에서도 사용된 적이 있음은 물론이고 작품을 통해 적잖게 사용되고 있다.
499) 「然らば善の内容をなすものは何か。其は我等の生命の本然的要求である。」(『倉田百三選集』〈第2卷〉, p.26)
500) 上同

쇼펜하우어는 반세기의 옛날에 '모든 삶은 고통이다'고 말했다. 「산다는 것은 괴로움」임을 알면서도 오히려 고통 속에서 가치를 발견하면서 살아가는 마음이야말로 자연주의의 근본적 각오이다. 굶주린 자에게는 식욕이 있는 것이 고통이고, 실연한 사람에게는 사랑이 있는 것이 고통일 것이다. 그래도 역시 먹으려 하고 사랑하려고 하는 것이다.[501]

라고 쇼펜하우어의 삶에 대한 철학까지도 인용한 것으로 보인다. 이 또한 엄밀히 분석해 보면 비록 구라타가 쇼펜하우어의 사상에 근거를 삼았다고 해도, 그의 내면의식에는 불교적인 인과법칙과 상통되는 점이 적지 않았다고 보인다. 그것은 특히 인용문 중의 "굶주린 자에게는 식욕이 있는 것이 고통이고, 실연한 사람에게는 사랑이 있는 것이 고통일 것이다. 그래도 역시 먹으려 하고 사랑하려고 하는 것이다. (飢ゑたる者には食慾あることは苦痛であり。失戀の人には愛あるこのは惱であらう。しかも尚食はんとし、恋ひんとするのである。)"라는 내용이 그가 몸소 체험한 굶주림과 실연에 바탕한 〈애별이고〉의 정신이 실려 있음을 인지할 수 있다. 이는 결국 불교의 사고 중 하나라 아니 말할 수 없는데, 역시 구라타야말로 키타로의 영향을 통해 더 큰 〈'생존'의 의의〉를 찾고자 한 점이야말로 「生命の認識的努力」의 클라이막스라 할 수 있다. 이 〈'생존'의 의의〉를 찾는 일이야말로 '삶'과 '죽음'을 왕래하는 이치를 터득할 수 있는 아주 기초적인 일이 될 수 있다는 점에서, 구라타의 사상에는 한 때나마 불교에 심취됐던 키타로의 철학이 디딤돌이 되어 있었다고 이해된다.

---

501) ショーペンハウエルは半世紀の昔、'Alles Leben Leiden'と言った。「生きるは悩み」と知りながら、猶、苦痛の中に価値を見出だしつゝ生きる心こそ自然主義の根本的覚悟である。飢ゑたる者には食慾あることは苦痛であり。失戀の人には愛あるこのは悩であらう。しかも尚食はんとし、恋ひんとするのである。(上掲書, p.30)

한편 구라타는, 그의 또 다른 논문인 「自然児として生きよ」를 통해서, 「Y君」에게 보내는 서간문을 통해서, 무엇보다도 급선무가 〈'생명'에 대한 태도를 결정하는 일〉이라고 강조하고 있다.502) 그것은 인간 생활을 통해서 편안하든 위험하든 먼저 생명에 대해 경이감을 느끼지 않으면 안 된다고 역설하는 점에서 알 수 있다. 이어 구라타는 "모든 생물은 오로지 살아있기 때문에 '삶'에 충실하지 않으면 안 된다"503)는 내용으로 자신의 '생명'에 대한 관점을 요약하고 있다.

구라타는 이상과 같은 생각으로 철학의 토대를 구축했고, '생명'을 지키고 확충해 가는데 인간에게 필요한 것이 무엇인가를 심각하게 고민했던 것이다. 여기에서 구라타는 예술과 철학은 물론이고 연애·신앙 등을 몸소 체험하고 '생명'에 대한 인식을 다각도로 하면서, '죽음'에 대해서도 항상 의식하려 했던 것으로 이해된다. 따라서 구라타에게는, '생명'에 대한 존귀함을 넘어 경이로움을 지녀야 하며, '삶'에 충실하게 됨으로써 '죽음'을 극복해 나갈 길이 얼마든지 있다는 관점이 크게 자리잡혀 있었다고 보여진다.

그러므로 구라타의 인생역정을 통해 볼 때, 많은 시련과 고난이 있었음에도 그는 보다 밝은 미래를 향한 인생을 헤쳐나간 것으로 보인다. 구라타는 그 중에서도 건강이 회복되는 한 〈'생존'의 의의〉를 찾고자 했고, 〈또 다른 '연애'〉에 대한 기대를 크게 해나갔던 것이다. 나아가 구라타는 어린 나이에 자국의 철학계를 가능한 한 바르게 응

---

502) 「Y君、あなたは心の眼をもっと深く、鋭く、裸かにして人生を眺める必要はありはせぬか。(中略) 何とならば我等は是より一層根本的なる急務を持ツカラである。すなわち生命に對する態度を決めねばならぬからである。安らかであらうが、危険であらうが、我等は先づ生命といふ事実に驚異し、疑惑し、この大事実を深く考へて見なければならない。」(上掲書, p.76)

503) 「あらゆる生物はたゞ生きてるが故に「生」に充実でなければならない。ともに生きてるが故に他人の真摯なる生活の主張に傾聴しなければならない。」(上掲書, p.83)

시하고 비판했다. 그것은 두 말할 것도 없이 키타로에 힘입은 바 크지만, 구라타가 단순한 문학가를 넘어서서 어엿한 사상가로서의 자질 또한 일찍부터 갖춘 인물이라는 평가를 가능하게 한다.

2. '연애' 체험에 입각한 도덕적 '죽음' 의식

구라타는 東京第一高校에 철학을 전공하고자 입학하기 전후에 부친의 억압은 물론, 모친의 편애504)와 과보호505)까지 받음으로써 염세주의적인 성격이 된다. 이어 계속되는 실연을 당함으로써 결핵에 걸려 투병생활을 하게 되고, 결국 수 차례에 걸쳐 '자살'에 대한 충동을 느낀다.

짧은 세월이나마 고데(小出)라는 여성과 교제한 적이 있는 구라타는, 1913년(大2) 이미 4년 동안이나 연애해 왔던 이쓰미가 다른 사람과 갑작스레 결혼하게 됨에 따라 두 번째 실연을 당한다. 첫 번째와는 다르게 마음의 상처를 크게 입게 된 구라타는 이로 인하여 동교를 자퇴하고 '자살'에 대한 충동을 느끼면서 수많은 난관을 겪게 된 나머지, 연애에 대해 회의적이고 부정적으로 생각하게 된다. 그러

---

504) 倉田는 한 해 전 6세시에 同校에 입학한 적이 있었으나, 母親의 過度한 偏愛가 좋지 않게 작용, 수염을 기른 敎師가 무섭다는 등 떼를 곧잘 씀으로써 학교생활에 쉽게 適應하지 못하고 휴학, 이 해 정식으로 입학했다. 이후로는 학교생활을 열심히 함으로써 優秀한 成績으로 小學校를 졸업했다. 그러나, 이 같은 母親의 偏愛는 倉田에게 '평범한 사랑'으로 받아들여지지 못하고 에고이즘 계통의 것으로 인식되어졌다. 그 결과 倉田는 '사랑'에 관한 한 基督敎的인 '이웃 사랑(隣人愛)'가 참다운 사랑이라는 思想體系를 세운 결과, 훗날 그의 명저인 『出家とその弟子』와 『愛と認識との出発』에 '이웃 사랑' 意識을 싣게 된 것이다.
505) 몸이 허약하게 태어난 倉田는 6세에 庄原町小學校에 입학했으나, 母親의 과도한 偏愛로 인하여 학교생활에 적응하지 못하고 휴학, 이듬해 다시금 정식으로 입학했고, 이 같은 모친의 편애는 훗날 倉田로 하여금 '평범한 사랑'으로 받아들여지지 못하고 에고이즘 쪽으로 인식하게 하는 결과를 낳았다.(藤原定, 前揭書, p.10-11 參照)

면 구라타가 이쓰미로부터 '절교 선언' 내용의 마지막 편지를 받고
느낀 바를 「恋を失うた者の歩む道」라는 수필평론을 통해서 살펴보
기로 하자.

> 나는 연인으로부터 마지막 편지를 받았었는데, 세상에 태어난 이후
> 그처럼 냉담하고 싫은 성질의 편지를 본 적이 없다. 그 편지에는 "죄
> 없는 저에게 다시는 말하지 마세요"라고 적혀 있었다. 당면한 책임을
> 지닌 사람조차도 죄를 느끼지 않는데, 하물며 그 밖의 사람들이 어찌
> 죄를 의식할 수 있겠는가?(중략)
> 그렇지만 나는 그 한심스러움과 무서움 속에서 싸워나가고, '죽음'
> 의 불안에 위협받으면서도 오히려 '삶'의 조화에 대한 희망을 버릴 수
> 없다. 아니 점점 더 그 염원을 확실히 한 듯한 느낌이 든다.506)

구라타는 이쓰미로부터 이 같은 편지를 받고 자신의 처지가 한심
스럽기 그지없다면서 그 중압감을 리얼하게 표현하고 있다. 그래서인
지 이 인용문에는 '죽음'에 대한 불안감 또한 나타나 있다. 그렇지만
이렇게 절망적인 가운데서도 구라타는 〈'삶'의 조화에 대한 희망〉을
염원하고 있었던 것이다.

이런 과정이 있었기 때문에 그런지, 실연 후 구라타가 『歎異抄』를
비롯한 종교서적을 탐독하며 성서연구회·이토엥 등을 찾아 자기의
지로 요양생활을 해 나간 점이 마치 '목숨'을 걸고 종교를 찾아다닌
사람으로 비쳐진 것507)은, 그가 얼마나 자신의 '삶'을 절박하게 인식

---

506) 私は恋人から最後の手紙を受取つたが、私は生れてからかゝる冷淡ないやな性
質の手紙を見たことがなかつた。その手紙には「罪なき妾にまた言ふ勿れ」と書
いてある。当面の責任者さへ罪を感じてゐないのだもの、その他の人々が罪を
意識してゐよう。(中略)
併しながら私はその寒さと怖ろしさとの中に戦きつゝ、「死」の不安に脅かされ
つゝ、猶ほ、「生」の調和に対する希望を捨てる事が出来ない。否ますますその
願望を確かにしたやうな気がする。(『倉田百三選集』〈第2卷〉, p.90)

하고 있었는지 알 수 있다.

전술한 바와 같이 구라타는 아직 어린 나이에, 고데와 혼담(婚談)이 있은 후 수회에 걸친 실연과 결혼, 그리고 적잖은 여성과 연애를 빈번히 하게 된다. 게다가 만년에는 야마모토(山本)라는 소녀와 연애함에 따라, 그의 인생에는 적어도 여섯 명 이상의 연애상대가 있었음을 알 수 있다. 구라타는『出家とその弟子』를 출간하고 불과 수년 밖에 지나지 않은 터에『愛と認識との出発』를 발간하면서도, 건강할 때면 적잖은 여성들을 만나갔다. 그가 타계했을 때 그의 나이가 52세에 불과했음을 생각하면, 구라타야말로 평생을 통해 병고에 시달리면서도 기꺼이 연애에 몰두한 인물이라고 할 수 있다.

작품 중「恋を失うた者の歩む道」는 부제가 작품명과 똑 같은〈愛と認識との出発〉로 되어 있다. 이 평론이 집필된 때가 구라타의 나이 24세시인 1914년(大3)이라는 점을 감안해 보면, 구라타가 두 번째 실연을 당하고 얼마나 상실감이 커 있었는지 알 수 있다. 따라서 이「恋を失うた者の歩む道」에는 구라타가 '자살'마저 생각하게 했던 실연의 아픔이 그 배경으로 자리잡고 있다.

그러면 당시 구라타가 이쓰미와의 '참된 연애'를 얼마나 크게 갈구했는지 알 수 있게 하는 다음의 인용문을 보자.

　　나는 고통을 호소하거나 동정을 구하거나 할 마음은 없다. 나는 지금 그런 짓을 하고 있을 수는 없다. 나는 평생에 다시는 있을 수 없는 중요한 처지에 서 있기 때문이다. 나는 지금이야말로 정신을 바짝 차리지 않으면 안 되는 때이다. 볼 품 없이 찌들어버린 정신 생활, 그것을 떠받쳐줄 육체 그 자체의 멸망의 불안—나의 생명은 내부에서도 위기

---

507) 今成元昭의「近代日本文学者と仏教思想」에 나타나 있는 표현이다.(今成元昭,「日本近代文学者と仏教思想」, 田村圓澄・田村芳郎,『日本仏教のこころ』〈有斐閣選書 4〉, 有斐閣, 昭52, p.273)

에 직면해 있다.(중략) 이렇게 외칠 때 마음 속 깊이 군림하는 것은 일종의 깊은 도덕적 의식이다. 일체의 약속을 초월하여 직접 '삶' 자체에 향해진 의무의 감정이다.508)

「恋を失うたものゝ歩む道」라는 글은 그 제목에서도 알 수 있는 것처럼, 이쓰미에게 실연당한 구라타의 상실감이 주된 내용으로 되어 있다. 따라서 이 인용문이 시사하는 바는 그의 삶의 자세를 통한 문학적 고백이라고도 볼 수 있다.

이미 수 차례나 '연애' 체험을 해 본 구라타는, 먼저 스스로가 고통을 호소하거나 동정을 구하거나 할 생각이 없음을 밝히고, 자신의 처지가 일생을 통해서 매우 중요한 시기에 놓여 있음을 밝히고 있다. 그리고는 자신을 뒤돌아보면서 이미 흐트러진 자신을 발견하고서, 정신을 바짝 차려야 된다고 생각했다. 구라타는 자신의 '생명'은 자신의 깊은 곳 다시 말하자면 내부에서도 위기에 직면해 있어, "마음 속 깊이 군림하는 것은 일종의 깊은 도덕적 의식이다. 일체의 약속을 초월하여 직접 '삶' 자체에 향해진 의무의 감정이다.(心内奥に君臨するものは一種の深かき道徳的意識である。)"509)라고까지 말했던 것이다. 이어 그는 그 의무의 감정으로부터 스스로가 인내하고 지탱하는 힘을 느끼며, 이는 〈자신의 '삶'에 봉사〉510)하는 〈의무의 감정〉이라고

---

508) 私は苦痛を訴へたり同情を求めたりする気はない。私は今そんな事をして居られない。私は生涯にまたとあるまじき重要な地位に立つてゐるのだから。私は今こそしつかりせねばならない時である。見る影もなく押し崩された精神生活、そしてそれを支ふべき肉体そのものゝ滅亡不安—私の生命は内よりも外よりも危機に迫つてゐる。(中略) かく叫ぶ時心内奥に君臨するものは一種の深かき道徳的意識である。一切の約束を超越して、直ちに「生」そのものに向けられたる義務の感情である。(『倉田百三選集』〈第2卷〉, p.85)
509) 이는 비록 逸見와의 戀愛가 두 번째 하는 것이라 할지라도, 倉田의 입장에서는 결코 良心의 呵責 같은 것은 조금도 없음을 시사하고 있다고 해석된다.
510) 倉田가 말하고자 하는 '奉仕'의 의미란, 逸見으로부터 失戀당한 후 얼마 지나지

말함으로써, 구라타 스스로가 자신의 인생에 있어서 가장 보람된 도덕적 가치를 찾고자 했다고 보인다. 그러나 구라타는

> 나는 약간의 고통으로 끝나는 가벼운 사랑은 하지 않은 셈이다. 털 빠진 개와 같은 미저러블(miserable)한 몸을 밤 기차에 싣고 스이마(須磨)에 도착하여 해안을 달리는 싸늘한 철로를 내려다보았을 때, 그리고 늙으신 아버지를 효고(兵庫) 역(驛)에 전송하고 돌아오는 길에 누렇고 무심하게 뻗쳐있는 모래 언덕에 서서 한없이 펼쳐진 드넓은 바다를 보았을 때, 나는 간절히 '죽음'을 생각했다. 그것은 결국 죽음의 표상에 지나지 않았을지도 모른다.[511]

라고 기술, 미래에는 결코 가벼운 연애를 함으로써 그 같은 고통을 맛보지 않을 거라고 굳게 다짐하고 있다. 그것도 늙은 아버지를 전송하고 돌아오는 길에 또 다시 '죽음'[512]을 간절히 생각하면서 말이다. 다른 경우에도 '죽음'을 인식한 적이 있었지만, 이 때보다 심한 때는 없었다고 보인다. 구라타가 이렇게 '죽음'을 통절하게 생각하며 '자살' 충동을 느끼게 된 때는, 1913년(大2) 가을(秋)[513]에 해당된다.

않은 시점에서 말하는 것이므로, 一燈園에서 몸소 했던 晝耕夜讀의 생활을 가리킨다고 보여진다. 이 때 倉田가 행한 肉體的 勞動은 특히 그가 겪었던 失戀에 대한 記憶과 '自殺'의 衝動을 잊고자 하는 하나의 方便이었던 것으로 해석된다.

511) 私はいさゝかの苦痛で済むやうな軽い戀はしなかつたつもりである。毛の抜けた犬のやうなミゼラブルな身を夜汽車に運ばれて須磨に着いて海岸を走る冷たい鉄路を見た時に、老父を兵庫駅に見送つて帰りを黄色く無関心につゞく砂浜に立つて、取りとめない海の拡がりを見た時に、私は切に死を思つた。それは終に死の表象に過ぎなかつたかも知れない。(上揭書, p.86)

512) 倉田가 '自殺' 衝動에서 극복할 수 있었던 힘에 대하여, 필자는 倉田가 他力的인 宗敎의 性向에 관심을 기울였기 때문에 가능했다고 보고 싶다.

513) 물론, 倉田에게 있어서 '自殺' 衝動이 일어났던 것은, 이 때 외에도 수회에 걸쳐 있었던 것으로 추정된다. 대체로 인간은 가을에 고독감을 많이 탄다고 일컬어지고 있다.

이 무렵 구라타는 스이마(須磨)라는 해안에서 요양하며 지내고 있는 중이었다. 구라타는 어느 날 철도에서 자살한 두 사람의 시체를 목격하게 되는데, 그 중 한 사람은 독약(毒藥)을 마셨었다. 구라타가 그 '시체'에 손을 대어봤을 때에는 아직도 온기(溫氣)가 남아 있었던 바, 그 때 그가 받은 충격이 너무도 컸던 것이다. 그 순간 구라타는 '자살'이야말로 세상에서 가장 큰 죄악이라고 통감했던 것이다.

다음 인용문은 구라타 자신이 이미 겪었던 실연을 그대로 인정하면서도 운명적인 것으로 인식하고 있는 대목이다.

> 나는 싸워서 패했다. 외부로부터의 강포한 적(나는 병마저도 외부라고 느낀다)과 싸워서 데스퍼리트(desperate)한 나는 내부로부터의 적(그녀의 변심)을 만나 근본적으로 지고 말았다. 모든 사정은 화살 같은 속도로 눈 깜짝할 사이에 궁극에까지 도달했다. 그 추이는 참으로 운명적인 성질을 띠고 있었다. 나는 나의 사랑 그 자체에 대해서 배반하지 않고서는 이미 더 이상 견뎌낼 만한 힘이라고는 털끝만큼도 없다. 그렇다면 나는 어째서 자멸(自滅)하지 않는가?[514]

이 인용문에서는, 구라타가 두 가지 점에 관하여 적개심을 느끼고 있음을 알 수 있다. 그 하나는 자신의 병마이고, 또 다른 하나는 자신이 사랑해 왔다고 자부하던 상대 여성 즉 이쓰미의 변심이다. 이상의 두 가지 '적'을 이기지 못하고는 자신의 삶에 있어서 아무런 의미가 없음을 깨닫고, 구라타는 인용문의 끝 부분을 통해, "그렇다면 나는 어째서 자멸(自滅)하지 않는가?(然らば私は何故自滅しないか。)"라

---

514) 私は戦ひ敗れた。外部からの強暴な敵(私は病気をも外部と感ずる)と戦つてデスペレートな私は、内部よりの敵(彼女の変心)に遭つて根本的に敗れてしまつた。すべての事情は矢の如き速度で見る間に究極まで達した。その推移は実に運命的な性質を帯びて居た。私は私の愛そのものに背がずしては最高毫厘の力もない。然らば私は何故自滅しないか。(上掲書, p.87)

고 말함으로써, 결코 이대로 '자살'해서는 안 된다는 결의에 찬 다짐을 보이고 있다.

이어 구라타는 다음의 인용문을 통해서 〈'자살'에 대한 거부의사(拒否意思)〉를 한층 강도 있게 나타내고 있다.

'죽음'이 실감으로서 눈앞에 닥쳐온 나는 또한 죽어서는 안 되는 자신을 분명히 인정했다. 그것은 본능적인 '죽음의 공포'를 이겨내는 것이라고 말하는 사람도 있을 것이다. 실연이 절대적인 암흑이 되지 않기 때문이라고 말하는 사람도 있을 것이다.515)

여기에서 필자는 구라타의 '자살' 충동이 더 이상 인고하기 어려운 경지까지 도달해 있음을 발견하게 된다. 그것은 두 말할 것도 없이, "'죽음'이 실감으로서 눈앞에 닥쳐온 나는 또한 죽어서는 안 되는 자신을 분명히 인정했다. (死が実感として眼の前に来た私は未だ死ねない自分を明らかに認めた。)"는 구라타의 표현에서 쉽게 알 수 있는 점이다. 따라서 이 인용문은 구라타가 더욱 '죽음'을 실감하면 할수록, 구라타의 '죽지 않겠다' 또 '죽어서는 안 된다'는 의지가 더욱 분명해져갔음을 알 수 있게 한다.

이어 구라타는 자신이 〈'자살'할 수 없는 이유〉를 다음과 같이 말하고 있다.

그렇지만, 나에게 있어서 가장 통절한 이유는, 자살이 나에게 가장 깊은 도덕적 만족을 주지 않는다는 점이다. 마지막까지 노력한 만큼의 느낌을 주지 않는 것이다. 자신 스스로를 칭찬할 마음씨가 일어나지 않

---

515) 「死」が実感として眼の前に来た私は未だ死ねない自分を明らかに認めた。それは本能的な「死の恐怖」に打ち克たれるのだといふ人もあらう。失戀が絶対的の暗黒とならないからだといふ人もあらう。(上同)

았다. 그것이 가져올 파동은 그녀, 그녀의 늙은 부모, 나의 부모, 나의 운명적인 벗 속에 내재하고 있는 나 자신에 배반하는 고통이다. 타인 속에 발견되는 자기는 뜻밖에도 강하다.516)

그것은 한마디로 도덕적 양심에 충족되지 않기 때문이었다. 그러므로 구라타는 "자살이 나에게 가장 깊은 도덕적 만족을 주지 않는다는 점이다. 마지막까지 노력한 만큼의 느낌을 주지 않는 것이다. (自殺が私に最深の道徳的満足を与へない事である。 最終までの努力感を与へないことである。)"라고 자신의 내면의식에 있는 그 '이유'를 실토하고 있는 것이다. 그리고 나서 구라타는 '자살'이야말로 두 번째 실연을 안겨준 상대방 즉 이쓰미와 구라타 자신의 부모를 비롯한 가까운 인연을 배반하는 일로 생각한 것이다.

이어 구라타는, 엄청난 고통이 그 후에는 뒤따를 것이라고까지 강조하고 있다. 그것이 바로 구라타의 불교적 내면세계, 즉 육도윤회에 대한 불교적 믿음이었던 것이다. 결국, 구라타의 생애를 통해 볼 때 그에게는 헤아릴 수 없을 정도의 난관 즉 '죽을 고비'가 있었다고 보이며, 당시 그가 자살하지 않은 내면적 힘이라면 역시 '불교적 사유 체계'517)라 아니 말할 수 없다.

그럼에도 불구하고 구라타는 다음의 인용문을 통해서, 자신이 실연을 당하고 나서도 진정으로 사랑하는 여인과 함께 살아가는 것과 그

---

516) 併しながら私にとつて最も痛切なる理由は、 自殺が私に最深の道徳的満足を与へない事である。最終までの努力感を与へないことである。自らをほめる心地になれない事である。… 齎らす波動が彼の女、彼の女の老親、私の父母、私の運命的なる友の中に内在する私の自己に背く苦痛である。他人の内に見出された自己は案外強い。(上掲書、pp.87-88)
517) 이 같은 내용을 집필한 시기가 倉田이 24세 무렵이기 때문에, 그에게는 이미 親鸞思想을 어느 정도나마 體得했다고 보인다. 즉, 당시에는 倉田가 佛敎的인 '因果關係'나 '六道輪廻'의 理致 그리고 '來世'가 있음을 알고 있었다고 추정된다.

삶 속에, '착한 행복'이 깃들어야 한다고 염원한 것을 보면, 그가 얼마나 '연애'를 추구했는지 알 수 있다.

> 나는 실제로 나의 행복과 염원을 빼앗겼다. 나의 염원이란 사랑하는 여인과 함께 사는(mitleben) 일이며, 거기에 삶의 기초를 두어 인간으로서의 발달을 이루려는 것이었다. 깊고 착한 행복이 그 속에 깃들어 있어야 했었다.
> 지난 1년 동안의 내 마음의 움직임은 정말로 순수한 것이었다. 사랑과 노동과 신앙―나는 인간으로서 또한 내 개성이 지향할 바 똑바른 길에 서 있었음에 틀림없다.(중략) 실연과 폐결핵과 퇴교를 동시에 당한 나머지 삶을 어떻게 살아야 할지 몰라 슬픔에 잠겨 마냥 울어대는 하나의 생명체, 그것을 작은 희생이라고 말할 수 있을련지?[518]

이 인용문 말미를 통해서 구라타는, 이미 체험했던 이쓰미와의 연애에 대한 그리움과 이토엥 등에서의 사색·노동, 그리고 다양한 신앙 체험에 대한 정당성을 부여하고 있다. 구라타는 또 한편으로 실연·폐결핵·고교 자퇴를 당한 후의 삶에 대해서 다소나마 분노에서 벗어나지 못하고 있는 듯 하다. 그것은 다음 인용문을 통해 더욱 실감할 수 있다.

> 나는 이 글로 인하여 「사랑(愛)과 인식의 출발」이 되게 하고 싶다.
> 위대한 사랑이여, 내 가슴속에 깃들어라. 대자연의 참 모습이여, 내 눈

---

518) 私は実際に私の幸福と願ひとを脱却させられた。私の願ひとは愛する女とmitleben して、そこに生活の基礎を置き人間としての発達を遂げんことであつた。深い善い幸福がその中に宿るべきであつた。
此の一年間の私の心の働らき方は実に純なものであつた。　愛と勞働と信仰―人間として、また人の個性の行くべき真直な道に私は立つて居たに相違ない。(中略)　失戀と肺結核と退校とに同時に襲はれて生きる道を知らず泣き沈める一個の生命物。それが小さな犠牲と云はれようか。(上掲書, pp.89-90)

동자에 비쳐라. 원컨대, 내 정령의 힘이 다하기 전에, 육체가 멸망하지 않기를.[519]

　　구라타는 이 인용문으로 「戀を失うた者の步む道」라는 논문의 결론을 맺고 있다. 이는 그가 참다운 연애를 얼마나 갈구했는가 알 수 있게 한다. 그것은 마치 한 사람의 인간이라면 누구도 실연의 아픔을 겪고 싶어하지 않는다는 심정을 생생하게 실토한 점에서 알 수 있다 하겠다.

　　그러므로 구라타는, 실연으로 인하여 '자살'하고 싶었던 한때의 절실한 생각에 대해, "위대한 사랑이여, 내 가슴속에 깃들어라. 대자연의 참 모습이여, 내 눈동자에 비쳐라.(偉大なる愛よ、我が胸に宿れ、大自然の真理よ、我が瞳に映れかし。)"라고 하면서, 최후에는 심지어 "원컨대, 내 정령의 힘이 다하기 전에, 육체가 멸망하지 않기를.(願はくは我が精霊の力の尽きざる内に、肉体の滅亡せざらんことを。)"라고까지 표현했던 것이다. 그러므로 이 인용문에는, 미래에는 과거와는 다르게 연애를 해 볼 거라는 구라타의 다짐이 섞여 있기도 하다. 그리고 작품 속의 논제 즉 '恋を失うた者の步む道'이란, 구라타 스스로가 최선을 다하고 있는 연애가 오기 전에 '구라타'라는 자신은 결코 죽을 수 없어, 건강한 심신으로 새로운 연애를 지향하고자 거듭 다짐한 것으로 이해된다.

---

519) 私は此の一文をして「愛と認識との出発」たらしめたい。偉大なる愛よ、我が胸に宿れ、大自然の真理よ、我が瞳に映れかし。願はくは我が精霊の力の尽きざる内に、肉体の滅亡せざらんことを。(上掲書, p.101)

3. '신앙' 체험에 입각한 종교적 '죽음' 의식

투병생활을 통해 구라타가 〈타력신앙〉에 의지하려 했던 것은 어쩌면 당연한 일로 보인다. 전술한 바와 같이 구라타는 26세에 두 누나를 잃게 되는데, 그것은 이미 13세라는 사춘기에 마찬가지로 누나의 죽음을 맛본 키타로의 '죽음'관을 인지[520]하고서, 슬퍼하는 자신도 또한 '같은 운명에 복종하지 않으면 안 된다'고 느낀 것이다. 이로 인하여 구라타는 종교적 신앙심[521]으로 심신의 아픔이 치유될 것을 기도했다.

하루코를 만나면서부터 기독교 교회를 다니게 된 구라타는 더욱 깊게 신행하며 결핵이 치유되길 기도한다. 그러나 그는 『歎異抄』를 읽은 후부터, '염불'에 의해 '죽음'이 극복되는 것이야말로 곧 '자기구제'라는 숙제[522]를 해결할 수 있는 방안이 될 수 있으며, 이는 곧 신란의 정토진종을 신행하는 것이라 생각하고 불교 신자라 해도 결코

---

520) 倉田는 작품 『愛と認識との出発』의 冒頭에서 「요한 第一卷」 第二章에 소개한 내용〈前揭拙論, 「倉田百三의『愛と認識との出発』論」(Ⅰ), p.386〉와 「私は基督教の思想で日々暮らしてはゐますが、クリスチャンではありません」〈『倉田百三選集』〈第1卷〉, p.212〉〉 등을 통해 보면, 倉田가 젊은 시절 한때 基督教 信仰을 했던 적이 있음에도 불구하고, 基督教人은 아니었음을 파악할 수 있기 때문에 이처럼 표현한 것이다. 그럼에도 倉田는 그의 대표적 희곡인 『出家とその弟子』에서 基督教的인 表現과 思想을 적잖게 드러내고 있음을 보면, 倉田의 基督教的인 思考方式이 결코 적다고 할 수 없다.

521) 浄土真宗의 家門에서 태어난 幾多郎는 훗날 浄土眞宗의 信者가 되지는 않았다. 오히려 같은 佛教界에서도 禪宗에 傾倒되어 20대 중반부터 30대 중반까지 10여 년에 걸쳐 猛烈할 정도로 禪修行을 했다.(小坂国継, 『現代日本と仏教』〈現代思想·文学と仏教Ⅲ〉, 前揭書, pp.164-165 参照)

522) 石田瑞麿가 「淨土教にみる死」라는 논문을 통해 「淨土教は死の宗教である。念仏によって浄土に往生することを建て前とし、その往生は死を契機とするから、死はとりわけ重要な意味をもっている。」라고 언급한 것을 보면, 숱한 難關을 맞고 있던 倉田로서 『歎異抄』 등의 종교서적을 왜 탐독했는지 가히 추정된다. (石田瑞麿, 「淨土教にみる死」, 大法輪編輯部 編, 『死とはなにか』, 平3, p.72)

손색이 없는 삶을 살아간다. 그 결과 구라타는 일련의 '자살' 충동과 바로 위의 두 누나의 사망과 같은 과정 속에서도 '사색'을 깊이 하는 "저술 작업"만은 계속 할 수 있었던 것으로 보인다.

구라타가 겪은 간접적인 '죽음' 체험은 그로 하여금 사고를 더욱 깊게 할 수 있는 초석이 되어, 마침내 『愛と認識との出発』를 끝까지 집필할 수 있게 했던 것이다. 이를 위해 구라타는 자신이 안고 있는 온갖 난관을 크게 인내해 나갔다. 그러면 작품에 나타나 있는 구라타의 '죽음' 의식을 종교적 '신앙' 체험에 입각하여 고찰해보고자 한다.

먼저, 구라타의 사고체계를 생각해보지 않을 수 없다. 그가 종교를 선택하여 자신의 '신앙' 체험을 할 수 있었던 요인에는 억압과 과보호라는 부모로부터의 영향에 반작용한 나머지 더 크고 넓은 사랑에 대한 의식이 작용했다고 보여지지만, 무엇보다도 실연과 결핵으로 인한 심신의 아픔을 치유하고자 하는 마음이 더 크게 작용했다고 할 수 있다. 이에 따라 구라타는 자신의 내면세계를 남달리 크게 인식해 볼 수 있는 계기가 되었던 것이다. 그러나 그에게 종교적 심성을 불러일으키는 데 직접적인 영향을 미쳤던 사람은 누구보다도 니시다 텐코라 할 수 있다. 나아가 자신의 사고 체계를 형성해 나가는 데 있어서 무엇보다도 중요시 된 것은, 선악의 문제를 어떻게 인식하느냐 하는 점이었다.

필자는 앞의 「제4장 제3절-3」을 통해 구라타의 희곡 『出家とその弟子』의 〈'기도'를 통한 운명적 '죽음' 의식〉에 관하여 기술한 바 있다. 바로 이에 관련이 깊은 내용이라면, 구라타가 구보 마사오 앞으로 보낸 편지 내용이 실려 있는 『青春の息の痕』에,

나는 당신의 장래 운명에 아주 관심을 기울이고 있습니다. 호기심에서가 아니고, 따스한 인간적인 사랑을 가지고. 무엇이나 자신의 본래

영경에 이르기까지 자신이 완전히 변모해야 된다고 생각합니다. 당신
이 예술가가 아니라고 하는 점에 관해서 나는 알 수 없습니다. 당신은
훌륭한 예술가로서의 소질과 운명을 지니고 계신다고 믿습니다. 당신
의 불행한 성격—우리의 견해에서 볼 때—깊은 냉철함과 혼의 고독 속
에는 시인으로서 훌륭한 리듬이 울리고 있지 않습니까?(중략) 당신의
예술을 위해 기도하겠다기보다도, 당신의 예술이 되살아나 깊이 있는
곳에서 지내는 당신의 혼을 위해 기도하겠습니다.523)

라고 실려 있는 바, 필자는 구라타가 지니고 있던 '기도'를 통한 운명
적 '죽음' 의식을 여기에서도 감지할 수 있음을 밝히고자 한다.
　　그러면 무엇보다도 그가 선악에 관하여 고민하면서 바르게 인식하
려 했던 점부터 살펴보기로 하자.

　　나는 내 마음 속에 선과 악을 구별할 힘이 존재하는 것을 믿는다.
그것은 아직 망막하여 분명한 모양을 이루고 있지는 않지만, 확실히 존
재해 있다. 나는 이 힘이 존재한다는 것을 긍정하는 데서 출발한다. 나
는 이 선과 악에 대해서 느끼는 힘을 인간의 마음속에 깃들인 가장 고
귀한 것이라고 인정하고, 그리하여 이 소질을 마치 아름다운 보석처럼
귀여워하고 사랑한다.524)

---

523) 私はあなたの將來の運命に非常に關心してゐます。好奇心からではなく、溫か
い人間的な愛をもつて。何でも自分の本来の靈境に到るまで自分になり切るこ
とだと思ひます。あなたが芸術家でないと云ふのは私には解りません。あなた
は立派な芸術家としての素質と運命を持つてゐられると信じます。あなたの不
幸な性格—私流の見方から—深かい冷めたさと魂の孤独の奥には詩人としのす
ぐれたリズムが響いてゐるではありません。(中略) あなたの芸術のために祈
ります。といふよりも、あなたの芸術に生かされつゝ深まさり行くともろのあ
なたの魂のために祈ります。(『倉田百三選集』〈第1卷〉, p.124)
524) 私は私の心の内に善と悪とを感別する力の存在することを信ずる。それは未だ
茫漠として明らかな刑を成しては居ないけれど、確かに存在してゐる。私は此
の力の存在の肯定から出發する。私は此の善と悪とに感じる力を人間の心に宿
る最も尊きものと認め、そして此の素質をさながら美しき宝石の如くにめで慈
しむ。(『倉田百三選集』〈第2卷〉, p.140)

예로부터 하나의 사상을 확립한 사람의 경우, 대체로 그 출발점은 인간 세상에서 선과 악을 어떻게 바라보고 얼마만큼 인식했으며, 무엇이 있어서 믿어갔느냐 하는 점이 중요하게 작용되었다 할 수 있다. 이 선악의 문제는 동서고금을 막론하고 지구 상에 항존해 있는 문제이기도 하고, 인간에게는 누구의 마음속에나 자리잡고 있는 지극히 추상적인 개념이기 때문이다.

　그러나 이 인용문에서처럼 인간행위 속의 선과 악이 분명히 존재함을 긍정하고자 하는 마음가짐에는, 선악을 구별하여 나름대로 바르게 행동하려는 구라타의 안목이 있었던 점으로 이해된다. 따라서 구라타는 "나는 이 선과 악에 대해서 느끼는 힘을 인간의 마음속에 깃들인 가장 고귀한 것이라고 인정하고, 그리하여 이 소질을 마치 아름다운 보석처럼 귀여워하고 사랑한다.(私は此の善と悪とに感じる力を人間の心に宿る最も尊きものと認め、そして此の素質をさながら美しき宝石の如くにめで慈しむ。)"라고 생각해 나갈 수 있었던 것이다. 이렇게 자신의 선악관을 펴고 있는 구라타에게 있어서 궁극적인 목표란, 결국 〈人生을 어떻게 살아가야, 종국에 가서 잘 죽을 수 있느냐?〉 하는 점을 숙제로 삼으며 지냈다고 추정된다.

　사실 구라타는 적잖은 글을 통해 '선악의 문제'를 주제어로 사용하고 있다. 그것은 전술한 바와 같이 『出家とその弟子』의 「序曲」을 통해서도 인간의 죄악에 관한 문제가 크게 어필되고 있는 점에서도 알 수 있고, 그 밖의 '죽음' 내지 '사색'에 관련된 책의 제목을 통해서도 알 수 있다. 그 중에서 구라타는 『出家とその弟子』에 나타난 죄악감을 통해, 인간이란 죄가 있어 마땅히 죽을 운명에 처할 수밖에 없다고 역설, 기독교적인 인간관까지 섭렵하려 했다고 해석된다.

　그러면 다음 인용문을 통해서, 선악을 구별하여 삶을 살아가는 인간에게 있어서, '죄'란 어디에서 오는 것인가에 관한 구라타의 관점을 살펴보자.

> 저 신란 성인을 봐라. 그에게 있어서 모든 죄는 '업'에 의한 필연적
> 인 것이어서 자기의 책임은 아닌 것이다. 그런데도 스스로 극악한 사람
> 으로 느낀 것이다. 변명하지 않고 자기가 자기와 남과의 운명을 손상시
> 키는 것을 죄라고 느끼는 데에 도덕은 성립하는 것이다.525)

　구라타는 이 인용문을 통해서 〈모든 '죄'는 '업'에 의한 필연적인
것〉526)이라고 강조하고 있다. 그러면서도 구라타는 '죄'란 모든 사람
의 '운명'을 손상시키는 것이라고 하면서, 이것을 느끼는 사람이라야
바람직하게 살 수 있다고 한 셈이다. 이 점을 염두에 두고 구라타는
신란의 성스러움을 쉽게 예시해 나가고 있다. 그러면 작품 속에 나타
난 보다 깊은 신란의 선악관에 대하여 살펴보기로 하자.

> 신란이 "「선악」의 두 글자, 합해 보아도 알 수 없는 것이니라"고 말
> 한 것처럼, 그 완전한 실상은 성인의 만년에 있어서조차 체득하기 어려
> 운 것이다. 모든 것의 본체는 지식으로는 알 수 없다. 사물을 안다는 것
> 은 그 사물을 체험하는 일, 나아가서는 소유하는 것을 가리킨다. 선악을
> 알기 위해서는 덕을 쌓을 수밖에 없다. 선과 악의 느낌은 미추의 느낌
> 보다도 훨씬 더 비감각적인 가치의식이기 때문에, 그 존재는 막연하게
> 보이지만, 좀 더 직접적으로 인간의 영혼 속에 확연히 존재해 있다.527)

---

525) かの親鸞聖人を見よ。彼に於いてはすべての罪は「業」に依る必然的なものであ
　　つて自分の責任では無いのである。しかも自ら極重悪人と感じたのである。辨
　　解せずして自分が、自らと他との運命を損じることを罪と感じるところに道徳
　　は成立するのである。(上揭書, p.141)
526) 倉田는『出家とその弟子』의「序曲」을 통해서, '罪惡感'이라는 표현을 즐겨 사
　　용하고 있다. 이 점에 관하여 필자는, 「第4章 제2절 1-2」를 통해 구체적으로
　　기술한 바 있다. 그럼에도 倉田는 이 善惡의 문제를『愛と認識との出發』속의
　　위 인용문을 통해서는, '罪'가 '業'에 의한 필연적인 것이라며, 佛敎的인 관점을
　　피력하고 있다 하겠다.

이 인용문에서 구라타는, 신란의 "「선악」의 두 글자, 합해 보아도 알 수 없는 것이니라.(「善悪」の二字総じてもて存知せざるなり。)"라는 말을 비유한 후, '선악'은 범인이 아닌 성인이 평생을 살다가 '죽음'을 눈앞에 둔 만년이 되어도 체득하기가 쉽지 않다고 말하고 있다. 선악을 완전히 초월한 경지를 '지선(至善)'이라 해석할 때, 구라타는 지식으로서가 아니라 실제로 체험하는 사람이라야 참다운 덕도 쌓을 수 있게 됨으로써 '지선'의 경지에 도달할 수 있음을 암시한 것이다. 따라서 구라타는, 여기에 '영혼'이라는 개념 또한 매우 추상적인 것이며, 이것이 안주할 때 인간의 사후 도달할 극락(천국)과 지옥에 대한 세계가 확연하게 인식되어질 수 있는 것으로 본 셈이다.

그러면, 인간이 '죽음'을 당하기 전에 어떻게 하면 가능한 한 이상세계(理想世界)[528]에 도달할 수 있을 것인가? 적어도 구라타는 이에 대해 적잖게 고민한 것으로 보인다. 그리하여 인간의 '죽음' 의식이란 꼭 '죽음'을 직면하고서 인식되어지는 것만은 아님을 구라타는 알고 있었던 것이다. 그는 연애하면서도 삶의 한계를 느낄 때는 '자살'을 생각하였다. 또 극단적인 경우에는 '자살' 충동 끝에 실제로 자살을 시도하고자 발걸음을 옮기기도 했다. 그렇지만 여기에서 중요한 것은, 구라타에게는 적어도 〈'자살'을 해서는 결코 안 될 일〉이라는 종교적 확신이 가슴깊이 있었다는 점이다.

---

527) 親鸞が「善悪の二字総じてもて存知せざるなり。」と言つたやうに、その完全なる相は聖人の晩年に於いてすら体得出来難き程のものである。すべてのものゝ本体は知識では解らない。物を知るとは、その物を体験すること、更に所有することである。善悪を知るには徳を積むより外はない。善と悪との感じは、美醜の感じよりも遥かに非感覚的な価値の意識であるから、その存在は茫として見ゆれど、もつと直接に人間の魂に固存してゐる。(上掲書, p.142)

528) 이를 宗教的으로 해석할 때, 基督教的으로는 '天國'이, 佛教的으로는 '極樂'이 實在한다는 宗教的 信仰體驗에 바탕한 槪念임은 두 말할 것도 없다.

천국과 지옥이 조물주의 하나의 사랑의 계획으로서 거두어지는 것이다. 선을 따르고 악을 꺼리는 성질은 점점 더 강해지지 않으면 안 된다. 간음이나 살생은 여전히 악이다. 다만 그 악도 절대적인 것이 아니라. '용서'를 통해서 구제받을 수 있고, 선과 서로 나란히 하여 세계의 조화에 봉사하게 되는 것이다.(중략) '일곱 번을 일흔 번 할 때까지 용서하라'고 가르친 예수는 '한쪽 눈이 너를 죄에 빠뜨리거든 빼내 버려라'고 경계한 사람이다. '죄 값은 죽음이니라'고 씌어 있는 바와 같이, 죄를 범하면 혹은 반드시 한 번은 죽지 않으면 안 된다. 혹은 흡사 얼굴을 가리는 황후가 아무리 작은 모욕에도 참지 못하듯이, 한 점의 얼룩에도 부끄러워한 나머지 죽을 정도로 순결한 것이다.[529]

구라타는 이 인용문을 통해서, 살생(殺生)과 간음(姦淫)이라는 각 종교마다 계율에 넣고 있는 내용을 '악'이라 규정하고 있다. 그러면서도 혹시 자신이 아닌 타인이 이를 범했을 때, '용서'만이 구제할 수 있는 방안이 될 수 있음을 밝히고 있다. 이를 좀 더 궁구해 보면, 역시 권선징악(勸善懲惡)의 사고체계에서 그다지 이탈하고 있지 않음을 알 수 있다. 그러므로 구라타는 인용문의 후미에서, "한 점의 얼룩에도 부끄러워한 나머지 죽을 정도로 순결한 것이다.(一点の汚みにも恥ぢて死ぬ程純潔なものである。)"라고 말한 것처럼, 죽을 만큼 순결한 이상세계를 동경한 것으로 보인다. 그러면, 구라타가 사용한 '종교적 죄책감'이라는 표현이 실려 있는 다음 인용문을 살펴보자.

---

529) 天国と地獄とが造り主の一の愛の計量として収められるのである。　善を追ひ、悪を忌む性質は益々強くならねばならぬ。姦淫や殺生は依然として悪である。たゞその悪も絶対的なものではなく、「赦し」を通して赦はれることが出来、善と相並んで共に世界の調和に仕へるのである。(中略)「七度を七十倍するまで赦せ」と教へた耶蘇は「一つの眼汝を罪に堕さば抜き出して捨てよ」と誡めた同じ人である。「罪の価は死なり」とある如く、罪を犯せば魂は必ず一度は死なればならぬ、魂はさながら面を裏む皇后がいかなる小さき侮辱にも得堪へぬやうに、一点の汚みにも恥ぢて死ぬ程純潔なものである。(上掲書, p.145)

나는 어디까지나 선하게 되고 싶다. 나는 내 마음 속에 선의 씨앗이 들어 있음을 믿고 있다. 그것은 조물주가 뿌린 것이다. 나는 정토진종 일파의 사람들처럼 인간을 철두철미하게 악인으로 보는 것은 진실인 것처럼 생각하지는 않는다. 인간에게는 어딘가에 선의 소질이 갖춰져 있다. 신란이 자기 자신을 극중악인이라고 인정한 것도 이 소질이 있기 때문이다. 자기의 마음을 악 뿐이라고 말하는 것은 선 뿐이라고 말하는 것과 마찬가지로 일종의 히포크리시(hypocrisy) 곧 위악이다. 게다가 내가 이렇게 말하는 것은 무엇인가에 대해 미안한 듯한 생각이 든다. 나는 이러한 문제에 대해서 생각해 볼 때마다 어쩐지 가슴속에서 '부정의 죄'라고 할만한 종교적인 죄책감이 든다.530)

　　전술한 바와 같이 구라타의 사상을 추구하여 논하면 할수록, 그의 내면의식에는 무엇보다도 '지선'의 경지가 실답게 엿보인다. 그러기에 그는 어디까지나 선하게 살고 싶다고 말했고, 자신의 마음 속에 선의 씨앗이 들어 있음을 믿는다고 강조했던 것이다. 게다가 구라타는 그 선이야말로 조물주가 뿌린 것이라 하면서, 자신이 정토진종의 철두철미한 악인관의 입장과는 다르게 보고 있다고까지 밝힌 것이다. 이런 입장에서 구라타의 '심성(心性)'에 대한 관점을 생각해 보면, 인용문의 내용과 같이 조물주가 선을 만든 것으로 본 기독교적인 세계관이 불교의 그것에 비해 다소나마 강하게 느껴진다.

　　그렇지만 구라타의 이상과 같은 적잖은 인용문을 통해 볼 때, 그의 사상에는 종교적 요소가 상당히 내재되어 있음에도 불구하고, 어느

---

530)　私は飽までも善くなりたい。私は私の心の奥に善のあるのを信じて居る。それはつくり主が蒔いたのである。私は真宗の一派の人々のやうに、人間を徹頭徹尾悪人とするのは真実のやうに思へない。人間には何処かに善の素質が備はて居る。親鸞が自らを極重悪人と認けたのも此の素質あればこそである。自分の心を悪のみと宣べるのは、同じく一種のヒポクシーである。偽悪である。その上私はかく宣べるのは何者かに対して済まないやうな気がする。私はか様な問題について考へる度びに、何となく胸の底で「否定の罪」とでもいふやうな宗教的な罪の感じがする。(上掲書, p.146)

특정 종교에 관한 내용으로 일관되어 있지 않아 보인다. 이런 점은 다음 인용문을 통해서도 느낄 수 있다.

> 우리들의 죄는 대갚음을 받지 않으면 안 된다. 그러나 백 가지 선행도 한 가지의 악행을 대신할 수 없다. 또 우리들은 선행으로 구제받을 수는 없다. 구제는 다른 힘에 의한다. 선행의 공덕에 의하지 않고 사랑에 의해서 용서를 받은 것이다. 종교의 본질은 그 용서에 있다. 그러나 선하게 되려고 하는 기도가 없으면, 자기 죄의 깊고 무거움도 그 용서의 고마움도 깨닫지 못할 것이다. 가령, 신란이 인간의 악행이 운명적임을 느낀 것은 오랫동안 선하게 되려고 하는 노력을 쌓아도 허물어졌기 때문이다.[531]

구라타는 여기에서 매우 의미심장한 주장을 펴고 있다. 그것은, 구라타가 백 가지 선행도 한 가지의 악행을 대신할 수 없다고 한 점에서 그렇다. 이 말은 주로 불교적인 해석으로 가능한 논리이다. 그러나 선행으로 구제받을 수는 없다는 말은 앞의 논리와는 거리가 있어 보인다. 그것도 구라타가 "구제는 다른 힘에 의한다. 선행의 공덕에 의하지 않고 사랑에 의해서 용서를 받은 것이다. 종교의 본질은 그 용서에 있다. 그러나 선하게 되려고 하는 기도가 없으면, 자기 죄의 깊고 무거움도 그 용서의 고마움도 깨닫지 못할 것이다.(救ひは他の力に依る。善行の功に依らず愛に依つて赦されるのである。宗教の本質は其の赦しにある、併し善くならうとする祈りが無いならば、己れ

---

531) 私たちの罪は償はれなくてはならない。併し百の善行も、一つの悪行を償ふことは出来ない。私たちは善行で救はれる事は出来ない。救ひは他の力に依る。善行の功に依らず愛に依つて赦されるのである。宗教の本質は其の赦しにある、併し善くならうとする祈りが無いならば、己れの罪の深重なることも、その赦されの有り難さも解りはしないであらう。例へば親鸞が人間の悪業の運命的なる事を感じるのは、永き間の善くならうとする努力が、積んでも積んでも崩れたからである。(上掲書, p.148)

の罪の深重なることも、その赦されの有り難さも解りはしないであらう。)"라고 말하고 있음을 보면, 선하게 되려는 기도가 없을 때 자기 죄의 깊고 무거움은 물론, 그 용서의 고마움도 깨닫지 못할 것이라는 보다 구체적인 종교관으로 발전해 간다고 보여진다. 그렇지만 구라타가 이 인용문 말미에서 "가령, 신란이 인간의 악행이 운명적임을 느낀 것은 오랫동안 선하게 되려고 하는 노력을 쌓아도 허물어졌기 때문이다.(例へば親鸞が人間の悪業の運命的なる事を感じるのは、永き間の善くならうとする努力が、積んでも積んでも崩れたからである。)" 라고 한 점을 생각해 보면, 구라타의 종교관을 일언(一言)으로 단언할 수는 없다고 생각된다.

그럼에도 불구하고, 전술한 바와 같이 구라타는, '염불'을 범(汎)종교적인 덕목이라 할 '기도'보다 한층 높게 해석하고 있다. 어쩌면 필자는 작품 『愛と認識との出発』의 전편을 통해서 구라타가 밝히고 있는 최후의 종교관이 다음 인용문 속에 실려 있다고 보고 싶다.

> 나는 신란의 염불을 선하게 되려고 하는 기도의 단념으로서보다도 그 성취로 느껴진다. 신란이 '선악의 글자를 아는 체 함은 큰 거짓말의 얼굴이니라'고 말한 것은, 무엇 무엇은 선이고 무엇 무엇은 악이라고 하는 식으로 개념적으로 구별할 수는 없다고 말한 것이다. 선악의 느낌 그 자체를 부정한 것은 아니다. 그는 선악의 느낌이 가장 날카로운 사람이었다. 그러므로 부처를 절대적인 자비로, 인간을 절대적인 악으로 두 가지를 디스팅트(distinct) 곧 뚜렷하게 구별하지 않을 수 없었던 것이다.532)

---

532) 私は親鸞の念仏を善くならうとする祈りの断念とよりも、その成就として感ずる。彼は念仏によつて成仏する事を信じて安住したのである。彼が「善悪の字知り顔に大虚言の貌なり」と言つたのは、何々するは善、何々するは悪といふ様に概念的に区別する事は出来ないと云つたのである。善悪の感じそのものを否定したのではない。彼は善悪の感じの最も鋭い人であつた。故に仏を絶対に悪に、両者をデイスティンクトに峻別せねば止まなかつたのである。(上掲書, p.149)

역시 그 핵심은 비록 앞에서 구라타가 신란의 '염불'을 종교적 신행의 최고덕목으로 여기면서, 신란이야말로 선악의 느낌을 긍정적으로 보고 있다. 그러나 구라타가, "그러므로 부처를 절대적인 자비로, 인간을 절대적인 악으로 두 가지를 디스팅트(distinct) 곧 뚜렷하게 구별하지 않을 수 없었던 것이다.(故に仏を絶対に悪に、両者をデイスティンクトに峻別せねば止まなかつたのである。)"라고 한 점을 생각하면, 그는 어디까지나 불교적인 사고방식이 여타의 종교에 비하여 우월했다고 생각한 것으로 해석된다.

그러므로 필자는, 불교의 전반적인 교리가 있음에도 불구하고, 구라타가 정토계 신행 중 제일의 덕목으로 인식할 수 있는 '염불'을 가장 큰 선행의 근원으로 보았음에 주목하지 않을 수 없다. 여기에서 필자는, 구라타가 인지한 '염불' 의식과 관련시켜 〈인간의 '죽음' 이후〉를 생각해 보면, 분명히 정토세계에 안주하게 하는 방법론이 될 수 있다고 해석하고자 한다. 비록 작품 『愛と認識との出発』 속에서 구라타의 종교적 '죽음' 의식이 분명하게 드러나지 않는다 할지라도, 구라타의 '죽음' 의식을 '신앙 체험'에 입각하여 요약할 수 있는 범주는 결국 정토진종의 불교적인 것이라고 할 수 있다.

그럼에도 불구하고 구라타는, 작품 『愛と認識との出発』 속의 「善くならうとする祈り」라는 논문의 마지막 부분을 통해서, 자신의 간절한 소원은 '자신을 선하게 하려는 기도'라고 강조하고 있다.

> 원컨대, 우리들로 하여금 우리들이 만들어진 존재임을 승인하게 하라. 이 승인은 모든 사랑스런 덕을 낳는 어머니이다. 그리하여 만들어진 것의 간절한 소원은 조물주의 완전함을 닮기까지 자기 자신을 선하게 하려는 기도이다.[533]

---

533) 願はくば我等をして、我等がつくられたるものである事を承認せしめよ。此の承認

이는 작품 『愛と認識との出発』의 전체적인 내용으로 볼 때, 마땅히 기독교적인 사고체계에 의한 결론으로도 해석된다. 그렇지만 여기에서 필자는 구라타가 추구한 종교가 무슨 종교냐는 문제는 차치하고라도, 적어도 구라타가 가지고 있었던 사고체계 속에서 "이 승인은 모든 사랑스런 덕을 낳는 어머니이다. 그리하여 만들어진 것의 간절한 소원은 조물주의 완전함을 닮기까지 자기 자신을 선하게 하려는 기도이다.(此の承認はすべての愛たき德を生む母である。而してつくられたるものゝ切なる願ひは、つくり主の完さに似るまで己れをよくせんとの祈りである。)"라고 표현한 점을 주의 깊게 해석하면서, 나아가 구라타 자신을 선하게 하려는 '기도'의 주인공이라고 이해하고자 한다.

따라서 구라타가 자신의 '자살' 충동마저도 극복할 수 있는 점에 대하여, 필자는 구라타가 '기도'를 통해서 자신이 염원하는 바를 이루고자 했던 것이다. 아울러 어린 나이에 두 누나의 '죽음'을 체험한 적이 있는 키타로의 『善の研究』를 읽고, 작가 자신도 누나의 죽음을 당한지 수 년 밖에 지나지 않은 시점에서, 직접 결핵 등과 사투하면서 정토계의 〈타력신앙〉에 의지하려 했던 점이야말로, 구라타의 〈'신앙체험'에 입각한 종교적 '죽음' 의식〉으로 요약할 수 있다고 본다.

결국 구라타는, 종교적 행위라고 할 수 있는 신앙을 다각도로 체험하면서 현실을 초월하고자 하는 '죽음' 의식을, 예술과 철학은 물론, 희망·연애(사랑)·동경·신앙 등을 몸소 체험한 인물인 셈이다.

필자는 구라타의 종교적 '죽음' 의식에 대하여, 종교의 류를 넘어서서 〈'염불'과 '기도'를 중심으로 하면서 '선'을 추구한 의식〉으로 이해하고자 한다. 이 중에 '기도'는 '운명'을 일깨우는 것534)이라고

はすべての愛たき德を生む母である。而してつくられたるものゝ切なる願ひは、つくり主の完さに似るまで己れをよくせんとの祈りである。(上揭書, pp.149-150)

생각한 구라타의 생각은, 결국 '기도'야말로 '죽음' 의식을 초월할
수 있는 하나의 방편(方便)이 될 수 있음을 시사했다고 해석하고자
한다.

---

534) 『倉田百三選集』〈第2卷〉, p.182 參照

III

나오는 글

맺는 글

합리성에 기초를 둔 자아의 자각과 확립을 과제로 삼은 일본 근대문학은, 불교만이 아니라 신토·유교·기독교등 모든 종교의 비합리적인 요소를 배제해 나가려 했다. 그러므로 당시의 불교사상은 대체로 대승적 차원에서 시도되어 근대적 자아의 확립에 그 기반을 두어왔다 할 수 있다.

이런 관점에서 일본 근대문학사를 보면, 다이쇼 시대에는 각 종교에 입각한 사상적 제재의 문학작품이 적잖게 등장 것은 두 말할 것도 없다. '근대'라는 시대적 배경 속에서 '문학'의 일면을 검토해보면, 주로 '기독교문학'이 주류를 이루는 가운데서도 '불교문학'이 새로운 양상으로 나타난 셈이다. 그것은 불교 중에서도 정토진종 등에 두드러지게 나타났다. 그 중에서도 신란사상을 중심으로 하는 경향이 짙어, 소위 〈신란 '붐'〉 현상을 가져왔다. 필자는 그 가운데 당시 시라카바파의 대표적 문학가인 구라타 햐쿠조(倉田百三)에 한해서 연구범위를 설정하고 그의 작품을 중심으로 하는 '죽음' 의식을 논하려 했다. 구라타를 전후로 하여 신란사상의 영향을 받은 문학가라면 마쓰오카 유즈루 등이 있고, 사상가로서는 기요와사 만시 등이 있어, 저자는 이들에 관해서도 본 연구의 어프로치로 생각하여 고찰해 보았다.

'신란사상'과 일본의 '근대문학'이 불가분의 관계를 맺게 된 것은 전술한 바와 같이 일본 근대에 있어서 나타난 〈신란 '붐'〉 조성이라는 환경이 조성됨으로써 되어진 셈이다. 이런 흐름 속에서 이미 십대 후반부터 이십대 초반에 걸쳐 기독교를 신앙하다가 신란사상의 영향을 받음으로써 불교적 인생관으로 살았던 구라타의 문학적 활약상은 타의 추종을 불허할 정도였다. 그것은 두 말할 것도 없이 구라타가 희곡 『出家とその弟子』와 수필평론 『愛と認識との出発』라는 명작을 집필함으로써 가능해졌다. 구라타가 갑작스레 문학계에 등장하자, 그의 영향을 받은 다른 문학가들은 구라타론에 관해 연구하는 한 〈出家とその弟子〉를 축으로 하면서 문학적 이론을 펴나갈 정도였고, 당시의 청년들은 이상의 두 작품을 필독서로 생각할 수 있었다.

정토진종의 출현으로 성립된 신란사상은 구라타에게 적잖은 영향을 미쳤다. 그렇지만 구라타는 그의 문학활동 초기부터 신란사상을 지향하지는 않았다. 그 이전에 구라타는 니시다 키타로를 만나 인생과 철학에 관하여 담론한 적이 있고, 실연에 의한 정신적 고통과 육체적 아픔을 겪은 후로는 무엇보다도 결핵 치료에 혼신의 힘을 기울였다. 따라서 그는 이를 염두에 두고 이토엥을 방문, 창시자 니시다 텐코를 만나 사적인 일까지 구체적으로 상담·감동하여 텐코를 스승 삼아 지냈다.

구라타는 공히 정토진종 가문에서 태어난 키타로와 텐코의 영향을 받은 셈이다. 그러나 그에게 종교적 심성이 먼저 자리잡게 된 것은 기독교였다. 그 후 구라타는 신란사상이 가장 무게 있게 함축되어 있다는 『歎異抄』를 탐독해 나갈 수 있었고, 이를 토대로 하여 신란과 그의 주변인물을 등장시켜 희곡 『出家とその弟子』를 집필할 수 있었다. 구라타는 〈타력신앙〉이 중요시되어진 『歎異抄』에 크게 감동한 나머지, 그 정신을 일본 근대에 되살려『出家とその弟子』라는 희곡을 세상에 내 놓은 것이다. 이로 인하여 구라타는 당시에 '불교문학의 기수' 역할을 다 했다는 평가를 받고 있다.

구라타는 다른 문학·사상가와 비교해 볼 때, '자살'에 대한 충동 즉 '죽음'을 극복하고 초월하는 의식이 남달리 강했다. 그것은, 일본 근대문학사를 통해 볼 때, 적잖은 유명 문학가들이 각각 나름대로 여러 가지 이유를 들어 자살한 경우가 있기 때문이다. 이는 인명경시풍조가 만연되어 있는 가운데 생명과 관련된 각종 사건사고가 적잖게 일어났던 당시의 상황을 검토해 볼 때, 수회에 걸친 '자살' 충동을 거듭 느끼면서도 '죽음'의 고비를 극복할 수 있었던 것은, 그가 젊어서 지녔던 기독교와 이토엥 그리고 정토진종라는 불교 등에서 얻었던 사유방식에 힘입은 바가 크다고 보여진다. 그 중에서도 '인과응보'와 '불생불멸'이라는 체계가 깃들어 있는 신란사상의 영향을 받음은 물론, 그 정신이 실려 있는『歎異抄』를 탐독하고부터 구라타는 자신의 사상과 '죽음' 의식을 불교적 인생관과 더불어 섭렵해 나갈 수 있었던 것이다.

먼저『出家とその弟子』와『愛と認識との出発』라는 두 작품에 관한 불교문학사상을 고찰하고 그와 관련된 '죽음' 의식을 도출해 내고자 했다. 이는 일본 근대 불교문학사상이 국내에서 연구되어지는 일이 거의 전무하다는 입장에서, 실연과 결핵 등의 중병(重病)을 사투하듯 극복해 간 구라타의 불교적 문학·사상과 '죽음'에 관한 연구가 그지없이 가치있게 여겨졌다.

『出家とその弟子』라는 희곡에는 구라타가 편력한 기독교적 죄악감과 '이웃 사랑' 의식은 물론, 불교의 정토사상에 뿌리를 둔 구도의 행각과 체득이 '염불'과 '기도' 의식을 중심으로 양립되어 있다. 이는 시대를 초월해서 구라타의 '운명적'인 연애·신앙 그리고 '죽음' 의식

등 인생의 중요 고비가 작품에 실려 있어, 독자들에게 적잖은 감동을 주었던 것으로 것이다.

아울러 신란을 통해 구라타가 묘사하고 있는 '운명관'은, 곧 '죽음' 의식을 대변했다고 이해된다. 이는 결국 '죽음'에 순응하지 않으면 안 된다는 지극히 평범한 진리를 시사하고 있다. 그러나 구라타가 작품 속에서 묘사한 신란은 임종이 임박해 온 점을 인지하고 불안감을 감추지 못한다. 필자는 이런 점을 작가 구라타가 자신이 안고 있는 '죽음' 의식 꾸밈없이 반추하는 것으로 이해할 수 있었다.

『出家とその弟子』라는 작품 속에는 구라타가 자신의 인생체험과 운명적 '죽음' 의식을 '연애·염불·기도'를 통하여 나타낸 면면이 적잖게 실려 있음을 발견할 수 있었다. 그러나 무엇보다도 한 사람의 인간으로서 90년의 생애를 불법(佛法) 아래 수행·포교하면서 지내 온 신란이, 한 평생을 회상하면서 인생무상의 경지를 솔직하고 담백하게 읊으며 남긴 유언을 쇼신이라는 비구니가 계속 읽어 가는 점은 매우 인상적이었다. 그러므로 구라타가 신란의 대사를 통해, 인생이란 결국 '윤회'하는 수레바퀴를 벗어날 수 없다는 불교적 '죽음' 의식을 느꼈다고 본 점은, 구라타의 '죽음' 의식의 결정체라 해도 좋을 것이다.

병고 끝에 타계했던 구라타의 나이 52세와 90세나 되어 열반한 신란의 몰년을 비교해 보면 큰 차이가 있다. 여기에서 한 가지 간과해서는 안 될 것은, 비록 구라타가 당시로서는 '죽음'과 직결된 결핵에 걸리는 등 '삶'과 '죽음'의 갈림길에서 수많은 우여곡절을 겪었다고 해도, 결국 '죽음'을 운명으로 여기면서도 불안해했던 구라타 또한 생사(生死)를 해탈(解脫)하는 일이 결코 쉽지 않았다고 보여진다.

구라타가 수필평론『愛と認識との出発』라는 작품을 출현시킨 점에도 세인(世人)의 높은 관심을 사기에 충분했다. 그것은 구라타가 이 작

품을 20대 초반이라는 청년의 몸으로 집필하기 시작, 서구주의 현상이 팽배하던 당시의 문예사조에 신란사상을 더함으로써 인생과 진리를 사랑하고자 하는 동년배인 청년들에게 소위 '휴머니즘(humanism)'을 선물해주었기 때문이다.

『愛と認識との出発』를 사상적으로 접근해보면, 작품 속의 몇몇 논문을 통한 작가의 우정관·철학관·연애관·'이웃 사랑' 의식 등이 폭넓게 인지되었다. 나아가 이 작품에는 구라타의 인생체험을 통한 '죽음' 의식이 적잖게 깃들어 있었다. 그것은 '생명' 인식과 '연애' 체험에 입각한 철학적이고 도덕적인 '죽음' 의식, 그리고 '신앙' 체험에 입각한 종교적 '죽음' 의식의 발견을 통해서 알 수 있는 점이다.

한편 『愛と認識との出発』를 통해 느낄 수 있는 구라타의 '죽음' 의식은, 작품이 여러 가지 관점으로 구성된 논문의 종합적 평론이라서 일관성이 적기 때문에 그런지 희곡 『出家とその弟子』에 비하여 확연하게 나타나 있지 않아 보인다. 따라서 필자가 『愛と認識との出発』에 나타난 '죽음' 의식을 『出家とその弟子』의 그것과 대비하고자 하는 의도가 있었음에도 불구하고, 두 작품에 나타난 '죽음' 의식을 비교하여 그 차이를 명확하게 제시할 수 없었음을 필자로서 아쉽게 생각된다. 어쩌면 그것은 한정된 자료와 지면의 제한 등으로 인하여 불가능했다는 생각을 저버릴 수 없다. 이 점에 관해서는 차후의 과제(課題)로 삼고자 한다.

그렇지만 무엇보다도, 구라타가 죄악이라 일컬어지는 '자살' 일보 직전에까지 가면서도 이를 각종 종교적 체험을 통한 '신앙'의 힘으로 극복할 수 있었던 것은, 그의 살고자 하는 의지의 소산임과 더불어 '인간 승리'의 일면으로 볼 수 있었음은 다행스럽다고 아니 말할 수 없다. 그것은 구라타의 '죽음' 의식을 〈'생명'은 '사랑'을 낳고 또 그 '사랑'을 하고 나면 '죽음'이 기다리며, 사후에는 '왕생'할 수 있다〉는 내용으로 요약할 수 있기 때문이다.

　구라타가 희곡 『出家とその弟子』와 평론 『愛と認識との出発』라는 두 문학작품을 통하여 〈목숨(命)→사랑(愛)→죽음(死)→새 삶(往生)〉이라는 과정을 직·간접적으로 깨달음으로써, 자신의 내면의식을 뛰어넘어 그 나름대로 문학관·인생관·'죽음' 의식 등을 인식할 수 있었다는 점을 발견한 것 또한 본서 『일본 근대 불교문학사상과 '죽음(死)'』을 작성하면서 얻은 성과라고 해도 좋을 것이다.

　나아가 본서를 일독한 독자로 하여금 세계적으로 자살률 1위로 기록되고 있는 현대 '한국사회의 현실'을 바르게 직시하고 소위 '자살'을 예방하기 위해서는 '잘 사는 일'이라 하는 '웰 비잉(well being)'과 '죽음(준비) 교육'이 중요하다는 점을 강조하고 싶다. 그래야만 '잘 죽는 일'인 '웰 다잉(well dying)' 또한 잘 될 수 있다는 인과보응의 이치(理致)를 우리 모든 인간들이 깨달을 수 있기 때문이다. 이 점은 구라타가 정신적·육체적 고통 속에서도 불교적 윤회사상으로 자살을 극복한 사례에서 배울 바 크다고 본다. 나아가 본서가 일본 근대 문학을 연구하고자 하는 후학들에게 이 분야에 하나의 길잡이가 될 수 있기를 기대해 본다.

　마지막으로 본서에 힘입어 한·일 양국간에 일본 근대에 있어서 불교문학의 영역은 물론이고 구라타를 비롯한 '신란사상' 등에 관하여 보다 적극적인 비교문학(比較文學)의 장이 이루어지길 바라는 바이다.

참고문헌[參考文獻]

제1절 한국 문헌

1. 단행본

『大正藏』2, 150쪽 中

『大正藏』29, 404쪽 中

강석주·박경훈(2002),『불교근세백년』, 민족사

고재석 옮김(1997), 마루야마 마사오·나카무라 하지메·이에나가 사부로·다케다 기요코 지음,『사상사의 방법과 대상』〈한림신서 일본학총서 32〉, 小花

구견서(2001),『일본 知識人의 사상』, 현대미학사

丘仁煥(1995),『近代作家의 삶과 文學』, 서울대학교출판부

길희성(1999),『일본의 정토사상(日本 淨土思想)』, 민음사

金起東(1988),「韓國의 佛敎文學論」, 韓國文學研究所編,『韓國佛敎文學研究』〈上〉, 東國大學校出版部

김영호(1995),「한용운과 휘트먼의 문학과 종교」,『문학과 종교의 만남』, 동인

金容德(2000),『日本近代史를 보는 눈』, 지식산업사

金雲學(1990),『佛敎文學의 理論』, 一志社,

김주경 옮김(1997), 베르나르 포르 지음,『동양종교와 죽음』, 영림가디널

김채수 역(2001), 鈴木貞美 著,『일본의 문학개념』, 보고사,

金泰吉(1996),『인간의 존엄성과 성실』〈三育敎養叢書 2〉, 三育出版社

김태준(1991),「일본 근대문학과 그 연구동향」,『불교문학이란 무엇인가』〈한국불교문학사연구회 신서 1〉, 동화출판공사

박전열 외(2000),『일본의 문화와 예술』, 한누리미디어

朴正義 編著(1999),『日本 가이드』, 도서출판 계명

裵正雄 譯註(2000), 『神社文化를 모르고 日本文化를 말할 수 있는가?』, 도
　　　서출판 계명
서영애(2002), 『불교문학의 이해』, 불교시대사
신찬균(1991), 「반카—삶과 죽음의 변증법」, 『불교문학연구입문』〈한국불
　　　교문학사연구회 신서 3, 산문·민속편〉, 동화출판공사
유한근(2000), 「문학위기의 새 패러다임으로서의 불교문학」, 『문학마을』
　　　〈제1권 2호〉, 문학마을
李 萬 編著(2001), 『불교문학과 사상(文學을 위한 佛敎 言語와 思想)』, 부
　　　흥기획출판부
李洙正 역(2001), 『일본근대철학사』, 생각의나무
李仁福(1982), 『文學과 救援의 問題』, 淑明女子大學校出版部
_____(1989), 『죽음과 구원의 문학적 성찰』, 우진출판사
이재원 옮김(2002), 토마스 브로니쉬 지음, 『자살, 인간만의 파괴적 환상』,
　　　이끌리오
李晋吾(1997), 『韓國佛教文學의 研究』, 民族社
이상보 외(1991), 『불교문학연구입문(율문·언어편)』, 동화출판공사
이원희(2000), 『일본인과 죽음』, 영남대학교출판부
이형기 외(1991), 『불교문학이란 무엇인가』, 동화출판공사
인권한(1999), 『韓國佛教文學研究』, 고려대학교출판부
조동일(2000), 『철학사와 문학사 둘인가 하나인가』, 지식산업사
최길성(1990), 『한국의 조상숭배』〈예전학술사상총서 1〉, 예전사
韓國文學研究所 編(1988), 『韓國佛教文學研究』〈下〉, 東國大學校出版部
韓普光(2001), 『日本禪의 歷史』, 如來藏
허우성(2000), 『근대 일본의 두 얼굴 : 니시다철학)』, 문학과지성사
홍기삼(1997), 『불교문학의 이해』, 민족사
　　(1997), 『불교문학연구』, 집문당
홍윤식 외(1991), 『불교문학연구입문(산문·민속편)』, 동화출판공사

2. 학위논문

權珉晶(1997), 「죽음과 葬禮에 관한 佛敎福祉的 考察」, 東國大學校 佛敎
　　　大學院 碩士學位論文

金東林(1992), 「腦死에 관한 刑法的 研究」, 江原大學校 大學院 博士學位
　　　論文

金敏子(1988), 「開化期 文學과 基督敎思想 研究」, 中央大學校 大學院 博
　　　士學位論文

孫相吉(1993), 「日本 佛敎社會事業의 發展過程」, 東國大學校 行政大學院
　　　碩士學位論文

朴承吉(1991), 「韓日 近代初期 新宗敎運動과 舊體制變革의 論理構造」, 慶
　　　北大學校 大學院 博士學位論文

李仁福(1978), 「韓國文學에 나타난 죽음 意識 研究」, 淑明女子大學校 大
　　　學院 博士學位論文

吳出世(1990), 「韓國敍事文學에 나타난 通過儀禮 研究」, 東國大學校 大學
　　　院 博士學位論文

鄭東廈(1987), 「日帝植民地下에 있어서 韓國佛敎―寺刹令을 中心으로―」,
　　　韓國精神文化研究院 附屬大學院 碩士學位論文

鄭珖鎬(1989), 「近代 韓日佛敎 關係史 研究」, 慶熙大學校 大學院 博士學
　　　位論文

韓輝典(1988), 「安樂死에 관한 研究」, 朝鮮大學校 大學院 碩士學位論文

黃良秀(1988), 「韓國基督敎文學의 形成 研究」, 中央大學校 大學院 博士學
　　　位論文

3. 연구논문

강동균(1999), 「鎌倉新佛敎와 淨土眞宗」, 『日本思想』〈創刊號〉, 韓國日本
　　　思想史學會

＿＿＿(2002), 「淨土信行 方法論」, 『淨土學研究』〈第五輯〉, 韓國淨土學會

高漢範(1997.6),「미야자와 켄지(宮沢賢治)의 새 삶의 모색―여동생 토시
　　　　코의 죽음을 계기로―」,『日語日文學研究』〈第30輯〉, 韓國日
　　　　語日文學會

權赫建(2002.3),「나쓰메 소세키 작품『夢十夜』'第四夜'와 한국 고전문학
　　　　『公無渡河歌』에 나타난 죽음의 이미지 비교」,『日本語文學』
　　　　〈第12輯〉, 韓國日本語文學會

임성규(2003.2),「나쓰메 소세키 작품『夢十夜』'第七夜'와 최인훈 작품『
　　　　광장』에 나타난 투신자살 비교 연구」,『日本文化學報』〈第16
　　　　輯〉, 韓國日本文化學會

권해주(1999.9),「『雪國』의 사상적 배경과 일본인의 죽음의식」,『日本文
　　　　學研究』〈創刊號〉, 韓國日本文學會

김용갑(2002.3),「國木田獨步『죽음(死)』의 一考察」,『日本語文學』〈第12
　　　　輯〉, 韓國日本語文學會

金采洙(1999.8),「가와바타 야스나리(川端康成)의 死生觀」,『日本文化學
　　　　報』〈第7輯〉, 韓國日本文化學會

_____(1999.9),「川端康成의『空に動く燈』의 주제와 그 사생관」,『日本
　　　　文學研究』〈創刊號〉, 韓國日本文學會

명선(2003.4),「日本佛教의 布教―浄土真宗 大谷派의 韓國布教를 중심으로
　　　　―」,『白龍城스님과 한국불교의 포교활동』, 대각사상연구원

박화문(2002),「稱名念佛에 대한 研究」,『浄土學研究』〈第五輯〉, 韓國浄土
　　　　學會

李光奎(1997),「親族集團과 祖上崇拜」,『韓國文化人類學』〈第9輯〉

李在聖(2002.9),　「川端康成文學における時間の樣相」,　『日本學報』〈第52
　　　　輯〉, 韓國日本學會

鄭芙蓉(1995),「芥川龍之介의 晩年 作品 研究―幼少年期 環境과 죽음에
　　　　대한 考察―」,『日語教育』〈第11輯〉, 韓國日本語教育學會

曹起虎(1995),「方丈記에 있어서 五大災害記事와 當時史料의 關係」,『日
　　　　語教育』〈第10輯〉, 韓國日本語教育學會

_____(1996), 「日本 中世에 있어서 法語文學 研究—法然의 『選擇集』를 中心으로—」, 『日本語文學』〈第2輯〉, 韓國日本語文學會

_____(2001.3), 「日本近代文學과 佛敎—親鸞思想을 中心으로—」, 『日本語文學』〈第10輯〉, 韓國日本語文學會

_____(2002.3), 「倉田百三의 『愛と認識との出発』論(Ⅰ)」, 『日本語文學』〈第12輯〉, 韓國日本語文學會

_____(2002.3), 「'서양'에서 만들어진 일본의 신크리티즘」, 『오늘의 동양사상』〈제6호, 2002년 봄·여름호〉, 예문동양사상연구원

_____(2002.12), 「倉田百三의 『愛と認識との出発』論(Ⅱ)」, 『日本語文學』〈第15輯〉, 韓國日本語文學會

_____(2003.2), 「『出家とその弟子』의 思想的 考察(Ⅰ)—基督敎的인 '罪惡感'을 中心으로—」, 『日本文化學報』〈第16輯〉, 韓國日本文化學會

_____(2003.8), 「『出家とその弟子』의 思想的 考察(Ⅱ)—基督敎的인 '사랑' 意識을 中心으로—」, 『日本文化學報』〈第18輯〉, 韓國日本文化學會

_____(2003.9), 「『愛と認識との出発』에 나타난 倉田百三의 '죽음' 意識」, 『日本語文學』〈第18輯〉, 韓國日本語文學會

조성진(2003), 「芥川龍之介의 작품을 통해 본 자살의 동기」, 『烽山 池景來 敎授 停年紀念論叢』, 烽山 池景來 敎授 停年紀念論叢 刊行委員會

한보광(2002), 「念佛禪의 修行方法」, 『淨土學研究』〈第五輯〉, 韓國淨土學會

關根英行(2001.4), 「한국인과 일본인의 영혼관의 淵源에 관한 一考察」, 『日本文學研究』〈第4輯〉, 韓國日本文學協會

제2절 | 日本 文獻

1. 全集 · 文学作品

『萬葉集 一』(昭51)〈日本古典文学大系 4〉, 岩波書店

『方丈記 徒然草』(昭50)〈日本古典文学大系 30〉, 岩波書店

『親鸞集 日蓮集』(1978)〈日本古典文学大系 82〉, 岩波書店

花山勝友 訳(1997), 『源信 往生要集』, 徳間書店

『教行信証』(1997), 岩波書店

『歎異抄』(1997), 岩波書店

倉田百三(大11), 『出家とその弟子』, 岩波書店

＿＿＿＿＿(平11), 『出家とその弟子』, 新潮社

＿＿＿＿＿(昭16), 『生活と一枚の宗教』〈附—治らずに治つた私の体験〉, 大東
　　　　　　出版社

＿＿＿＿＿(1990), 『法然と親鸞の信仰』〈上〉, 講談社

＿＿＿＿＿(1991), 『法然と親鸞の信仰』〈下〉, 講談社

＿＿＿＿＿(1994), 『倉田百三選集』〈第1巻〉, 日本図書センター

＿＿＿＿＿(1994), 『倉田百三選集』〈第2巻〉, 日本図書センター

＿＿＿＿＿(1994), 『倉田百三選集』〈第3巻〉, 日本図書センター

＿＿＿＿＿(1994), 『倉田百三選集』〈第4巻〉, 日本図書センター

＿＿＿＿＿(1994), 『倉田百三選集』〈第5巻〉, 日本図書センター

＿＿＿＿＿(1994), 『倉田百三選集』〈第6巻〉, 日本図書センター

＿＿＿＿＿(1994), 『倉田百三選集』〈第7巻〉, 日本図書センター

＿＿＿＿＿(1994), 『倉田百三選集』〈第8巻〉, 日本図書センター

＿＿＿＿＿(1994), 『倉田百三選集』〈別巻〉, 日本図書センター

阿部次郎 · 倉田百三(昭31), 『阿部次郎 · 倉田百三集』〈現代日本文学全集　7
　　　　　　4〉, 筑摩書房

辻橋三郎外 編(昭48), 『倉田百三 · 武者小路実篤集』〈日本近代文学大系 第3

　　　2巻〉, 角川書店

芥川龍之介(昭41), 『現代日本文学館 20 芥川龍之介』, 文藝春秋

夏目漱石(昭57), 『吾輩は猫である』, 角川書店

2. 単行本

赤松俊秀(平8), 『親鸞』, 吉川弘文館

饗庭孝男(平2), "日本近代の世紀末", 文藝春秋

阿満利麿(1986), 『求道と人間』〈現代人の宗教 5〉, 御茶の水書房

浅井成海(1983), 「親鸞の生死観」, 平樂寺書店

浅野敏夫 訳(1993), Stephen Kern 著, 『時間の文化史』, 法政大学出版局

梅原猛(1967), 『地獄の思想』, 中央公論社

＿＿＿(1989), 『日本人の「あの世」観』, 中央公論社

＿＿＿(1993), 『日本人の魂』〈あの世を観る〉, 光文社

＿＿＿(昭59), 『日本文化論』, 講談社

暁烏敏(1997), 『歎異抄講話』〈講談社学術文庫 547〉, 講談社

池田英俊(昭51), 『明治の新仏教運動』, 吉川弘文館

＿＿＿＿ 外 二人 編(平11), 『日本仏教福祉概論—近代仏教を中心に—』,
　　　雄山閣出版

池田英俊・木場明志・末木文美士・芹川博通・田中教照編(2000), 『現代日
　　　本と仏教』(現代思想・文学と仏教 第Ⅲ巻), 平凡社

石田瑞麿(1996), 『往生の思想』〈サーラ叢書 16〉, 平樂寺書店

＿＿＿＿(1996), 『教行信証入門』, 講談社

＿＿＿＿(平3), 「浄土教にみる死」, 大法輪編輯部 編, 『死とはなにか』〈大法
　　　輪選書 14〉, 大法輪閣

＿＿＿＿(昭62), 『日本仏教思想研究』〈第五巻 仏教と文学〉, 法蔵館

雲藤義道(昭61), 『親鸞の宗教的実践』, 教育新潮社

榎克朗(平6), 「文学の宗教の出合い」, 『日本仏教文学と歌謡』, 笠間書院

岡屋昭雄(1995), 『宮澤賢治論―賢治作品をどう読むか―』, おうふう

大星光史(平2), 『日本文学と老荘神仙思想の研究』, 桜楓社

岡庭昇(1981), 『末期の眼―日本文学における死の発見』, 批評社

小田良弼(昭44), 『近代宗教文芸の研究』, 明治書院

小坂国継(2000), 「西田哲学と仏教」, 『現代日本と仏教』〈現代思想・文学と
　　　　　仏教 Ⅲ〉, 平凡社

柏原祐泉(2001), 『日本仏教史 近代』, 吉川弘文館

金井淳・小沢富夫 編(1988), 『日本思想論争史』, ぺりかん社

金塚貞文 訳(2002) ダナ・カストロ 著, 『あなたは、子どもに「死」を教えら
　　　　　れますか?』, 作品社

神戸和麿(2000), 『清沢満之の生と死』, 法蔵館

河合敦(2001), 『早わかり日本近現代史』, 日本実業出版社

紅野敏郎 外 三人 編(昭59), 『大正の文学』〈近代文学史 2, 有斐閣選書 80
　　　　　2〉, 有斐閣

小桜秀謙(1996), 『宮沢賢治と親鸞』, 弥生書房

見理文周(1995), 「近代日本の文学と仏教」, 『近代文学と仏教』〈岩波講座
　　　　　日本文学と仏教 第十巻〉, 岩波書店

＿＿＿＿＿＿(昭58), 『現代仏教文学入門』〈法蔵選書 25〉, 法蔵館

小林智昭(昭50), 『法語文学の世界』, 笠間書院

今成元昭(昭52), 「日本近代文学者と仏教思想」, 田村圓澄・田村芳郎, 『日本
　　　　　仏教のこころ』〈有斐閣選書 4〉, 有斐閣

阪口玄章(昭10), 『日本仏教文学序説』, 啓文社出版

佐古純一郎(平7), 「親鸞の思想と近代文学」, 『仏教文学と日本文学』, 〈仏教
　　　　　文学講座 第2巻〉, 勉誠社

佐々木潤之介 外編(2002), 『概論日本歴史』, 吉川弘文館

佐々木現順(昭57), 『業と運命』, 清水弘文堂

佐々木宏幹 編(1991), 『現代と仏教』〈大系仏教と日本人 12〉, 春秋社

佐伯順子(1999), 「心中の近代―愛と死の変容」, 青木保 外 四人 編, 『愛と

苦難』〈近代日本文化論 11〉, 岩波書店

佐藤泰正(1992),「宮沢賢治—そのキリスト教観」, 大島宏之 編,『宮沢賢治
　　　の宗教世界』, 渓水社

島薗進(1995),『現代救済宗教論』, 青弓社

志村有弘(平6),「近・現代文学」, 伊藤博之 外 編,『仏教文学講座』〈第九巻,
　　　研究史と研究文献目録〉, 勉誠社

宗教思想研究会(1991),『日本人の生死観』, 大蔵出版

信樂俊麿(1990),「親鸞における信の研究」〈上巻〉, 永田文昌堂

末木文美士(1992),『日本仏教史』〈思想史としてのアプローチ〉, 新潮社

＿＿＿＿＿(1993),「日本仏教を再考する」,『仏教思想史論考』, 大蔵出版

薮田貫(2000),「変わる近世史像」, 深谷克己・堀 新 編,『近世国家』〈展望
　　　日本歴史 13〉, 東京堂出版

芹川博通(1989),『近代の仏教思想』, 大東出版社

高橋祥友(2003),『中高年自殺—その実態と予防のために—』, 筑摩書房

玉城康四郎(1990),『新しい仏教の探究』, 大蔵出版

田丸徳善(1995),「第一部 近代と日本仏教」,『近代文学と仏教』(岩波講座
　　　日本文学と仏教 第十巻), 岩波書店

田村圓澄(平7),『法然』, 吉川弘文館

＿＿＿＿・田村芳郎(昭52),『日本仏教のこころ』, 有斐閣

田村芳郎(1969),『日本仏教史入門』, 角川書店

千輪慧(1984),『歎異抄と親鸞』, 勁草書房

＿＿＿＿＿ (昭36),『歎異抄の思想と背景』, 普通社

築土鈴寛(昭24),『宗教藝文の研究』, 中央公論社

辻善之介(1944-1945),『日本仏教史』〈第一巻, 上世篇〉,〈岩波書店文学講
　　　座 第二巻〉, 勉誠社

寺川俊昭(平5),『清沢満之論』, 文栄堂書店,「清沢満之と『精神界』」,『近代の
　　　宗教運動』(昭61), 法蔵館

田丸徳善(1995),「第一部 近代と日本仏教」,『近代日本文学と仏教』〈岩波

講座 日本文学と仏教, 第十巻〉, 岩波書店

富永健一(1997),『日本の近代化と社会変動』, 講談社

中山延二(昭54),『仏教と西田・田辺哲学』, 百華苑

中村元(昭39),『日本宗教の近代性』, 春秋社

鍋島直樹(1983),『仏教における生死の問題』, 平樂寺書店

永井義憲(昭38),『日本仏教文学』, 搞書房

西田幾多郎(昭17),『善の研究』, 岩波書店

西田天香(1990),『懺悔の生活』, 春秋社

西田正好(昭47),『日本文学の自然観』, 創元社

橋川文三・鹿野政直・平岡敏夫 編集(昭46),『近代日本思想史の基礎知識』,
　　　　有斐閣

橋本凝胤(昭45),『人間の生きがいとは何か』, 講談社

早島鏡正(1990),『親鸞の仏教観』〈早島鏡正 著作集 第5巻〉, 世界聖典刊行
　　　　協会

儐川勝彦・堀井哲夫 編(昭52),『近代文学思潮史』〈大正篇〉, 桜楓社

土方定一(1973),『近代日本文学評論史』, 法政大学出版局

ひろさちや(2000),『現代の課題に応える仏教講義』, 法蔵館

＿＿＿＿＿(昭61),『仏教とキリスト教』, 新潮社

白鶺会(1992),『倉田百三の精神世界』, 角川書店

藤吉慈海(昭54),『禅と念仏の間』, 春秋社

福島和人(1955),『親鸞思想―戦時下の諸相―』, 法蔵館

藤田清(昭44),「仏教と仏教文学」,『仏教文学研究』〈第七輯〉, 仏教文学研究
　　　　会 編

藤原定(昭48),「倉田百三集解説」,『倉田百三・武者小路実篤集』〈日本近代
　　　　文学大系 32〉, 角川書店

藤本浄彦(1997),『死生の課題』, 人文書院

法蔵館編輯部(昭36),『講座近代仏教』〈第Ⅱ巻〉, 法蔵館

本多弘之(平7),『近代親鸞教学論』, 草光舎

増谷文雄(1991),『仏教とキリスト教の比較研究』, 筑摩書房

水谷幸正(1993),「仏教と死」, 佛教大學 仏教とターミナル・ケアに関する
　　　　研究会 編,『いのちの看取り』, 四恩社

＿＿＿＿(1996),「仏教とターミナル・ケア」, 法蔵館

峰島旭雄(平2),「宗教文学と救いの問題」, 斎藤昭俊教授 還暦記念論文集
　　　　刊行会 編,『宗教と文化』, こびあん書房

＿＿＿＿(1967),「仏教文学の概念規定とその諸問題」,『仏教文学研究』〈第
　　　　八輯〉, 仏教文学研究会 編

御厨 貴(1999),「"東は東、西は西"近代二つの世紀末」, 青木 保 外4人,『近
　　　　代日本への視角』〈近代日本文化論 1〉, 岩波書店

三浦隆夫(1999),『一燈園 西田天香の生涯』, 春秋社

宮城顗(1991),「浩々洞」, 福島寛隆・赤松徹真 編,『資料 清沢満之』〈論文
　　　　篇〉, 同朋舎

＿＿＿＿(1996),『親鸞思想の普遍性』, 法蔵館

宮川透・荒川幾男 編(昭51),『日本近代哲学史』, 有斐閣

宮脇陽三・城ケ端初子 編(1999),『生と死の生涯学習』, 学文社

森田喜郎(1998),『近代文学における「運命」の展開』, 和泉書院

館熙道(平2),『煩悩と涅槃』, 山喜房仏書林

八木透(2001),『日本の通過儀礼』, 思文閣出版

安福信哉(1999),『清沢満之と個の思想』, 法蔵館

＿＿＿＿(2000),「清沢満之の生涯と歴史的意義」, 松原祐善・寺川俊昭 編,
　　　　『定本 清沢満之文集』, 法蔵館

安丸良夫(1999),『日本の近代化と民衆思想』, 平凡社

安森敏隆 外 二人 編(2002),『キリスト教文学を学ぶ人のために』, 世界思
　　　　想社

柳田泉・勝本清一郎・猪野謙二 編(2000),『座談会 明治・大正文学史』〈6〉,
　　　　岩波書店

吉田健一・松宮史朗 訳(2001), Donald Keene 著,『能・文樂・歌舞伎』,

講談社

吉田久一(平8),『清沢満之』, 吉川弘文館

_____(昭34),『日本近代仏教史研究』, 吉川弘文館

吉田精一(昭55),『近代文芸評論史』〈大正篇〉, 至文堂

龍谷大学 真宗学研究室 編(昭57),『親鸞思想入門』, 永田文昌堂

竜沢克己(昭54),『続仏教とキリスト教』, 法蔵館

渡辺貞麿(1994),『仏教文学の周縁』, 和泉書院

渡辺照宏(1958),『日本の仏教』, 岩波書店

3. 雑誌·論文

秋山駿(昭49),「〈罪の感覚〉の創造」,『国文学 解釈と鑑賞』〈昭和61年10月号〉, 至文堂

石川洋(平9),「新生涯に生きる― 一燈園の捨身の風光」,『大法輪』〈第64巻2号〉, 大法輪閣

伊藤博之(昭58),「『歎異抄』」,『国文学 解釈と鑑賞』〈昭和58年12月号〉, 至文堂

遠藤誠(平9),「六道輪廻の法則は事実」,『大法輪』〈第64巻 2号〉, 大法輪閣

大河内昭爾(1990),「近代文学と仏教」,『国文学 解釈と鑑賞』〈第55巻 第12号〉, 至文堂

柏原祐泉(昭42.11),「真宗における近代的思惟の形成」,『真宗研究』〈第12輯〉

木村勝彦 訳(平2),「近代日本における'思想'の意味」,『東洋学術研究』〈第29巻第3号, 通巻123号〉, 東洋哲学研究所

国木田独歩(昭47),「〈自然〉回帰から〈死〉」,『国文学 解釈と教材の研究』〈第17巻第5号〉, 學燈社

笹淵友一(昭49),「宗教と文学」,『国文学 解釈と鑑賞』〈昭和49年7月号〉, 至文堂

佐藤泰正(1974), 「宗教と文学の二律背反」, 『国文学 解釈と鑑賞』〈第39巻 8号〉, 至文堂

土屋健三郎・村上陽一郎(1994.4), 「『生死の学』のめざすもの」, 『仏教』〈No.27〉, 法蔵館

武田友寿(昭63), 「遠藤周作論―文学原像としての『聖書』」, 『国文学 解釈と鑑賞』〈昭和63年10月号〉, 至文堂

田中実(平2), 「『出家とその弟子』の念仏思想」, 『国文学 解釈と鑑賞』〈平成2年12月号〉, 至文堂

曺起虎(平3), 「鴨長明の研究」, 佛教大學 大學院 修士學位論文

二葉憲香(昭41.7), 「真宗における往生信仰と歴史との関係についての仮説」, 『真宗史の研究』

三輪和雄(1990.11), 「死あるいは脳死への医学的アプローチ―死にゆく患者を見とって―」, 『仏教』〈別冊 4〉, 法蔵館

『龍谷大學論集』〈第456号〉(1990), 龍谷學會

『文藝春秋』(2002), 〈平14年 1月号, 第80巻 第1号〉, 「遺書80人魂の記録」, 文藝春秋

4. 辞典・事典・その他

『岩波仏教辞典』(1989), 岩波書店

『講談社日本人名大辞典』(2002), 講談社

『新潮日本文学辞典』(1991), 新潮社

『新潮日本人名辞典』(1991), 新潮社

『新文芸読本 芥川竜之介』(1990), 河出書房新社

『日本古典文学大辞典』(1984)〈第四巻〉, 岩波書店

『日本古典文学大辞典』(1984)〈第五巻〉, 岩波書店

『日本人名大事典』(1990)〈第一巻〉, 平凡社

『日本人名大事典』(1990)〈第三巻〉, 平凡社

『日本人名大事典』(1990)〈第四巻〉, 平凡社

『日本文芸鑑賞事典―近代名作1017選への招待―』(平2)〈第四巻〉,　ぎょう
　　　　せい

『日本文芸鑑賞事典―近代名作1017選への招待―』(平2)〈第七巻〉,　ぎょう
　　　　せい

『日本民俗大辞典』(1999)〈上〉, 吉川弘文館

『日本民俗大辞典』(1999)〈下〉, 吉川弘文館

国史大辞典編纂委員会　編(昭61),『國史大辭典』〈第七巻〉, 吉川弘文館

日本近代文学館　小田切進　編(昭52),『日本近代文学大事典』, 講談社

日本国語大辞典　第二版編輯委員会　編(2001),『日本国語大辞典』〈第8巻〉,
　　　　小学館

広松歩・子安宣邦・三島憲一・宮本久雄・佐々木力・野家啓一・末木文美士
　　　　編(1998),『岩波 哲学・思想事典』, 岩波書店

菅沼晃・田丸徳善　編(平元),『仏教文化事典』, 佼成出版社

색 인

ㄴ

ㅂ

ㅇ

ㅎ

기타

글 뒤에

■ 후기(後記)

본서는 '서명' 그대로 일본의 '근대의 불교문학사상' 속에 실려 있는 '죽음(死)'에 관한 의식(意識)을 기술한 서적이다.

전술한 바 있듯이 본서의 중심 키워드인 '구라타 햐쿠조', '일본', '근대', '불교문학', '불교사상', '신란사상'. '죽음(死)' 등의 어휘로 이뤄진 서적은 한국이나 일본에서 종종 발간되었다. 그러나 이상의 키워드가 함께 종합되어진 저서가 한일 양국에서 발간된 사례는 단한 건도 없다고 저자는 추정한다. 그만큼 '일본의 불교문학'과 '일본의 불교사상'에 관한 책이 '근대'라는 시대상 속에서 그려진 작품이 한국과 일본에서 거의 발간된 적이 없어 보이는 '보기 드문 책'일 것이다.

본서는 일본의 다이쇼(大正)시대(1912-1926)에 불교문학가로서 크게 활약한 구라타 햐쿠조(倉田百三 ; 1891-1943)의 희곡과 수필평론이라는 두 가지 문학적 장르를 통합하여 각 작품에 나타난 '죽음'에 관한 의식을 도출한 점에서 의의가 있음은 두 말할 것이 없다. 구라타(倉田)는 희곡『출가와 그 제자(出家とその弟子)』(1917, 大6)와 수필평론이라 할『사랑과 인식의 출발(愛と認識との出発)』(1921, 大10)라는 명작(名作)을 집필하여 당시에 두 작품을 모두 당시에 베스트셀러의 대열에 올려놓았다. 이 두 작품은 약 100년의 세월이 지난 오늘날에도 이와나미(岩波)서점 등에서 문고판(文庫版)으로 계속 발간출판되고 있는 바, 그 이유는 청년과 노년에 이르는 다양한 독서층이 끊임없이 형성되어 있기 때문으로 이해된다.

오늘날 대한민국(大韓民國)은 '세계 10위권의 경제대국'이라고 회자되고 있다. 한반도(韓半島)라는 지정학적(地政學的) 위치에서 이처럼 물질문명(物質文明)이 발달한 적이 한 때도 없었다. 이 점에 관하여 요즘의 언론과 방송에서는 수많은 간호사(看護士)와 광부(鑛夫)들이 1960년대부터 1970년대에 도이칠란트(독일, 당시 '서독')에 이른바 '돈벌이'를 위하여 헌신(獻身)한 바에 의한 노력에 힘입어 되었다고도 일컬어진다.

이에 비하여 일본의 근대화(近代化) 사업이 이뤄진 것은 메이지(明治)시대(1868-1912)의 유신(維新)으로 시작되는 제도적(制度的)인 힘의 장치(裝置)에 의해 정치·경제·문화·예술·사회 등에 걸쳐 실로 폭넓게 이루어졌다. 소위 개혁(改革)과 변혁(變革)의 시기에 다방면에 걸쳐 변화되고 변용(變容)되었다고 할 수 있다. 그 중에서 예술의 한 분야라 할 문학적(文學的) 흐름은 에도(江戶)시대(1603-1868)로부터 다이쇼(大正)시대(1912-1926)에 이르기까지 계속되었다. 이 같은 조류(潮流)에 힘입어 특히 '다이쇼시대'에는 '철학(哲學)'과 '사상(思想)'을 제재(題材)로 하는 문학작품이 속출했던 것이다. 예로부터 한국에서도 그렇지만, 일본에서도 이 '사상'은 주로 '종교(宗敎)', 즉 '불교'와 '그리스트교'를 토대삼아 형성되어 왔다고 해도 좋을 것이다.

일본에서 아직도 자주 회자되는 표현이라면 "근대문학(近代文學)의 본질은 근대적 자아(自我)의 자각과 확립에 있다."는 점이다. 그것은 당시에 추구되어진 문화의 일체가 주로 합리주의(合理主義)에 기초를 두었기 때문일 것이다. 즉, 일본의 근대문학은, 불교(佛敎)를 비롯하여 신토(神道)·유교(儒敎)·그리스트교 등 제반 종교의 비합리적(非合理的)인 요소를 배제(排除)해 나가려 했던 '정신(精神)'에서 태동(胎動)된 셈이다. 그 중에서도 당시의 '불교적 사상'은 대체로 대승적(大乘的) 차원에서 시도되었고 그 기반을 두어 왔다고 해도 좋다고 본다.

한국에서는 가끔 "기독교의 『성서(聖書)』그 자체가 일대 문학으로서 서양문학의 원천을 이루고 있듯이 불전(佛典)도 하나의 문학서(文學書)"라고 일컬어진다. 이 점을 미루어 보면, 기독교문학을 논하고 집필하는 사람들은 『성서』를 곧잘 문학성이 풍부한 자료로 사용하고 있고, 불교 쪽에도 문학이 근대화되어 이른바 '근대 불교문학'이라는 새로운 문화적 양상으로 전개된 셈이다. 그것은 일본에서는 불교의 한 종파인 정토진종(浄土眞宗 ; 조도신슈)를 비롯, 일련종(日蓮宗 ; 니치렌슈)와 관련성을 지닌 채 나타났다. 그 중에서도 신란(親鸞, 1173-1262)이라는 정토진종의 종조(宗祖)의 사상을 중심으로 일본 근대에 있어서 불교문학이 등장, 이른바 〈신란 '붐'〉을 일으켰다고 할 수 있다.

이와 같이 인식하고 보면, 이후에 기술되는 '한국'에서 창립된 '원불교'의 대표적 경전인 『원불교교전(圓佛敎敎典)』도 교조(敎祖)인 소태산(少太山)이라는 성자(聖者)의 사상 속에 다분히 문학적인 요소가 깔아 있다. 저자가 이런 점을 열거하는 근거는 『소태산의 문학세계』(이혜화 저) 등이 이미 출판되어 원불교 교도는 물론 세인(世人)의 주목을 끌고 있기 때문이다.

이처럼 일본의 '근대문학'이 '불교'와 관계를 맺은 후라 할 오늘날 신란사상(親鸞思想)이 일본에서 보편성(普遍性)을 인정받고 있는 것은, 메이지시대를 거쳐 다이쇼시대를 전후로 하여 지속되어졌기 때문

이랄 할 수 있다. 그러므로 구라타의 영향을 받은 다른 문학가들은 '구라타론(倉田論)'에 관하여 연구하는 한 〈출가와 그 제자(出家とその弟子)〉를 축으로 하면서 문학적 이론을 펴나갔던 것이다.

특히 『출가와 그 제자』라는 책이 발간되던 1917년(大6)부터 순식간에 '베스트셀러'가 되자, 그렌·쇼에 의해 영역(英譯)되었고, 나아가 프랑스 문학 노벨상 수상자였던 로망·롤랑이 "그리스트의 꽃(花)과 불타(佛陀)의 꽃(華), 다시 말하자면 '백합'과 '연꽃'의 조화적인 사상"이라고 칭송하는 내용의 편지를 구라타에게 1924년(大13)년부터 이듬해에 걸쳐 보냈다고 한다.

이는 작품 속에 되풀이되는 정토진종이라는 불교와 이토엥(一燈園), 그리고 기독교에서 신앙체험을 몸소 한 후 결국은 정토진종에 회귀한 구라타(倉田)였기 때문이기도 하고, 그만의 정신편력인 불교적인 인과보응(因果報應)이라는 이치(理致)를 환히 꿰뚫어보는 직관력이 이 있었기에 그와 같은 극찬(極讚)을 받을 수 있었던 것으로 이해된다.

한편 한국인 백철(白鐵 ; 1908-1985, 日本 東京高等師範學校 졸업) 씨535)는 평안북도 의주 출생으로 대학에서 후학양성을 주로 하

---

535) 문학평론가 백철(1908-1985)은 1927년 신의주보통학교를 졸업하고 그해 일본으로 건너가 1931년에 동경고등사범학교(東京高等師範學校) 문과를 졸업, 이 무렵 《지상낙원(地上樂園)》·전위시인(前衛詩人)》등의 동인이 되었다. 1930년에는 일본 나프(NAPF)의 맹원(盟員)이 되었고, 1932년 귀국한 그는 《개벽(開闢)》 편집부장으로 있으면서 카프(KAPF) 중앙위원으로 활동, 해외문학파(海外文學派)와의 논쟁에 참여하기도 했다. 1934년 제2차카프검거사건에 연좌, 전주형무소에 수감되었는데, 이 사건은 그의 문학활동에 전향의 계기가 되었다. 1939년 《매일신보(每日新報)》 문화부장으로 취임했으며, 1942년에는 일제의 협조 강요를 피하며 북지(北支 : 中國 華北地方) 특파원으로 자원하였다. 1945년 광복이 되자 서울여자사범대학 교수로 취임했으며 그 뒤 교육계에 투신, 대학 강단에서 현대문학을 강의하는 한편 다시 비평 활동을 시작하였다.

면서도 '문학평론가'로서의 삶을 살았다. 그는 본서에서 중점적으로
다루고 있는『出家とその弟子』와『愛と認識との出発』의 작가에 대하
여 다음과 같이 언급하고 있다.

먼저,『出家とその弟子』에 관한 내용이다.
"내가 구라타 햐쿠조(倉田百三)의 이름을 알게 된 것은 비교적 오
래된 일이다. 중학교 3학년(그 때 '高等普通學校') 시절이다. 내가 중
학교 시절에 읽은 문학서적 가운데서 특히 내게 깊은 감명을 주었다
고 기억되는 작품들이 세 개 있다. 첫째가 괴테의『젊은 베르테르의
슬픔』이고, 둘째가 유고오의『레미자나블』이며, 셋째가 구라타의『출
가와 그 제자(出家とその弟子)』라는 작품이다. 위에 든 세 가지 책

1948년 서울대학교, 이듬해 동국대학교 문리과대학 학장에 취임하였다. 1957
년에는 미국 예일대학과 스탠포드대학 교환교수로 다녀왔고, 1963년에는 국제
펜클럽한국본부 위원장에 피임, 이후 여러 차례 재임하는 동안 수차에 걸쳐 해
외작가대회에 참가하는 한편 한국작품의 해외 소개에도 이바지하였다. 1966년
예술원회원에 피임되고 1972년 중앙대학교 문리과대학 학장에 다시 취임하였
고, 서울시문화상 · 예술원상을 수상하였다. 1972년에는 정부로부터 공로훈장
모란장을 받았다.〈중략〉1890년대로부터 시작하여 1910년대까지 이어지는
「번안(飜案)과 창가(唱歌)의 시대」「개화사조(開化思潮)와 신소설」의 제1편
《신문학태동기(新文學胎動期)》, 1908년 신체시(新體詩)에서 〈태서문예신보
(泰西文藝新報)〉의 1910년대말 해외문학 번역시기를 거쳐 1920년대의 자연
주의문학까지를 고찰한「신문학의 탄생」「근대 문예사조의 등장」「퇴폐(頹廢)
의 문학」「낭만주의 문학」「근대 문예사조의 등장」「퇴폐(頹廢)의 문학」「자
연주의문학」의 제2편《초기(初期)의 신문학(新文學)》, 1920년대 중반에 등장
한 신경향문학으로부터 인간묘사론의 1930년대 말까지의「신경향파의 문학」
「프롤레타리아문학시대」「격동하는 역사와 문예사조의 분화(分化)」로 된 제3
편《신문학(新文學)의 갈림길》, 그리고 제4편《암흑기(暗黑期)의 문학과 해방
(解放)》에서는 침략전쟁의 패색(敗色)과 더불어 더욱 악랄해지는 압제(壓制)
하에서 신음하는 1940년대부터 해방 이후 1950년 6 · 25전까지의 변모를「위
기의 세계정세와 신문학(新文學)의 행방(行方)」「신문학의 암흑기」「해방 뒤
문학운동의 개관」으로 나누어 정리하고 있다. 수상내역을 보면, 서울시문화상,
예술원상 등을 수상했고 1972년에는 공로훈장 '모란장'을 수상했다.(이상의
내용은, '네이버'에 실려 있는『국어국문학자료사전』를 참조했음을 밝힌다.)

가운데서 베르테르 등은 흔히 누구나 소년시절에 읽고 친근할 만한 것들이지만, 구라타의『出家とその弟子』같은 것은 아마 다른 사람들이 누구나 어릴 때에 읽게 될 작품은 아닐 것이다. 그것은 무엇보다도 이 작품이 다른 두 책과 같이 세계적인 명작의 순위에 들 수는 없는 것이기 때문이다. 그 중학 시절 나는 '일본어교사'로서 '데라타(寺田)'라는 연배 선생의 권유로 이 작품을 읽게 되었는데, 거기에서 받은 감명은 다른 두 작품에서보다 더 특이하고 깊은 것이었다. 내 생각으로는 이 작품이 그 후 내가 문학(활동 ; 저자 주)을 하는 것에 영향을 끼쳤을 뿐더러 어딘지 내 사람됨의 길을 걸어오는 데서도 많이 힘을 입은 것처럼 생각이 든다. 그 인간적인 커다란 의문과 거기에 대답하는 노(老) 주인공인 '신란'의 신념적인 목소리, 이것은『젊은 베르테르의 슬픔』에서 느낀 그런 감상이 아니고, 더 깊이 어떤 인생적인 문답을 내 어린 마음속에 들려주었다."고 회상하고 있다.536)

다음으로『愛と認識との出発』에 관한 내용을 백 철의 해설을 인용해 본다.

"결국 내가 생각하기에는 구라타가 자신의 불행한 젊은 시절에 참된 생명감, 사람의 생명이 얼마나 귀중한 것인가를 실감한 일에서 출발하여 그 생명을 지키고 확충해간다. 그런데 인간에게는 무엇이 필요한가 하면, 그것은 동경과 희망이 되고 사랑이 되며 신앙이 된다. 나아가 수상록이 되고 그의 철학이 되고 만다. 사실 그는 철학을 지망하고 第一高等學校에 입학한 수재(秀才)였다."537)

536)『現代思想敎養全集』(3),〈倉田百三(사랑과 인식의 출발)·龜井勝一郎사랑의 無常에 대하여)·三木淸(人生論 노트)〉, 耕智社, 1968, p.13의 '해설(解說)' 참조
537) 上揭한 책, p.15 참조

구라타(倉田)는 정토진종의 환경에서 태어났으나, 한 때 기독교에 경도(傾倒)하기도 했다. 그러나 극심한 투병생활(鬪病生活)을 오래 도록 한 경험 또한 있다. 그런 과정 속에서도 그는 연애(戀愛)를 크게 지향하면서 '사랑'을 다각도로 인식해 나간 인물이다. 이 같은 과정에서 육체적 고통과 정신적 고뇌는 수필평론인 『愛と認識との出発』에 적잖은 양으로 기술되어 있다. 그 정도로 구라타(倉田)는 수회에 걸쳐 '자살(自殺)' 충동을 느끼게기도 하였다.

이 『愛と認識との出発』에는 인생·비애·상처·환희·인식·용서·사랑 등의 어휘가 거듭 사용된다. 게다가 결코 예상하지 못했던 두 누나의 '죽음'을 지켜보면서 〈아무리 사랑하는 사람이라도 대신 죽어 줄 수 없다〉는 명백한 사실을 절절하게 깨닫게 된 것이다. 이는 그의 가슴 속에 내재된 불교적 사고체계와 실제적인 신행(信行)이 독실했기 때문에 "자신의 마음속에 사찰(寺刹)을 세우고 싶다."고 하기도 했다. 나아가 불심(佛心)에 의해 정신적 고독을 극복함과 더불어 '자살' 충동마저 이겨낸 인물이다.

일본 근대문학에 있어서 유명 평론가인 아바 타카오(饗庭孝男)는 『일본근대의 세기말(日本近代の世紀末)』이라는 '의욕적 장편평론'을 통해 '일본근대불교'와 유관한 내용의 평론을 다각적으로 집필했다. 그 내용을 부분적으로나마 살펴보면 다음과 같다.

아바 타카오는 이 서적 중에서 〈제3장 「'제도(制度)'와 '자연(自然)'」(종교적 에네르기)〉을 통해서 대역사건(大逆事件)과 불교(佛敎), 근대불교의 혁신, 근대와 니치렌(日蓮), 새로운 종교적 공동체, 신(新)신란주의(親鸞主義), 지카즈미 조칸(近角常觀)과 가무라 이소다(嘉村礒多), 일본근대의 이중성(二重性) 등의 소제목을 나열하고 있다. 그 중에서 「近角常觀과 嘉村礒多」와 「新親鸞主義」의 내용을 다소나마 엿보기로 하자.

아바는, 「近角常觀과 嘉村礒多」을 통해 "지카즈미는 정토진종의 사찰에서 태어난 승려의 몸으로 第一高敎에서 東京大學 철학과로 옮겼으나 淸澤滿之 등과 종문개혁운동을 일으켰다. 이 지카즈미는 우리들의 죄(罪)가 극단적으로 치달아 '악인정기(惡人正機)'의 의미에 관하여 기술하면서 관음경(觀音經)을 읽고 감탄의 눈물을 보이면서 '신앙의 실험'의 이야기도 덧붙였다. 이에 반하여 가무라는 ('신란사상'에 만시와 지카즈미와 함께 '정신주의'를 제창했지만 ; 저자 주) 본래부터 승려가 아니다. 신란처럼 '비승비속(非僧非俗)'의 정신에 의해 살아가면서도 철저한 '자신'의 죄를 자각한다는 '광학(光學)'에 의해 자기를 떨어뜨린 '악'의 자세를 연출하려고 한 인간이었다."고 두 사람을 대비하고 있다.

이어 그는 「新親鸞主義」를 통해서, "만시와 지카즈미와 가무라 등의 예에서 보듯이 메이지부터 다이쇼시대에 걸쳐 신란의 '재평가' 또는 '재검토'를 특히 스스로의 생활체험에 비쳐 그 안에 실려 있는 기운이 높아졌다. 본래 거기에 약간의 그리스트교와 신란의 혼효적(混淆的)인 스타일을 취하고 정서적으로 이 신란을 주인공으로 한 倉田百三의 『出家とその弟子』를 가산해도 좋다. 게다가 소설과 희곡에 '신란'을 다룬 점은 후쿠시마 카즈히토(福島和人)가 『근대일본의 신란(近代日本の親鸞)』을 통해 지적한 것처럼 13편이나 된다.(중략) 그러나 그렇다고 해도 13세기 중반에 세상을 떠난 신란이 왜 일본 '근대'에 부활했는가 하는 문제는 마치 신란 자신의 사상에 있다. 본래 나라(奈良) 구불교(舊佛敎)의 교의와 계율에 대하여 말법(末法)의 의식에 재촉되면서 '전수염불(專修念佛)'이라는 염불을 택한 것은 호넨의 사상의 연장선상에 신란이 있었음은 두 말할 것도 없다.(중략)

그렇지만 신란은 '악인정기(惡人正機)'가 '반불(反佛)'을 향한 에네르기를 낳지 않고 그대로 '자기정당화'를 주의하고 있었던 점은 '성교(聖敎, 정토진종의 가르침 ; 저자 주)'과 정토종의 가르침조차 알지 못하고 소위 '타력본원(他力本願)'의 속세에 떨어지는 점이다. 따라서 신란이 '염불' 행위조차 진폭(振幅)의 불안한 중심에 몸을 놓은 일, 즉 그 실존의 행위 자체를 가리킨다고 할 수 있다.(중략) 앞에서 말한 '비승비속'적인 신란의 사상이 '자신의 사상'의 단적인 표명으로 읽혀지거나 또한 실천된 점은 확실하다. 이것을 임시로 '新親鸞主義'라고 부른다면 약간은 그리스트교에 있어서 우치무라 간조의 '무교회주의(無敎會主義)'와 대등하게 된다. 나아가 메이지로부터 다이쇼시대를 걸친 정신적이고 종교적인 희구(希求)를 대표한다고 할 수 있다. 그것은 만시의 지적(知的)인 이해가 가무라의 토속적(土俗的)인 이해의 폭을 지닌 채, '하근기(下根機)의 범부(凡夫)'와 귀족, 인테리를 불문하고 '남녀귀천 모두 다 미타(彌陀)의 명호(名號)를 칭함에 행주좌와(行住坐臥)에 걸림 없이, 때와 곳과 모든 인연도 걸림 없다'는 『淨土高僧和讚』과 같은 차별 없는 평등한 지평에서 사람들과 함께 했던 것이다. 그래도 이 사상은 실천되지 않으면 안 되었다. 거기에 이 '新親鸞主義'의 특색을 볼 수 있다."고 말하고 있다.538)

　그런데 저자로서 생각할 때 불가사의할 정도로 희한(稀罕)한 일이 있다.
　'구라타(倉田) 햐쿠조'라는 인물과 생몰연도(生沒年度)가 똑같은 한국인이 있기 때문이다. 저자는 본서를 저술하는 일이 우연한 연구나 공부만이 아니라 어떤 당위성(當爲性)을 느끼게 된다. 그것은 다

---

538) 上揭한 책, pp.135-142 참조

름 아닌 '한국(韓國)으로부터의 신종교(新宗敎)'라 할 수 있는 원불교(圓佛敎) 교조(敎祖)인 '원각성존(圓覺聖尊)' 박중빈(朴重彬) '소태산(少太山) 대종사(大宗師)'를 두고 하는 말이다. 소태산(少太山)은 전라남도 영광(靈光)이라는 곳에서 태어났다. 구라타가 히로시마(廣島)현의 작은 산골에서 태어난 점도 소태산의 탄생지인 영광군 백수면 길룡리 영촌마을이라는 농·산·어촌이 어우러진 곳이라는 면과 동일시(同一視) 될 수 있는 점도 그렇다.

이상과 같은 내용을 기술하는 이유는, 저자가 원불교 교역자의 한 사람이라는 점에서 본서의 말미(末尾)인 이 지면을 통해서라도 꼭 밝히고 싶은 점이라 할 수 있다. 회고해 보건데, 구라타가 출생한 연도(1891)는 메이지(明治) 시대이고 몰(沒)한 연도(1943)는 쇼와(昭和)시대(1926-1989)에 해당된다. 이렇게 기술하면 생몰연도가 똑같은 소태산(少太山)도 그런 시대를 살다가 대열반(大涅槃)을 하게 되었다.

본서의 저자를 비롯한 우리는 당시보다 약 1백년이라는 1세기 후에 살아가고 있다. 이 시대의 사건사고를 텔레비전이나 일간지 등을 통해 '뉴스'로서 보고 들으며 읽게 되는 면은 '고달픈 나날'이 있어 "살아가기 힘들다"는 이유로 자살자(自殺者)가 속출하고 있다. 두 눈을 감고 조용히 생각해 보자. 21세기가 시작된 지도 15년이나 되었고, 원불교가 창립되고부터는 정확히 100주년을 맞이하고 있다.

이 시대를 살아가고 있는 저자에게는 금년 2015년(원기 100)은 저자가 '회갑(回甲)'이라는 나이에 해당되는 해이다. 그것도 '을미년(乙未年)'으로서 '청양의 해'라고 일컬어지고 있다. 그러나 한국에서 또 하나 종종 회자되는 표현은 "인생은 60세부터이다."라는 점이다. 그러고 보면 저자는 이제 한 살짜리 유아(幼兒)에 불과하다. 그런데, '우리'를 전후한 한국인들의 삶을 들여다보면 상당수가 힘들어하고 있다. 이렇게 적잖은 사람이 힘들다면 저자(소위 '베이비부머' 첫 해생)보다 먼저 태어난 사람들의 '보릿고개'는 어떠했겠는가. 게다가 해방 이전이 일본강점기를 타율적으로 겪었던 사람들과 조선시대·고려시대의 선조(先祖)들은 얼마나 어렵고 답답하며 참담한 생활을 했겠는가.

　본서를 통해서 저자는 구라타(倉田)가 젊은 시절에 어렵사리 발간한 희곡『出家とその弟子』와 수필평론『愛と認識との出発』의 내용을 충분히 소개했다고는 말할 수 없다. 이 점이 아쉬움이라면 '큰 아쉬움'이다. 그러나 본서를 통하여 이상의 두 명작의 대체적인 내용과 원저자인 구라타(倉田)가 지향하고자 하는 내용은 대체로 소개했다고 생각된다. 한편, 저자는 1998년 중앙대학교 대학원 일어일문학과 박사과정에 입학한 후 개인적으로 좋지 못한 사정(事情)과 지도교수였던 고(故) 황성규 지도교수의 갑작스런 타계(他界)로 인하여 휴학했었다. 수년간의 세월이 흘러 건강을 되찾은 이후 원광대학교 대학원 일어일문학과 박사과정에 편입하여 학업을 지속한 결과 「일본 근대 불교문학사상에 나타난 '죽음(死)' 의식」을 논제로 학위를 취득할 수 있었다. 그러므로 본서는 이 박사논문을 토대 삼고 이후에 '일본의 근대불교'에 관한 개인적인 노력의 결과를 가감(加減)함으로써 햇빛을 본 것임을 이 지면을 통해 밝히는 바이다. 이에 따라 독자들의 심신(心身) 간의 평안(平安)을 천지신명(天地神明)님과 부처님과 하나님과 법신불사은(法身佛四恩)님과 원불(圓佛)님 등등에 간절히 기원한다.

나아가 예로부터 '평상심지도(平常心之道)'라고 했다. 본서를 집필하고서 뭔가 아쉬움이 생각나 이상과 같은 내용을 꼭 기술하고 싶었다는 점을 너그러이 양해해 주는 독자들이 있기를 마음으로 심축(心祝)하는 바이다.

끝으로, 일본 불교인 정토진종의 평신도였던 구라타(倉田)는 1943년에 도쿄(東京)의 오모리(大森) 자택에서 타계한 후, 도쿄도(東京都) 후추시(府中市)에 있는 다마영원(多磨靈園)에 매장(埋葬)된 채 영면하고 있는 입장에 있다. 다자는 2009년 11월 만추(晚秋)를 맞이하여 '다마영원'을 현지조사(現地調査)차 직접 방문, 그가 영면하고 있는 묘역(墓域)을 참배하고 묘지의 배경을 카메라에 담은 적이 있다.

그런 그가 한국의 신종교인 원불교 교조인 소태산(少太山)과의 '상기한 특별한 인연'에 힘입어, 영면한 이후 원불교 식의 제대로 된 천도의식(薦度儀式)에 의해 선연(善緣)으로 이 세상에 다시 와 대업(大業)을 성취했을 것으로 믿어 의심치 않는다.

저자 조기호(曺起虎) ─────────

* 1955년 전북 익산(益山) 출생, 전주(全州) 거주
  인문학의 백미라 할 문(文)·사(史)·철(哲)의 과정을 두루 밟았다. 어려서부터
  '죽음'과 '교육'이라는 어휘를 머릿속에 간직하고 지내면서 원광대학교 원불교학
  과일어교육학과(학사편입) 졸업 후, (日)교토(京都) 소재 붓쿄대학(佛敎大學)
  대학원 문학연구과에서 《호조키(方丈記)》의 저자에 관한 연구로 '석사학위'를
  취득했다.
* 원광보건대학교에서 관광일어통역과 학과장을 역임, 한국일본어문학회·한국일
  본문화학회의 창립발기인의 역할을 하기도 하면서 중앙대학교 일어일문학과 박사
  과정을 밟던 중, 뜻밖의 개인적인 상황으로 학교생활과 학회활동을 잠시 쉬었다.
* 중앙대 박사과정을 지도교수였던 고(故) 황성규 님의 갑작스런 타계로 등으로
  원광대학교로 편입, 동국대학교 불교대학원 장례문화학에서 석사과정을 이수하여
  각각 '문학박사'와 '문학석사' 학위를 받고, (日)가나가와대학(神奈川大學)에서
  '역사민속자료학박사' 학위를 취득했다.
* (日)가나가와대학(神奈川大學) 일본상민문화연구소 특별연구원·(日)국립연사
  민속박물관·(中)화동사범대학(華東師範大學, East China Nomal University ;
  상하이〈上海〉 소재)의 파견연구원을 역임했다. 일본어문학과 사생학(死生學 ;
  Thanatology)관련 강사를 전북대·원광대·건양대·청주대 등에서 역임했다.
* 장례지도사(국가자격증)를 취득했으며, 한국일본근대학회의 이사를 역임한 후,
  (日)비교민속연구회·한국원불교학회·한국일어일문학회·동아시아일본학회 정회
  원, 한국일본문화학회 이사, 한국일본어문학회의 일본(민속)학 분과이사로서의
  역할을 하고 있다.

【저서 및 논문】

「鴨長明の硏究」·「都市民俗における宗敎的『死』と葬送儀礼」 등
석·박사논문과 『よくわかる大學日本語』·『라쿠라쿠觀光日本語』·『일본 메이지
시대의 장묘문화』등의 일본과 유관한 단행본을 출간하고, 『방장기(方丈記)』를 번
역하여 한국사회에 소개했다.

* 현재 원광보건대학교 교수, 문학평론가·수필가
  E-mail ; khcho7617@naver.com

일본 근대 불교문학사상과 '죽음(死)'

초판 인쇄 | 2015년 3월 30일
초판 발행 | 2015년 3월 30일

저   자 조기호(曺起虎)
발 행 인 윤석산
발 행 처 (도)지식과교양
등   록 제2010-19호
주   소 서울시 도봉구 쌍문1동 423-43 백상102호
전   화 (대표)02-996-0041 / (편집부)02-900-4520
팩   스 02-996-0043
전자우편 kncbook@hanmail.net

ISBN 978-89-6764-039-2 931500   정가 29,000원